BAEDEKER

F
FLORIDA

»

Mit dem August in
Florida erinnert uns
Gott daran, wer
eigentlich das Sagen hat.

«

Blaize Clement

baedeker.com

DAS IST FLORIDA

TOUREN

LEGENDE

Baedeker Wissen
● Textspecial, Infografik & 3D

Baedeker-Sterneziele
★★ Top-Reiseziele
★ Herausragende Reiseziele

▬ HINTERGRUND

▬ ERLEBEN & GENIESSEN

▬ PRAKTISCHE INFORMATIONEN

▬ ANHANG

PREISKATEGORIEN

Restaurants		Hotels	
Preiskategorien für ein Hauptgericht		Preiskategorien für ein Doppelzimmer	
€€€€	über 30 $	€€€€	über 250 $
€€€	20 – 30 $	€€€	180 – 250 $
€€	12 – 20 $	€€	100 – 180 $
€	bis 12 $	€	bis 100 $

MAGISCHE MOMENTE

ÜBERRASCHENDES

Handzahme Papageien kann man in Nancy Forrester's Secret Garden streicheln und mit ihnen picknicken.

D
DAS IST...

Florida

Die großen Themen
rund um den Sunshine State.
Lassen Sie sich inspirieren!

Die Unterhaltungsindustrie in Orlando wie die Universal Studios ist
mindestens so ein Publikumsrenner wie Floridas Strände und Natur. ▶

LIFE IS A BEACH

Stressgeplagte Europäer kommen an Floridas Küsten voll auf ihre Kosten, und das ist kein Wunder: Die Strände des »Sunshine State« gehören zu den schönsten der Welt. Und sie bleiben auch in Zukunft verlässliche Glücksgaranten.

Entspannter geht eigentlich kaum mehr:
Auf nach Key West!

Kein Museum kann mithalten, wenn über Floridas Stränden die Sonne untergeht.

DA kann sich die Micky Maus aufplustern, soviel sie will, können noch mehr UND noch größere **Themenparks** in Orlando eröffnen und immer verrücktere Achterbahnen in Tampa: Um den Besucher aus Mitteleuropa glücklich zu machen, reicht ein schöner Sandstrand und der unverstellte Blick aufs Meer. Natürlich ist Miami Beach eine Wucht, v. a. wenn das Licht der untergehenden Sonne noch eine Weile im pastellfarbenen **Art Deco District** schimmert und am Ocean Drive das Eis in den Cocktailgläsern klingelt.

Und Floridas Museen erst, die viel, viel mehr sind als bloß vor Hitzschlag schützende Schattenspender. Etwa das **Dalí Museum** in St. Petersburg, wo in der Lobby schon mal »Stairway to Heaven« von Led Zeppelin gespielt wird.

Nicht übel auch das **Pirate & Treasure Museum** in St. Augustine, das zwar schamlos auf der »Pirates-of-the-Caribbean«-Welle schwimmt, aber das Zeitalter der Piraterie so gründlich recherchiert und so dramatisch präsentiert, dass man in all dem Ächz, Keuch, Stöhn vom Band den Jack Sparrow nicht eine Sekunde lang vermisst.

»Why is Florida so?«

Und **Floridas Farben** sowieso. Die spektakulären Rot- und Gelbtöne abends über dem Golf vom Mexiko, bei denen man am liebsten alle Photoapps auf seinem Smartphone löschen und zum Pinsel greifen würde. Von den Florida Keys und Key West, dem geografischen und für viele Amerikaner auch moralischen Tiefpunkt des Landes einmal ganz zu schweigen.

WENIGER NOBEL, DOCH GENAUSO SCHÖN

Sanibel, Honeymoon, Caladesi & Co.: Namen, die Sand, Sonne und Urlaubsbräune versprechen (und auch halten), lokales Beach Life und bezahlbare Strandunterkünfte aber oft vermissen lassen. Dabei gibt es zahllose Strände, die zwar weniger angesagt, aber nicht minder schön sind. **Vilano Beach** bei ▶ St. Augustine ist so ein Ort. Die Unterkünfte sind preiswerter (wie das »Magic Beach Motel« www.magicbeachmotel.com), die Restaurants Nachbarschaftstreffs, etwa das »Beaches at Vilano« (www.beachesatvilano.com).

Apropos Moral (bevor es an den Strand zurückgeht). Im Rest des Landes gilt Florida als ziemlich »crazy«. Als zuverlässiger Lieferant von Klatsch- und Skandalnachrichten, weil alle Irren Amerikas hier leben, wie es heißt. Und tatsächlich: Wer einmal »Why is Florida so« googelt, kann ins Grübeln kommen. Online wimmelt es vor »**Crazy**«- und »**Weird**«-Meldungen. Da wird ein Mann verhaftet, weil er sich in einem McDonalds-Restaurant die Pickel ausgedrückt hat. Oder Tierschützer protestieren gegen eine Firma, die auf Poolparties für Kinder Alligatoren mit zugeklebten Mäulern vermietet.

Carl Hiassen, Kolumnist des »Miami Herald« und Floridas scharfzüngiger Ober-Satiriker, hat gar ein Dutzend Bestseller über dieses Thema geschrieben. Seine Lieblingsmeldung ist die eines Mannes, der mit zwei ausgewachsenen Alligatoren im Bett angetroffen wurde. Es wurde angedeutet, schreibt er, dass die Beziehung nicht rein platonisch gewesen sei ...

Warum gerade aus Florida so **viele skurrile Nachrichten** kommen, weiß niemand. Manche machen die Hitze dafür verantwortlich, andere die Tatsache, dass hier 21 Mio. Menschen aus aller

Herren Länder auf wenige Kilometer breiten Küstenstreifen zusammengedrängt leben und wegen des milden Klimas mehr Gelegenheit haben, Dummheiten zu begehen.

Fakt ist, dass Florida ein **Bundesstaat der Extreme** ist. Hier werden die meisten Menschen irrtümlich erschossen, gibt es die schlechtesten Autofahrer über 70 und die meisten Identitätsbetrügereien. Zugleich boomt die Wirtschaft verlässlich, bricht der Tourismus Jahr um Jahr Besucherrekorde, und es leben hier die meisten Superreichen des Landes.

❚ 1300 km Stresskiller

Was das alles mit den Stränden zu tun hat? Der »Sunshine State« brummt vor Vitalität, fasziniert, lässt keinen kalt. Gut also, dass es rund 1300 km Sandstrand gibt. Oder vielmehr 1300 km Stresskiller. Wo der Blick ungestört bis zum Horizont wandert, sich die Füße in den weißen Sand graben, Delfine in den Wellen spielen und die Sonne feuerrot im Meer versinkt. Wie gesagt: Mickey und Co. sind eine Wucht, aber die Strände ... Ja, die Strände ...

DIE MEER- JUNG- FRAU HAT ZU- GELEGT

In den 1960er-Jahren fast ausgestorben, wurden die Manatees genannten Seekühe Anfang April 2017 von der Liste der bedrohten Tierarten gestrichen. Die Regierung feiert diesen Schritt als Erfolg. Zu früh, sagen Tierschützer.

◄ Wenn alles unaufgeregt und ruhig vor sich geht, kommen die Mantees von selbst.

SCHNORCHELN MIT MANATEES

Wie läuft eine Schnorcheltour zu den Manatees ab, etwa im **Crystal River National Wildlife Refuge**? Kurz: Es wird allergrößter Wert auf »Passive Observation« gelegt. Man schwimmt also nicht zu den Seekühen, sondern wartet, bis sie zu einem kommen. Kennen sie den Guide der Gruppe, kann das sehr schnell gehen. Allerdings: Kein Anbieter mag eine Begegnung mit Manatees garantieren ... (▶ S. 72)

IN den frühen 1970er-Jahre zählten Tierschützer nur noch wenige hundert Exemplare in Floridas Küstengewässern: Das Manatee (dt. Rundschwanzseekuh) stand kurz vor dem Aussterben. Anfang 2017 nahm der US Fish and Wildlife Service die friedlichen Vegetarier wieder von der Liste der Todeskandidaten. Zur Sorge vieler Tierfreunde.

Schwerelose Grazie

Man kann nicht sagen, dass sie schwimmen. Eher treiben, nein: dümpeln sie dahin. Ohne erkennbaren Körpereinsatz. Nur hin und wieder bewegt sich ihre Schwanzflosse ein klitzekleines Bisschen, und dann dümpeln sie weiter, zu Meerespflanzen, um ein wenig Seegras zu mähen, oder zu ein paar Artgenossen, die wie sie mit schwarzen Knopfaugen erstaunt in die (Unterwasser-)Welt blicken und außer Fressen und Dümpeln nichts weiter im Sinn zu haben scheinen. Dass das Manatee harmlos ist, wirkt noch untertrieben. Bis zu 4 m lang, geht ihr zylindrischer, dickhäutiger grauer Körper übergangslos in einen Kopf über, von dem sich nur die borstenbesetzte Schnauze erkennbar absetzt. Dass die Seeleute von einst sie für **Meerjungfrauen** hielten, lässt sich nur mit gewissen Entbeh-

rungen auf hoher See erklären. Die Vorderbeine hat die Evolution in lächerlich kleine Flossen umgebildet, die Hinterbeine sind verkümmert.

Seekühe sind Vegetarier. Sie fressen täglich bis zu 90 kg Seegras, Mangrovenblätter und andere Wasserpflanzen, um ihre **bis zu 600 kg Lebendgewicht** auf Betriebstemperatur zu halten. Und das ist so anstrengend, dass sie dabei schon mal eindösen. Wer sie vom Ufer der klaren Quelltöpfe aus beobachtet oder sogar zu ihnen ins Wasser steigt – Achtung, nicht berühren, warnen die begleitenden Ranger – und in der Schwerelosigkeit die Grazie der wurstähnlichen Dickhäuter bewundert, fragt sich angesichts so viel geballter Harmlosigkeit früher oder später: Wie konnten die Manatees überhaupt so lange überleben? Tatsächlich hatten sie in ihren Mangrovenwäldern und Karstquellen, die sie im Winter des wärmeren Wassers wegen aufsuchen, lange keine Feinde.

Bedrohung durch den Menschen

Doch seit der Mensch in Motorbooten die Küstengewässer unsicher macht und seinen Unrat ins Meer kippt, steht es um diese seltsame Tierart nicht zum Besten. 1967 wurde das Manatee unter Schutz gestellt und kam auf die Liste der vom Aussterben bedrohten Tierarten. Anfang der 1970er-Jahre wurden rings um Florida nur noch wenige hundert Seekühe gezählt – viele davon von Kollisionen mit Booten oder Schiffsschrauben schwer gezeichnet und Kandidaten für eine Manatee-Pflegestation. Dann geschah **ein kleines Wunder**. Anfang 2017 zählten Tierschützer auf einmal über 6000 Manatees! Einen Monat später stufte der US Fish and Wildlife Service sie nur noch als »gefährdet« ein. Doch während die Behörde betont, dass damit keineswegs Gelder für bisherige Schutzmaßnahmen gestrichen werden sollen, kritisieren Tierschützer diesen Schritt als voreilig.

Sie sorgen sich etwa darum, dass sich die Manatees im Winter bei den Kraftwerken konzentrieren. Dort, so heißt es, würden die Tiere zu stark von künstlich erwärmtem Wasser abhängig. Zudem habe nicht nur die Zahl der Seekühe zugenommen, sondern auch die der von Freizeit-Skippern verursachten Todesfälle. So seien allein 2016 von den 520 indirekt durch Menschenhand umgekommen Manatees 104 mit Motorbooten kollidiert. Ein Argument, das der US Fish and Wildlife Service mit dem Hinweis kontert, auch in Zukunft strengstens über die Einhaltung der Geschwindigkeitsbegrenzungen in den Manatee-Revieren zu wachen.

Eine Begegnung mit Manatees beim Schnorcheln ist nicht garantiert. Aber wenn ...

DAUER-PATIENT EVER-GLADES

Für die Rettung der Everglades wurden Milliarden Dollars ausgegeben. Warum geht es diesem grandiosen Feuchtgebiet trotzdem immer schlechter?

◄ Auch dieser Bewohner der Everglades mit dem hübschen Namen Zwergsultanshuhn hat um seinen Lebensraum zu fürchten.

17

IM honigfarbenen Abendlicht tanzen Insekten. Ein Schlangenhalsvogel, hierzulande Anhinga genannt, steht im Schilf. Unweit davon liegt zwischen den nass glänzenden schwarzen Wurzeln der Mangroven ein Alligator, bewegungslos. Genießt er die letzten Sonnenstrahlen, wartet er auf ahnungslos vorbeischwimmende Beute?

Patient am Tropf

Die kleine Paddlergruppe gleitet lautlos durch die Mangrovenwälder bei **Everglades City**. Das 400-Seelen-Nest an der Nordwestecke des Everglades National Park lebt von den Touristen, v. a. Anglern und Kanu-/Kajak-Fans. Für Letztere organisiert man ein- und mehrtägige **Paddeltouren** durch diesen Teil der Everglades. Und vergisst dabei nicht, auf den kritischen Zustand der Everglades hinzuweisen. Denn der Patient hängt am Tropf, und das schon so lange, dass sich inzwischen viele darüber wundern, warum es ihm trotz der investierten Milliarden nicht besser, sondern immer schlechter geht.
Der rund 6100 km² große **Everglades National Park** wurde 1947 zum Schutz eines Marschgebietes gegründet, das einst den gesamten Süden Floridas bedeckte.

Komplizierter Herzschlag

Genau genommen sind die Everglades kein Sumpf, sondern ein 100 km langer und 160 km breiter, kaum 15 cm hoher Fluss, der kaum wahrnehmbar vom **Lake Okeechobee** der Florida Bay zufließt. Der Nationalpark beherbergt eine in Nordamerika einzigartige Biodiversität mit gut 1000 Pflanzen- und 800 Tierarten, deren komplizierter, von Feucht- und Trockenzeit geprägter Herzschlag bis heute nicht völlig verstanden wird. Klar jedoch ist, dass der Mensch diese Landschaft fast völlig zerstört hat. Er legte das Sumpfgebiet trocken, um Straßen, Häuser und Farmen zu bauen. Kanäle transportierten das kostbare Trinkwasser an die Küste – und machten damit das Innere anfälliger für das durch Erderwärmung und steigenden Meeresspiegel landeinwärts dringende Salzwasser. Mit diesen weit ins Landesinnere ziehenden **Mangrovenwäldern** wurden bereits große Teile der natürlichen Lebensräume vernichtet.

NACHTS ZU DEN »GATORS«
Was sich zunächst zweifellos lebensmüde anhört, ist in Wirklichkeit ein durchkalkuliertes Abenteuer. Bei einer der nächtlichen **Kajaktouren durch die Mangrovensümpfe der Everglades** folgt man erfahrenen Guides, achtet auf ihre Anweisungen, schließt stets dicht zu ihnen auf und unterlässt jede schnelle Bewegung. Die Belohnung: ein adrenalinhaltiges, wahrlich unvergessliches Erlebnis! (▶ S. 85)

Groß angelegter Rettungsversuch

Im Jahr 2000 startete die US-Bundes-regierung deshalb den ehrgeizigen **Ever-glades Restoration Plan** (ERP). Seit-dem entlasten Regenwasserreservoirs für die Städte die Everglades, säubern und kontrollieren Filteranlagen und Kanäle den Zufluss zum Nationalpark. Beson-ders stolz sind die Ingenieure darauf, eine Meile des **Tamiami Trail**, der 90 Jahre lang quasi als Damm fungierte, höher gelegt zu haben. Nun kann Süß-wasser aus dem Norden wieder nach Süden fließen. Eine Verlängerung um weitere 5,5 Meilen ist geplant.

Allgemein jedoch geht die Arbeit viel zu langsam voran. Der ERP sieht insgesamt 68 Großprojekte vor. Begonnen davon waren im März 2017 erst neun, und kei-nes war fertiggestellt. Zugleich hat sich die veranschlagte Summe von 8 Mrd. Dollar verdoppelt. Verantwortlich dafür sind verschiedene Faktoren, darunter auch Andauernde Forschungen, die die Implementierung relevanter Ergebnis-se verlangsamen.

Im Norden allerdings gibt es zudem nach wie vor keine Reservoirs. Dort dient noch der **Lake Okeechobee** als Wasserspeicher. Wenn dessen Wasser-pegel zu hoch steigt, müssen die unge-klärten Schmutzwasser an die Ost- und Westküste freigegeben werden. Im Sommer 2016 erlebten Floridas Seen und Küsten deshalb eine beispiellose Algenpest.

Ein weiteres Problem: Damit weitere Reservoirs angelegt werden können, for-dert die Regierung von den anliegenden Farmern, ihr Land aufzugeben. Doch diese weigern sich beharrlich. Bislang ...

Auch tagsüber sollte man eine Begegnung mit ihm mit gebührendem Respekt gestalten.

MIT KLOPAPIER UND TROCKEN BROT

Sie hat eine eigene Flagge, stellte auch schon mal eigene Reisepässe aus und erklärte den USA einmal sogar den Krieg. Ernst klingt das nicht, schon gar nicht in den Keys. Doch die »Conch Republic« am Südzipfel Floridas ist mehr als eine Spaßnation.

PUBLIC

★

1828

★

DASS die »Conch Republic« ausgerechnet hier das Licht der Welt erblickte, ist alles andere als ein Zufall. Als liberalste Stadt der USA östlich von San Francisco zog Key West schon immer Querdenker, Lebenskünstler und andere Unangepasste an. Kuba und die Karibik liegen näher als Miami und Washington, D. C., und statt Anzügen und Kostümen trägt man ganzjährig Shorts und Badeschlappen. Wer hier lebt, betrachtet das Treiben im Rest des Landes mit kritischer, oft humorvoller Distanz – und nennt sich »Conch« (sprich »Konk«), nach der hier gefundenen Tritonschnecke.

▎ »Sezession« aus Protest

Das mag erklären, warum ein paar Tage im **April 1982** in die Annalen der Florida Keys eingehen konnten. Es begann damit, dass die US-Grenzkontrollbehörden einen Kontrollposten am Highway 1 aufstellten. Dieser sollte verhindern, dass Drogenschmuggler und illegale Einwanderer aufs Festland gelangten. Die Bürger der Florida Keys ärgerten sich jedoch über die Autoschlangen und die als Schikane empfundene Passkontrolle im eigenen Land.

»Wenn Key West von Washington wie Ausland behandelt wird«, resümierte der damalige **Bürgermeister Dennis Wardlow** die miese Stimmung, »ist Washington Ausland für uns.« Er ließ das Sternenbanner auf dem Rathaus einholen und rief am 23. April vor einer jubelnden Menge die »Conch Republic« aus. Nächster Akt der Schildbürgeraktion war die Bewaffnung einer eigenen Armee mit trockenen Baguettestangen. Eine Kriegserklärung an die Vereinigten Staaten folgte und 60 Sekunden später die Kapitulation, verbunden mit der Forderung nach 1 Milliarde Dollar für den Wiederaufbau. Natürlich floss kein Geld aus Washington.

Doch angesichts des Medienrummels um den kürzesten Krieg der Geschichte baute die Regierung ihren Kontrollposten wieder ab, und die »Conch Republic« hatte ihren Wahlspruch: **»We seceded where others failed«** (dt. »Wir haben uns abgespalten, während andere scheiterten«).

▎ »Nation Building«

Die Conch Republic erhielt einen Generalsekretär, Minister, eine Hymne und einen Nationalfeiertag. Und sogar eine aus Sportflugzeugen bestehende Luftwaffe, die »Conch Special Forces«, sowie eine Freiwilligenarmee. Erstere bombardierte die Küstenwache bereits mehrere Male mit Klopapier, sobald diese Key West zu nahe kam. Letztere erzwang, bewaffnet mit Stangenbrot und Wasserpistolen, im Herbst 1995 den Rückzug der US-Armee, die sich Key West als Übungsgelände für eine Inselinvasion ausgesucht hatte.

Hinter diesen auf ersten Blick lächerlichen Schildbürgerstreichen steckt gezielte Kritik an den staatlichen Institutionen. Viele Besucher spricht diese Form des Protests an. Für sie die Staatsbürgerschaft – bis vor Kurzem konnte man sogar den »Passport of the Conch Republic« für 100 $ online erwerben – deshalb **viel mehr als ein Touristengag**. Mit ihr bekennen sie sich auch zu einer kritischen Sicht der Dinge. Und zu der Bürgerpflicht, Missstände beim Namen zu nennen. Auch wenn das auf lächerliche Art und Weise geschieht.

Mit diesem ganz normalen Outfit fällt man in der Conch Republic kaum noch auf ...

UNABHÄNGIGKEITSFEIER IM CONCH STYLE!

Frage: Welches Land zelebriert seine Unabhängigkeit mit einem Bettenrennen, einem »Drag Race« und einer Seeschlacht – und feiert die Sieger anschließend in der berüchtigtsten Kneipe des Landes? Antwort: die Conch Republic in Key West, und zwar an zehn Tagen während der 3. und 4. Aprilwoche. Stichwort: Conch Republic Festival (https://conchrepublic.com).

PLATZ FÜR KÜNSTLERKOLONIEN

Wachsen, wachsen, Wachstum: Unterwegs in Florida spürt man die enorme Energie, die im »Sunshine State« steckt. Umso bemerkenswerter sind die Künstlerkolonien, denen man landauf, landab begegnet. Sie wirken wie Überbleibsel einer langsameren Zeit – und sind doch typisch für Florida ...

Vor allem bunt muss es sein auf Matlacha Island. ▶

»ISLAND Time Begins Here«: Das Schild kurz vor der Brücke nach Pine Island lässt nicht nur an Cocktails in der Hängematte denken. Ganz ohne das sonst übliche Palmendekor weist es mit unübersehbarer Nachdrücklichkeit darauf hin, dass man Stress und Tempo bitte schön auf dem Festland zurücklässt. Und tatsächlich: Auf Pine Island fehlen Palmen, die schönen Strände und Menschen, und überhaupt das ganze Florida-Klischee.

Pine Island besteht aus fünf Gemeinden: das gleich hinter der Brücke liegende Matlacha Island, Pine Island, Bokeelia Island, Pineland und St. James City. Die von der kommerziellen Fischerei geprägte Vergangenheit ist allen noch anzusehen, ist in die Gesichter tätowiert.

Wer diese Namen noch nie gehört hat, dem sei vergeben. Sanibel & Captiva Islands, die berühmten Nachbareilande, liegen – gefühlte – Lichtjahre entfernt.

Die Künstler auf Matlacha

Und genauso wollen es die Kreativen, die sich auf **Matlacha Island** niederließen. Nach dem Ende der Fischerei auf ihrer Insel vor 20 Jahren übernahmen sie ein knappes Dutzend der kleinen Häuschen und Geräteschuppen an der Hauptstraße, bunt bemalt und vollgestopft mit den Produkten ihrer Kreativität: Keramik, tropische, mit Pinseln und Händen gemalte Motive und Floridas eigene Version von Pop Art.

LEOMA MACHT KUNST
Ihre Galerie auf **Matlacha Island** nennt sie ihr internationales Hauptquartier, während ihrer »Painting out loud«-Happenings kreiert sie live auf der Bühne Kunst aus Müll, und als Chefin der Matlacha Island Chamber of Commerce holt sie noch mehr Künstler auf die Insel: Leoma Lovegrove ist so dynamisch und crazy wie der »Sunshine State« und ihre Lovegrove Gallery ein sympathisch-schrilles Biotop und Spiegel ihrer kreativen Persönlichkeit.
(Tel. 1-239-938-5655; http://www.leomalovegrove.com)

Dass man den Künstlern und anderen kunstinteressierten Besuchern in entspannter Atmosphäre begegnet und danach in aller Ruhe zum Lunch oder Kaffee mit Kuchen in einem der kleinen Restaurants einkehrt, ist jedoch das Schönste an Matlacha. Es erinnert ein wenig an die Künstlerkolonien des ausgehenden 19. Jhs. Auch diese blühten in relativer Abgeschiedenheit, kultivierten eine Kameraderie unter den Künstlern, die sich gegenseitig inspirierten.

▌Mehr kreative Hotspots

Inzwischen gibt es immer mehr solch kreativer Hotspots im »Sunshine State«. Manche sind lose organisierte Offbeat-Kolonien wie in Matlacha und **Gulfport**, andere wiederum gemeinnützige, in alten Industriegemäuern oder modernen nachhaltigen Gebäuden untergebrachte »Artists Centers« wie das **Atlantic Center for the Arts** (http://atlanticcenterforthearts.org) in New Smyrna Beach und das **ArtCenter South Florida** in Miami Beach, wo man vor allem jungen Talenten über die Schulter schauen kann.

Weitere Hotspots für an Kunst der etwas anderen Art Interessierte sind: der **Railroad Square Art Park** in Tallahassee, das **Village of the Arts** (www.villageofthearts.com) in Bradenton, der **Towles Court Arts District** in Sarasota und natürlich die **Wynwood Walls** im Arts District in Miami.

T
TOUREN

Durchdacht, inspirierend, entspannt

Mit unseren Tourenvorschlägen
lernen Sie Floridas beste Seiten kennen.

Im Venetian Pool, einem in einen
Korallenkalkbruch eingefügtem Schwimmbad,
kann man ausgelassen plantschen. (▶ S. 179) ▶

UNTERWEGS IN FLORIDA

Fun in the Sun

Wer Florida sagt, denkt Sonne. Und Strände. Und Superwahnsinnsvergnügungsparks der Größen XL bis XXXL. An das totale Entertainment eben. Tatsächlich gibt es all das. Mega-Themen-, Wasser- und Raketenparks warten, mit Harry Potter, Delfinshows und Rockkonzerten, und die schönsten Strände Nordamerikas. Doch das ist nur die halbe Wahrheit über Florida. Delfine, Seekühe, Alligatoren und Seeadler lassen sich in dem 170 000 Quadratkilometer großen Bundesstaat auch in freier Wildbahn beobachten. Auf den nächsten Seiten finden Sie unsere Vorschläge und Tipps für Touren und Ausflüge, die Sie nicht so schnell vergessen werden. Das schöne: Die drei Routen können Sie auch zu einer großen Rundreise zusammenlegen. Man soll sich dann wenigstens drei, lieber jedoch vier Wochen Zeit lassen.

▍ Das richtige Verkehrsmittel

Individuell reisen

Die meisten Urlauber aus dem deutschsprachigen Raum erkunden Florida mit dem **Mietwagen** oder **Wohnmobil**. Autoreisen durch Florida sind dank eines hervorragenden Straßennetzes problemlos möglich (▶ Praktische Informationen, Verkehr, ▶ S. 409). In den Ballungsräumen (Miami/Fort Lauderdale/Palm Beach, Jacksonville, Orlando, Tampa/St. Petersburg/Pinellas Coast) verliert man aufgrund der vielen Über- und Unterführungen, Kreuzungen, Einbahn-Verkehrsregelungen und Baustellen leicht die Übersicht. Auch in verkehrsarmen Gebieten wie in den Everglades, in den waldreichen Gebieten Nordfloridas und an der sog. »Lost Coast« sind die Straßen gut. Gut gesorgt ist in Florida auch für Wohnmobil-Kapitäne. Überall – auch in den National Parks und State Parks – gibt es bestens ausgestattete Campingplätze. Die Parzellen für Camper sind meist wesentlich großzügiger bemessen als in Mitteleuropa (Infoadressen für Camp Grounds ▶ S. 375).

Busreisen

Manche Urlauber bereisen Florida per Bus, sei es im Rahmen einer zuvor gebuchten organisierten und geführten oder einer vor Ort organisierten Busreise. In allen größeren Touristenorten gibt es eine Vielzahl von Reiseunternehmen, die Fahrten mit komfortablen und klimatisierten Bussen, Vans und Limousinen anbieten. Die meisten Städte und Touristenzentren Floridas können mit gut ausgestatteten **Greyhound-Bussen** erreicht werden, die im Übrigen ein bequemes selbst organisiertes Reisen durch die gesamten USA ermöglichen

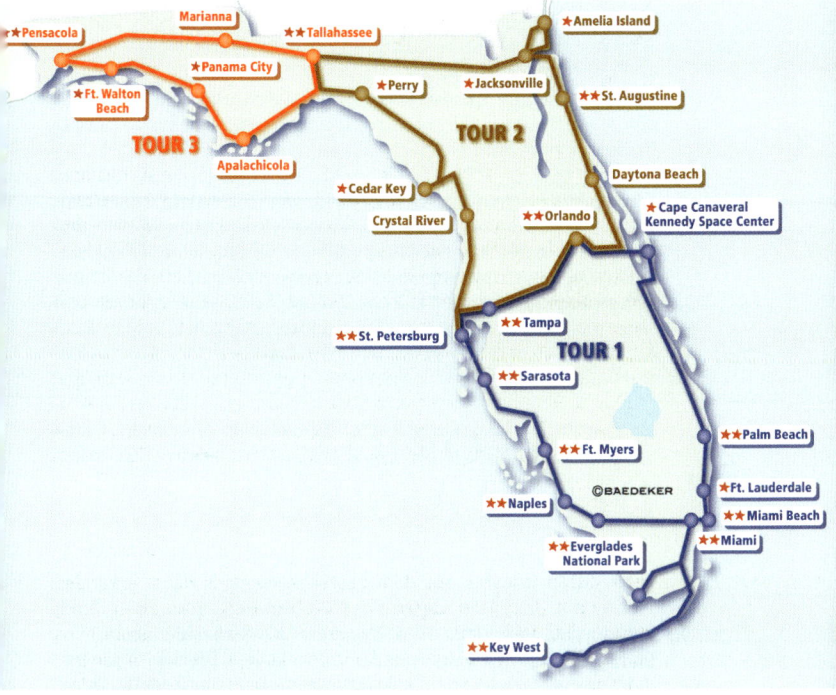

(▶ S. 408). Das legendäre Busunternehmen verbindet alle großen Städte Floridas miteinander. Die Ausstattung der Reisebusse ist funktional und bequem, alle sind gratis mit WLAN ausgerüstet. Die Preise sind vor allem für jungen Leute interessant: Miami – Tallahassee kostet im Sommer ab 31 $, im Winter ab 40 $. Buchungen problemlos online (www.greyhound.com).

Etwas schwieriger ist es, Florida nur mit öffentlichen Verkehrsmitteln zu erkunden. Ganz gut klappt dies in großen Ballungszentren wie Miami/Fort Lauderdale/Palm Beach und Orlando, wo es relativ zuverlässige **Buslin4iennetze** gibt.

Öffentliche Verkehrsmittel

Obwohl die Geschichte Floridas und damit auch die des Tourismus untrennbar mit der Eisenbahn verbunden ist, spielt sie in der Personenbeförderung nur noch eine Nebenrolle (▶ S. 407). **Amtrak-Reisezüge** verkehren nur noch auf der Strecke New York – Charleston – Jacksonville – Orlando – Miami bzw. Tampa. Den Großraum Miami kann man außerdem mit dem **Regionalexpress »Tri-Rail«**

Eisenbahn

»erfahren«. In den dünner besiedelten Gebieten dagegen sind die Bahnverbindungen nicht allzu gut. Dort gelangt man oft nur mit viel Zeit und Geduld von A nach B. An einigen Orten haben sich Initiativen gebildet, die alte Bahnstrecken reaktivieren und nostalgisch zusammengestellte und bewirtschaftete Museumszüge bzw. »**Dinner Trains**« fahren lassen.

Mit dem Hausboot Eine recht originelle Möglichkeit Florida kennenzulernen ist die Reise mit einem gemieteten Hausboot. Beispielsweise kann man die Halbinsel auf dem geschützt zwischen den Barriereinseln und dem Festland verlaufenden **Intracoastal Waterway** komplett umfahren. Einige Wasserläufe, so etwa der St. Johns River, sind bis tief ins Landesinnere befahrbar. Zu verschiedenen Anbietern ▶ S. 358.

SÜDFLORIDA: DER KLASSIKER!

Ausgangs- und Endpunkt: Miami | **Länge der Tour:** ca. 930 mi/1500 km
Dauer: mind. 8 Tage

Tour 1 *Dies ist Ihre Highlights-Tour. Daraus ergibt sich fast zwangsläufig, dass Sie fast immer an der Küste bleiben und nur einmal kurz, Orlandos wegen, landeinwärts fahren. Orlando ist auch der nördlichste Punkt dieser Reise, Key West kurz vor Kuba der südlichste. Dazwischen warten Miami Beach, Palm Beach und -zig weitere Beaches auf Sie. Und das nicht nur mit fabelhaften Stränden, sondern auch mit tollen Kulturangeboten!*

**Atlantik-
küste
Richtung
Norden** Start und Ziel der Rundfahrt ist Floridas Metropole ❶ ★★**Miami** mit ihren interessanten Sehenswürdigkeiten. Hier sollte man sich den Bayside Marketplace, das Pérez Art Museum Miami, die Villa Vizcaya und das Miami Seaquarium nicht entgehen lassen. Auch »Little Havana« sowie die Vorstädte Coconut Grove und Coral Gables lohnen einen Besuch. Dann geht es hinüber nach ❷ ★★**Miami Beach** mit seinem weltberühmten Art Deco District, seinem publicityträchtigen Badestrand South Beach und dem Museum The Bass. Wer Zeit hat, sollte sich hier auch einmal ins Nachtleben stürzen, vielleicht trifft er ja Madonna oder Gloria Estefan. Wer genug gesehen hat von Miami bzw. Miami Beach, folgt dem Highway A1A nach Norden. Dieser führt immer schön an der Atlantikküste entlang zunächst nach ❸ ★**Fort Lauderdale**, wo man zumindest den Las Olas Boulevard mit dem

NSU Art Museum besucht haben sollte. Nun geht es weiter nach Norden – dem A1A folgend – durch namhafte Seebäder wie Pompano Beach (▶ S. 111), Deerfield Beach, ▶ Boca Raton, Delray Beach (▶ S. 57) und Boynton Beach, bis man schließlich das mondäne Seebad ❹ ★★**Palm Beach** erreicht, wo sich alter und neuer Geldadel ein Stelldichein geben. Vielleicht reicht es ja zu einem Bummel über die

sündhaft teure Einkaufsstraße Worth Avenue oder gar zu einem Tee im Nobelhotel »The Breakers« (▶ S. 225). Danach wird es an der Atlantikküste etwas ruhiger.

Zum US-Weltraumbahnhof

Über Jupiter (▶ S. 229), Port St. Lucie, ▶ Fort Pierce und Vero Beach erreicht man die so genannte Space Coast mit ihren tollen Stränden. Nun ist es nicht mehr weit zum ⑤ ★ **Cape Canaveral/Kennedy Space Center**, dem ganzjährig viel besuchten US-Weltraumbahnhof mit seinen Raketen-Abschussrampen sowie seinen tollen Ausstellungen und Mitmach-Aktionen. Übernachten könnte man in Cocoa Beach (▶ S. 65), ▶ Melbourne oder Titusville (▶ S. 65).

Vergnügen pur

Von Cape Canaveral aus erreicht man in einer knappen Stunde die westlich in Zentralflorida gelegene »Welthauptstadt des Vergnügens« ⑥ ★★ **Orlando**. Allein hier könnte man Wochen verbringen, wollte man alle Vergnügungseinrichtungen besuchen. Die besten heißen »SeaWorld Orlando«, »Discovery Cove« und »Universal Orlando«. 20 Autominuten südwestlich außerhalb breitet sich endlich der Mega-Park ▶ Walt Disney World mit seinen verschiedenen Themenparks aus.

Vom Landesinnern an die Golfküste

Von Orlando respektive der Walt Disney World geht es auf der I-4 nach ⑦ ★★ **Tampa**, wo das Florida Aquarium (▶ S. 286) und die hübsch hergerichtete Ybor City (▶ S. 288) auf interessierte Besucher warten. Entspannen kann man sich anschließend im Vergnügungspark Busch Gardens (▶ S. 289) oder gleich jenseits der Tampa Bay in ⑧ ★★ **St. Petersburg**, wo die Sonne besonders lange scheint und es herrliche Strände an der Golfküste gibt. Weitere Höhepunkte in »St. Pete« sind der Pier und das The Dalí Museum (▶ S. 257). Danach geht es auf dem spektakulären Sunshine Skyway (mautpflichtig!) über den Eingang der Tampa Bay hinweg südwärts an die Golfküste. Etappenziel ist ⑨ ★★ **Sarasota** mit The Ringlin, dem imposanten Anwesen und den reichen Kunstsammlungen des einstigen Zirkuskönigs John Ringling und dessen Frau Mable (▶ S. 270). Rund um Sarasota gibt es schöne Badestrände. Auch kann man von hier aus einen lohnenden Abstecher in den Myakka River State Park (▶ S. 272) unternehmen.

Rund um Fort Myers

Die noch ziemlich neue I-75 und der ältere US-41 führen weiter nach Süden, vorbei an Venice und Port Charlotte, und erreichen schließlich die aufstrebende Stadt ⑩ ★★ **Fort Myers**, die sich der legendäre Erfinder Thomas A. Edison und der Automobilfabrikant Henry Ford seinerzeit als Winterdomizil aussuchten (Edison & Ford Winter Estates; ▶ S. 115). Von hier lohnen Abstecher zum schönen Strand von Fort Myers Beach (▶ S. 117) oder hinüber zu den wundervollen Muschelstränden der beiden Inseln ▶ Sanibel und Captiva Islands.

Ziel der nächsten Etappe ist das weiter südlich gelegene noble Seebad ⑪ ★★ **Naples** mit seiner eindrucksvollen Dockside und dem langen Pier. Auch hier gibt es herrliche Strände wie den Vanderbilt
Beach mit seinem komfortablen Ritz-Carlton Hotel. Im näheren Um-
kreis gibt es einige interessante Naturschutzgebiete, so das
Corkscrew Swamp Sanctuary (▶ S. 202). Auch ein Abstecher hinüber
zur Ferieninsel Marco Island mit ihren Stränden ist ganz reizvoll.

Naples,
Strände
und Natur

Naples ist auch das westliche Eingangstor zum ⑫ ★★ **Everglades
National Park**. In diese sumpfige Landschaft zwischen Naples und
Miami führt der »Tamiami Trail« (US-41), der seinerzeit nur mit
größter Mühe angelegt werden konnte, aber heute eine gut ausge-
baute Fernstraße ist (▶ S. 91). Fahrtunterbrechungen lohnen sich
in Everglades City (▶ S. 92), von wo aus man erlebnisreiche Bootsausflüge mit Park Rangern unternehmen kann, sowie im Miccosukee
Indian Village (▶ S. 91), wo die gleichnamigen Indianer Einblicke in
ihren Alltag und kunsthandwerkliches Schaffen gewähren. Der
»Tamiami Trail« (US-41) verlässt die Everglades in den Außenbezir-
ken von Miami und endet als Calle Ocho (SW 8th Street; ▶ S. 176) in
Downtown ❶ ★★ **Miami**.

Ab in die
Sümpfe

Letzter Teil der Rundreise ist ein Abstecher über die ▶ Florida Keys
bis nach ⑭ ★★ **Key West**. Unterwegs kann man auch noch einmal in
den ⑫ ★★ **Everglades National Park** fahren, denn am Südrand des
Ballungsraumes von Miami, bei Florida City, zweigt die CR Road 9336
in das Naturschutzgebiet ab. Hier liegt auch die Hauptverwaltung mit
dem Besucherzentrum. Die Straße endet in der amphibischen Küs-
tenlandschaft von ⑬ **Flamingo** (▶ S. 89).

Abstecher
auf die Keys

In Homestead (▶ S. 88) bzw. Florida City beginnt der »Overseas
Highway« (US-1), der einer 1935 durch einen Hurrikan zerstörten
Bahntrasse über die Korallenkalkinselchen der Florida Keys hinweg
folgt und in ⑭ ★★ **Key West** endet. Gleich am Beginn der Straße
lohnt ein Abstecher in das marine Schutzgebiet des Biscayne National
Park (▶ S. 182) und etwas weiter südlich auf Key Largo zum John
Pennekamp Coral Reef State Park (▶ S. 96). Hier sollte man keinesfalls
eine Tour mit dem Glasbodenboot oder einen Schnorcheltrip in die
zauberhaft bunte Welt der Korallenriffe versäumen. Hinter Marathon
(▶ S. 102) überbrückt die Seven Mile Bridge (▶ S. 103; Abb. S. 104)
das Meer, und kurz danach erreicht man Bahia Honda (▶ S. 103)
mit seinem wunderschönen Strand. Bei Spanish Harbor kommt man
an die Grenze des National Key Deer Refuge (▶ S. 104), wo man versucht, diese putzigen Mini-Hirsche zu erhalten.

»Overseas
Highway«
mit Seiten-
wegen

Ziel der Reise ist ⑭ ★★ **Key West** mit seiner hübschen Altstadt, in der
sich schon Ernest Hemingway wohlfühlte. Unbedingt besuchen sollte

Hemingway
und Wracks

man hier nicht nur das Haus des Literaturnobelpreisträgers, Ernest Hemingway Home & Museum (▶ S. 146), sondern auch das Mel Fisher Maritime Heritage Museum (▶ S. 145) mit seiner Ausstellung von Schätzen, die der legendäre Schatztaucher aus untergegangenen kolonialspanischen Gold- und Silberschiffen geborgen hat.

Und wer über Nacht in Key West bleiben will, dem sei der traumhaft schöne Sonnenuntergang am Mallory Square wärmstens empfohlen (▶ Magischer Moment, S. 140).

NORDFLORIDA: JENSEITS VON SAND UND SONNE

Ausgangs- und Endpunkt: Orlando | **Länge der Tour**: ca. 850 mi/ 1370 km | **Dauer**: mind. 6 Tage

Tour 2

Gestern noch am Strand in der Sonne gebraten, heute abend die Nachwirkungen der magenumdrehenden »Thrill Rides« in Orlando auskuriert, morgen – oder übermorgen – in Homosassa Springs mit Seekühen schnorcheln: Nein, es wird nicht langweilig auf dieser Tour der Gegensätze, auf der Sie über den Facettenreichtum des »Sunshine State« staunen werden!

Weltraumbahnhof und Atlantikstrand

Ausgangspunkt der Rundreise ist ❶ ★★ **Orlando**, die »Welthauptstadt des Vergnügens« mit ihren riesigen, bereits in Tour 1 erwähnten Themenparks. Von hier fährt man ostwärts und erreicht den ebenfalls schon angesprochenen US-Weltraumbahnhof ❷ ★ **Cape Canaveral/Kennedy Space Center**. Zurück von den Raketenabschussrampen, folgt man dem US-1 nordwärts bis zu dem von griechischen Einwanderern gegründeten Ort New Smyrna Beach (▶ S. 82) und weiter nach ❸ **Daytona Beach** mit seinem bekannten Autostrand und dem ebenso berühmten Rundkurs für Automobil- und Motorradrennen. Ab Daytona Beach fährt man auf der A1A an der Küste bzw. an herrlichen Stränden (u. a. Flagler Beach) entlang nach Norden. Am schönen Crescent Beach (▶ S. 272) und am St. Augustine Beach vorbei erreicht man schließlich das Etappenziel ❹ ★★ **St. Augustine**, die älteste von Europäern gegründete Stadt der USA, mit vielen historisch interessanten Sehenswürdigkeiten. Nördlich von St. Augustine zieht sich der Highway A1A weiter an schönen Stränden entlang bis Jacksonville Beach (▶ S. 138), dem Naherholungszentrum der Großstadt ❺ ★ **Jacksonville**, wo diese Etappe endet. In Jacksonville selbst gibt es mehrere interessante Museen zu besichtigen.

Nicht entgehen lassen sollte man sich einen Abstecher nach ❻ ★ **Amelia Island**, Floridas nördlichster Insel, mit ihrem herrlichen Strand, der malerischen Inselhauptstadt Fernandina (▶ S. 44) und dem geschichtlich interessanten Fort Clinch (▶ S. 48).

Floridas nördlichste Insel

Zurück in ❺ ★ **Jacksonville** folgt man dem I-10 nach Westen. Unterwegs lohnt ein Halt im hübschen Städtchen Lake City, von wo aus man auch einen Ausflug in den Osceola National Forest (▶ S. 156) unternehmen kann. Dann geht es weiter durch den waldreichen Norden nach ❼ ★★ **Tallahassee**, der geschichtsträchtigen Hauptstadt Floridas, mit dem Alten und Neuen Kapitol (▶ S. 275), dem Museum of Florida History (▶ S. 277) und der Mission San Luis (▶ S. 279).

Durch den waldreichen Norden

Colonial Quarter, St. Augustine: das ältestes hölzerne Schulhaus der USA

Karstquellen, Bayous und Hammocks

Auch lohnen von Tallahassee aus einige Abstecher in die Umgebung, so etwa in den Apalachicola National Forest (▶ S. 53), zu dem durch Tarzan-Darsteller Johnny Weissmuller bekannt gewordenen subtropischen Karstquellengebiet Wakulla Springs (▶ S. 280) und in das St. Marks National Wildlife Refuge (▶ S. 281) mit seiner interessanten Tierwelt. Von Floridas Hauptstadt folgt man der State Road 363 südwärts bis St. Marks, wo der US-98 kreuzt.

»Vergessene Küste« und Manatees

Nun geht es auf dem US-98 südostwärts weiter nach ❽ ★ **Perry**, das sich stolz »Tree Capital of the South« nennt. Einige Meilen südöstlich der Stadt lohnt ein Abstecher an die »Lost Coast« mit dem einsamen Keaton Beach (▶ S. 242) und dem Fischernest Steinhatchee (▶ S. 242). Etwa eine Stunde später überquert man den von Booten und Kajaks belebten Suwannee River. Kurz vor Chiefland zweigt die State Road 230 westwärts zum Manatee Springs State Park ab (▶ S. 71), wo Seekühe durchs Wasser gleiten. Von Chiefland führt die CR 345 südwärts nach ❾ ★ **Cedar Key**, das früher einmal ein wichtiger Holzexporthafen war. Auch die deutsche Unternehmerfamilie Faber, Hersteller von Blei- und Buntstiften, war hier einmal aktiv (▶ Baedeker Wissen, S. 68).

Nach einem Aufenthalt in Cedar Key und vielleicht einer Kanutour durch den Mündungsbereich des Suwannee River folgt man der State Road 24 zurück zum US-19/98 und diesem dann in südlicher Richtung nach ⑩ ★ **Crystal River**, dem nächsten Etappenziel. Hier ist der Fluss selbst die Hauptattraktion. Im Mündungsbereich leben noch rund 200 Seekühe (▶ S. 12). Ferner kann man hier eine altindianische Kultstätte erkunden (▶ S. 72). Ab Crystal River fährt man auf dem US-19 weiter nach Süden und erreicht nach ein paar Meilen den an einem natürlichen Quellteich gelegenen Homosassa Springs Wildlife State Park (▶ S. 73). 22 mi/35 km weiter südlich hat man den Quelltopf der Weeki Wachee Springs (▶ S. 74) zur Touristenattraktion gemacht, denn hier kann man »Meerjungfrauen« beim akrobatischen Unterwasserballett zusehen.

Von der Flussmündung landeinwärts

Beim Schwammtaucherstädchen Tarpon Springs (▶ S. 261) erreicht man die Pinellas-Halbinsel mit ihren schönen Badestränden. Etappenziel ist ⑪ ★★ **St. Petersburg** mit seinem belebten Pier und einem sehenswerten Dalí Museum (▶ S. 257). Von dort geht es über die Tampa Bay hinüber nach ⑫ ★★ **Tampa**, wo das hübsch hergerichtete alte Stadtviertel eines Tabakindustriellen, Ybor City, das Florida Aquarium, das Henry B. Plant Museum des gleichnamigen Eisenbahn-Tycoons im ehem. »Tampa Bay Hotel« und natürlich die Busch Gardens (▶ S. 289) Besuche lohnen. Tampa verlässt man dann auf dem I-4 in nordöstlicher Richtung und erreicht in einer Autostunde die ▶ Walt Disney World und wenig später ❶ ★★ **Orlando**, den Ausgangspunkt der Tour.

Tolle Strände, interessante Städte

FLORIDA PANHANDLE: DER »ALTE SÜDEN«

Ausgangs- und Endpunkt: Tallahassee | **Länge der Tour:** ca. 440 mi/ 710 km | **Dauer:** 3–7 Tage

Städtchen und Dörfer, die sich Lichtjahre von Micky Maus & Co. entfernt anfühlen, und deren Bewohner »Die im Süden« schon mal als Verrückte bezeichnen: Willkommen im »Pfannenstiel«, wo man sich dem Alten Süden verbundener fühlt als »Den Verrückten da unten« im Süden. Floridas Hauptstadt steht an, glasklare Karstquellen, verschlafene Nester am Golf von Mexiko – und natürlich Strände en masse. Selbstverständlich zählen auch hier einige zu den besten des Kontinents!

Tour 3

Orte mit Ge-
schichte(n)

In ❶ ★★ **Tallahassee**, der Hauptstadt des Bundesstaates Florida, gibt es viel zu sehen, so das Old State Capitol, das Museum of Florida History und das Archäologische Gelände der Mission San Luis (▶ S. 279). Auch lohnt ein Blick vom Hochhausturm des Neuen Kapitol (▶ S. 276). Ab Tallahassee folgt man dem US-319 in südlicher Richtung, der am Ostrand des Apalachicola National Forest (▶ S. 53) hinunter zur Apalachicola Bay führt. Unterwegs locken Geschichtsinteressierte Abstecher an ehemalige Bürgerkriegsschauplätze im Natural Bridge Battlefield Historic State Park. Die Wakulla Springs (▶ S. 280), bekannt als Kulisse für Tarzan-Filme mit Johnny Weissmuller, sollte man sich ebenso wenig entgehen lassen wie einen Abstecher in den San Marcos de Apalache Historic State Park (▶ S. 281).

Fischerorte
und Ferien-
strände

Wenige Meilen nach der Brücke über den bei Kanuten und Kajakern geschätzten Ochlockonee River mündet der US-319 in den US-98 ein, der als aussichtsreiche Panoramastraße an der Golfküste des Florida Panhandle entlang zieht. Schließlich erreicht man die Hafenstadt ❷ **Apalachicola**, die sich stolz »Welthauptstadt der Austernfischer« nennt. Vor Apalachicola erstreckt sich die schmale Barriere-Insel St. George Island (▶ S. 51) mit ihren tollen Badestränden. Wenige Meilen westlich von Apalachicola zweigt die State Road 30 als Stichstraße zu der wie ein Haken in den Golf hineinragenden St. Joseph Peninsula (▶ S. 52) ab mit ihren ausgezeichneten Badestränden. Via Port St. Joe (▶ S. 52) führt der US-98 nordwestwärts an schönen Sandstränden entlang nach ❸ ★ **Panama City** bzw. zu deren Strandsiedlung Panama City Beach. Weiter nordwestlich erreicht man die tollen South Walton Beaches (▶ S. 126), an denen sich neue Feriensiedlungen wie Perlen aneinanderreihen. Einen Zwischenstopp lohnt Seaside (▶ S. 127) mit einer richtungsweisenden Ferienarchitektur. Gleich in der Nähe liegen der entspannte Grayton Beach (▶ S. 126) und das schlossähnliche Anwesen Eden Gardens (▶ S. 128). Über eine sandige Nehrung kommt man nach Destin (▶ S. 126), der »Welthauptstadt der Sportangler«.

Dann geht es über die Choctawhatchee Bay hinweg nach ❹ ★ **Fort Walton Beach**, wo Überreste altindianischer Kultur im Indian Temple Mound Museum und das Air Force Armament Museum der US-Luftwaffe Besucher anlocken. Gleich hinter Fort Walton Beach beginnt die Gulf Islands National Seashore mit der zwar sehr schmalen, doch für ihre traumhaften Strände (Navarre Beach, Pensacola Beach) bekannten Santa Rosa Island (▶ S. 125). Kurz vor der Überfahrt in die geschichtsträchtige Hafenstadt Pensacola lohnen das Gulfarium (▶ S. 126) und das historische Fort Pickens (▶ S. 239) dort einen Besuch. ❺ ★★ **Pensacola** selbst kann mit schön hergerichteten historischen Stadtquartieren aufwarten. Eines der interessantesten militärtechnischen Museen, das Florida zu bieten hat, ist das National Museum of Naval Aviation (▶ S. 239).

Zwischen Fort Walton Beach und Pensacola

Ab ❺ ★★ **Pensacola** folgt man dem US-90 nordostwärts. Dieser erschließt ebenso wie der stark befahrene I-10 das hügelige, waldreiche und zum Teil stark verkarstete Hinterland des »Florida Panhandle«. Bald erreicht man die bei Kanuten beliebten Blackwater River mit dem gleichnamigen großen State Park (▶ S. 240), der noch ein Stück ursprüngliches Nordflorida schützt. Über Crestview und De Funiak Springs kommt man zu den legendenumwobenen Ponce de León Springs (▶ S. 128) und erreicht einige Zeit später das nette Städtchen ❻ ★ **Marianna** (▶ S. 279), wo das Höhlensystem der Florida Caverns ein interessantes Ausflugsziel ist.

Verkarstetes Hinterland

Danach geht es in südöstlicher Richtung weiter nahe an die Grenze zu Georgia. Bei Chattahoochee erreicht man den Apalachicola River und den Jim Woodruff Dam, der den in den nördlich benachbarten Bundesstaat Georgia hineinreichenden Lake Seminole aufstaut. Hier ist auch der erholsame Three Rivers State Park eingerichtet. Nun dauert es noch etwa eine Stunde mit dem Auto, bis man wieder zurück in ❶ ★★ **Tallahassee** ist.

Zurück über den Lake Seminole

Z
ZIELE

---

*Magisch, aufregend,
einfach schön*

Alle Reiseziele sind
alphabetisch geordnet. Sie haben
die Freiheit der Reiseplanung.

Florida at its best: Sonne, Meer und sanfte Brise ... ▶

 AMELIA ISLAND

Region: Central East | **Höhe:** 0–7 m ü. d. M. | **Einwohnerzahl:** 32 200

Normalerweise signalisiert schon die Existenz eines Ritz-Carlton ein teures, leicht versnobtes Urlaubsziel. Das gleichnamige Hotel am Amelia Parkway hingegen gibt sich wohltuend entspannt, und auch der Service ist nicht halb so angestrengt wie in den übrigen Häusern der Luxuskette. Und genauso ist Amelia Island.

Strände und Geschichte

Die südlichste der **Sea Islands** ist entspannt, informell und oft noch naturbelassen. Angesichts ihrer kilometerlangen Sandstrände, dichten Wälder aus immergrünen Eichen, rotem Ahorn, Zedern, Kiefern, Magnolien und Palmettogestrüpp ein kleines Wunder. Die umweltbewussten Insulaner, viele liebenswerte Exzentriker darunter, wollen es auch nicht anders. Die Geschichte mag etwas nachgeholfen haben. Als Henry M. Flaglers **Florida East Coast Railway** zu Beginn des 20. Jhs. vorbeikam, nahm sie den Tourismus mit: Bis dahin hatten Dampfschiffe die Touristen gebracht, und das Städtchen Fernandina, ein viktorianisches Schmuckkästchen, hatte als Umschlagplatz für Holz und Phosphat eine Blütezeit erlebt.

Danach versank die Insel im Dornröschenschlaf, erst die internationalen **Tennisturniere** in den 1970er-Jahren küssten es wieder wach. Mit ihnen kam die Uniformität der Golfplätze, Tennis-Courts und Luxus-Resorts, vor allem im Süden der gut 20 km langen und etwa 5 km breiten Insel. Dennoch ist Fischerei neben dem Tourismus noch immer wichtigste Einkommensquelle.

Fernandina Beach blieb jedoch von bauwütigen Spekulanten weitgehend verschont. Und durfte 1988 dank seiner wunderbaren alten Holzhäuser sogar als Drehort für »The New Adventures of Pippi Longstocking« (Pippi Langstrumpf) dienen! Und dann natürlich die Strände … Aaah, die Strände!

▌ Wohin auf Amelia Island?

Fernandina Beach – Charme des Alten Südens

Lust auf eine Reise in eine langsamere Zeit? Auf zielloses Bummeln und gemütliches Shopping? Die 50 Blocks große Altstadt von Fernandina Beach ist in jeder Hinsicht das Alter Ego des hyperdynamischen ▶ Miami und erinnert mehr an die historischen Südstaatenstädte in Georgia und South Carolina. Die Häuser spiegeln vom verspielten Queen-Anne- bis zum herrschaftlichen Beaux-Arts-Stil alle zwischen 1870 und 1910 modernen Bauformen wider. Dabei reicht die kompakte unter Denkmalschutz gestellte **Altstadt** viel weiter zurück. 1696

Beach Historic District

5x
GUTE LAUNE

Das hebt die Stimmung

1.
ABTANZEN
Warum nicht endlich den lang geplanten **Salsa-Kurs** absolvieren? Und zwar dort, wo es am heißesten ist? Zum Beispiel täglich um 18.30 und 20 Uhr im »Mojito Room« des Mango's in South Beach. Und anschließend stracks auf die Tanzfläche! (▶ S. 187)

2.
TAAAAAXI!
Außer 16 normalen Haltestellen gibt es in Fort Lauderdale sog. »Whistle Stops«, wo man **Wassertaxis heran pfeifen** kann. Sie machen einen Mordsspaß und man bekommt obendrein gute Shopping- und Restauranttipps! (▶ S. 107)

3.
HÖHENFLIEGER
Frühmorgens, wenn die Sonne aus dem Atlantik auftaucht, ist es am besten. Overall an, Helm auf, und Go! Ein Trip im **Ultraleichtflieger über Amelia Island** gehört zum Stoff, aus dem Erinnerungen sind ... Hang Glide USA | 650 Airport Rd., Fernandina Beach | Tel. 1-877-933-6359 | www.hangglide now.com.

4.
DER BESTE ABSACKER
Dass die urige **Neptune Lounge & Bar** in Cedar Key weit und breit die **einzige Kneipe ohne Fernsehschirme** ist, klingt sympathisch. Und dass der Joint zu Jimmy Buffets Lieblingskneipen gehört, noch mehr ... (▶ S. 70)

5.
»2 FOR 1«
Zwei Drinks zum Preis von einem, dazu ein preiswertes Gericht: Die **Happy Hour** von 17–19 Uhr gehört zu Florida wie Currywurst zu Bochum. Wenn vor Ort, einfach mal googeln. In South Beach ist die Terrasse des **Clevelander** am Ocean Drive der »Place to Be«! (▶ S. 192)

Idyllisch, romantisch und schachbrettartig: die intakte Altstadt des Fernandina Beach Historic District

stand hier ein spanisches Fort. Im 18. Jh. war die Insel mal englisch, mal spanisch. 1811 gründeten die Spanier den Ort offiziell und benannten ihn nach König Ferdinand VII.: Als letzte spanische Gründung in Nordamerika sollte Fernandina die US-amerikanische Expansion nach Süden stoppen. Doch dann machten sich Piraten und Freibeuter hier breit, bis sie 1817 von US-Truppen besetzt und 1821 dem neu erworbenen Florida zugeschlagen wurde.

Fotogene Häuser, Hafenflair und viel Geschichte

Altstadt-
Häuser

Das von den Spaniern stammende Schachbrettmuster der Altstadt blieb intakt. Die von der Centre Street abzweigenden Straßen führen in fotogene Wohngegenden mit schönen alten Häusern, in die man am liebsten sofort einziehen würde. Sehenswert sind v. a. das **Fairbanks House** (7th St.; Italian Style), das von einem schönen Glockenturm gekrönte **Fernandina Beach Courthouse** (Atlantic Ave./ 5th St.; Victorian Style) und die **Villa Las Palmas** (304 Alachua St.; Spanish Mission Style). Hauptstraße ist die von Läden, Bars und Restaurants gesäumte Centre Street, die sich östlich in der Atlantic Avenue fortsetzt.

Am westlichen Ende des Historic District liegt die Fischfangflotte der Stadt in der **Fernandina Harbor Marina**, Brett's Waterway Café (▶ rechts) bietet hier schöne Aussichten aufs Wasser mit Lunch und Dinner dazu, etwas weiter findet man den **Palace Saloon** (117 Centre

AMELIA ISLAND ERLEBEN

AMELIA ISLAND TOURISM DEVELOPMENT COUNCIL
102 Centre St., Fernandina Beach, FL 32034 | Tel. 1-904-277-0717
www.ameliaisland.com

BRETT'S WATERWAY CAFÉ €€€
Das Blau des Meeres entspannt, und das frische, mittags und abends servierte Seafood hilft dabei. Bei »Brett's« essen alle Sinne mit.
1 S Front St., Fernandina Beach
Tel. 1-904-261-2660
www.ameliaisland.com/Dining/Bretts-Waterway-Cafe

BRIGHT MORNINGS CAFÉ €
Ein kleiner Raum, ein paar Tische mit Stühlen und unermüdliche, mit Kaffeekannen bewaffnete Kellnerinnen: Serviert werden alle amerikanischen Frühstücksklassiker, »Grits« genannter Grießbrei und jede Menge Tratsch aus der Nachbarschaft.
105 S 3rd St, Fernandina Beach
Tel. 1-904-491-1771
www.brightmornings.us

ELIZABETH POINTE LODGE €€€€
Wer sich hier nicht erholt! Die traumhafte Lodge in neuenglischer Schindelbauweise mit 24 Zimmern und einem Cottage sowie schöner Terrasse mit Schaukelstühlen liegt unmittelbar am Strand.
98 S Fletcher Ave.
Tel. 1-904-277-4851
www.elizabethpointelodge.com

OMNI AMELIA ISLAND PLANTATION RESORT €€€€
Die elegante Hotelanlage bietet auf einem 540 ha großen Areal Luxus pur. Alle 404 Zimmer verfügen über Meerblick, sportliche Gäste können auf mehreren Kursen in insgesamt 54 Löcher putten oder auf 23 Hartplatzcourts das Tennisracket schwingen. 12 Restaurants lassen kaum kulinarische Wünsche offen.
39 Beach Lagoon Rd., Amelia Island
Tel. 1-904-261-6161
www.omnihotels.com

THE HOYT HOUSE €€€
Schon mal in einem schönen alten Himmelbett geschlafen? Dieses wunderbare, eher wie ein historisches Boutiquehotel wirkende B & B empfängt seine Gäste mit zehn viktorianisch eingerichteten Zimmern – sowie Pool und moderner Klimaanlage. Das opulente Frühstück hat drei Gänge!
804 Atlantic Ave., Fernandina Beach
Tel. 1-904-277-4300
www.hoythouse.com

Street) von 1878, eine der ältesten Kneipen Floridas. Sieht man hier übrigens einen Geist, wird das nicht am Alkohol liegen: »Good ol'« Charlie Beresford, der hier 54 Jahre lang Bartender war, geht seit seinem Tod im Jahr 1960 um. Jedenfalls behaupten die Barkeeper das ebenso steif und fest wie die Guides der »Ghost Tours« des **Amelia Island Museum of History**. Ansonsten vermittelt dessen

Ausstellung einen ebenso seriösen wie spannenden Querschnitt durch die Inselgeschichte.

Amelia Island Museum of History: 233 S 3rd St. | Mo.–Sa. 10–16, So. 13–16 Uhr | 8 $, Ghost Walking Tour 10 $ | http://ameliamuseum.org

Strandidyll und Jazzkultur

Strände In westlicher Richtung läuft die Hauptstraße (Centre St. bzw. Atlantic Ave.) am Atlantik aus. Jenseits der hohen Dünen liegt der schöne **Main Beach**, es gibt Duschen, Toiletten und Parkplätze. Südlich schließt sich der **Peters Point Beach Park** an, ein herrlicher, ebenfalls mit allen Einrichtungen versehener Strand. Der **American Beach** ist Teil der 1935 zu Zeiten der Rassentrennung von der Afro-American Life Insurance gegründeten gleichnamigen Strandgemeinde. Seine Blütezeit erlebte er in den 1950er-Jahren, als Ray Charles (▶ S. 344), Duke Ellington und Count Basie hier im legendären hiesigen Nachtklub »Ocean Rendezvous« gastierten.

Heute zwischen die Luxusresorts **Ritz-Carlton Amelia Island** und **Omni Amelia Island Plantation** eingeklemmt, weigern sich die verbliebenen dreißig Familien bislang ziemlich standhaft, an Immobilienhändler und Golfplatzbauer zu verkaufen. Am Nord- und Südrand aus dem Boden schießende Kondominiumgebäude und Strandhäuser zeigen jedoch, dass sich American Beach im Übergang befindet.

Im Zentrum: Backstein-Fort aus dem Bürgerkrieg

Fort Clinch
State Park
Vom Main Beach aus führt ein 5 km langer Strandspaziergang nordwärts zum Fort Clinch State Park. Hier kann man im Herbst **Wale** be-

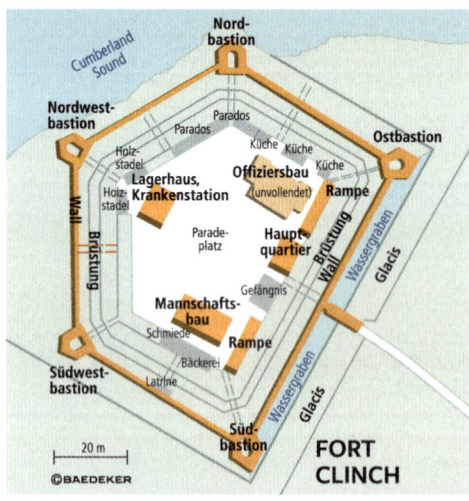

obachten. Das **Schutzgebiet** mit Dünen und dem dicht bewaldeten Nordzipfel dahinter bietet ebenfalls schöne, relativ leere und mit Muscheln und Treibholz übersäte **Strände**. Der lange **Pier** ist nicht nur bei Anglern beliebt, sondern auch bei Verliebten – wegen der herrlichen Sonnenuntergänge, bei denen der Himmel oft zur Leinwand für spektakuläre Farborgien wird. Namensgeber des Parks ist das 1847 begonnene **Fort**, das 1862 von Unionstruppen besetzt und nach 1898 endgültig aufgegeben wurde. Die Hauptattraktion sind die mitteilungsfreudigen »Re-Enactors«, die am ersten Wochenende jedes Monats in Yankee- und Konföderierten-Uniformen patriotisch gefärbte »Living History« und sachkundige Führungen bieten. Um so authentisch wie möglich zu wirken, übernachten sie sogar in der Festung.

2601 Atlantic Ave. | tgl. 8 Uhr bis Sonnenuntergang
Fußgänger 2 $, Pkw 6 $ | »Living-History«-Darbietung + 2 $
www.floridastateparks.org/park/Fort-Clinch

APALACHICOLA

Region: Northwest | **Höhe:** 0–6 m ü. d. M. | **Einwohnerzahl:** 2300

Morgens legt sich das erste Licht fast zärtlich über das alte Aus-ternfischerstädten. Ein paar Kutter tuckern in die Bay hinaus, an der Market Street ziehen die Ladensitzer die Rollläden hoch. Wenn das alte Florida im sonst so ultradynamischen »Sunshine State« noch existiert, dann hier.

Dabei kommt die steigende Nachfrage nach »Old Florida« dem Ort am Nordrand des Mexiko-Golfs mehr als gelegen. Bis 2010 stammten gut 80 % aller in Florida »geernteten« Austern von den Bänken in der Apalachicola Bay, doch in diesem Jahr war damit plötzlich Schluss. Die von der Explosion der Ölplattform Deepwater Horizon ausgelöste Ölpest vernichtete die reichen Austernbestände vor der Küste und damit die Lebensgrundlage vieler seit Generationen von den Schalentieren lebenden Familien. Der Tourismus konnte die danach einsetzende Talfahrt zum Teil auffangen. Von einem Boom kann jedoch nicht die Rede sein: Bis heute regelt eine einzige Ampel den Verkehr, verschließen die Einheimischen weder Haus- noch Autotüren.

Vom Baumwoll-Hafen zum Familienort

Dass Apalachicola um 1850 der drittgrößte Hafen am Golf war, ist heute nicht mehr spürbar. Rund 200 alte Häuser, viele davon mit umlaufender Veranda, erinnern an die Zeit der Plantagenbesitzer, die von hier ihre Baumwolle verschifften. Die Eisenbahn wurde an der blühenden Hafenstadt vorbei verlegt und die immer größer werdenden Schiffe konnten nicht mehr in den flachen Lagunenhafen einlaufen. Apalachicola hielt sich noch eine Weile mit Schwammfischerei und Zedernholzhandel über Wasser, doch in den 1930er-Jahren ging es endgültig bergab. Erst die Austernzucht und heute der Tourismus ließen die Kassen wieder klingeln.

Historische
Entwicklung

APALACHICOLA ERLEBEN

APALACHICOLA BAY CHAMBER OF COMMERCE

122 Commerce St., Apalachicola, FL 32320 | Tel. 1-850-653-9419
www.apalachicolabay.org

BOSS OYSTER €€

Frittiert, gedämpft oder überbacken. Der Familienbetrieb serviert an ramponierten, mit Plastikfolien gedeckten

Tischen das leckere Muschelfleisch mit über zwei Dutzend verschiedenen Toppings!
125 Water St. | Tel. 1-850-653-9364
http://bossoyster.com

THE GIBSON INN €€€–€€

In Schaukelstühlen auf den umlaufenden Veranden kann man abends die Brise vom Golf mit einem Drink genießen.
51 Ave. C | Tel. 1-850-653-2191
www.gibsoninn.com

▍Wohin in Apalachicola und Umgebung?

Südstaaten-Holzhäuser und eine nützliche Erfindung

Historic Downtown
Das Tempo ist gemächlich, und durch die Straßen weht noch ein Hauch »Vom Winde verweht«: Zwischen knorrigen Eichen gibt es so viele schöne alte Holzhäuser wie sonst selten in Florida. Bemerkenswert sind v. a. das 1838 errichtete **Cotton Warehouse** (Water St.) und die alte Schwammbörse **Sponge Exchange** (Commerce und Chestnut Sts.). Die im Greek-Revival-Stil errichtete **Trinity Episcopal Church** wurde 1837 in New York entworfen und, schon damals war nichts unmöglich in Amerika, das komplette Baumaterial um die Florida Keys herum geschifft. Einen Besuch wert ist das in einem schlichten Bungalow untergebrachte **John Gorrie Museum**, in dem u. a. ein Nachbau der von dem berühmten Arzt (▶ S. 345) ersonnenen Eismaschine zu sehen ist.
Trinity Episcopal Church: 79th 6th St. | tgl. 9–17 Uhr frei, Spende erbeten | www.trinityapalachicola.org
John Gorrie Museum: 46 6th St. | Do.–Mo. 9–17 Uhr | 2 $ www.floridastateparks.org/johngorriemuseum/

Frische Austern für jeden Geschmack

Hafen
Im Hafen von Apalachicola und entlang der US-98 gibt es zahlreiche Lokale, in denen man frische Austern bekommt – frittiert, gedämpft (»steamed«) oder überbacken, mit oder ohne scharfe Cocktailsauce. Besonderer Hinweis: Im Gegensatz zu vielen Europäern schlürfen nur ganz wenige Amerikaner frische Austern direkt aus der Schale!

Traumhafte Barriere-Insel vor der Küste

Für diesen 15 km langen Strand, von vielen als schönster Floridas bezeichnet, fährt man gern die 24 km auf dem US-98 nach Osten. In **Eastpoint** biegt man rechts auf die elegant geschwungene Brücke ab. Sie verbindet das Festland mit dem 6 km vor vor der Küste liegenden St. George Island. Die nur wenige hundert Meter breite, aber 45 km lange Insel schützt als Barriere-Insel die Küste. Der State Park selbst liegt im Ostzipfel und bewahrt **Dünen**, **Salzwassermarschen** und 15 km feinsten **Sandstrand** vor Bebauung. Die ersten 7 km sind per Auto erreichbar, der restliche Strand will zu Fuß erobert sein.

1900 E Gulf Beach Dr., St. George Island
tgl. 8 Uhr bis Sonnenuntergang | Fußgänger 2 $, Pkw 6 $
www.floridastateparks.org/park/St-George-Island

St. George
Island State
Park

RITT IN DEN SONNENUNTERGANG

Der gelbe Sand bis zum Horizont, das zärtliche Spiel der Wellen des Golfs von Mexiko, die spektakulären Farben am Himmel: Ein Ausritt über die **Strände am Cape San Blas** gehört zu den Erlebnissen, die man nicht so schnell vergisst. Auch deshalb, weil die Pferde die Aussicht auf das herrliche Ineinander von Land, Meer und Himmel ebenfalls lieben und entsprechend entspannt durchs Wasser traben (Two-bit Stable, Salinas Park, 240 Cape San Blas Rd., Port St. Joe; Tel. 1-850-227-4744; www.twobitstable.com)!

Der Apalachicola National Forest hat sich vom langen Raubbau gut erholt, wie man beim Wandern feststellen wird.

Sandstrände, Pinienwald und Pelikane

St. Joseph Peninsula State Park

Noch ein Strand, der regelmäßig einen der vordersten Plätze in den einschlägigen Rankings ergattert. Einige Meilen westlich von Apalachicola zweigt die FL 30 vom US-98 auf eine hakenförmige, handtuchbreite Nehrung ab. Am **Cape San Blas** vorbei geht es durch lichten **Pinienwald** wieder nach Norden. Den unbebauten Nordzipfel schützt der State Park. Neben ungestörtem (Sonnen-) Baden kann man hier auch über das azurblaue Meer gleitende **Pelikane** beobachten.

8899 Cape San Blas Rd., Port St. Joe
tgl. 8 Uhr bis Sonnenuntergang | Fußgänger 2 $, Pkw 6 $
www.floridastateparks.org/park/St-Joseph

Hafenort mit historischer Bedeutung

Port St. Joe

34 km westlich von Apalachicola erreicht die US-98 die 1835 gegründete Hafenstadt Port St. Joe (3600 Einwohner). Hier trat 1838 die erste verfassungsgebende Versammlung des Staates Florida zusammen. An sie erinnert heute das am südlichen Stadtrand gelegene **Constitution Convention Museum**.

Constitution Convention Museum State Park: Do.–Mo. 9–17 Uhr | 2 $
www.floridastateparks.org/park/constitution-convention

Florida alternativ: Hiking, Campen, Kanuwandern

Eine Autostunde nördlich von Apalachicola beginnt der 2320 km²
große Apalachicola National Forest, Floridas größtes Waldgebiet. Seit
1936 als Naturschutzgebiet ausgewiesen, haben sich seine Bestände
an **Eichen, Zedern und Zypressen** vom Raubbau der Holzwirtschaft
erholt. Es bietet heute mit Savannen, Feuchtgebieten und für mehrtägige Kanuwanderungen geeigneten Flüssen ein herrliches Alter-
nativprogramm für den Florida-Reisenden.

Hinter dem Parkeingang zweigt ein Weg ab zum **Fort Gadsden**. Nur
noch ein paar Schanzanlagen und eine Plakette erinnern an die aufregende Geschichte dieses Ortes. 1814 errichteten die Briten das Fort,
um Indianer und geflohene Sklaven für den Krieg gegen die Amerikaner zu rekrutieren. Zwei Jahre später wurde es von amerikanischen
Truppen zerstört, doch während des Ersten Seminolenkrieges diente
es den Amerikanern als Nachschubbasis.

Tgl. 8–18 Uhr | Fußgänger frei, Pkw 3 $
www.fs.usda.gov/apalachicola, www.stateparks.com/apalachicola.html

Apalachicola
National
Forest

BOCA RATON

Region: Southeast | **Höhe:** 0–6 m ü. d. M.
Einwohnerzahl: 97 000

Q 10

*Boca Raton bedeutet auf Spanisch »Rattenmaul«. Wie bitte?
Wahr ist auch, dass das Pro-Kopf-Einkommen dort doppelt
so hoch ist wie im Rest von Florida, Shopping als sportliche
Betätigung gilt und die New York Yankees das Lieblingsbase-
ballteam der Stadt sind. Auch weil Boca das bevorzugte Ziel
gicht- und wintergeplagter New Yorker Senioren ist.*

Boca Raton ist eines der wohlhabendsten Seebäder Floridas, und man
darf vermuten, dass die Einwohner heutzutage ihr rundum perfektes
Paradies kaum nach einem Nagetier benannt hätten. Lächelnde Menschen in urbaner Freizeitkluft, bewaffnet mit cremefarbenen Ein-
kaufstaschen, shoppen unter Palmen, uniformierte Supermarkt-
Angestellte parken für Kunden den Wagen, und Yuppies mit ständig
fiependen Handies fahren ihre Golfausrüstung im Jeep spazieren: Boca
Raton ist reich und schön – und man tut einiges, damit das so bleibt.
Dazu gehören auch strengste **Bauvorschriften**: Selbst McDonalds
musste sein weltberühmtes Logo dem Stadtbild angleichen. Wer hier
baut, muss sein Haus, Bürogebäude oder Restaurant mit rotem Ziegeldach und geschwungenen Bogengängen ausrüsten.

Mondänes
Seebad

BOCA RATON ERLEBEN

GREATER BOCA RATON CHAMBER OF COMMERCE
1800 N Dixie Hwy.,
Boca Raton, FL 33432
Tel. 1-561-395-4433
www.bocaratonchamber.com

CAP'S PLACE €€€
Vom Cap's Dock in der Marina von Lighthouse Point nördlich des Pompano Beach geht es per Boot zum Restaurant. Dort haben schon Präsident Roosevelt und Al Capone Seafood genossen.
2765 NE 28th St./
Court Lighthouse Point
Tel. 1-954-941-0418
www.capsplace.com

BOCA RATON RESORT & CLUB €€€
Boca Ratons ganzer Stolz wurde seit 1926 mehrfach erweitert und verfügt als perfektes Resort über 963 Zimmer und Suiten, 120 Villen sowie zwei Golf-plätze, mehrere Tennis Courts, fünf Pools und zahlreiche Restaurants.
501 E Camino Rea | Tel. 1-561-447-3000 | www.bocaresort.com

OCEAN LODGE €€
»Boca Raton's friendliest hotel« bietet Pool und Terrasse. 11 der 18 Gäste-zimmer verfügen über Kitchenettes. Zum Strand muss man die vorbeiführende Straße überqueren.
531 N Ocean Blvd.
Tel. 1-561-395-7772
https://oceanlodgeflorida.com

Pittoresker Mix der Bauformen

Mediter-ranean Style

Seit Star-Architekt **Addison Mizner** (▶ S. 348) den Stil vorgab und hier in den 1920er-Jahren kreativ war, geht nichts mehr ohne den von ihm maßgeblich geprägten Mediterranean Style (▶ S. 338). Seine großartigen Pläne für Boca Raton – Mizner dachte u. a. an Kanäle mit Gondeln und eine Kathedrale für seine Mutter – gingen zwar 1926 mit dem »Florida Land Boom« baden, doch einige Projekte konnte er zuvor noch realisieren. So ist sein »**Boca Raton Hotel**« (heute: »Boca Raton Resort & Club«; ▶ oben und Abb. rechts), ein pinkfarbener, maurisch anmutender Strandpalast, bis heute das Wahrzeichen der Stadt.

▎ Wohin in Boca Raton?

Lifestyle Mall als Stadtzentrum

Mizner Park

Alle Wege führen in den Mizner Park: In den 1990er-Jahren angelegt, ist er mit seinem prall gefüllten Veranstaltungskalender, seinem von Pflasterstraßen gerahmten Grün mehr als eine feine Mall für begeisterte Ladenbummler.
www.miznerpark.com

Eines der führenden Kunstmuseen

Das pinkfarbene Museum gehört zu den besten seiner Art im Süden der USA und spielt eine führende Rolle im Kulturleben der Stadt. Hier stellen die interessantesten Künstler Floridas aus. Daneben gibt es eine kleine und ansprechend präsentierte Sammlung von Meistern des 19. und 20. Jhs., darunter Werke von Picasso, Degas und Matisse.

Di., Mi., Fr. 10–17, Do. 10–20, Uhr | 12 $ | www.bocamuseum.org

Boca Raton Museum of Art

Mediterranean Style vom Feinsten

Wenn Wände sprechen könnten! Bei Führungen durch den pinkfarbenen Palast des ehem. **Boca Raton Hotel** erfährt man, wie **Addison Mizner** es schaffte, die Holzdielen so alt aussehen zu lassen (indem die Bauarbeiter das Holz mit Nagelschuhen bearbeiteten), wer alles in den prunkvollen Räumen geschlafen hat, und was dort an Wichtigem – und Pikantem – geschehen ist.

501 E Camino Real | Führungen n. V.
www.bocahistory.org/tours-boca-raton-resorts/

Boca Raton Resort

Dem Schutz des Küsten-Ökosystems gewidmet

Ein Kranich schlägt verschlafen mit den Flügeln. Im Laub raschelt es – eine Eidechse. Oder ein tropischer Frosch. Spechte klopfen die Bäume ab, und bunte Schmetterlinge tanzen im warmen Abendlicht. Das

Gumbo Limbo Nature Center

Ganz in rosa tritt die Fassade des ehemaliges Boca Raton Hotel auf. Wenn sie nur erzählen könnte …

Am Delray Public Beach von Boca Raton kann man sich die Sonne auf den Bauch scheinen lassen oder sich mit dem Surfbrett in die Wellen stürzen.

nach einem hier wachsenden Baum benannte Waldgebiet zwischen Atlantik und Intracoastal Waterway schützt eines der letzten ursprünglichen Küstengebiete Floridas. Ein Plankenweg führt über **Hammocks** (Waldinseln) und **Mangroveninseln** und endet an einem **Aussichtsturm** mit raumgreifendem Blick auf den Atlantik. Zu den Bewohnern dieses Ökotops gehören außerdem seltene Arten, darunter Braune Pelikane, diverse Amphibien und Seekühe, die man mit etwas Glück sehen kann.

1801 N Ocean Blvd. | Mo.–Sa. 9–16, So. 12–16 Uhr frei, Spende erbeten | www.gumbolimbo.org

Baden, Surfen und viel Natur

Strände   Einige der schönsten Strände in diesem Abschnitt sind als State Parks geschützt. In Boca Raton sind dies der **South Beach Park** (400 N Ocean Blvd.) und der **Spanish River Park Beach** etwas weiter nördlich. Hier führen Wege durch dichte Vegetation zu einem Aussichtsturm. Besonders belebt und an Wochenenden Treff der Jugend ist der **Delray Public Beach** (Ocean und Atlantic Blvds.).

Zugang zu den Stränden tgl. 8 Uhr bis Sonnenuntergang

▌ Rund um Boca Raton

Ein Stück japanischer Kultur

Der friedvolle, nach alter japanischer Tradition angelegte **Park** 16 km nordwestlich von Boca Raton erinnert an japanische Bauern, die um 1900 von der Florida East Coast Railway hier angesiedelt wurden, um Reis und Tee anzubauen. Das Experiment schlug fehl, doch George Sukeji Morikami blieb und stieg erfolgreich auf Ananas um. Später vermachte er sein Anwesen dem County.

Morikami Museum & Japanese Gardens

4000 Morikami Park Rd., Delray Beach | Di.–So. 10–17 Uhr | 15 $
www.morikami.org

Natur- und Vogelparadies im Norden der Everglades

Das 60 000 ha große Wildnisgebiet liegt 20 km westlich von Delray Beach und ist der nördlichste Zipfel der Everglades. In größtenteils sumpfiger **Marschlandschaft** und zwischen geisterhaften Zypressen finden Tausende Alligatoren, verschiedene Kranicharten, Waldstörche und über 250 weitere Vogelarten Unterschlupf. Die beste Art, diese Landschaft zu erkunden, ist zu Wasser: Mehrere **Kanutrails** ermöglichen tolle Fotomotive. Zu Fuß kommt man der Sumpflandschaft auf dem kurzen, am Visitor Center beginnenden Plankenweg näher.

Loxahatchee National Wildlife Refuge

10216 Lee Rd., Boynton Beach | tgl. 8 Uhr bis Sonnenuntergang
Fußgänger 1 $, Pkw 5 $ | www.fws.gov/refuge/ARM_Loxahatchee/

★ CAPE CANAVERAL · KENNEDY SPACE CENTER

Region: Central East | **Höhe:** 0–10 m ü. d. M.

Ein Besuch in Amerikas Weltraumbahnhof ist nicht nur für Raketen-Fans ein Erlebnis. Die Hangars und Abschussrampen dokumentieren den ungebrochenen Optimismus einer Nation sowie die Sehnsucht des Menschen nach neuen Herausforderungen.

P 5/6

Die langen Nächte vor dem Fernseher, das Mitzählen der Countdowns und das Mitfiebern während der Raketenstarts: Babyboomer erinnern sich daran ebenso kristallklar wie an die Liveübertragung der ersten Mondlandung am 20. Juli 1969. Hunderte erfolgreicher Weltraumreisen begannen hier, darunter die Apollo-Missionen zum

Sprungbrett ins All

Mond, das Spacelab-Projekt und die »Space Shuttles« genannten Weltraumfähren, die von hier aus in den Orbit aufstiegen. In den besten Zeiten waren bis zu 25 000 Menschen auf Cape Canaveral beschäftigt.

Startschuss zum Wettlauf ins All

Geschichte Amerikas Weltraumbahnhof begann 1949 als Testgelände für Langstreckenraketen. Der Ort war gut gewählt. Über dem Atlantik konnte gefahrlos getestet werden, das ganze Jahr über herrschte gutes Flugwetter. Die Tests begannen im Jahr darauf, zunächst mit modifizierten V-2-Raketen aus deutschen Beständen, die Höhen von bis zu 16 km erreichten. Unter der wissenschaftlichen Leitung des deutschen Raketenexperten **Wernher von Braun** wurden während der nächsten Jahre immer leistungsstärkere Raketen entwickelt.

Richtig in Schwung kam die amerikanische Raumfahrtindustrie jedoch erst mit dem Sputnik-Schock im Oktober 1957. Der Erfolg der russischen Sonde »Sputnik 1« zeitigte in Washington die Erkenntnis, dass auch Moskau leistungsfähige Raketen baute. Am 1. Oktober 1958 wurde deshalb die Weltraumbehörde **NASA** (National Aeronautics and Space Administration) gegründet. Bald hatte die gesamte Küste zwischen ▶ Fort Pierce und ▶ Daytona Beach ihren Namen weg: »**Space Coast**«. Der Wettlauf ins All begann. Am 12. April 1961 erreichte der Kosmonaut Juri Gagarin den Orbit. Weniger als einen Monat später konterten die USA: Am 5. Mai schickten sie **Alan Shepard** an Bord der »**Mercury 1**« ins All.

Entwicklung der bemannten Raumfahrt

Expeditionen zum Mond Kurz darauf wurde das Apollo-Programm aus der Taufe gehoben. Als Startgelände für die gigantischen »**Saturn-V**«-**Trägerraketen** wählte man das westlich gelegene Merritt Island (▶ S. 64) und taufte es nach dem 1963 ermordeten Präsidenten **Kennedy Space Center.** Während unbemannte Satelliten weiterhin von Cape Canaveral aus starteten, diente das KSC als Sprungbrett zum Mond. 1966 begann das Apollo-Programm, das mit »**Apollo 11**« seinen Höhepunkt erlebte: Am 20. Juli 1969 betrat **Neil Armstrong** als erster Mensch den Mond (▶ S. 342). Weitere Expeditionen dorthin folgten. Im Dezember 1972 startete mit »Apollo 17« die letzte.

Tragisches Ende

Mission der »Space Shuttles« Am 14. Mai 1973 brachte eine »Saturn-V«-Rakete das **Weltraumlaboratorium** »**Skylab**« in die Umlaufbahn. Als »Skylab« im Spätsommer 1979 in der Erdatmosphäre verglühte, hatte die NASA bereits die wiederverwendbare **Raumfähre** »**Columbia**« vorgestellt. Die sog. »Shuttles«, auf Trägerraketen huckepack startend, aber wie Flugzeuge landend, sollten billig Nutzlasten (Satelliten, Ersatzteile) transportieren. Am 12. April 1982 absolvierte die Raumfähre »Columbia« ihren Jungfernflug. Während der folgenden beiden Jahrzehnte setzten insgesamt fünf Shuttles 61 Satelliten ab, transportierten rund 700 Piloten, Crewmitglieder und Passagiere und bewältigten über 700 Mio. Flugkilometer. Beim Aufbau der **Internationalen Raumstation »ISS«** leisteten sie von 1998 an Transportdienste.

Eine echte Reduzierung der Flugkosten erreichten die Raumfähren jedoch nicht: Statt veranschlagter 10 bis 20 Mio. US-$ kostete jeder Flug rd. 500 Mio. Zudem überschatteten zwei tragische Unfälle das Shuttle-Programm: Am 28. Januar 1986 explodierte die **»Challenger«** kurz nach dem Start. Am 1. Februar 2003 verglühte die **»Columbia«** beim Wiedereintritt in die Erdatmosphäre. Nach über 130 Missionen fand im Juli 2011 der **letzte Shuttle-Flug** statt.

Neue Konzepte ziviler Nutzung

Für die nach dem Weltraumbahnhof benannte »Space Coast« war das Ende des Shuttle-Programms eine Katastrophe. Tausenden von NASA-Angestellten wurde gekündigt, das Kennedy Space Center quasi eingemottet. Die Hotels der »Weltraumküste« erlebten eine dramatische Talfahrt. Trägerraketen mit Satelliten für zivile und militärische Zwecke starten jedoch weiterhin von Cape Canaveral in den Weltraum. Um den Tourismus an diesem Küstenabschnitt wieder anzukurbeln, brachte das Kennedy Space Center deshalb 2014 einen auf 20 Jahre angelegten Masterplan auf den Weg, der u. a. neue Startrampen und ein neues Rollfeld vorsieht.

Interaktives Raumfahrterlebnis

WELTRAUMBAHNHÖFE

Am 24. Juli 1950 startete die erste Rakete von der Cape Canaveral Air Force Station. Es folgten der erste US-Satellit Explorer, zahllose weitere Satellitenstarts und die bemannten Mercury- und Gemini-Missionen. Für die riesige Mondrakete Saturn V baute die NASA einen eigenen Startkomplex, von dem seither alle bemannten Missionen gestartet wuden.

▶ **Space Shuttle und Mondrakete Saturn V**

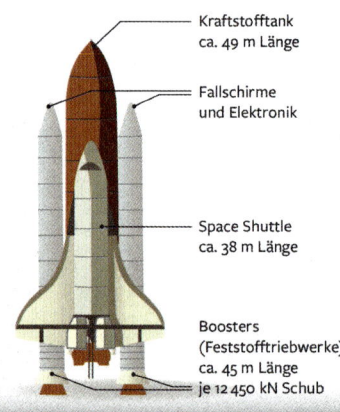

Kraftstofftank
ca. 49 m Länge

Fallschirme
und Elektronik

Space Shuttle
ca. 38 m Länge

Boosters
(Feststofftriebwerke)
ca. 45 m Länge
je 12 450 kN Schub

Mensch

Höhe: ca. 110 m

Rettungsturm

Apollo-
Kommandokapsel

Apollo-Servicemodul

Mondfähre
(in der Rumpf-
verkleidung)

Instrumenten-Einheit

Treibstofftank
der dritten Stufe

Ein Triebwerk
der dritten Stufe
Schub: 890 kN

Treibstofftank
der zweiten Stufe

Fünf Triebwerke
der zweiten Stufe
Schub: 5155 kN

Treibstofftank
der ersten Stufe

Stabilisierungsflossen

Fünf Triebwerke
der ersten Stufe
Schub: 33 665 kN

▶ **Geschichte der bemannten US-Raumfahrt**

12. April 1961
Wostok-1: erster
bemannter Raumflug
(*Jurij Gagarin, UdSSR*)

5. Mai 1961
Mercury 3:
erster be-
mannter
Raumflug
der USA
(*Alan Shepard*)

16. Dez. 1965
Gemini 6
(*Walter Schirra,
Tom Stafford*):
Rendezvous
mit Gemini 7
(*Frank Borman,
James A. Lovell*)

11. Okt. 1968
Apollo 7:
Erstflug einer
Apollo-Kapsel
(*Walter Schirra,
Donn Eisele,
Walter Cunningham*)

21. Dez. 1968
Apollo 8: erste
Umrundung
des Mondes
(*Frank Borman,
James Lovell,
William Anders*)

20. Juli 1969
Apollo 11:
erste Mond-
landung
(*Neil Armstro
Edwin Aldrin;
Pilot Michael
Collins*)

1960	1965	1970

1958–1963 Mercury-Programm
Ziel: einen Menschen
in den Orbit bringen

1961–1972 Apollo-Programm, Ziel: Menschen zum Mond bringen

1965 - 1966 Gemini-Programm
Ziel: Verfahren und Technologie für Apollo erproben

ondlandefähre (Lunar Module)	
öhe	7 m
urchmesser	9,4 m
wicht	14 696 kg
atz im Innern	6,7 m³
satzung	2

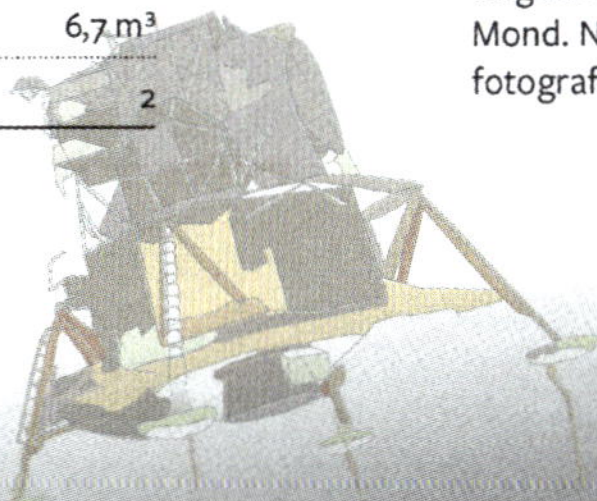

tp://grin.hq.nasa.gov/
bject-space.html

andeplätze und Aufenthaltsdauer
pollo 11–17

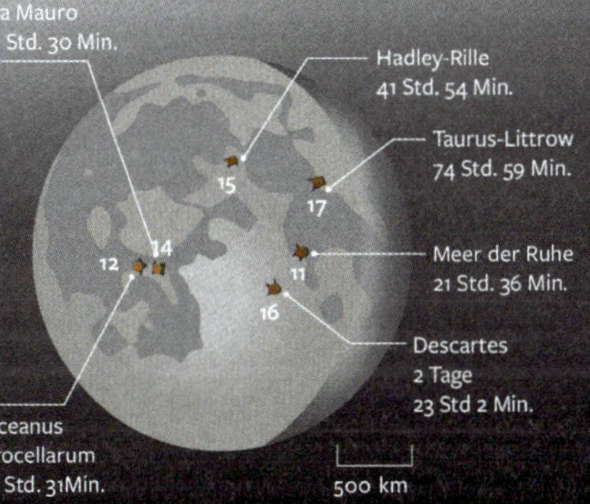

a Mauro
Std. 30 Min.

Hadley-Rille
41 Std. 54 Min.

Taurus-Littrow
74 Std. 59 Min.

Meer der Ruhe
21 Std. 36 Min.

Descartes
2 Tage
23 Std 2 Min.

ceanus
rocellarum
Std. 31Min.

500 km

▶ **Die ersten Menschen auf dem Mond**
»Ein kleiner Schritt für einen Menschen,
aber ein großer für die Menschheit.« Neil
Armstrongs Worte sind in die Geschichte
eingegangen.
Insgesamt betraten zwölf Männer den
Mond. Nr. 2 war »Buzz« Aldrin, hier
fotografiert von Armstrong.

Dez. 1972
pollo 17: letzte
ondlandung
Eugene Cernan,
arrison Schmitt;
ilot Ronald Evans)

12. April 1981
Erster Start eines
Space-Shuttles
(Columbia)

28. Januar 1986
Challenger-Unglück,
alle sieben Besatzungs-
mitglieder sterben

1. Februar 2003
Columbia-Unglück
alle sieben Besatzungs-
mitglieder sterben

14. Mai 1973
Start der
Skylab-Station

bis 1986
21 Missionen
von Satelliten-
transporten

21. Juli 2011
letzte Space-Shuttle-
Mission (Atlantis)

970   1980   1990   2000   2010

1973–1974
Skylab-Projekt

1970–2011 Epoche des Space Shuttle-Konzepts
Ziel: wiederverwendbares Raumfahrzeug

Auch das offizielle, »**Kennedy Space Center Visitor Complex**« genannte Besucherzentrum erhielt ein aufwendiges Facelifting. Heute beherbergt es neben dem Space Shuttle »Atlantis« über 60 interaktive Ausstellungen und bringt seine Gäste auch weiterhin in Bussen zu Saturn-V-Raketen und ihren gigantischen Abschussrampen.

▌ Wohin auf Cape Canaveral?

Kennedy Space Center Visitor Complex

Raumfahrt-Missionen hautnah erleben

Das vielleicht interessanteste Besucherzentrum der USA ist eine weitläufige Ansammlung flacher weißer Gebäude mit Grünanlagen und künstlichen Lagunen. Die Geschichte der amerikanischen Raumfahrt von den ersten Satelliten über die »Mercury«-, »Gemini«- und »Apollo«-Missionen bis zum »Shuttle«-Programm wird hier spannend und auch für den Laien verständlich in verschiedenen »Mission Zones« genannten Ausstellungsgebäuden präsentiert. In »Heroes & Legends« werden die NADA-Pioniere und -Astronauten vorgestellt und im »Rocket Garden« hoch aufragende Trägerraketen.

»Behind the Gates« führt hinter die Kulissen: Während der **Kennedy Space Center Bus Tour** sieht man die historischen Abschussrampen aus nächster Nähe und wirft einen Blick in noch immer in Betrieb befindliche Werk- und Lagerhallen. »Race to the Moon« widmet sich den Apollo-Flügen zum Mond, »Shuttle: A Ship Like No Other« dem erfolgreichen Shuttle-Programm. Mit Hilfe von Flugsimulatoren erlebt man das Andocken und Landen eines Shuttle, während man sich bei der »Shuttle Launch Experience« wie bei einem echten Start durchschütteln lassen kann. »Nasa now« schließlich befasst sich mit der Zukunft des amerikanischen Weltraumprogramms.

Visitor Center: Tagespass 50 $ (Besuch aller Zonen, einschl. »Shuttle Launch Experience« und Bustour) | www.kennedyspacecenter.com

Raketenstarts und Astronauten-Denkmal

Rocket Launches

Der Start einer Satelliten-Trägerrakete ist ein beeindruckendes Erlebnis. Die **Starttermine** (»Launch Dates«) erfährt man im Visitor Center und auf der Startseite des Kennedy Space Center. Dort informiert man über den aktuellen Stand der Dinge. Man kann auch auf **Aussichtspunkte** auf den nach Merritt Island führenden Dämmen ausweichen. Gut zu sehen sind Raketenstarts auch vom Jetty Park am östlichen Ende von Port Canaveral (abseits des George King Blvd.).

Etwa 6 mi/10 km östlich von Titusville erinnert das **Astronaut Memorial** an die 24 ums Leben gekommenen Weltraumfahrerinnen und -fahrer.

Astronaut Memorial: NASA Pwy. (6 mi/10 km östl. von Titusville) tgl. 9–17 Uhr, nur im Rahmen einer im Kennedy Space Center gebuchten Tour | www.kennedyspacecenter.com

OBEN: Im Kennedy Space Center wird in der Abteilung »Race to the Moon« die Apollo-Missionen dokumentiert.

UNTEN: Dort steht auch die Landekapsel von Apollo 14.

CAPE CANAVERAL ERLEBEN

KENNEDY SPACE CENTER
Visitor Complex, FL 32899,
Merritt Island, SR 405
Tel. 1-855-433-4210
www.kennedyspacecenter.com

FLORIDA'S SPACE COAST OFFICE OF TOURISM
430 Brevard Ave., Cocoa,
FL 329622 | Tel. 1-877-572-3224
www.visitspacecoast.com

COCOA BEACH REGIONAL CHAMBER OF COMMERCE
400 Fortenberry Rd., Cocoa Beach,
FL 32952 | Tel. 1-321-784-6444 |
www.cocoabeachchamber.com

🍴🍸

CAFÉ MARGAUX €€€
Die Einheimischen feiern hier Geburts-
tage, College-Abschlüsse und Hochzeiten. Entsprechend konservativ-
würdevoll ist das Dekor. Das

französisch inspirierte Essen jedoch
ist hervorragend. Sehr zu empfehlen:
Filet Mignon und Lachs!
220 Brevard Ave., Cocoa
Tel. 1-321-639-8343
http://margaux.com

HAMPTON INN COCOA BEACH €€
Das moderne 150-Zimmer-Hotel liegt
nur wenige Meter vom Strand entfernt und verfügt über Suiten, Pool
und Fitness Center.
3524 N Atlantic Ave., Cocoa Beach
Tel. 1-321-799-4099
www.hiltonhotels.de

APOLLO INN €
Der freundliche Familienbetrieb
punktet mit sauberen Zimmern und
idealer Lage für die Beobachtung
von Raketenstarts.
4125 N Hwy. 1, Cocoa
Tel. 1-321-636-8511
www.apolloinncocoa.us

▎Rund um Cape Canaveral

Zwei Naturparadiese mit NASA-Anschluss

Canaveral
National
Seashore,
Merritt
Island
National
Wildlife
Refuge

Der technologische Fortschritt hatte auch eine ökologische Seite: Nicht
von ihr selbst genutztes Land trat die NASA an zwei Schutzgebiete ab.
Im Norden liegt der **Canaveral National Seashore**: eine knapp 21 km
lange und nur wenige hundert Meter breite Barriere-Insel mit unberührter Dünenlandschaft, Hammocks, Salzwassermarschen. Hier wurden über tausend Pflanzenarten und über dreihundert Vogelarten
gezählt, darunter Seeadler, Falken und Waldstörche. Mit etwas Glück
kann man in der **Mosquito Lagoon** zwischen Insel und Festland Seekühe (Manatees) und Meeresschildkröten beobachten. Der Zugang zu
den **South Beaches** erfolgt über die FL-3 etwa 13 km östlich von Titusville, zu den **North Beaches** über **New Smyrna Beach** im Norden.
Achtung Sonnenanbeter: In der Südhälfte liegt der herrliche **Playa-
linda Beach**, einer der – wieder mal – schönsten Strände Floridas.

Das schöne Schutzgebiet **Merritt Island** südlich davon besteht aus Marschen, Dünen, Pinienwäldern sowie Palmen- und Eichen-Hammocks. Über 500 Tierarten, darunter 15 bedrohte, leben in diesem hoch differenzierten Lebensraum, darunter Seekühe, Seeadler und Alligatoren. Der vielfältigen Tierwelt kann man sich auf 2 mi/3,5 km bis 5 mi/8 km langen Wanderwegen nähern. Schöne Fotomotive bietet auch der 11 km lange, unbefestigte **Black Point Wildlife Drive**. Informationen im Visitor Information Center östlich von Titusville.

Canaveral National Seashore: tgl. 6–18, im Sommer bis 20 Uhr
Fußgänger 1 $, Pkw 10 $ | www.nps.gov/cana/
Merritt Island National Wildlife Refuge: Sonnenauf- bis -untergang
Visitor Information Center: tgl. 6–16, April–Okt. Mo.–Sa. 9–16 Uhr
www.fws.gov/refuge/Merritt_Island/

Surf-Mekka an der Atlantikküste

Cocoa und Cocoa Beach wuchsen mit dem Kennedy Space Center und haben heute rund 17 000 Einwohner. Der 6 mi/10 km lange, in mehrere Erholungsparks unterteilte **Strand** ist wegen seiner gleichmäßigen Dünung besonders bei Surfern populär.

Kurz eintauchen in die Welt der Surfer kann man in »**Ron Jon's Surf Shop**«, dem sandburgähnlichen Schrein aller Jünger dieses Sports. Der Strand an dem 270 m langen, mit einfachen Fischbuden, Bars und Eisdielen gespickten **Cocoa Beach Pier** ist ein Surfer-Mekka mit lebenslustigem Publikum und entsprechender Infrastruktur.

Ron Jon's Surf Shop: 4151 N Atlantic Ave. | www.ronjonsurfshop.com

Cocoa,
Cocoa Beach

Wichtigster Kreuzfahrthafen Floridas

Nicht weit vom Weltraumbahnhof entfernt ist seit den 1960er-Jahren der Fracht- und Kreuzfahrthafen Port Canaveral entstanden. Von hier laufen Vergnügungsdampfer in Richtung Bahamas und Karibik aus. Auch viele Krabbenkutter und Big-Game-Fishing-Charterboote fahren von hier hinaus aufs Meer.

www.portcanaveral.com/Cruise

Port
Canaveral

Eine Gedenkhalle nur für Astronauten

Die im Hinterland der »Space Coast« am Indian River gelegene 45 000-Einwohner-Stadt **Titusville** verdankt ihre Entwicklung vom kleinen Fischerhafen zum rasch wachsenden Industriestandort dem Geschehen auf dem nahen US-Weltraumbahnhof. In der zum Kennedy Space Center gehörenden Astronaut Hall of Fame am NASA Parkway wird die Entwicklung der Weltraumfahrt umfassend dargestellt. Im **Space Camp** können Kinder und Jugendliche miterleben, wie Astronauten trainiert werden, was es mit der Schwerelosigkeit auf sich hat, und wie man sich in einem Weltraumflug-Simulator fühlt.

Astronaut
Hall of Fame

NASA Pwy. | tgl. 12–18 Uhr | Gebühr im Preis für ein KSC-Ticket enthalten (▶ S. 62)

★ CEDAR KEY

Region: North Central | **Höhe:** 0–5 m ü. d. M. | **Einwohnerzahl:** 700

Der schönste Abstecher in Florida: Der schläfrige Fischerhafen an der sog. »Lost Coast« des Golfs von Mexiko liegt nicht nur am Ende der Straße, sondern auch noch auf mehreren Inseln. Das garantiert Charakter und Beschaulichkeit. Und nette Begegnungen dort, wo auch die Einheimischen essen.

Zedernholz und Touristen

Das alte Florida liegt 5 km vor der Küste. Per Damm mit dem Festland verbunden, endet in Cedar Key – die Insel allerdings heißt Way Key – die von Gainesville kommende FL-24. In den 1840er-Jahren von Weißen besiedelt, blühte der Ort erst mit der Ankunft der Eisenbahn auf. Diese brachte Touristen und erschloss der Holzwirtschaft die Märkte im Norden. 1865 errichtete die Eberhard Faber Inc. hier ein Sägewerk und eine Bleistiftmanufaktur (▶ Baedeker Wissen, S. 68).

Tourismus ganz entspannt

Fischerei und Austernzucht

Zeitweilig war Cedar Key die zweitgrößte Stadt Floridas. Das Ende der Wälder bedeutete jedoch auch das Ende des Wohlstands. Ein Hurrikan im Jahr 1896 versetzte Cedar Key den Gnadenstoß. Wer dennoch

In der Hoffnung, einen Fisch abzubekommen, übensich diede Pelikane neben den Anglern am Pier in Geduld.

CEDAR KEY ERLEBEN

CEDAR KEY AREA CHAMBER OF COMMERCE
2nd St., Cedar Key, FL 32625
Tel. 1-352-543-5600
www.cedarkey.org

CEDAR KEYS NATIONAL WILDLIFE REFUGE
16450 NW 31st Place, Chiefland
Tel. 1-352-493-0238
www.fws.gov/cedarkeys

MANATEE SPRINGS STATE PARK
11650 NW 115th St., Chiefland
Tel. 1-352-493-6072
www.floridastateparks.org/park/
Manatee-Springs/

KAYAK CEDAR KEYS
Bei geführten Kajak-Touren kann man Delfine, Meeresschildkröten und Kraniche aus nächster Nähe beobachten.
Downtown Marina, 1st & A Sts.,
Cedar Key | Tel. 1-352-543-9447
www.kayakcedarkeys.com

ISLAND ROOM AT CEDAR COVE €€€
Das beste und eleganteste Restaurant der Stadt – aber bloß keinen Stress! – ist so gut, dass Auswärtige gern zwei, drei Stunden Anfahrt in Kauf nehmen. Seafood und hausgemachte Pasteten werden mit selbst gezogenen Kräutern und Salaten gereicht.
192 E 2nd St. | Tel. 1-352-543-6520
www.islandroom.com

TONY'S SEAFOOD RESTAURANT €€
Ja, die hemdsärmelige Seafoodkneipe lobt sich ungeniert über den grünen Klee, und ja, die Muschelsuppe ist sicher nicht die beste des Universums. Die Stimmung ist jedoch ausgezeichnet, und Suppen, Shrimps und Sandwiches schmecken wirklich gut!
597 2nd St. | Tel. 1-352-543-0022
www.tonyschowder.com

CEDAR KEY B & B €€
Die Besitzer dieser knuddeligen, mit hellen Zimmern, gutem Frühstück und Garten punktenden Unterkunft stellen unentgeltlich Räder zur Erkundung von Stadt und Inseln zur Verfügung.
810 3rd St., Cedar Key
Tel. 1-352-543-9000 | http://cedar keybedandbreakfast.com

CEDAR INN MOTEL €
Südstaaten-Flair mitten in Cedar Key; hübsche Terrasse mit Blick auf den Golf und die Main Street.
410 2nd St., Cedar Key
Tel. 1-352-543-5455

blieb, besann sich der ursprünglichen Erwerbszweige, der Fischerei und Austernernte. Großstadtmüden Floridians blieb der auf der größten Barriere-Insel im Golf liegende Ort nicht verborgen. Während der letzten Jahre wurden zahlreiche alte Häuser restauriert und bezogen. Eine Handvoll netter Restaurants, zwei interessante kleine Museen und schöne, nur per Boot erreichbare Wildnisgebiete sind Gründe genug, hier ein paar entspannte Tage zu verbringen.

BLEISTIFT-FÜRSTEN IN CEDAR KEY

»In eben diesem Sinne griff ich weit lieber zum Bleistift, welcher williger die Züge hergab: Denn es war mir einige Mal begegnet, dass das Schnarren und Spritzen der Feder mich aus meinem nachtwandlerischen Dichten aufweckte, mich zerstreute und ein kleines Produkt in der Geburt erstickte.« So Johann Wolfgang von Goethe in »Dichtung und Wahrheit«.

Was hat all dies mit Cedar Key zu tun? Einiges, denn 1855 erwarb **Eberhard Faber**, geschäftstüchtiger Spross der schon damals weltberühmten Bleistift-Dynastie aus Stein bei Nürnberg, Zedernwälder um Cedar Key und ließ ein **Sägewerk** aufbauen. Das Holz, vor Ort in Brettchen gesägt, wurde zur Weiterverarbeitung in die fränkische Heimat verschifft, wo man aus dem für die Bleistift-Produktion bestens geeigneten Zedernholz unter Verwendung Grafits sibirischer Herkunft jene begehrten Schreibwerkzeuge hergestellt, die bald ihren Siegeszug rund um den Globus antraten. So trug Faber

Eine Karte von Cedar Key um 1852

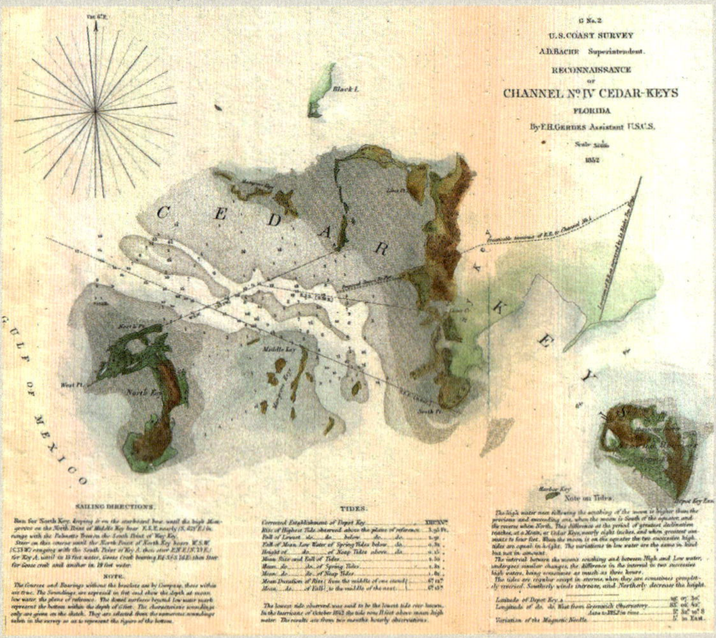

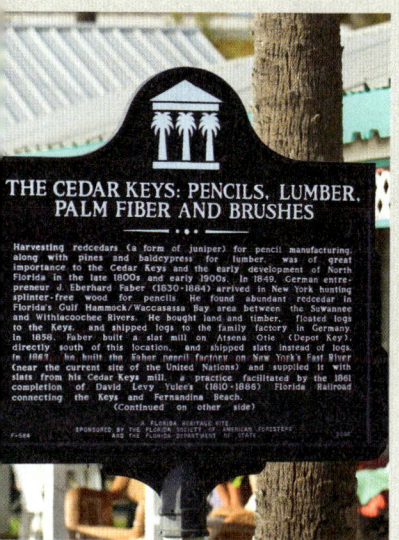

THE CEDAR KEYS: PENCILS, LUMBER, PALM FIBER AND BRUSHES

Harvesting redcedars (a form of juniper) for pencil manufacturing, along with pines and baldcypress for lumber, was of great importance to the Cedar Keys and the early development of North Florida in the late 1800s and early 1900s. In 1849, German entrepreneur J. Eberhard Faber (1830–1864) arrived in New York hunting splinter-free wood for pencils. He found abundant redcedar in Florida's Gulf Hammock/Waccasassa Bay area between the Suwanee and Withlacoochee Rivers. He bought land and timber, floated logs to the Keys, and shipped logs to the family factory in Germany. In 1858, Faber built a slat mill on Atsena Otie (Depot Key), directly south of this location, and shipped slats instead of logs. In 1861 he built the Faber pencil factory on New York's East River (near the current site of the United Nations) and supplied it with slats from his Cedar Keys mill, a practice facilitated by the 1861 completion of David Levy Yulee's (1810–1886) Florida Railroad connecting the Keys and Fernandina Beach. (Continued on other side)

A FLORIDA HERITAGE SITE
SPONSORED BY THE FLORIDA SOCIETY OF AMERICAN FORESTERS AND THE FLORIDA DEPARTMENT OF STATE

Diese Gedenktafel am Cedar Key Museum führt die Rohstoffe für Bleistifte und Pinsel auf.

mit zur Blüte von Cedar Key bei, die 1885 bis 1888 ihren Höhepunkt erreichte.

Filiale in den USA

Bereits 1849 hatte die Firma »A. W. Faber« in New York eine Filiale für den Vertrieb eröffnet, nachdem der amerikanische Bedarf zuvor durch englische und französische Fabrikate gedeckt wurde. Sie fasste als erstes deutsches Unternehmen in den USA Fuß und konnte bald einen guten Absatz vorweisen. Die New Yorker Niederlassung wurde von Eberhard Faber übernommen.

Da ausländische Waren mit Schutzzöllen belegt wurden, ließ man die Holzstifte in den USA herstellen und wurde in Cedar City aktiv. 1861 gründete Eberhard Faber mit Unterstützung

der fränkischen Mutterfirma ein eigenes Unternehmen in Brooklyn, das sich in den 1890er-Jahren von A. W. Faber löste und selbstständig wurde. Seither gab es hier zwei Faber-Firmen, deren Wege sich vorübergehend trennten: A. W. Faber und Eberhard Faber.

Nach dem Ersten Weltkrieg wurde A. W. Faber als feindliches Gut beschlagnahmt, die **Eberhard Faber Co.** blieb als US-Firma bestehen, Letztere unter Leitung der Söhne Eberhard Fabers. 1988 übernahm die Faber Castell Corporation die Eberhard Faber Co. Seither sind die Firmen wieder vereint. In einer Ausstellung des 1962 eröffneten **Cedar Key Museum** (▶ S. 71) wird an die Faberschen Aktivitäten in Nordflorida erinnert. Neben alten Aufnahmen von Werksanlagen sind Stifte, Etuis sowie Preismedaillen für herausragende Faber-Produkte ausgestellt.

Zedernsamen in Franken

Der ältere Bruder Eberhard Fabers, Lothar Freiherr von Faber, machte sich nicht nur als Bleistiftfabrikant einen Namen, sondern auch als Begründer der »Nürnberger Lebensversicherung AG« und Mitbegründer der »Vereinsbank Nürnberg«. Daneben setzte er sich für den Fortschritt in Land- und Forstwirtschaft ein, wobei ihm die Einführung neuer Nutzpflanzen besonders am Herzen lag. So ließ er sich von seinem jüngeren Bruder Zedernsamen aus Florida schicken, die er in Stein erfolgreich ausbrachte. Das Fabersche **Zedernwäldchen** bei Nürnberg gedieh prächtig, wurde aber während des Zweiten Weltkriegs vernichtet.

»SUNSET CELEBRATION«: GLÜCKLICH IN CEDAR KEY

Die traditionelle Lesart geht so: Floridas Ostküste
hat die schönsten Sonnenauf-, die Golfküste die
schönsten Sonnenuntergänge. Das eine Stunde
westlich von Gainesville am Golf von Mexiko liegende
Cedar Key jedoch hat beides. Und in der
Umgebung des auf mehreren unverbauten Inseln
liegenden Örtchens bieten die naturbelassenen Küsten
und Buchten auch noch traumhafte Hintergründe!

❚ Wohin in Cedar Key und Umgebung?

Historic Cedar Key – Holzhäuser mit Veranden

Flanieren auf
überdachten
Bürger-
steigen

Die relativ isolierte Lage am Ende der Straße und das feucht-warme
Klima nehmen das Tempo aus dem Schritt. Cedar Key bedeutet ge-
ruhsames Flanieren auf den überdachten Bürgersteigen der **Second
Street**, der Hauptstraße, und zielloses Bummeln durch die wenigen
Seitenstraßen, wo hübsche alte Holzhäuser mit den im Süden typischen Veranden unter raschelnden Palmen posieren. Dass der Ort
mit der urigen **Neptune Lounge & Bar** im 170 Jahre alten Island
Hotel die beste Bar für einen Absacker zwischen Tampa und Tallahassee hat, ist das Tüpfelchen auf dem i.

Die Hochs und Tiefs des Ortes werden im **Cedar Key Museum** und im **Historical Society Museum** dokumentiert. Ersteres zeigt so gut wie alle im Golf vorkommenden Muscheln sowie Erinnerungen an die große Zeit des vom deutschen »pencil king« **Eberhard Faber** (▶ Baedeker Wissen, S. 68) gegründeten Bleistift-Zentrums. Die Ausstellung der Historical Society präsentiert Artefakte der Timucuan und Seminolen.

Island Hotel: 373 2nd St. | www.islandhotel-cedarkey.com
Cedar Key Museum: 12231 SW 166 Court | Do.–Mo. 10–17 Uhr | 2 $
www.floridastateparks.org/park/cedar-key-museum
Historical Society Museum: 609 2nd St. | So.–Fr. 13–16, Sa. 11–17 Uhr
2 $ | www.cedarkeyhistoricalmuseum.org

Per Boot zum Vogelparadies auf 13 kleinen Inseln

Westlich von Cedar Key steht seit 1929 ein Dutzend Inseln unter striktem Naturschutz. Zu den hier lebenden Vogelarten zählen **Ibisse**, braune **Pelikane**, verschiedene Reiherarten sowie **Seeadler** und **Bussarde**. Im März und April sowie im August und September rasten hier Zugvögel. Im dichten Unterholz der Insel warten Klapperschlangen auf Beute.

Cedar Keys National Wildlife Refuge

Die Inseln sind von Cedar Key aus nur per Boot erreichbar, mehrere Unternehmen führen Touren durch und verleihen Kajaks. Die freie Erkundung der Inseln ist während der Brutzeit von März bis Juli eingeschränkt und wird wegen der Klapperschlangen auch nicht empfohlen.

Anfahrt von Cedar Key via SR 345, von Chiefland via US-19 und SR 345
tgl. 8 Uhr bis Sonnenuntergang | www.fws.gov/cedarkeys/
Bootvermieter: http://visitcedarkey.com/cedar-key-boating.php

Seekühe und Tauchen in der Karstquelle

Von Chiefland am US-19/98 aus führt die FL-320 etwa 5 mi/8km nach Westen in das 1955 ausgewiesene Naturschutzgebiet am Unterlauf des Suwannee River. Es ist berühmt für seinen in allen Blau- und Grüntönen leuchtenden, von Zypressen und Hartholzbauminseln umgebenen **Karstquelltopf**, dessen Wasser dem Suwannee River zufließt. In den angenehm temperierten Fluten tummeln sich Badegäste und Schnorchler. Taucher erkunden das ausgedehnte **Höhlensystem** dieser stark schüttenden Quelle. Im Herbst und Winter kann man mit etwas Glück **Seekühe** (**Manatees**) im wohltemperierten Wasser beobachten. (Zu den Seekühen siehe auch das Special »Die Meerjungfrau hat zugelegt« auf S. 12.)

Manatee Springs State Park

Der Park betreibt neben einem Campingplatz einen Kanuverleih und einen kleinen Laufladen mit Restaurant.

11650 NW 115th St., Chiefland, FL 32626 | Tel. 1-352-493-6072
tgl. 8 Uhr bis Sonnenuntergang | Fußgänger 2 $, Fahrzeug 6 $
www.floridastateparks.org/park/Manatee-Springs/

★ CRYSTAL RIVER

Region: Central West | **Höhe:** 0–2 m ü. d. M. | **Einwohnerzahl:** 3000

Wie schützt man Hunderte von Seekühen vor Tausenden Touristen? Rund um den Ort Crystal River an der sog. Nature Coast scheint ein für beide Seiten angenehmer Modus Vivendi gefunden worden zu sein.

Ureinwohner und Rentner

Crystal River heißen sowohl der Ort als auch der hiesige Fluss. Beide liegen knapp zwei Autostunden nördlich von ▶ Tampa am Highway 19. Das unaufgeregte Städtchen ist ein beliebter Alterssitz für Ruheständler, denen die Tampa Bay Area inzwischen zu laut ist. Vor den seit 1840 siedelnden Weißen gab es hier ein Zentrum präkolumbischer Indianer, vermutlich **Timucuan**. Rentner wie Ureinwohner hat vor allem eines angezogen: das – ausnahmsweise wortwörtlich – kristallklare Wasser des Crystal River, der von mehreren Karstquellen gespeist wird und nach kurzem Lauf in die Kings Bay mündet.

▌ Wohin in Crystal River und Umgebung?

Religiöses und kulturelles Zentrum der Ureinwohner

★
Crystal River Archaeological Site State Park

Am Crystal River bestand von etwa 200 v. Chr. bis ins 15. Jh. ein bedeutendes religiöses und kulturelles Zentrum der Indianer. Erkennbar sind sechs Hügel, die wohl als Heiligtümer und **Grabhügel** gedient haben. In einem der Grabhügel sind über 450 Bestattungen nachgewiesen. **Stelen**, die man sonst in Nordamerika kaum findet, weisen auf Kontakte mit Hochkulturen Mexikos bzw. Mittelamerikas hin. Das **Museum** im Besucherzentrum informiert über diesen archäologischen Fundplatz und die Kultur der indianischen Ureinwohner
Außenanlagen tgl. ab 8, Museum Do.–Mo. 9–17 Uhr
Fußgänger 2 $, Fahrzeug 3 $ | www.floridastateparks.org/park/
Crystal-River-Archaeological

Schutzgebiet für Seekühe und Taucher-Dorado

Crystal River National Wildlife Refuge

Dieses Naturschutzgebiet besteht aus 20 Inseln in der **Kings Bay**, in die der Crystal River mündet. Mit einer Wassertemperatur von 22 °C, die im Jahreslauf selten unterschritten wird, ist die Bucht für gut ein Viertel der **Seekühe** (▶ S. 12) Floridas ein behaglicher Ort zum Überwintern.
Was kälteempfindliche Seekühe anzieht, ist auch für Angler, Taucher, Schnorchler und Touristen interessant. Tauchershops, Marinas usw. in Crystal River verdanken ihre Existenz hauptsächlich dem Interesse an den possierlichen Wasserbewohnern. Beim stark besuchten Quell-

Crystal River National Wildlife Refuge ist bekannt für seine Manatee-Population.
Mit dem Motorboot darf man sich ihnen aber nicht nähern.

topf der **Kings Springs** wurde ein spezieller Korridor für Schwimmer und Taucher eingerichtet, um die Seekühe besser beobachten zu können. Die von den Manatees besonders gern besuchten Stellen sind mit Warnbojen abgesichert.

1502 SE Kings Bay Dr., Crystal River
www.fws.gov/refuge/crystal_river

Manatee-Pflegestation und »Birder's Paradise«

Am US-19, etwa 7 mi/11 km südlich von Crystal River, kann man **Seekühe** beobachten, ohne selbst nass zu werden. Die in ihrem Element mitunter erstaunlich behenden Tiere – hier sind es Manatees, die nach Unfällen wieder gesund gepflegt werden – lassen sich durch Panoramascheiben eines **Unterwasser-Observatoriums** studieren.

Der 17 m tiefe Quelltopf ist zudem Lebensraum verschiedener Fischarten. Das Gelände um den Quelltopf wird von Vogelfreunden als »Birder's Paradise« geschätzt.

4150 S Suncoast Blvd., Homosassa | tgl. 9–17.30 Uhr | 13 $
www.floridastateparks.org/park/Homosassa-Springs/

Homosassa
Springs
Wildlife
State Park

Zuckerrohrplantage eines Eisenbahnmagnaten

Yulee Sugar Mill State Historic Site

Ca. 2,5 mi/4 km südwestlich von Homosassa Springs kann die ehemalige Zuckerrohrplantage des Eisenbahnmagnaten David Lee Yulee besichtigt werden. Die im Jahr 1851 errichtete **Zuckersiederei** hat man kürzlich liebevoll restauriert. Ein Lehrpfad informiert detailliert über die Zuckergewinnung.

SR 490, Homosassa | tgl. 8 Uhr bis Sonnenuntergang | frei
www.floridastateparks.org/park/yulee-sugar-mill

Meerjungfrauen und Wasserrutschen

Weeki Wachee Springs State Park

44 mi/70 km südlich von Crystal River lockt eine besondere Attraktion: die **Weeki Wachee Springs**. Aus dem natürlichen, mehr als 80 m tiefen Quelltopf sprudeln täglich bis zu 600 Mio. Liter Wasser. Durch dicke Glasscheiben eines unter der Wasseroberfläche konstruierten **Theaters** kann man mehrmals täglich die Unterwasser-Turnübungen fantasievoll gekleideter, Andersens »Die kleine Meerjung-

CRYSTAL RIVER ERLEBEN

CITRUS COUNTY VISITOR & CONVENTION BUREAU
915 N Suncoast Blvd., Crystal River, FL 34429 | Tel. 1-325-794-5506
www.discovercrystalriverfl.com

CRYSTAL RIVER NATIONAL WILDLIFE REFUGE
1502 SE Kings Bay Dr.
Crystal River, FL 34429
Tel. 1-352-563-2088
www.fws.gov/refuge/crystal_river

CHARLIE'S FISH HOUSE RESTAURANT €€
Während der Saison von Oktober bis Mai kommen die leckeren Krabben direkt aus dem Wasser auf den Teller. Im Sommer gibt es Shrimps und Austern. Mit Blick auf den Crystal River und gut gelaunten Kellnern!
224 NW US-19, Crystal River
Tel. 1-352-795-3949
www.charliesfishhouse.com

MANATEE-TOUREN
Bird's Underwater Manatee Tours: 320 NW US-19, Crystal River | Tel. 1-352-563-2763
www.birdsunderwater.com

Crystal Lodge Dive Center:
525 NW 7th Ave., Crystal River
Tel. 1-352-795-6798
www.manatee-central.com

BEST WESTERN CRYSTAL RIVER RESORT €€€
Angenehmes Mittelklasse-Hotel mit 114 hellen Zimmern und Suiten, Pool und nette »Cravings Cantina« direkt am Wasser. Zum »Charlie's« ist es nur ein kurzer Spaziergang!
614 NW US-19, Crystal River
Tel. 1-352-795-3171
www.bestwestern.com

frau« aufführender **Wassernixen** mitverfolgen. Wunderbar kitschig und auf charmante Art unperfekt. Um den Quelltopf, in dem man übrigens auch baden kann, ist ein **Vergnügungspark** entstanden mit Streichelzoo, Affenkäfig, Papageien- und Reptilien-Show.

Ganz in der Nähe der Weeki Wachee Springs lockt der **Buccaneer Bay Water Park** vor allem Familien mit Kindern. Hier gibt es Wasserrutschen, und am Fluss kann man sogar ein richtiges Dschungel- und Wildwasser-Abenteuer erleben.

Weeki Wachee Springs State Park: 6131 Commercial Way, Spring Hill
9–17.30 Uhr, Meerjungfrauen-Shows: meist 11, 13.30 u. 15 Uhr
13 $ | www.floridastateparks.org/park/Weeki-Wachee/,
www.weekiwachee.com
Buccaneer Bay Water Park: Ende März bis Labor Day | 13 $
www.weekiwachee.com/buccaneer-bay/

DAYTONA BEACH

Region: Central East | **Höhe:** 0–5 m ü. d. M. | **Einwohnerzahl:** 63 000

Wo die Boliden heulen, ist Amerika noch in Ordnung! Ein Strand, auf dem man Auto fahren darf, und eine weltberühmte Automobil- rennstrecke sind die Markenzeichen von Daytona Beach. Hier treffen sich Rennsport-Fans aus aller Welt und Abertausende von Motorradfahrern mit ihren chromblitzenden Maschinen, hier feiern Studentinnen und Studenten bis zum Umfallen ihren Frühjahrsurlaub, den berühmt-berüchtigten »Spring Break«.

Im Übrigen ist die Liebesaffäre zwischen Daytona Beach und dem Automobil schon fast 100 Jahre alt! Zu Beginn des 20. Jhs. ließen Ransom Olds, Louis Chevrolet und Henry Ford auf dem 40 km langen Strand ihre neuesten Automodelle gegeneinander antreten und reiche New Yorker – Überlandstraßen gab es damals noch nicht – ihre motorisierten Droschken hierher verschiffen, um sie mal so richtig auszufahren. In der Folge purzelten die **Geschwindigkeitsrekorde**: 1931 schoss Sir Malcolm Campbell mit sagenhaften 441 km/h, der höchsten je auf dem Strand gemessenen Geschwindigkeit, am Wasser entlang.

Olds, Chevrolet und Ford

Moderne Zeiten
Bald galt der natürliche Rennbelag als nicht mehr sicher, doch erst 1959 konnte die in der hiesigen National Association for Stock Car Auto Racing (NASCAR) organisierte Rennsportgemeinde in das neu erbaute 150 000-Plätze-Oval des **Daytona International Speedway**

»Daytona 500«

(▸ S. 79) umziehen. Dort finden bis heute Autorennen statt, darunter das in den USA kultisch verehrte »Daytona 500«.

Auf dem **Strand** fahren kann man noch immer – wenn auch nur noch gegen eine Gebühr und mit der vorgeschriebenen Höchstgeschwindigkeit von 10 mi/h bzw. 16 km/h. Man rollt dann bis zu seinem Spot und parkt den Wagen im rechten Winkel nicht zu nahe am Wasser – Ebbe und Flut sind zu beachten! Dann werden Grill und Sonnenschirm aufgebaut und nach dem Bier aus der mitgebrachten Kühlbox gelangt. Erst dann ist man richtig in Daytona Beach angekommen (▸ Abb. S. 82)!

Endless Summer – Der Strand als Rummelplatz

Eine Stadt verändert ihr Image

Seit seiner Gründung 1872 hat Daytona Beach schon einige Häutungen hinter sich. Die letzte erst vor ein paar Jahren als die Stadtväter beschlossen, den Ruf ihres Ortes, der jährlich durch eine halbe Million während der **Spring Break** einfallender Teenager vorbelastet war, mit Werbekampagnen zu retten, die neue Zielgruppen anlocken sollte. Neben Schülern und Studenten schlagen nun – angelockt von den übers Jahr verteilten Auto- und Motorradrennen – jetzt tätowierte **Motorsportfans** über die Stränge. Die Beachfront aus Hotelsilos und Motels wurde zwar verschönert, und kulturell Interessierte können durchaus angenehme Überraschungen erleben, doch bis Daytona Beach sein Billigziel-Image abgelegt hat, werden noch einige Jahre vergehen.

🍴
❶ Anna's Italian Trattoria
❷ Steve's Famous Diner

⌂
❶ Plaza Resort & Spa
❷ Shoreline All Suites Inn

DAYTONA BEACH ERLEBEN

DAYTONA BEACH AREA CVB

126 E Orange Ave., Daytona Beach,
FL 32114 | Tel. 1-386-255-0415
www.daytonabeach.com

DAYTONA INTERNATIONAL SPEEDWAY

1801 W Int. Speedway Blvd.
Tel. 1-386-254-2700 | Tickets:
1-800-748-7467 | www.daytona
internationalspeedway.com

NASCAR SPEED WEEKS »DAYTONA 500«

Höhepunkte im jährlichen Veranstaltungskalender sind die legendären **Autorennen** im Februar. Eine rechtzeitige Ticket-Reservierung ist dringend angeraten.

BIKE WEEK – DAYTONA 200

Anfang März treffen sich über
300 000 Biker aller Altersklassen im schwarzen Leder-Outfit in Daytona Beach zu einem ausgelassenen Stelldichein. Höhepunkt ist das weltberühmte **Motorradrennen**, das erstmals 1942 auf dem Strand von Daytona ausgetragen wurde.

BIKETOBERFEST

Im Oktober treffen sich Biker aus allen Ecken der USA zum feucht-fröhlichen Stelldichein in Daytona Beach.

Daytona Beach ist nicht für Flaneure angelegt. Ausnahme: Die Beach Street zwischen Bay Street und Orange Avenue, auch **Riverfront Market-place** genannt. Hier findet man hübsche Kleiderboutiquen, Galerien und Antiquitätengeschäfte.

FLEA & FARMER'S MARKET

An über 1000 Ständen gibt es von Obst bis Klamotten alles zu kaufen. 1425 Tomoka Farms Rd., Daytona Beach | Fr., Sa., So. 9–17 Uhr http://daytonafleamarket.com

❶ ANNA'S ITALIAN TRATTORIA €€€

Annas hausgemachte Ravioli sind eine Erlösung in der hiesigen, von Fastfood-Ketten beherrschten Restaurantszene. 304 Seabreeze Blvd.
Tel. 1-386-239-9624

❷ STEVE'S FAMOUS DINER €€

Steve Mavronas kam 1967 mit 15 $ in der Tasche aus Griechenland. Heute führt seine Familie das einfache, aber bei den »locals« beliebte Diner mit griechisch inspirierter Speisenkarte!
1584 S Nova Rd.
Tel. 1-386-252-0101
www.stevesfamousdiner.com

❶ PLAZA RESORT & SPA €€€

Alles da, alles blitzsauber, alle freundlich: Das 323-Zimmer-Strandhotel möchte man schon beim Einchecken nicht wieder verlassen. Viele Sehenswürdigkeiten in Fußgängernähe.
600 N Atlantic Ave. |
Tel. 1-844-284-2685
www.plazaresortandspa.com

❷ DAYTONA SHORELINE ALL SUITES INN €€€

Ferienanlage am Meer mit 30 gepflegten Suiten und Cottages mit Küche. 2435 S Atlantic Ave., Daytona Beach Shores | Tel. 1-386-252-1692 www.daytonashoreline.com

EINMAL HARLEY FAHREN ...

Die tiefen, satten Auspuffgeräusche ihrer umgebauten Harleys, mit denen Peter Fonda und Dennis Hopper durch die USA cruisen, untermalt durch den legendären Song von »Steppenwolf«: Mit dem Kultfilm »Easy Rider« (1969) avancierte der »Chopper« zum Synonym von Freiheit auf zwei Rädern. Den Mythos selbst auskosten kann man in **Ormond Beach**, Standort von Amerikas größtem Harley Davidson Shop (1637 N US-1). Hier werden die Motorrad-Klassiker nicht nur verkauft, sondern auch vermietet (Infos: Tel. 1-866-642-3464; www.brucerossmeyer.com).

Wohin in Daytona Beach?

»The Original American Beach«

35 km Strand   Menschen verschiedenster Statur, jeden Alters und aus allen Ecken des Landes: Der bis zu 150 m breite, in der Ferne verschwimmende Sandstreifen zaubert allen jenes entrückte, Zufriedenheit rundum signalisierende Lächeln ins Gesicht. Einer der Brennpunkte am Strand ist der rund 200 m lange, auf hölzernen Stelzen stehende **Main Street Pier**. Hier können Angler in »Bait Shops« Köder kaufen, bevor sie am Ende des Pier die Leinen auswerfen. Vom stets wuseligen Ende der Main Street führt der **Boardwalk**, eine von vielen Strandlokalen und T-Shirtläden gesäumte Strandpromenade, mehrere Blocks nach Süden und Norden.

Kunst, Geschichte und eine Bürgerrechtlerin

»Beach Life«, laut und oft auch rummelig, wird riesengroß geschrie- **Museen**
ben, doch Daytona Beach überrascht auch mit einigen kulturellen
Höhepunkten. Dazu gehört das **Museum of the Arts & Sciences**,
das größte dieser Art in der Region. In weitläufigen Sälen präsentiert
es so unterschiedliche Objekte wie afrikanische Masken, vom früheren kubanischen Diktator Batista gespendete Gemälde und Skulpturen früher kubanischer Künstler – und eine Coca-Cola-Ausstellung.
Das neue **Planetarium** bietet auch 360 Grad-Rundumfilme und Laser-
Rock-Shows.

Das **Halifax Historical Museum**, in einer früheren Bank mit klassischem Portikus untergebracht, bietet einen spannend inszenierten
Querschnitt durch die rasante Geschichte der Stadt.

Das Kapitel der schwarzen Bevölkerung von Daytona Beach und der
näheren Umgebung vertieft die segensreiche **Mary McLeod Bethune
Foundation** mit Erinnerungen an die hier geborene Bürgerrechtlerin.

Museum of Arts & Sciences: 352 South Nova Rd. | Mo.–Sa. 10–17,
So. 11–17 Uhr | 13 $ | www.moas.org
Halifax Historical Museum: 252 S Beach St. | Di.–Fr. 10–16.30,
Sa. 10–16 Uhr | 7 $ | www.halifaxhistorical.org
Mary McLeod Bethune Foundation: 640 Mary McLeod Bethune Blvd.
Mo.–Fr. 10–15 Uhr | frei | www.cookman.edu/foundation

Heiligtum aller Fans des Motorsports

4 mi/6,5 km landeinwärts liegt das Heiligtum aller amerikanischen Auto- **Daytona**
narren. Die ovale 3,5 mi/5,6 km lange **Rennstrecke** ist 13 m breit, die **International**
Kurven sind stark überhöht (31 % Neigung!), um hohe Geschwindig- **Speedway**
keiten realisieren zu können. An 10 Wochenenden im Jahr finden
Rennen statt, wobei sich bis 300 km/h schnelle Stock Cars, bis zu
270 km/h schnelle Motorräder und bis zu 200 km/h schnelle Go-Carts
messen. Außerhalb der Rennveranstaltung finden vielerlei andere
Events statt. Tickets sind schnell ausverkauft. Besonders für das
»Daytona 500« im Februar wird frühes Buchen empfohlen.

Die Geschichte des hiesigen Rennsports ist im **Visitor Center** des
World Center of Racing multimedial aufbereitet (Daytona 500 Experience im Osten des Speedway).

1801 W Int. Speedway Blvd. | Touren (90 Min.): 9.30–14.30 Uhr, Beginn
jeweils zur vollen Std. | 25 $ | www.daytonainternationalspeedway.com

▌ Rund um Daytona

Mondänes Winter-Seebad und Ziel für Freizeitpaddler

Ca. 6 mi/10 km nördlich von Daytona erreicht man das von modernen **Ormond**
Apartmentgebäuden und Resorts geprägte Ormond Beach, das heute **Beach**
40 000 Einwohner zählt. Nach dem Bahnanschluss durch Henry M.

Flaglers (▶ S. 345) Florida East Coast Railway wurde der Ort ein mondänes **Seebad**, in dem sich der damalige Geldadel – Vanderbilt, Rockefeller usw. – in den Wintermonaten tummelte. Heute steht dieser von Atlantik und Tomoka River begrenzte Küstenabschnitt für alle Arten von Wassersport. Vor allem der **Tomoka River** mit seinen weitgehend naturbelassenen Marschen, Palm- und Mangrovenwäldern ist mit dem 20 km langen Tomoka River Paddling River Trail ein fotogenes Ziel für Freizeitpaddler (Kajakverleih im Park Store).

Tomoka State Park: 2099 N Beach St. | Tel. 1-386-676-4050
www.floridastateparks.org/park/tomoka

Relikte einer Zuckerrohrplantage

Bulow Plantation Ruins State Historic Site

Weiter nördlich zweigt eine Straße zu den Ruinen der 1821 von Major Ch. W. Bulow gegründeten Plantage ab. Bis zu ihrer Zerstörung im Zweiten Seminolenkrieg wurden hier Baumwolle, Zuckerrohr und Indigo kultiviert. Vom Herrenhaus sind nur noch die Fundamente zu sehen. Ein Fußweg führt an den ehemaligen Sklavenquartieren vorbei zur Ruine der Zuckermühle. Auf Plaketten im Gelände ist die Geschichte der Plantage dargestellt.

3501 Old Kings Rd. | Do.–Mo. 9–17 Uhr | Fußgänger 2 $, Pkw 4 $
www.floridastateparks.org/park/bulow-plantation

Strand, Sanddünen und Marschen

Gamble Rogers Memorial State Recreation Area

Eine gefühlte Ewigkeit vom Rummel entfernt liegt zwischen Atlantik und Intracoastal Waterway und nur wenige Minuten von der Bulow Plantation entfernt dieses schöne Naturschutzgebiet. Die Hauptattraktion ist natürlich der endlose Strand, dabei bietet die dem Festland zugewandte Seite mit ihren alten, aus knorrigen Eichen und dichten Palmettogebüsch bestehenden Wäldern ein Gefühl für die Wildnis in voreuropäischer Zeit. Kanu- und Kajakverleih in der Ranger Station!

3100 S Oceanshore Blvd., Flagler Beach | Tel. 1-386-517-2086
tgl. 8 Uhr bis Sonnenuntergang | Fußgänger 2 $, Pkw 5 $
www.floridastateparks.org/park/Gamble-Rogers

Blick vom größten Leuchtturm Floridas

Ponce de Leon Inlet Lighthouse

Ca. 10 mi/16 km südlich von Daytona Beach ragt der 1887 errichtete Leuchtturm als 50 m hoher Zeigefinger aus roten Klinkern in den Himmel. Von der Aussichtsplattform oben (203 Stufen!) bietet sich ein toller Rundblick. Im ehemaligen Haus des Leuchtturmwärters kann man sich über die Geschichte der örtlichen Seefahrt informieren.

4931 S Peninsula Dr. | tgl. 10–18 Uhr | 5 $ | www.ponceinlet.org

Krankenhaus für Seeschildkröten

Marine Science Center

Wenige Schritte vom Leuchtturm entfernt erfährt man alles über die Pflanzen- und Tierwelt des hiesigen Küstenraumes. In der Station werden auch verletzte **Meeresschildkröten** und **Seevögel** wieder

5x

DURCHATMEN

Entspannen, wohlfühlen, runterkommen

1.
SÜDSEE-FEELING

Im **Fort de Soto Park** entfernen sich die meisten kaum mehr als hundert Meter von ihren Fahrzeugen. Wer etwas weiter wandert, erreicht den North Beach – und fühlt sich wie auf einer einsamen Südseeinsel. (▶ **S. 259**)

2.
DAFÜR IST MAN NIE ZU JUNG …

Zu dieser Erkenntnis kommt, wer es sich einmal abends auf einer der Bänke auf der **Plaza de la Constitucion** in St. Augustine bequem gemacht und über dem Treiben auf den Straßen und dem Rascheln der Palmwedel die Zeit vergessen hat! (▶ **S. 249**)

3.
STILLER STAR

Macht der sperrige Name nicht so an? Dabei hat auch die **Gamble Rogers Memorial State Recreation Area** 30 km nördlich von Daytona Beach ein **Strand– und Dünenparadies** der Extraklasse. Und einen Kanu- und Kajakverleih. Und viel weniger Besucher… (▶ **S. 80**)

4.
SCHÖNER ESSEN

Doch, auch das gibt es im lebenslustigen Key West: ein **feines Restaurant in einem ruhigen Viertel**. Und auch noch mit ganz, ganz feinem Blick von der Terrasse auf Strand und Meer! Ach so: Gemeint ist natürlich **Louie's Backyard** am Südende der Stadt. (▶ **S. 143**)

5.
FARBENFEST

Die Sonnenuntergänge über dem Golf haben es in sich. Und die abendliche Autofahrt von **Apalachicola** die unverbaute Küste entlang nach **St. Teresa** ist eine Wucht. Beide zusammen ergeben den, wen wundert's, **schönsten Roadtrip** der Floridaferien!

USA aus dem Klischee-Bilderbuch: dicke Autos, viele Grills und flatternde Sonnen-schirme am legendären Strand von Daytona Beach.

hochgepäppelt. Neueste Attraktion ist ein Becken, in dem man **Stachel-rochen** berühren kann.

Ponce Inlet, 100 Lighthouse Dr. | Di.–Sa. 10–16, So. 12–16 Uhr | 5 $
www.marinesciencecenter.com

Strand, Surfer-Hotspot und Zuckerrohrplantage

New Smyrna Beach

Knapp 12 mi/20 km südlich von Daytona liegt, geschützt hinter einer Barriere-Insel, New Smyrna Beach (23 000 Einw.) und im Westen des Ortes die von subtropischer Vegetation eingewachsene Ruine der **New Smyrna Sugar Mill**. 1835 überfielen Seminolen New Smyrna, führten Vieh und Sklaven fort und steckten die ehemalige Zucker-rohrplantage in Brand. Damit begann der **Zweite Seminolenkrieg**.

600 Mission Dr. | Tel. 1-386-427-2284 | Sonnenauf- bis -untergang | frei

Das »Athen von Florida«

DeLand

Vom Touristenrummel noch verschont ist das ca. 25 mi/40 km westlich von Daytona gelegene, rotzieglige Städtchen. Mit finanzieller Unter-stützung des New Yorker Fabrikanten **Henry DeLand**, Hersteller der Stetson-Hüte, wurde hier 1886 die älteste Privatuniversität Floridas, die DeLand Academy gegründet, heute **Stetson University**. Das **Mu-seum of Art – DeLand** am Woodland Boulevard im Zentrum zeigt Wechselausstellungen bekannter Künstler aus Florida und dem ameri-

kanischen Süden. In der historischen Abteilung werden die Gemälde von **Jackson Walker** präsentiert. Der in 5. Generation aus Florida stammende Künstler spezialisierte sich auf Gemälde epischer Schlüsselszenen aus der Geschichte des Sunshine State.

Museum of Art – DeLand: 600 N Woodland Blvd. | Di.–Sa. 10–16, So. 13–16 Uhr | 5 $ | www.moartdeland.org/

Baden, Tauchen, Paddeln, Wandern

Ca. 5 mi/8 km nördlich von DeLand liegt nordwestlich des Ortes De Leon Springs der De Leon Springs State Park. Auf dem Gelände einer ehemaligen **Zuckerplantage** kann man in einem **Quellteich** baden, tauchen, schnorcheln, paddeln oder auf einem Nature Trail wandern.

De Leon Springs State Park

601 Ponce de Leon Blvd. | tgl. 8 Uhr bis Sonnenuntergang | Fußgänger 2 $, Pkw 6 $ | www.floridastateparks.org/park/De-Leon-Springs/

Eines der größten Gestüte Floridas

Einige Meilen nördlich außerhalb von De Leon Springs, an der US-17, befindet sich eines der größten Gestüte Floridas, auf dem mehrere Hundert Pferde aufgezogen werden. Auf der dazugehörigen **Rennbahn** finden im Winterhalbjahr hochkarätige Wettbewerbe statt.

Spring Garden Ranch

900 Spring Garden Ranch Rd., De Leon Springs | Tel. 1-386-985-5654 Mo.–Fr. 8–15 Uhr | Eintritt n. V. | http://springgardenranch.com

★★ EVERGLADES NATIONAL PARK

Region: Southeast | **Höhe:** 0–5 m ü. d. M. | **Fläche:** 5661 km²

O–Q 11–13

Das geheimnisvolle Rascheln im Schilf. Der warme Wind und der schwere Duft aus den Sümpfen. Und das bernsteinfarbene Licht am Ende des Tages. Wer einmal in den Everglades gewesen ist, wird süchtig.

Immer in Bewegung

Wieder einmal stellten die Ureinwohner ihre hervorragende Beobachtungsgabe unter Beweis. Denn genau genommen sind die Everglades keine Sumpflandschaft, sondern ein Fluss, der so langsam fließt, dass man seine Strömung mit bloßem Auge kaum wahrnimmt: So braucht ein Liter Wasser über einen Monat, um in dem 80 km breiten, aber nur knietiefen »Fluss« Süd-Florida zu durchqueren. Früher bedeckten die Everglades gut ein Drittel Floridas. Im Norden und Osten wurden sie durch Trockenlegung jedoch in Ackerland verwandelt. Entlang ihrer Ostgrenze reichen Ackerbau und Siedlungsbrei oft bis an den Nationalpark heran. Auf den ersten Blick wirkt diese platte **Sumpf- und Marschlandschaft** eintönig, verloren, ja langweilig. Ihr in Wirklichkeit betörender Charme enthüllt sich erst beim näheren Hinsehen.

Schnell, aber umstritten: Airboat-Trip durch die Everglades

EVERGLADES NATIONAL PARK ERLEBEN

Die beste Zeit **Reisezeit** sind die trockenen Wintermonate (Nov.–April), in denen sich Landtiere und Zugvögel an den Gewässern (Brackwasserseen, Kanäle etc.) versammeln. Im regenreichen Sommer (Mai–Okt.) dagegen stehen die Riedgrasprärien unter Wasser. Die Zugvögel sind fort, dafür gibt es Myriaden von Moskitos!

VORSICHTSMASSNAHMEN

Den hier lebenden **Tieren** sollte man mit Respekt begegnen. Man trifft die giftige Coral Snake, die schwarze Wassermokassinschlange sowie die Diamondback Snake und eine Zwergklapperschlangenart. Vorsicht ist in Alligatoren-Territorium geboten, aber auch bei den »niedlichen« Waschbären, die Essensreste untersuchen oder betteln. Das **Füttern** von wilden Tieren im Nationalpark ist untersagt. Im Schutzgebiet kommen auch einige **giftige Pflanzen** vor, z. B. der Poison Ivy (Rhus radicans) oder das Poisonwood (Metopium toxiferum), ein Verwandter des Essigbaumes. Kontakt mit diesen Pflanzen, vor allem mit deren Säften, kann zu schlimmen Erkrankungen führen. Dringend angeraten ist ein **Insektenschutzmittel**.

EVERGLADES NATIONAL PARK

40001 State Rd. 9336, Homestead, FL 33034 | Tel. 1-305-242-7700
Fußgänger 8 $, Pkw 25 $,
Campinggebühr: 15–30 $
www.nps.gov/ever

EVERGLADES AREA CHAMBER OF COMMERCE

P. O. Box 130, Everglades City, FL 34139 | Visitor Center:
32016 Tamiami Trail E
Tel. 1-239-695-3941 | 9–16 Uhr
www.evergladesonline.com

Kanus und **Kajaks** sind die idealen Fortbewegungsmittel: Nur so erlebt man die tierischen Bewohner aus nächster Nähe. Die Kanu-Trails sind unterschiedlich lang und reichen vom einstündigen Trip bis zur mehrtägigen Expedition. Everglades City und Flamingo sind gute Ausgangspunkte. In Flamingo können Kanus bzw. Kajaks in der Marina gemietet werden.

EVERGLADES NATIONAL PARK BOAT TOURS

815 Oyster Bar Lane, Everglades City | Tel. 1-239-695-2591
www.evergladesnationalpark
boattoursgulfcoast.com

IVEY HOUSE BOAT TOURS

Angeboten werden von Biologen und Outdoor-Experten begleitete Paddeltouren durch die Mangrovenwälder der Ten Thousand Islands.
107 Camellia St., Everglades City
Tel. 1-239-695-3299
www.iveyhouse.com

SHARK VALLEY TRAM TOURS

Experten begleiten die zweistündigen, von Shark Valley ausgehenden Touren mit geländegängigen Fahrzeugen.
36000 SW 8th Street, Miami, FL 33194 | Tel. 1-305-221-8455
tgl. 9–16 Uhr | www.sharkvalley
tramtours.com

CAMELLIA STREET GRILL €€

Die Ventilatoren führen einen aussichtslosen Kampf. Umso besser schmecken in der scheunenähnlichen Essstube das kalte Bier, die Steinkrabben oder das Grillhühnchen.
202 Camellia St., Everglades City
Tel. 1-239-695-20031

JOANIE'S BLUE CRAB CAFÉ €€

Klassisches Swamp-Café auf einsamer Straße, mit ausgestopften Eulen und Postkarten aus aller Welt als Deko. Spezialitäten: »Gator Nuggets« und Seafood-Sandwiches.
39395 Tamiami Trail, Ochopee (ca. 500 m hinter Ochopee Post Office) | Tel. 1-239-695-2682
http://joaniesbluecrabcafe.com

OYSTER HOUSE RESTAURANT €€

Angler, Einheimische und Durchreisende speisen in dieser alten Gaststätte einträchtig nebeneinander. Es gibt frische Shrimps, Austern und saftige Steaks. Und ein ausgestopfter Bison guckt zu.
901 Copeland Ave., Everglades City
Tel. 1-239-695-2073

EL TORO TACO €

Hausgemachte Tortilla Chips, Fajitas und Burritos, aufmerksamer Service. Apropos: Wer sein eigenes Bier mitbringt (»byob« – »bring your own bottle«), bekommt prompt einen mit Eis gefüllten Eimer auf den Tisch!
1 S Krome Ave., Homestead
Tel. 1-305-245-8182
http://eltorotacomex.com

Übernachtungsmöglichkeiten in der Nähe des Nationalparks sind rar. Einige empfehlenswerte Herbergen gibt es in Everglades City am Golf von Mexiko und Homestead.

CAPTAIN'S TABLE LODGE & VILLAS €€

Es gibt gefällig eingerichtete Zimmer in hellen Pastellfarben und auf Stelzen stehende »Villas« mit Wohn- und Schlafzimmer. Viel Hotel für wenig Geld
102 E Broadway St., Everglades City | Tel. 1-239-695-4211

IVEY HOUSE B&B €€

Zertifiziertes »Green Hotel« mit 29 hübschen Zimmern in tropischem Dekor.
107 Camellia St., Everglades City
Tel. 1-239-695-3299
www.iveyhouse.com

TRAVELODGE FLORIDA CITY €€

Das gut geführte Motel mit 88 sauberen Gästezimmern und Pool ist ein guter Stützpunkt für die Erkundung der Everglades.
409 SE 1st Ave./US-1, Florida City
Tel. 1-305-482-1961
www.travelodgefloridacity.com

★★

Faszinierende Ökosysteme

»Fluss aus Gras« von der Natur geschaffen

Faszinierend ist vor allem, dass kleinste Niveauunterschiede hier völlig unterschiedliche Ökosysteme hervorbringen konnten. Während sich im Küstenbereich **Mangroven-Dickichte** ausbreiten, folgen landeinwärts **Salzgras-Steppen**, auf denen abgehärtete Arten wie Kakteen gedeihen. Wo Süßwasser zufließt, entstanden die klassischen Feuchtgebiete, mit **Hammocks** als einzigen Akzenten am Horizont. Diese Bauminseln bestehen aus Mahagonibäumen, Würgefeigen und Gumbolimbo-Bäumen. Nur wenige Zentimeter tiefer bilden bis zu 3 m hohe **Riedgräser**, die hier wegen ihrer gezähnten Ränder »Sawgrass« genannt werden, undurchdringliche Dickichte. Im Norden schließlich erstrecken sich endlose, geisterhaft wirkende **Zypressen-Sümpfe**.

OBEN: Was es dort wohl zu entdecken gibt? Das weiß die Ran-
gerin bei der Führung durch das
Big Cypress National Preserve.
(▶ S. 91)

UNTEN: Ein Rosalöffler aus
der Familie der Ibisse, der im
Mangroven-Dickicht nistet,
spreizt die Flügel.

IN EINER ANDEREN WELT

Kein Laut dringt von der Außenwelt herein:
Kaum dass sich der **Mangrovenwald** bei Everglades City
hinter dem letzten Kajak schließt, gleitet man durch eine
urweltliche Traumsequenz aus schwarzgrünem Wasser,
nass glänzendem Geäst und einem dichten Blätterdach
darüber. Kraniche, Reiher und tropisch-buntes Federvieh
beobachten einen von dort aus, vor dem Bug gleiten
aufgescheuchte Schildkröten ohne unnötige Hast ins
dunkle Wasser. Sie schauen einfach nur ...

Wohin im Everglades National Park?

In einer anderen Welt ...

Auf der
FL 9336

Der eine Autostunde westlich von Miami beginnende Everglades National Park wurde 1947 gegründet und ist das einzige subtropische Schutzgebiet der Festlands-USA. Seine Tierwelt ist ebenso vielfältig wie seine Flora: Alligatoren leben hier und in ihrem Bestand bedrohte Amerikanische Krokodile. Wildkatzen jagen Hochwild, Delfine schwimmen in den von Mangrovenwäldern umrahmten meernahen Wasserläufen. Hinzu kommen 345 verschiedene Vogelarten.
Eine Fahrt auf der etwas südwestlich von **Homestead** beginnenden und in Flamingo (▶ rechts) an der Florida Bay endenden FL 9336 vermittelt einen ersten Eindruck. Gleich am Parkeingang bereitet das **Ernest F. Coe Visitor Center** mit Ausstellungen, Broschüren und Moskitospray auf den Ausflug vor. Es ist das erste von vier Besucher-

zentren des Nationalparks, die in jeweils verschiedenen Biotopen eingerichtet wurden.

www.nps.gov/ever/index.htm

Visitor Center: 40001 SR 9336, Homestead | tgl. 8/9–17 Uhr

Lohnende Spazier- und Wanderwege

Etwa 2 mi/3 km hinter dem Besucherzentrum beginnen mehrere Spazier- und Wanderwege. Der 800 m lange **Anhinga Trail** führt als Plankenweg durch eine von Riedgras (Sawgrass) bedeckte Marsch, in der man mit etwas Geduld Alligatoren, Schildkröten, Anhingas genannte Schlangenhalsvögel und Kraniche sehen kann. Der **Gumbo-limbo Trail** schlängelt sich durch ein Dickicht aus Königspalmen und Gumbolimbo-Bäumen. Der **Pineland Trail** (11 km westlich des Parkeingangs) führt durch märchenhaft wirkendes Palmettodickicht. Der **Pahayokee Overlook Trail** (21 km westlich) endet an einer Aussichtsplattform über den »River of Grass«. Etwa 20 mi/32 km hinter dem Parkeingang beginnt der **Mahogany Hammock Trail** durch einen Dschungel aus Mahagoni-Bäumen.

Kurz vor Flamingo beginnt gleich ein knappes Dutzend schöner Wege: Der knapp 1 km lange **West Lake Trail**, in der Übergangszone zur Küste liegend, schlängelt sich durch einen Mangrovenwald am Ufer des West Lake (Brackwassersee) entlang. Der 2,6 km lange **Snake Bight Trail** entführt in einen Dschungel aus Dutzenden tropischer Harthölzer, für Vogelfreunde ein Paradies.

Im Süden des Nationalparks

Am Ende der Straße und 37 mi/60 km hinter dem Parkeingang liegt Flamingo. Das **Flamingo Visitor Center** beherbergt naturwissenschaftliche Ausstellungen und das **Buttonwood Café**, das einzige Restaurant im Nationalpark. Campingplatz und Bootsrampe liegen in der Nähe. In der Nähe beginnen auch verschiedene Wanderwege und Kanurouten. Restaurant und Hotel sind nach Zerstörungen durch Wirbelstürme noch nicht wieder aufgebaut.

Vor hundert Jahren war Flamingo ein Fischerhafen mit drei Dutzend Stelzenhäusern, und angeblich gab es so viele Moskitos, dass das Licht der Öllampen in ihren Wolken verlosch. Heute ist solches Ungemach nicht mehr zu befürchten, und wer hierher kommt, will »versumpfen«. Ausflugsboote, Kajaks und Kanus helfen dabei, am besten von der **Everglades Flamingo Marina** aus. Tatsächlich ist die Paddeltour auf einem der acht Kanu-Trails rund um Flamingo die beste Art, die Everglades und ihre Bewohner aus nächster Nähe zu erleben. Im Laden der **Marina** können Kanus, Kajaks und Fahrräder gemietet werden. Sandwiches, Campingausrüstung und Angelzeug sind ebenfalls erhältlich.

Visitor Center: Tel. 1-239-695-2945 | Mitte April–Mitte Nov. 9–16.30 Uhr, sonst unregelmäßig

Marina: Tel. 1-239-695-3101 | Mo.–Fr. 7–19, Sa., So. 6–19 Uhr

Trails

Flamingo

▌ Auf dem Tamiami Trail

»Everglades für Eilige«

1928 beschlossen ▶ Miami und ▶ Naples eine Straßenverbindung quer durch den »River of Grass«. Das Resultat war der Highway 41, bekannter als **Tamiami Trail**. Wo einst Gefangene, Einwanderer und Tagelöhner unter den wachsamen Augen von Alligatorenjägern die Trasse durch die Sümpfe trieben, fährt man heute in drei, vier Stunden den Nordrand des Nationalparks ab und hat dabei auch noch reichlich Zeit für Sightseeing. **Wichtiger Hinweis**: Entlang des Tamiami Trail laden Veranstalter von Airboat-Touren zu Ausflügen in die Sumpflandschaft der Everglades ein. Im Nationalpark selbst sowie im nördlich anschließenden Big Cypress National Preserve (▶ unten) sind Unternehmungen mit diesen ebenso schnellen wie ohrenbetäubend lauten Propellerbooten allerdings verboten.

Highway US-41

In den inneren Teil der Everglades

Erster Stop: das **Shark Valley Visitor Center**. Von hier aus führt ein 15 mi/24 km langer asphaltierter Rundweg ein Stück in eine endlos wirkende Süßwassermarsch. Während einer von Parkrangern begleiteten Busfahrt (▶ S. 85) sieht man Alligatoren, Otter, Waschbären und zahllose Watvogelarten. Schon der weite Blick vom Beobachtungsturm am Scheitelpunkt des Weges lohnt den Abstecher vom Tamiami Trail.
Visitor Center: 36 000 SW 8th St., Miami | 8.30/9–17 Uhr

Shark Valley

Siedlung der Ureinwohner

Die viel besuchte **Indianersiedlung** ein paar Meilen weiter westlich ist eine eher zwiespältig erscheinende Angelegenheit. An Souvenirständen und in den recht fotogen eingerichteten Werkstätten bieten Miccosukee-Indianerinnen und -indianer hübsches Kunsthandwerk an. Ferner werden Besucher zu Ausflügen in die sumpfige Wildnis mit dem Airboat eingeladen(▶ Hinweis oben). Und dann ringen da noch kräftige junge Indianer vor den Kameras der Touristen mit Alligatoren.
Alligatoren-Shows: tgl. 11–16 Uhr, Beginn jeweils zur vollen Std. | 15 $
Airboat-Fahrten: 9–17 Uhr 20 $ | www.miccosukee.com/indian-village/

Miccosukee Indian Village

Feuchtgebiet der großen Florida-Zypresse

Wenige Autominuten weiter westlich beginnt das Big Cypress National Preserve, ökologisch gesehen die Fortsetzung des Nationalparks. In diesem Rückzugsgebiet kann man Alligatoren, Schildkröten, Waldstörche und Schmuckreiher beobachten. Halbwegs zwischen Miami und Naples informiert das **Big Cypress Swamp Welcome Center** über ökologische Zusammenhänge (▶ Abb. S. 87). Lohnend ist eine

Big Cypress National Preserve

Der Blick von oben zeigt erst die labyrinthische Marschlandschaft der Ten Thousand Islands (▶ S. 92)

Fahrt auf der **Loop Road** (CR 94), die westlich des Miccosukee Indian Village bei Forty Mile Bend/Tamiami Ranger Station von dem in nordwestlicher Richtung abknickenden Tamiami Trail abzweigt. Sie führt in einen noch völlig ursprünglichen Teil der Everglades. Die Loop Road mündet 24 mi/39 km (Fahrzeit: 1–2 Std.) weiter nordwestlich bei Monroe Station wieder in den Tamiami Trail. **Achtung!** Bei schlechtem Wetter ist die Loop Road nicht durchgängig befahrbar. Daher sollte man sich zuvor beim National Park Service informieren.

Big Cypress Swamp Welcome Center: 33 000 Tamiami Trail E, Ochopee Tel. 1-239-695-2000 | tgl. 9–16.30 Uhr | frei | www.nps.gov/bicy

Das kleinste Postamt der USA

Ochopee
Post Office

Bei Ochopee, einer beiderseits des Tamiami Trail im Busch verstreuten Ansiedlung, wartet eine besondere Attraktion: Das weiße Häuschen am Wegesrand, neben dem eine riesige US-Flagge flattert, beherbergt das kleinste Postamt der USA. Touristen geben hier gerne ihre Kartengrüße auf. Die Post ermöglicht rund 900 in der Umgebung lebenden Indianern, Jägern und Fischern den Kontakt mit der Außenwelt.

38000 Tamiami Trail | Tel. 1-239-695-2099 | Mo.–Fr. 8–10, 12–16, Sa. 10–11.30 Uhr

Zypressenwald mit Alligatorsümpfen

Fakahatchee
Strand
Preserve
State Park

Das herrliche Naturschutzgebiet breitet sich westlich von **Copeland** aus. Hier hat der sich auflösende Kalkstein längliche Mulden (»strands«) hinterlassen, die sich im Laufe der Zeit in ausgesprochen fotogene **Zypressensümpfe** verwandelt haben. Ein paar Autominuten weiter westlich auf dem Tamiami Trail liegt der Haupteingang zum Schutzgebiet. Von dort führt ein kilometerlanger Plankenweg durch fast schon tropischen Dschungel zu einem Beobachtungspunkt, von dem aus man Alligatoren, Schildkröten und allerlei Vögel beobachten kann.

137 Coastline Dr., Copeland | Tel. 1-239-695-4593 | tgl. 8 Uhr bis Sonnenuntergang | frei | www.floridastateparks.org/park/ Fakahatchee-Strand/

Tor zu den »Zehntausend Inseln«

Everglades
City

Südlich liegt Everglades City (500 Einw.), das selbst ernannte »Gateway to the Ten Thousand Islands«. Tatsächlich ist das von üppigem Grün umfasste Nest am Nordwestrand des Nationalparks eine gute Basis für Expeditionen. Angeboten werden Bootstouren durch das **Ten Thousand Islands** genannte **Mangroven-Labyrinth** vor der Küste (National Wildlife Refuge). Noch näher dran ist man in Kanus oder Kajaks, mit oder ohne Führer (▶ S. 88). Unter den hier am Straßenrand werbenden Veranstaltern sollte man jedoch gut wählen und Rat im hiesigen Besucherzentrum einholen.

Gulf Coast Visitor Center: 815 Oyster Bar Lane, Everglades City Tel. 1-239-695-3311 | 8/9–16.30 Uhr

FLORIDA KEYS

Region: Southeast | **Höhe:** 0–3 m ü. d. M. | **Einwohnerzahl:** 77 000

*Vor der Südspitze Floridas »kleckern« die USA förmlich aus in
Gestalt der Florida Keys. Über 400 Inseln und Eilande sind es,
30 davon durch den Overseas Highway miteinander verbunden.
Die Keys sind eine Welt für sich. Schon auf der spektakulären
Straße über das Meer, auf Augenhöhe mit parallel fliegenden
Pelikanen, atmet man den berühmten »Key Spirit«. Wer ihn
in vollen Zügen inhalieren möchte, sollte die Badelatschen an-
ziehen, das Auto stehen lassen und sich irgendwo für ein paar
Tage einmieten.*

N–Q 11–13

Der spanische Konquistador Juan Ponce de León (▶ S. 349), 1513
erster verbürgter Europäer in diesen flachen Gewässern, nannte
die aus den smaragdgrünen Fluten steigenden Koralleninseln »Los
Martíres«: Sie erinnerten ihn – aus der Ferne vermutlich – an lei-
dende Menschen. Während der nächsten 300 Jahren boten die Keys –
das Wort ist eine Verballhornung des spanischen Begriffs für flache
Sand- bzw. Koralleninseln = »cayo« – Piraten Unterschlupf. Erst um
1800 begann die Besiedlung.

*Riffe in
smaragd-
grünem
Wasser*

Gemütlich am Strand auf den Florida Keys den Tag ausklingen lassen

Wohlstand und Verkehrserschließung

»Wrecking« als Gewerbe Fischfang und »Wrecking«, das Bergen und Verhökern von Gütern der an den Riffs auf Grund gelaufenen Schiffe, brachten so viel Geld in die Kassen, dass ▸ Key West um 1850 die reichste Stadt der USA war. Bis ins 20. Jh. waren die Keys nur per Schiff erreichbar, dann kam Henry M. Flagler (▸ S. 345): »Alles, was wir tun müssen, ist, einen Betonpfeiler hinter den anderen zu setzen, dann sind wir schnell in Key West.« So einfach war es zwar nicht, doch am 22.1.1912 setzte die **Florida East Coast Railway** ihren greisen Boss in Key West ab. Die nächsten 20 Jahre verband »Flagler's Folly« die Keys mit dem Rest der Welt. 1935 zerstörte ein Hurrikan die Trasse, doch die neuerliche Isolation der Insulaner währte nicht lange. Zweieinhalb Jahre später wurde auf den Trümmern der Flagler-Bahn der US-1 eröffnet, der 113 mi/182 km lange **Overseas Highway** mit seinen 42 Brücken. Und fortan kamen die Touristen. Vom Fremdenverkehr leben die »Conchs« genannten Inselbewohner bis heute.

Touristenhochburg und die Folgen

Fauna und Klima Millionen Touristen gelangen jährlich über den Highway auf die Keys – mit Folgen für die Tierwelt. Meeresschildkröten, Seekühe und Korallenriffe werden von Freizeitkapitänen bedroht, die zierlichen, nur hier lebenden Key-Hirsche (▸ S. 104) von Autofahrern. Die größte Gefahr, die Klimaerwärmung, bleibt vorerst unsichtbar. Erst seit Kurzem scheint der steigende Meeresspiegel an den Inselrändern zu kratzen.

Doch bis es wirklich ernst wird, bleiben die Keys ein Paradies für Wassersportler, Angler und Faulenzer, bleibt ▸ Key West, die südlichste Stadt der festländischen USA, Amerikas liberalster **Treffpunkt für (Lebens-)Künstler** östlich von San Francisco.

Nur keinen Stress – Für ein paar Tage auf die Keys

Ausflug von Miami Für einen Ausflug auf die Keys sollte man von ▸ Miami aus mindestens drei Tage veranschlagen. Die Orientierung ist ein Kinderspiel: Der Overseas Highway ist die einzige Straße dorthin. Er beginnt in Florida City und endet in ▸ Key West. Kleine grüne Markierungen am rechten Straßenrand, sog. **Mile Marker** (MM), halten einen über die bis Key West noch zurückzulegende Entfernung auf dem Laufenden. Vermeiden Sie es, am Freitagnachmittag oder am Sonntagabend auf dem Overseas Highway unterwegs zu sein! Sonst geraten Sie in den Wochenendverkehr der Ausflügler aus dem Ballungsraum Miami.

▎ Wohin auf den Upper Keys?

Die nördlichsten Inselchen der Kette

Tauchen und Angeln Upper Keys heißen die am weitesten im Norden gelegenen Inselchen. Die größten – Key Largo, Tavernier und Islamorada – sind als Tauch-

JA-WORT UNTER WASSER

Room Service, Pizza-Dienst, morgens die Tageszeitung: nichts Besonderes, Hotelalltag. In der Emerald Lagoon vor Key Largo werden diese Dienste auch ein paar Meter unter dem Meeresspiegel erbracht. **Jules' Undersea Lodge** (51 Shoreland Dr., Key Largo; Tel. 1-305-451-2353; www.jul. com), eine Unterwasser-Forschungsstation aus den 1970er-Jahren besteht aus zwei gemütlichen Zimmern und einem Gemeinschaftsraum. Sie ist bei tauchsportlich aktiven Flitterwöchnern beliebt. Man kann hier auch das Tauchen erlernen.

und Angelsportzentren die bevorzugten Wochenendziele von Städtern aus Miami und deshalb vor allem Wochenenden und Feiertagen sehr voll. Trotzdem: Auch auf den Upper Keys lohnen etliche Sehenswürdigkeiten einen Besuch.

Dampfboot-Fahrt mit der »African Queen«

Die 31 km² große und 10 500 Bewohner zählende Insel mit dem gleich-namigen Hauptort wartet mit etlichen Hotels und Motels auf. Ein absolutes Muss für Fans alter Hollywood-Klassiker ist ein Abstecher zur **Marina del Mar** (527 Caribbean Dr.). Dort liegt die »S/L Livingstone« vor Anker – das winzige Boot, das 1912 in England für den Frachtdienst auf dem Weißen Nil und dem Albertsee gebaut wurde und 1951 in dem Film »The African Queen« von Regisseur John Huston Humphrey Bogart und Katharine Hepburn umher schipperte. 1982

Key Largo

gelangte die »African Queen« nach Key Largo, wo sie als National Historic Site registriert ist. Restauriert, überholt und in den aus dem Film bekannten Farben gestrichen – für den Antrieb sorgt der Originalmotor – unternimmt sie heute kurze Touren rund um Key Largo.

Calypso Sailing: 99701 Overseas Highway, Tel. 1-305-451-8080
http://calypsosailing.com, http://africanqueenflkeys.com

Erstes Unterwasser-Naturschutzgebiet der USA

**John Penne-
kamp Coral
Reef State
Park**

1963 eingerichtet und nach einem gegen die Zerstörung der Keys anschreibenden Redakteur des »Miami Herald« benannt, schützt dieses erste Unterwasser-Naturschutzgebiet der USA das bis nach Key West reichende Korallenriff. Die kalkigen, viele Jahrtausende alten Korallenablagerungen beherbergen eine tropenbunte Unterwasserwelt, die vom Glasbodenboot aus oder auf Tauch- und Schnorchelausflügen erkundet werden kann. Die Mangrovenwälder im Schutzgebiet lassen sich am besten per Kajak oder Kanu erforschen.

102601 Overseas Hwy., MM 102.5 | tgl. 8 Uhr bis Sonnenuntergang
Glasbodenboot (2½ Std./24 $) u. Schnorcheltouren (30 $): Tel. 1-305-451-6300, Tauchtouren: Tel. 1-305-451-6322 | http://pennekamppark.com

Schnorchelnd abtauchen kann man im herrlich glasklaren Wasser des John Pennekamp Coral Reef State Park.

UPPER KEYS ERLEBEN

KEY LARGO VISITOR CENTER

106000 Overseas Hwy., MM 106,
Key Largo, FL 33037
Tel. 1-305-451-1414 | 9–18 Uhr
www.keylargochamber.org

ISLAMORADA VISITOR CENTER

87100 Overseas Hwy., MM 87,
Islamorada, FL 33036
Tel. 1-305-664-4503 | 9–16/17 Uhr
www.islamoradachamber.com

Neben den von der Parkverwaltung
angebotenen Boots-, Tauch-, Stand-
Up-Paddeling- und Schnorcheltouren
bieten in Key Largo auch zahlreiche
Veranstalter **Programme mit Delfinen** an:

FLORIDA BAY OUTFITTERS

Touren durch den John Pennekamp
Coral Reef State Park
104050 Overseas Hwy., MM 104
Tel. 1-305-451-3018
www.paddlefloridakeys.com

THEATER OF THE SEAS

Schwimmen mit Delfinen und
Seelöwen
84721 Overseas Hwy., MM 84.5
Tickets tgl. 9–17 Uhr | Show-
Termine und Preise auf der Website: www.theaterofthesea.com

DOLPHINS PLUS

Schwimmen mit Delfinen
31 Corrine Place, Key Largo
Tel. 1-305-451-1993
www.dolphinsplus.com

BOOTS- UND ANGELTOUREN

Dutzende Unternehmen am Overseas
Highway vermieten Boote aller Art

und Größe. Vom Holiday Inn in
Key Largo startet die »**Key Largo
Princess**«, durch deren in den
Schiffsboden eingelassene Scheiben
man das Leben in den Kroallenriffen
beobachten kann (https://keylargo
princess.com).

WHALE HARBOR SEAFOOD BUFFET €€€

Wie lang ist das Buffet? 15 m? 20 m?
Jedenfalls türmen sich die Köst-
lichkeiten darauf. Austern, Krebse,
Hummer, Shrimps. Und auf dem
Dach wartet »The Sandbar« mit
tollen Cocktails. Und Meeresblick,
na klar …
83413 Overseas Hwy., MM 83,5,
Islamorada | Tel. 1-305-664-4940
http://whaleharborrestaurant.com

HARRIETTE'S RESTAURANT €

Harriette pflegt ihre Gäste persönlich
in ihrer Kantine zu begrüßen. Das
Frühstück ist kalorienreich, aber
den Zeichen der Zeit wird mit Müsli
und fettarmen Joghurts ebenfalls
Rechnung getragen. Nicht minder
herzhaftes Mittagsessen.
95710 Overseas Hwy.,
MM 95,7, Key Largo
Tel. 1-305-852-8689
tgl. 6–15 Uhr

HOLIDAY INN KEY LARGO €€

Palmenwedel rascheln, Jachten
dümpeln, auf der Mole döst ein
Pelikan. Schon beim Einchecken
in diesem schönen 130-Zimmer-
Ferienhotel fängt die Erholung an.
99701 Overseas Hwy.,
MM 100, Key Largo
Tel. 1-305-451-2121

FLORIDA REEF TRACT

Vor der Südostküste Floridas verläuft mit dem Florida Reef Tract das nach dem australischen Great Barrier Reef und dem mittelamerikanischen Belize Barrier Reef drittgrößte Barriere-Korallenriff der Erde. Die Riffbänke erstrecken sich vor der Biscayne Bay bei Miami über 240 km weit nach Südwesten, wobei die Florida Keys und auch noch die Dry Tortugas Teile dieses Ökosystems sind. Das Florida-Riff ist Lebensraum für eine außerordentlich bunte und vielfältige Meeresfauna, darunter allein 30 verschiedene Korallenarten.

▶ **Korallenpolyp**
Die Einzelskelette sind meist pflanzenartig verzweigt. An den Zweigenden, den Wachstumsspitzen, befinden sich oft farbenprächtige Polypen. Die Korallen ernähren sich durch Herausfiltern von Mikroplankton, Nährstoffen und Spurenelementen aus dem strömungsreichen Meerwasser.

Tentakel
Mund
Gastralraum
Körperhülle
Ektodermschicht
Endodermschicht

Kalkskelett

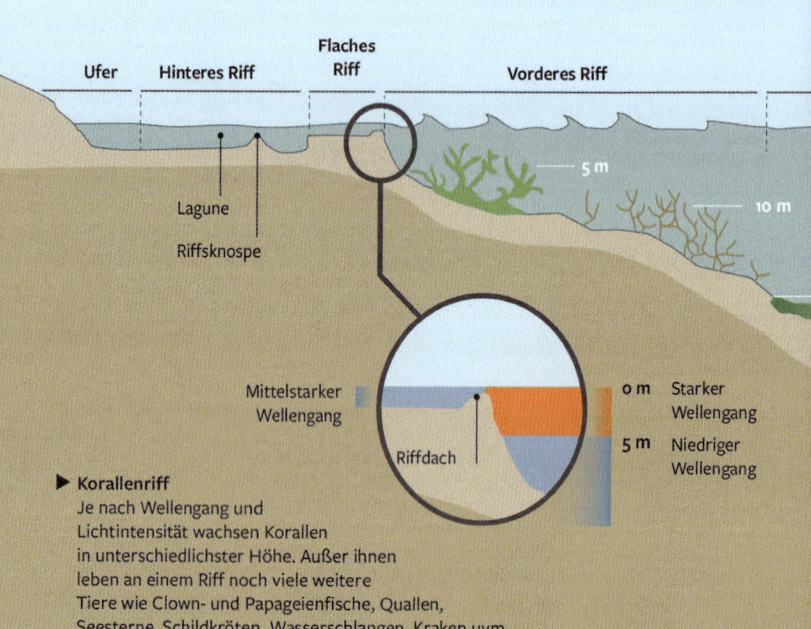

Ufer   Hinteres Riff   Flaches Riff   Vorderes Riff

5 m

10 m

Lagune

Riffsknospe

Mittelstarker Wellengang

Riffdach

0 m   Starker Wellengang

5 m   Niedriger Wellengang

▶ **Korallenriff**
Je nach Wellengang und Lichtintensität wachsen Korallen in unterschiedlichster Höhe. Außer ihnen leben an einem Riff noch viele weitere Tiere wie Clown- und Papageienfische, Quallen, Seesterne, Schildkröten, Wasserschlangen, Kraken uvm.

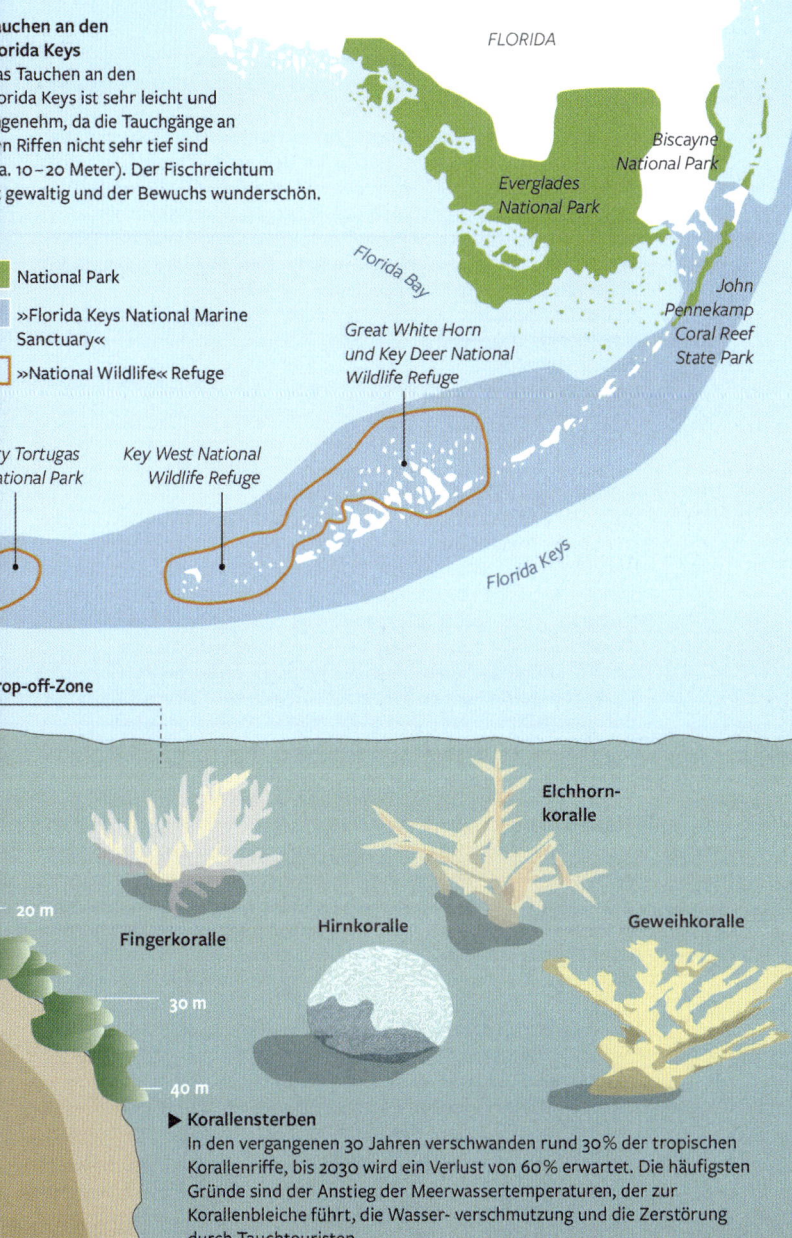

Miami

FLORIDA

Tauchen an den Florida Keys

Das Tauchen an den Florida Keys ist sehr leicht und angenehm, da die Tauchgänge an den Riffen nicht sehr tief sind (ca. 10–20 Meter). Der Fischreichtum ist gewaltig und der Bewuchs wunderschön.

Biscayne National Park

Everglades National Park

Florida Bay

National Park

»Florida Keys National Marine Sanctuary«

»National Wildlife« Refuge

Great White Horn und Key Deer National Wildlife Refuge

John Pennekamp Coral Reef State Park

...y Tortugas ...ational Park

Key West National Wildlife Refuge

Florida Keys

...rop-off-Zone

Elchhorn-koralle

20 m

Fingerkoralle

Hirnkoralle

Geweihkoralle

30 m

40 m

▶ **Korallensterben**
In den vergangenen 30 Jahren verschwanden rund 30% der tropischen Korallenriffe, bis 2030 wird ein Verlust von 60% erwartet. Die häufigsten Gründe sind der Anstieg der Meerwassertemperaturen, der zur Korallenbleiche führt, die Wasser- verschmutzung und die Zerstörung durch Tauchtouristen.

Vogel-Samariter und entspanntes Strandleben

Tavernier Am Ortseingang der im Palmetto- und Hibiskusgebüsch dösenden 2000-Einwohner-Siedlung Tavernier auf dem gleichnamigen Inselchen liegt etwas versteckt das **Laura Quinn Wild Bird Sanctuary**. Hier werden verletzte Pelikane, Fischadler und Reiher nach Kollisionen mit Kraftfahrzeugen oder Motorbooten von Freiwilligen wieder aufgepäppelt. Danach bietet sich das Flanieren durch Taverniers restaurierte 100 Jahre alte »**Altstadt**« an, mit dem pinkfarbenen **Tavernier Hotel**, das als Kino begann und im Jahr 1935 als Lazarett für Opfer des Labor-Day-Hurrikan diente.

An der Ostküste der Insel liegt der **Harry Harris Park** (MM 92.5), eine schöne Anlage mit Sandstrand, Picknickplätzen und Live-Musik am Wochenende.

Laura Quinn Wild Bird Sanctuary: 93600 Overseas Hwy., MM 93.6, Tavernier | Tel. 1-305-852-4486 | tgl. Sonnenauf- bis -untergang frei, Spende erbeten | www.keepthemflying.org/sanctuary

Auf der Jagd nach dem kapitalen Marlin

Islamorada Die hinter Tavernier beginnenden Keys **Plantation**, **Windley**, **Upper** und **Lower Matecumbe** werden in der Regel als Islamorada zusammengefasst und zählen etwa 7000 Einwohner. Ist das Sportangeln überall sonst in den Keys schon sehr beliebt, auf diesem 32 km langen Abschnitt ist es schier allgegenwärtig. Islamorada, selbsternannte »Sports Fishing Capital of the World«, besteht aus Marinas, Bootsrampen und Köderläden (»tackle shops«). Motorboote (jene mit den Sitzen mit Sicherheitsgurt am Heck) sowie Angelausrüstung mit und ohne Skipper kann man überall mieten. Objekt der Begierde: ein kapitaler Schwertfisch bzw. Marlin, der Werbetafeln, Tassen und T-Shirts ziert.

Shows mit Delfinen und Seelöwen

Theater of the Sea Zwangsläufig sind auch die Sehenswürdigkeiten zu Lande dem Meer verbunden. Das Theater of the Sea bietet seit über fünf Jahrzehnten sich mehrmals am Tag wiederholende Shows mit Delfinen und Seelöwen. Mutige Besucher dürfen mit diesen Meeressäugetieren sogar schwimmen.

84721 Overseas Hwy., MM 84.5, Islamorada | Infos ▶ S. 97

Tarpune-Füttern, Bootstouren und Faulenzen am Strand

Robbie's Pier Die wohl preiswerteste – und recht ungewöhnliche – Attraktion auf den Keys ist »**Tarpon Feeding**« an Robbie's Pier. Seit vor zwei Jahrzehnten ein mitleidiger Ladenbesitzer namens Robbie Reckwerth hier einen verletzten Tarpun gesund pflegte und durchfütterte, warten täglich 80 bis 100 dieser bis zu 100 kg schweren und bis zu 2 m langen Fische wie Miniatur-U-Boote dicht unter der Oberfläche darauf, nach den Heringen der Touristen zu springen.

Der Skipper hat alles im Blick für die Sportangler in Islamorada.

Robbie's Pier ist im Übrigen auch Ausgangspunkt für Bootstouren nach **Indian Key** und **Lignumvitae Key**, zwei naturbelassenen und als State Parks geschützten Inseln. Hier kann man Florida noch so wie vor der Ankunft der Europäer erleben. Zum Faulenzen und Schwimmen lädt **Anne's Beach** (MM 73) ein, ein kleinerer, sanft ins Meer abfallender Sandstrand mit wunderschönen Picknickplätzen.
Robbie's Pier: 77522 Overseas Hwy., MM 77, Islamorada | 7–20 Uhr 2 $, Heringsfutter 3 $ | http://robbies.com/tarpon.htm

▌ Wohin auf den Middle Keys?

Pelikane und Mini-Inseln im blauen Dunst

Pelikane gleiten auf Augenhöhe an einem vorbei, herrliche »Shangri-La«-ähnliche Feriensiedlungen liegen auf Mini-Inseln. Vor der Motorhaube verschwimmt der Overseas Highway im blauen Dunst: Zwischen **Duck Key** und Bahia Honda wird die Fahrt über das Meer fast schon surreal. Ein Krankenhaus für Schildkröten und andere interessante Sehenswürdigkeiten sorgen jedoch für Bodenhaftung.

Fahrt übers Meer

Schildkröten, Delfine und ein schöner Picknick-Spot

Marathon besteht aus mehreren Inseln im Zentrum der Keys, darunter Vaca Key, Fat Deer Key und Grassy Key. Indianer, Piraten, weiße Siedler von den Bahamas, Flaglers Eisenbahner, Freizeitkapitäne und

Marathon

101

Touristen: Was in dem 10 000-Einwohner-Städtchen Marathon auf **Vaca Key** während der letzten 200 Jahre passierte, dokumentiert das **Crane Point Hammock Museum & Nature Center** in erfreulich

MIDDLE KEYS ERLEBEN

GREATER MARATHON VISITOR CENTER

12222 Overseas Hwy.,
MM 53.5, Marathon, FL 33050
Tel. 1-305-743-5417
www.floridakeysmarathon.com

BUTTERFLY CAFÉ €€€€–€€€
Alles frisch, alles braun gebrannt. Ersteres gilt für Fisch, Seafood und Obst, Letzteres für die aus dem Resort kommenden Gäste. Das Auge isst auf jedem Fall mit. Fantastische Shrimp Cocktails!
2600 Overseas Hwy., Marathon
Tel. 1-305-289-7177
www.tranquilitybay.com/dining/butterflycafe

BARRACUDA GRILL €€€
Das moderne Bistro-Restaurant enttäuscht auch beim zweiten, dritten Besuch nicht. Geboten wird neue amerikanische Küche, also traditionelle Keys-Produkte wie Fisch und Seafood, kreativ kombiniert etwa mit Pesto-Sauce und Thai Curry.
4290 Overseas Hwy., MM 49.5,
Marathon | Tel. 1-305-743-3314

HERBIE'S €€
Manchmal stimmt einfach alles. Umso leichter wird dann gesündigt. Bei den Mahi Sandwiches und ultimativen Burgern, und bei der fantastischen Auswahl an Craft-Bieren

sowieso. Schön altmodischer Nachbarschaftstreff.
6450 Overseas Hwy., MM 50.5,
Marathon | Tel. 1-305-743-6373
Mi.–So. 11–21 Uhr
www.herbiesrestaurant.com

HAWKS CAY ISLAND RESORT €€€€
Eine Brücke führt vom Overseas Highway auf das private Inselchen Duck Key. Die Gäste wohnen in großzügig geschnittenen Zimmern, Suiten oder Villen. Eigener Pool, Piratenschiff mit Wasserkanonen und Kids Club. Sportlich Ambitionierte können kiten, tauchen und schnorcheln, Tennis spielen, fischen, Kajak fahren und mehr.
Sieben Restaurants und Bars bieten kulinarische Abwechslung, ein »Calm Waters Spa« sorgt für Entspannung und Schönheit. Die »Dolphin Connection« (www.dolphinconnection.com) offeriert das gemeinsame Schwimmen mit den Meeressäugern.
MM 61 OS, 61, Hawks Cay Blvd.,
Duck Key, FL 33050 | Tel. 1-305-7
43-7000 | www.hawkscay.com

LIME TREE BAY RESORT €€
Wer hier einkehrt, vergisst leicht weiterzufahren. Das Resort liegt direkt am Strand zwischen Hunderten von Palmen und Gumbolimbo-Bäumen, die hellen Zimmer, Suiten und Cottages sind ein Traum.
US-1, MM 68.5, Long Key
Tel. 1-305-664-4740
www.limetreebayresort.com

kritischen Ausstellungen. Zum Zentrum gehört auch ein subtropisches Waldgelände, das sich auf Plankenwegen erkunden lässt.
Auch in einer früheren Striptease-Bar werden Key-Bewohner geschützt: Tierliebe Motelbesitzer verwandelten »Fanny's Bar« 1986 in ein **Turtle Hospital** und kümmern sich hier um kranke oder verunglückte Schildkröten.
Im **Dolphin Research Center** legt man Wert auf artgerechte Behandlung: In einer Salzwasserlagune leben Delfine, die man streicheln darf. Bester Picknick-Spot im Ort ist **Sombrero Beach**, ein schöner, palmenbestandener Sandstrand mit Bänken und Toiletten.
Crane Point Hammock Museum & Nature Center: 5550 Overseas Hwy., MM 50.5 | Mo.–Sa. 9–17, So. 12–17 Uhr | 14 $ | www.cranepoint.net
Turtle Hospital: 2396 Overseas Hwy., MM 48.5 | Führungen tgl. 9–16 Uhr, jeweils zur vollen Std. | 22 $ | www.turtlehospital.org
Dolphin Research Center: 58901 Overseas Hwy., MM 59, Grassy Key | tgl. 9–16.30 Uhr | 28 $, Delfinschwimmen 199 $ www.dolphins.org

Ikone der Bahngeschichte und ihr moderner Nachfolger
Die 7 mi/11,2 km lange Brücke von Marathon nach Bahia Honda Key wurde 1982 für 45 Mio. Dollar fertiggestellt. Das Fahrgefühl hoch über dem Meer ist berauschend. Der Blick auf die historische Brücke (nur für Fußgänger und Radfahrer), vom Eisenbahn-Magnaten Flagler (▶ S. 345) errichtet, deren Mittelstück abgerissen wurde (Kinogänger kennen sie aus dem Schwarzenegger-Action-Film »True Lies – Wahre Lügen«), inspiriert zu einem Abstecher nach **Pigeon Key**. Das per Bus (ab Pigeon Key Visitor Center, MM 47) über die alte Brücke erreichbare Mini-Inselchen diente bis 1935 als Eisenbahnercamp.
Weitere Infos: www.pigeonkey.net

Seven Mile Bridge

▌ Wohin auf den Lower Keys?

Bilderbuch-Karibik und der schönste Strand der Keys
Für Wochenend-Trips vom Festland aus schon zu weit weg und von ▶ Key West nur noch eine halbe Autostunde entfernt, wurden die Inseln zwischen Bahia Honda Key und Coppitt Key vom Tourismus praktisch nur gestreift. Deshalb lassen sich Fauna und Flora hier am besten beobachten. Pfade durch tropische Hammocks mit Palmen, seltenen Pflanzen und exotischen Vögeln, Mangrovenwälder und der schönste Strand der Keys: Unmittelbar hinter der Seven Mile Bridge grüßt ein Stück Bilderbuch-Karibik. Boote, Windsurfbretter, Tauch- und Schnorchelausrüstung können in der **Bahia Honda Marina** gemietet werden.
36850 Overseas Hwy. | 8 Uhr bis Sonnenuntergang | Fußgänger 2 $, Pkw 8 $ | www.floridastateparks.org/park/Bahia-Honda

Bahia Honda State Park

Rechts überquert die historische Brücke Pigeon Key, links rauscht der Verkehr über die Seven Mile Bridge.

Big Pine Key – Schutzgebiet der Key-Weißwedelhirsche

National Key Deer Refuge

Hier leben die sog. Key Deers. Diese ziemlich scheuen **Miniatur-Hirsche** sind mit einer Schulterhöhe von knapp 60 cm nicht viel größer als ein deutscher Schäferhund und im Dickicht des Schutzgebiets nur sehr schwer auszumachen. Eher begegnet man einem überfahrenen Tier auf der Straße. Mit zirka 800 Exemplaren hat sich ihr Bestand – bei Gründung des Refuge 1957 auf Big Pine Key gab es nur noch ganze 27 – dank besonderer Schutzmaßnahmen vorerst erholt. Wo die besten Beobachtungspunkte sind, erfährt man im Visitor Center des Refuge.

National Key Deer Refuge: Visitor Center (für alle National Wildlife Refuges auf den Keys), 179 Key Deer Blvd., Big Pine Key, FL 33043 Tel. 1-305-872-0774 | www.fws.gov/refuge/National_Key_Deer_Refuge/

Weiterfahrt nach Key West

Cudjoe Key

Über Cudjoe Key, wo man mit »**Fat Albert**«, einem hoch über der Insel verankerten Luftschiff, US-amerikanische TV-Programme Richtung Karibik respektive Kuba sendet, sowie über **Sugarloaf Key** und die Marinefliegerbasis **Boca Chica** gelangt man schließlich nach ► **Key West**.

★ FORT LAUDERDALE

Region: Southeast | **Höhe:** 0–3 m ü. d. M. | **Einwohnerzahl:** 177 000

Wegen seiner Kanäle – man hat 260 km davon, und die meisten sind auch wirklich schön – rühmt sich die Stadt als »Amerikanisches Venedig«. Natürlich ist sie das nicht wirklich, doch wer über diesen Hochmut gnädig hinwegsieht, wird die 40 Minuten nördlich von Miami liegende Stadt schnell als dessen kleinere, preiswertere und entspanntere Schwester schätzen und lieben lernen.

Die Zeiten haben sich geändert. Früher war der Name der Stadt gleichbedeutend mit Spring Break. Was im amerikanischen Kontext soviel bedeutet wie Bilder entfesselt feiernder und arg alkoholisierter College-Studenten. Doch das ist vorbei. Heute präsentiert sich die Stadt im Zentrum der Gold Coast als Paradebeispiel für eine gelungene Integration von Stadt und Strand. Neue Ferienanlagen wurden gebaut. Und der Hafen von Fort Lauderdale, **Port Everglades**, ist inzwischen eines der meistbesuchten Kreuzfahrt-Ziele der Welt. Greater Fort Lauderdale umfasst derzeit 30 Städte und Gemeinden mit zusammen rund 1,8 Mio. Einwohnern.

Zentrum der Gold Coast

Stadtgeschichte: Vom Fort zum »Amerikanischen Venedig«

Während des Zweiten Seminolenkriegs entstand 1838 hier ein Fort, das nach dem kommandierenden Offizier benannt wurde. Als eigentlicher Gründer gilt jedoch **Frank Stranahan**. In den 1890er-Jahren gründete der Kaufmann hier einen Handelsposten und eine Bank und baute die erste Straße nach Miami. 1896 kam **Flaglers Eisenbahn**, in den 1920er-Jahren der Landboom. Während dieser Zeit verwandelte der Architekt und Venedig-Fan **Charles G. Rodes** die Sümpfe in parallel durchs Stadtgebiet verlaufende Kanäle. Sie bilden das Grundmuster für die heutigen Wasserwege durch die Stadt.

Festung, Eisenbahn, Kanäle

US-Colleges entdeckten Fort Lauderdale nach dem Zweiten Weltkrieg als Austragungsort für ihre Schwimmwettbewerbe. 1960 kulminierte diese »Jugendbewegung« in dem Teenager-Film »Where the boys are«, der Fort Lauderdale schlagartig als »**Party Town**« auf die Landkarte setzte. Inzwischen ist die Stadt jedoch ein beliebtes Ziel für Familien und erholungsbedürftige »Best Ager« aus ganz Nordamerika – und aus Deutschland.

Markenzeichen der Stadt sind ihre **palmengesäumten Kanäle** durch die Innenstadt. Sie verbinden die Bürogebäude, Geschäfte, Theater und Restaurants der Downtown mit den oft exklusiven Wohngegenden und bieten damit von Einheimischen und Touristen hochgeschätzte Verkehrswege. Die Straßen zu Lande sind nummeriert: Nur die Hauptdurchgangsstraßen haben Namen.

Freie Fahrt für die »Jungle Queen«.

▮ Wohin in Fort Lauderdale?

Museums- und Theaterkultur am River Walk

Downtown

Auch wenn der Strand unwiderstehlich lockt: Auch zwischen den nüchternen Bürogebäuden der Downtown finden ein paar Sehenswürdigkeiten statt! Eine Fußgängerpromenade am New River, der River Walk, verbindet das **Museum of Discovery and Science** (mit IMAX-3D-Kino) und das **Broward Center for the Performing Arts**, das moderne Kulturzentrum und Theater der Stadt. Das auf kleine Gäste spezialisierte Museum präsentiert Ökologie und Hightech zum Anfassen: Wo sonst kann man selbst einen Roboter programmieren?
Museum of Discovery and Science: 401 SW 2nd St. | Mo.–Sa. 10–17, So. 12–18 Uhr | 16 $, mit IMAX 21 $ | www.mods.org

Beispiel für die Pionier-Architektur Floridas

Stranahan House

Kaum älter als die ältesten Bürger Floridas ist das älteste Haus der Stadt. Frank Stranahan errichtete das nach ihm benannte zweistöckige Gebäude mit Veranda anno 1901 und benutzte es zunächst für den Handel mit den Seminolen-Trappern. Eine kleine Ausstellung erinnert an diese Zeit.
335 SE 6th Ave. | Führungen tgl. 13, 14, 15 Uhr | 12 $
http://stranahanhouse.org

FORT LAUDERDALE ERLEBEN

GREATER FT. LAUDERDALE CVB
101 NE Third Ave., Suite 100,
Fort Lauderdale, FL 33301
Tel. 1-954-765-4466
www.sunny.org

FLUGHAFEN
Der Fort Lauderdale/Hollywood International Airport ist von Mitteleuropa
aus täglich zu erreichen. Der Flughafen
wird von **Stadtbussen** (Broward
County Transit/BCT) und **Nahver-
kehrszügen** (Tri-Rail) bedient. Viele
Hotels und Autovermieter unterhalten
eigene Flughafenbusse.

WATER TAXI
Wassertaxis verkehren zwischen allen
wichtigen Sehenswürdigkeiten.
Tel. 1-954-467-6677 | tgl. ab 10 Uhr
www.watertaxi.com

CARRIE B. CRUISES
Spezialisiert auf Touren zu Filmkulissen
und prachtvollen Villen.
Ft. Lauderdale Dock, 440 N New
River Dr. | Tel. 1-954-642-1601
Mai–Sept. Do.–Mo., Okt.–April
tgl. 11, 13, 15 Uhr | 24 $
www.carriebcruises.com

JUNGLE QUEEN RIVERBOAT
Der Schaufelraddampfer (▶ Abb.
links) startet täglich zu kommentierten Rundfahrten durch die Kanäle.
801 Seabreeze Blvd., Nähe Bahia
Mar Shopping Center | Tel. 1-954-
462-5596 | www.junglequeen.com

Die **Beachfront Promenade**
(▶ S. 110) zwischen Sunrise und Las
Olas Blvd. ist ideal für Flaneure, die

joviale Kneipe »**Blondies**« (229 S.
Ft. Lauderdale, Beach Blvd.) mit ihrer
Terrasse ein guter Ort zum Leute-
Gucken. Der mit dem New River
mäandernde **River Walk** (▶ links)
ist ein weiteres Mekka für Flaneure,
ebenso der **Las Olas Boulevard**
(▶ S. 109).
http://myfortlauderdalebeach.com

LAS OLAS BOULEVARD
Hier finden Hard-Core-Shopper über
100 noble Boutiquen.
https://lasolasboulevard.com

THE GALLERY AT BEACH PLACE
Im Einkaufszentrum am Beach Boulevard gibt's hauptsächlich Mode von der
Stange (Gap, Banana Republic etc.).
www.galleryatbeachplace.com

SAWGRASS MILLS
Zu den Top-Shopping-Adressen gehört
die am nordwestlichen Rand von Fort
Lauderdale gelegene riesige »Outlet
Shopping Mall« mit rund 300 Fabrik-
verkäufen und Boutiquen namhafter
Hersteller (Calvin Klein, Jockey, MCM,
Nike, Sergio's u. a.). Ferner gibt es
hier diverse Attraktionen für Jung
und Alt, »Food Courts«, in denen
man Genüsse aus aller Welt einkaufen
kann, sowie mehrere Restaurants.
12801 W Sunrise Blvd., Sunrise,
FL 33323 | Mo.–Sa. 10–21.30,
So. 11–20 Uhr | www.simon.com/
mall/sawgrass-mills

SWAP SHOP
Größter **Hallenflohmarkt** im südlichen Florida mit riesigem Waren-
sortiment von gut 2000 Anbietern.
3291 W Sunrise Blvd.
tgl. 8/9–17/18 Uhr
www.floridaswapshop.com

LAS OLAS ART FAIR

Auf dem Las Olas Blvd. findet ein
Festival mit Künstlern aus den
gesamten USA statt.
www.artfestival.com/cities/
fort-lauderdale

❶ THE STRIP

Vom östlichen Ende des Las Olas
Boulevard zieht sich diese Vergnü-
gungsmeile bis zum Sunrise Boulevard am Strand entlang. Hier gibt
es Restaurants, Cafés, Nachtklubs
und Diskotheken.

❷ SEMINOLE HARD ROCK CAFÉ & CASINO

Viel geboten wird im Indianerreservat
bei Hollywood: Hier gibt es ein Spiel-
kasino mit Hotel, etlichen Restaurants,
Nachtklubs und Pianobars, wo von
Jazz bis Rock alles live zu hören ist.
1 Seminole Way, Hollywood
Tel. 1-866-502-7529 | www.semi
nolehardrockhollywood.com

❸ BLUE JEANS BLUES CLUB

Ob sündhaft teure Armani-Anzüge
oder abgewetzte Jeans – hier treffen
sich alle, die Jazz und Blues bis tief in
die Nacht lieben.
3320 NE 33rd St. | Tel. 1-954-306-
6330 | www.bjblive.com

❶ LOBSTER BAR SEA GRILLE €€€€

Die heiligen Hallen der hiesigen Sea-
food-Fanatiker punkten nicht nur mit
raffinierten Lobstergerichten, sondern auch mit den besten Steaks der
Stadt und hochgelobtem Service.
450 E Las Olas Blvd.
Tel. 1-954-772-2675
https://buckheadrestaurants.com

❷ MAI-KAI €€€

Sympathischer Kitsch aus der
Prä-Micky-Maus-Ära: In diesem
polynesisch eingerichteten Restaurant gibt es »Lobster Bora Bora«
für den Magen und Hula-Shows für
die Augen.
3599 N Federal Highway
Tel. 1-954-563-3272
www.maikai.com

❸ FLORIDIAN €€

24-Stunden-Diner, von den Einheimischen liebevoll »The Flo« genannt,
seit über 60 Jahren nicht versiegende
Quelle cholesterinhaltiger amerikanischer Frühstücksklassiker.
1410 E Las Olas Blvd.
Tel. 1-954-463-4041
http://thefloridiandiner.com

❶ RIVERSIDE €€€€–€€€

Das von Grund auf renovierte älteste
Hotel der Stadt (Baujahr 1936)
besticht durch seinen Old-Florida-
Charme. Es bietet 217 komfortable
Zimmer und Suiten.
620 E Las Olas Blvd. | Tel. 1-954-4
67-0671 | www.riversidehotel.com

❷ PELICAN GRAND BEACH RESORT €€€

Das sandfarbene Strandhotel ver-
wöhnt mit rund 180 großzügig be-
messenen Zimmern und Suiten und
gerade einmal hundert Schritten über
den Strand zum Meer.
2000 N Ocean Blvd. | Tel. 1-954-5
68-9431 | www.pelicanbeach.com

❸ TROPI ROCK RESORT €€

Das nette Boutiquehotel bietet
33 helle Zimmer, einen schönen
Pool im Innenhof und endlosen
Sandstrand 3 Fußmin. entfernt. Vor
allem beim jungen Publikum beliebt.
2900 Belmar St.
Tel. 1-954-564-0523
http://tropirockfortlauderdale.com

Flanieren, Shopping, Kunstgenuss

Die hübsche Einkaufsmeile erstreckt sich zwischen Kunstmuseum und Atlantik. Nostalgische Gaslaternen, schicke Boutiquen, Galerien, Antiquitätengeschäfte sowie zahllose Restaurants, Bars und Nachtklubs führen Regie. Den Beginn dieses frequentierten Boulevards markiert das als Epizentrum der South Florida Art Coast geltende **NSU Art Museum**. Es beherbergt u. a. Werke von Pablo Picasso, Arbeiten des amerikanischen Impressionisten William Glackens, Werke der nordamerikanischen CoBrA-Bewegung sowie zeitgenössische Kunst aus dem Karibischen Raum.

Las Olas Boulevard

NSU Art Museum: 1 E Las Olas Blvd. | Di.–Sa. 11–17, So. 12–17 Uhr 12 $ | http://nsuartmuseum.org

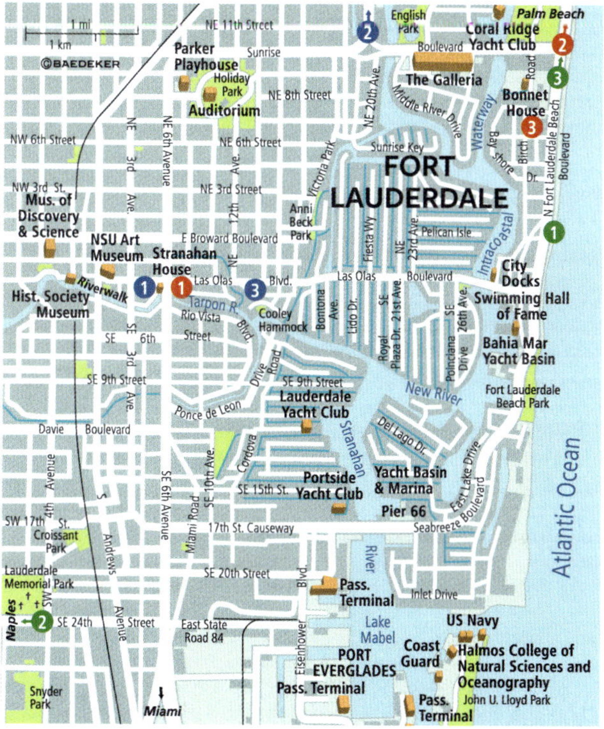

Fort Lauderdale vor 80 Jahren

Bonnet House Museum & Gardens

Über die rasante Stadtentwicklung der letzten 80 Jahre staunt man am meisten in diesem von Hotelkästen umstellten Gebäude. Das 1921 von dem exzentrischen Künstler **Frank Clay Bartlett** im Plantagen-Stil in einem üppig blühenden Garten am Meer erbaute Haus beherbergt gelungene Tierskulpturen und bietet alles in allem eine veritable Zeitreise in eine ruhigere und v. a. langsamere Ära (▶ Abb. S. 112).

900 N Birch Rd. | Tel. 1-954-563-5393 | Führungen (halbstdl.) Di.–So. 9–16 Uhr | 20 $, Garten 10 $ | www.bonnethouse.org

Palmengesäumte Strandmeile am türkisblauen Meer

Beachfront Promenade

Wo früher Schülerinnen und Schüler, Studentinnen und Studenten während der Frühlingsferien (»Spring Break«) wüste Saufgelage und Bikini-Wettbewerbe veranstalteten, hat man Verschönerungsmaßnahmen durchgeführt, die sich sehen lassen können. Jetzt vergnügen sich hier Skater, Radler, Jogger, Nordic Walker, Volleyballer und vor allem Familien mit Kindern. Darüber hinaus laden Straßencafés, Restaurants und Boutiquen zum genüsslichen Flanieren ein.

Südlich von Fort Lauderdale

Seebad und Antiquitätenzentrum

Dania Beach

Südlich von Fort Lauderdale und dem Flughafen liegt der von der A1A zerschnittene Ort (30 000 Einw.), der 1896 von dänischen Kolonisten gegründet wurde. Heute ist Dania Beach ein gern besuchtes Seebad ohne den Glanz und Glitter seiner berühmten Nachbarn.

Bei Kunstliebhabern und Schnäppchenjägern beliebt ist die **Main Street** von Dania Beach, an der sich über 100 Antiquitätenhändler niedergelassen haben. Auf dem über 300 m langen **Dania Pier** tummeln sich das ganze Jahr hindurch einheimische Angler und Touristen (6–24 Uhr).

»Art Walks« und Strandurlaub

Hollywood

Der erst in den 1930er-Jahren entstandene Erholungsort platzte nach dem Zweiten Weltkrieg aus allen Nähten und zählt heute über 150 000 Einwohner. Während der letzten 10, 15 Jahre veränderte er sein Gesicht zwar stark, doch die historische, um Hollywood Boulevard und Harrison Street auf sechs Blocks konzentrierte »Altstadt« konnte eine fußgängerfreundliche Zone mit schönen Boutiquen, Cafés und Restaurants sowie jeden dritten Samstag im Monat stattfindenden »Art Walks« bleiben. Auf dem gut 4 km langen, von Cafés und Diners gesäumten **Broadwalk** am Strand zeigen die Jungen und Schönen beim Joggen und Radeln ihre Körper und der Rest der Welt zumindest etwas guten Willen.

www.floridashollywood.org

Las Olas Boulevard, die Flanier- und Shopping-Meile in Fort Lauderdale

Davie – Sämtliche Florida-Klischees

Südwestlich von Fort Lauderdale, in den Flamingo Gardens des Vor-
orts Davie, sind alle Florida-Klischees vereinigt: **Flamingos**, Alligatoren, eine üppige exotische Pflanzenwelt mit herrlichen **Orchideen**,
Sumpfland der Everglades und Orangenbäume. Ein Highlight ist das
»Panther & Bobcat Habitat«: Hier wohnen Wildkatzen, die aufgrund
ihrer Handicaps nicht in der Wildnis überleben würden. Die Hartholz-
Bauminsel **Pine Island Ridge Hammock** besteht aus bis zu 200 Jahre
alten, mit Spanisch-Moos behangenen Lebenseichen, und im **Tropical
Rainforest** kann man auf einer kommentierten Tour mit der Tram
einen der letzten naturbelassenen Urwälder Floridas bewundern
3750 S Flamingo Rd., Davie | tgl. 9.30–17 Uhr, Juni–Okt. Mo. geschl.
20 $ | www.flamingogardens.org

★
Flamingo
Gardens

▌ Nördlich von Fort Lauderdale

Im Herzen der Goldküste

Strände, schöne Parks, gute Restaurants und tolles Shopping: Die
100 000-Einwohner-Stadt zwischen ▶ Ft. Lauderdale und ▶ Boca
Raton »has it all«, wie es hier so schön heißt. Einkaufen lohnt sich
besonders im **Pompano Citi Center**, einer schönen Open-Air-Mall

Pompano
Beach,
Hillsboro
Inlet & Beach

Im Bonnet House & Gardens scheint die Welt stillzustehen.

mit verschiedenen Kaufhäusern und Restaurants (www.pompanociti centre.com).

Charakteristisch sind die vielen Kanäle. Gern aufgesucht von Einheimschen und Touristen wird die 330 m lange **Fisherman's Wharf** an der Strandpromenade.

Etwas nördlich von Pompano Beach überquert der Ocean Boulevard (A1A) den von vielen Booten belebten **Hillsboro Inlet**. Von der **Fish City Marina** startet man zu Hochsee-Angelausflügen. Auf der gegenüberliegenden Seite sorgt ein **Leuchtturm** aus dem Jahre 1906 an der Hafeneinfahrt für eine flüchtige historische Perspektive.

Coconut Creek – Schillernde »Welt der Schmetterlinge«

Butterfly World

In Coconut Creek westlich von Pompano Beach entführt die »Welt der Schmetterlinge« in eine fast paradiesische Kulisse mit wuchernder subtropischer Vegetation und verzaubert lächelnden Besuchern. In dieser weitläufigen, treibhausähnlichen Gartenanlage werden exotische, in allen Farben schillernde Schmetterlingsarten vor dem Aussterben bewahrt. Mit etwas Geduld kann man Tausende dieser märchenhaft schönen Falter und andere Insekten beobachten. Auch **Kolibris** schwirren umher.

Butterfly World: 3600 W Sample Rd., Tradewinds Park, Coconut Creek Mo.–Sa. 9–17, So. 11–17 Uhr | 30 $ | www.butterflyworld.com

★★ FORT MYERS

Region: Southwest | **Höhe:** 0–5 m ü. d. M. | **Einwohnerzahl:** 72 000

Es ist wenig mehr als 30 Jahre her, da musste, wer in Fort Myers landete, sein Gepäck über vertrocknetes Gras zu einem schuppenähnlichen Abfertigungsgebäude schleppen. Heute registriert der Southwest Florida International Airport jährlich über 5 Mio. Besucher, aber die suchen schnell das Weite. Denn die Stadt nahe der Mündung des Caloosahatchee River hat weder die kunstsinnige Boheme ▶ Sarasotas noch die mondäne Eleganz von ▶ St. Petersburg. Jedenfalls noch nicht.

Trotzdem ist das nicht schlecht für eine Stadt, die während des Zweiten Seminolenkrieg als Fort begann, Siedler erst nach dem Bürgerkrieg sah und bis 1885 gerade einmal 350 Seelen zählte, die Tomaten anbauten und ihr Vieh nach Kuba verkauften. 1885 jedoch änderte sich alles. **Thomas Alva Edison** ging während einer Kreuzfahrt hier an Land – und ließ sich verzaubern. Fortan verbrachte der berühmte Erfinder auf Weisung seines Arztes hier jeden Winter. Ihm folgten weitere Prominente, darunter der Autofabrikant **Henry Ford**. In den 1920er-Jahren demokratisierten die Eisenbahn und der neu eröffnete Tamiami Trail (▶ S. 91) den Tourismus im Südwesten. Nur vorübergehend vom »Florida Land Boom« gebremst, setzte sich der Aufstieg der Stadt nach dem Zweiten Weltkrieg fort und nahm während der 1980er-Jahre das bis heute anhaltende, rasante Tempo an.

▎ Wohin in Fort Myers?

Das historische Zentrum wird »geliftet«

Wie in vielen anderen Städten des Landes stemmen sich auch die Stadtväter von Fort Myers gegen den urbanen Siedlungsbrei und setzen deshalb auf die Restaurierung alter Bausubstanz. Das übersichtliche alte Stadtzentrum, lange halb leeres Niemandsland und nach Büroschluss wie ausgestorben, wird dieser Tage Block um Block »geliftet«, und dies mit Erfolg: Business kehrt zurück, Hotels öffnen wieder, die Gastronomie blüht auf, und Zapfenstreich ist nun erst wieder um Mitternacht.

Downtown

Einige der alten Gemäuer sind einer näheren Betrachtung wert. Ein Beispiel für den Geschmack der Jahrhundertwende ist **Burroughs Home** mit seiner prächtigen Veranda. Auch das **Southwest Florida Museum of History** verdient einen zweiten Blick: Die der indianischen Calusa-Kultur gewidmete Ausstellung gehört zu den besten Präsentationen zum Thema Ureinwohner.

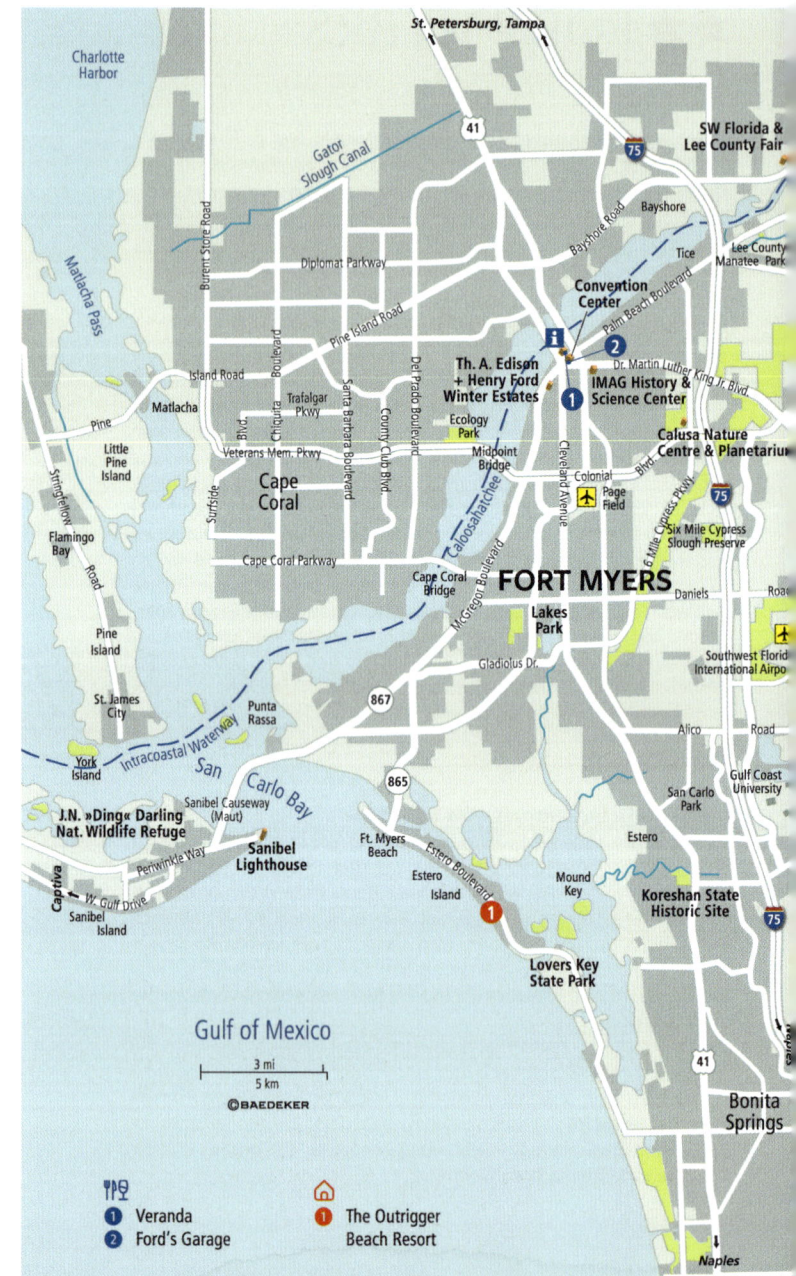

Charlotte
Harbor

St. Petersburg, Tampa

SW Florida &
Lee County Fair

Bayshore

Tice

Lee County
Manatee Park

Matlacha
Pass

Gator
Slough Canal

Diplomat Parkway

Convention
Center

Island Road

Pine Island Road

Th. A. Edison
+ Henry Ford
Winter Estates

Dr. Martin Luther King Jr. Blvd

IMAG History &
Science Center

Matlacha

Trafalgar
Pkwy

Del Prado Boulevard

Ecology
Park

Calusa Nature
Centre & Planetarium

Little
Pine
Island

Veterans Mem. Pkwy

Midpoint
Bridge

Colonial

Cape
Coral

County Club Blvd

Cleveland Avenue

Page
Field

Six Mile Cypress
Slough Preserve

Surfside

6 Mile Cypress Pkwy

Stringfellow

Cape Coral Parkway

Cape Coral
Bridge

FORT MYERS

Daniels

Road

Flamingo
Bay

McGregor Boulevard

Lakes
Park

Southwest Florida
International Airport

Pine
Island

Gladiolus Dr.

867

Alico

Road

St. James
City

Punta
Rassa

865

Gulf Coast
University

York
Island

Intracoastal Waterway

San

Carlo Bay

Ft. Myers
Beach

Estero Boulevard

San Carlo
Park

Estero

J.N. »Ding« Darling
Nat. Wildlife Refuge

Sanibel Causeway
(Maut)

Sanibel
Lighthouse

Estero
Island

Mound
Key

Koreshan State
Historic Site

Captiva

Periwinkle Way

W. Gulf Drive

Sanibel
Island

Lovers Key
State Park

Gulf of Mexico

3 mi

5 km

© BAEDEKER

Bonita
Springs

Caloosahatchee

Burnt Store Road

Chiquita
Blvd

Santa Barbara Boulevard

41

I-75

Bayshore Road

Palm Beach Boulevard

Naples

Veranda
①

Ford's Garage
②

The Outrigger
① Beach Resort

Burroughs Home: 2505 First St. | Tel. 1-239-337-0706 | Führungen
n. V. | 12 $ | www.burroughshome.com
Southwest Florida Museum of History: 2031 Jackson St.
Tel. 1-239-321-7430 | bei Redaktionsschluss noch geschl. wg. Umzugs
und Zusammenlegung mit dem IMAG History & Science Center
Infos: www.museumofhistory.org

Zwei prominente Freunde im Winterquartier

Hauptgrund für einen Besuch ist der bis heute wichtigste Bürger der
Stadt: **Thomas Alva Edison** (1847–1931; ▶ S. 344). Dessen »Seminole Lodge« liegt an der McGregor Road. Das benachbarte Winterdomizil »The Mangoes« des mit ihm befreundeten Autobauers
Henry Ford (1863–1947) kann ebenfalls besichtigt werden.

Edison &
Ford Winter
Estates

FORT MYERS ERLEBEN

LEE COUNTY VCB
2201 2nd Street, Suite 600,
Fort Myers, FL 33901 | Tel. 1-239-
338-3500 | www.leevcb.com

EDISON FESTIVAL OF LIGHTS
Anfang Februar feiert man ein zwei-
tägiges Lichterfest zu Ehren des
großen Erfinders.
www.edisonfestival.org

MURDER MYSTERY TRAIN
An mehreren Abenden der Woche
(Mi.–Sa. 18.30, So. 17.30 Uhr)
startet an der Colonial Station ein
Zug auf den Spuren von Agatha
Christie (▶ S. 408).
Tel. 1-239-275-8487
www.semgulf.com

❶ VERANDA €€€€
In lauer Sommernacht draußen
essen, gehört zur Florida-Reise

einfach dazu. Vor allem, wenn
»Southern Cuisine« mit Florida-
Touch geboten wird. Oder: Ge-
würzte Andouille-Wurst und Crab
Cake mit Cajun Remoulade.
2122 2nd St. | Tel. 1-239-332-2065
www.verandarestaurant.com

❷ FORD'S GARAGE €€
Das im Stil einer alten Autowerk-
statt eingerichtete Burger- und
Steak-Restaurant liegt im Herzen
der »Altstadt«. Man(n) mag es
sofort!
2207 1st St. | Tel. 1-239-332-3673
http://fordsgarageusa.com

**❶ THE OUTRIGGER BEACH
RESORT €€€–€€**
Das erschwingliche Strandhotel bietet
außer seinen 155 sauberen, funktional
eingerichteten Zimmern eine Tiki-Bar
am Pool und eine kleine Beach-Wear-
Boutique. Und den rund 50 m breiten
Strand gleich vor der Haustür!
6200 Estero Blvd., Fort Myers
Beach | Tel. 1-239-463-3131
www.outriggerfmb.com

Als Edison in den 1880er-Jahren nach Florida kam, experimentierte er auch mit Bambusfasern, die als Glühfäden in seinen neuen Elektroleuchten dienen sollten. Bambus bzw. Schilf gab es hier in Hülle und Fülle. 1886 ließ er am Caloosahatchee River ein Ferienhaus errichten, in dem er 46 Winter verbrachte. Vor dem Hauseingang lenkt ein gewaltiger **Banyanbaum** (indischer Feige) mit labyrinthähnlich verzweigten Luftwurzeln den Besucherstrom vorübergehend um. Edison hatte den Baum 1925 von seinem Freund, dem Gummi- und Reifenfabrikanten **Harvey Firestone** (1868–1938), geschenkt bekommen. Edison interessierten nicht nur Faserlieferanten, sondern auch latexhaltige Pflanzen, deren Säfte sich zur Gummiproduktion eigneten. Das Haus ist noch wie zu Lebzeiten des Erfinders eingerichtet. Es leuchten **elektrische Glühbirnen**, wie sie Edison 1912 herstellte.

In Werkstatt und Laboratorium entwickelte Edison zahlreiche epochale Neuerungen. Seine Erfindungen brachten ihm über 1000 Patente ein. Im Museum kann man die Höhepunkte seines Schaffens studieren. Übrigens: Die nach Entwürfen von Edison in Neuengland aus Tannenholz gefertigten Teile seines Hauses kamen per Schiff an die Golfküste. Somit gilt Edisons Domizil als erstes Fertighaus Amerikas. Auch ein zweites Novum wird Edison zugeschrieben: Sein im Garten angelegter Swimmingpool war der erste im Süden der USA.

Im Labor seiner Winterresidenz entwickelte Edison viele seiner sprühenden Ideen.

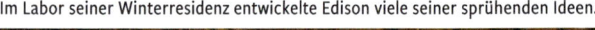

Henry Ford, der die Fließbandfertigung in der Autoproduktion ein-
führte, erwarb »**The Mangoes**« 1916 und verbrachte die Winter in
der Nähe seines Freundes Edison bis zu dessen Tod. 1945 verkaufte
Ford seinen Besitz. 1988 erwarb die Stadt Fort Myers die Villa und
ließ sie als Museum herrichten.

2350 McGregor Blvd. | tgl. 9–17.30 Uhr | 20 $, geführte Touren ab 15 $
www.edisonfordwinterestates.org

Prachtboulevard mit Königspalmen

Wahrzeichen von Fort Myers ist die Palm Alley. Die aus Kuba importier-
ten Königspalmen säumen den zur Golfküste führenden **McGregor
Boulevard**. Die Bäume wurden um 1900 auf Anregung von Edison
gepflanzt, der die an seinem Anwesen vorbeiführende Straße ver-
schönern wollte.

Palm Alley

Bester Spot zur Beobachtung der Dickhäuter

Eine besondere Attraktion ist der Lee County Manatee Park im Osten
der Stadt, wo man etliche der massigen, aber friedlichen Seekühe
(▶ Das ist …, S. 12) in Wasserläufen und Teichen beobachten kann.

Lee County
Manatee
Park

10901 Palm Beach Blvd. | 8 Uhr bis Sonnenuntergang, Visitor Center
Nov.–März 9–16 Uhr | frei | www.leegov.com/parks/facility?fid=0088

▌ Rund um Fort Myers

Seebad mit schönen Stränden auf Estero Island

Bis Fort Myers zu seinen berühmteren Nachbarn aufgeschlossen hat,
wird es noch etwas dauern. Bis dahin wird die Stadt auch über das
definiert, was sie nicht hat. So fehlt beispielsweise ihren Stränden die
Weltläufigkeit von ▶ Miami Beach. Das braucht kein Manko zu sein,
denn etwa 12 mi/20 km südlich liegt das Seebad von Fort Myers auf
Estero Island. Hier herrscht im Bereich des **Times Square** (Kreuzungsbereich von Estero und San Carlos Blvd.) Trubel ohne Unter-
lass, denn hier ballen sich Motels, Fastfood- und T-Shirt-Läden. Weiter
südlich zeigt die 7 mi/11 km lange, aber nur wenige Hundert Meter
breite Barriere-Insel stolz, was sie hat: lange, breite **Strände**, die sich
keineswegs zu verstecken brauchen.

Fort Myers
Beach

Am Südende führt ein Damm hinüber zur noch recht ursprünglich
wirkenden Insel **Lovers Key**. Deren 2,5 mi/4 km langer Sandstrand ist
vom Parkplatz aus nur zu Fuß oder per Fahrrad erreichbar.

Zypressen wie Schatten aus dem Nebel …

Geisterhaft – die morgens wie übelwollende Trolle aus dem Nebel
auftauchenden Zypressen. Ein rückenschwimmender Otter blickt verschlafen in die Welt, die Augenknorpel eines Alligators erscheinen
lautlos an der Wasseroberfläche. Kaum 20 Minuten östlich des Stadt-

Six Mile
Cypress
Slough
Preserve

zentrums schützt das nur 14 km² große Slough Preserve ein Feuchtgebiet, das Regenwasser unterwegs zur Küste auffängt und filtert.
Ein schöner Plankenweg führt mitten hinein in diese Fabelwelt, in der
man mit etwas Geduld außer Alligatoren auch Schildkröten, Wat- und
Zugvögel beobachten kann. Ein hervorragendes **Besucherzentrum**
informiert über das hochempfindliche Biotop und die Herausforderungen beim Kampf um seine Erhaltung.
7751 Penzance Blvd. | Di.–So. 10–16 Uhr | frei
www.sloughpreserve.org

Naturbelassene Inseln mit Pinien und Palmen

Cayo Costa
State Park

Einmal Robinson spielen? Zumindest für einen Tag? Die Inseln **Cayo
Costa** und **North Captiva Island** sowie einige benachbarte Eilande an
der Einfahrt in den Charlotte Harbor wurden zu einem State Park zusammengefasst. Nur per Wassershuttle von Punta Gorda (▶ unten),
Pine Island, ▶ Fort Myers und ▶ Sanibel Island erreichbar, sehen sie
noch heute aus wie zu Zeiten der ersten Ankömmlinge aus Europa.
Sog. **Mounds** aus Muschel- und Austernschalen (▶ S. 124) zeugen
von einer jahrtausendealten indianischen Besiedlung. Die Golfseite
von Cayo Costa und North Captiva Island säumen 14 km **Muschelsandstrände und Dünen**. Im Sommer legen hier Meeresschildkröten
ihre Eier ab. Die landseitigen Mangrovenbereiche sind eines der größten Brutgebiete der **Braunen Pelikane** in Florida. Außerdem nisten
hier Bussarde, Weißkopfseeadler und Fregattvögel. Touristen können
auf Cayo Costa einfache Hütten und Kajaks mieten, und auf North
(Upper) Captiva Island gibt es eine nicht zum State Park gehörende
kleine Feriensiedlung mit Marina.
8 Uhr bis Sonnenuntergang | 2 $ | www.floridastateparks.org/park/Cayo-
Costa | **Captiva Cruises** (**Wassershuttle**): www.cayocostaferry.com

Muschelsandstrände und viel uprüngliches Flair

Gasparilla
Island

Vom Festland aus erreicht man das von wohlhabenden Amerikanern
und Europäern in Beschlag genommene Eiland am nördlichen Eingang
des Charlotte Harbor via FL 771 über eine mautpflichtige Brücke
(Pkw 6 $). Ob die Insel nach einem spanischen Geistlichen oder aber
dem berüchtigten Piraten benannt ist, weiß man nicht genau. Am Ende
der FL 771 liegt **Boca Grande**, der Hauptort der Insel, der noch viel
uprüngliches Flair vorzuweisen hat. Nette Restaurants sind in die historische Architektur gut eingefügt. Hauptattraktionen von Boca Grande
sind die **Muschelsandstrände** sowie der 1888 erbaute **Leuchtturm**
am Ende der Insel.

Eroberer, Missionare, Seeräuber und Eisenbahn

Punta Gorda

Das 17 000-Einwohner-Städtchen an der Mündung des Peace River in
den Charlotte Harbor ist Hauptort einer noch stark von Viehzucht
und Fischerei geprägten Gegend. 1513 erschien Juan Ponce de León

OUTLET AT THE INNLET: FRÜHSTÜCK AM PIER

Buttermilch-Pancakes und norwegischer Räucherlachs, belgische Waffeln und der Blick auf Jachten und Pelikane: Hier am Pier von Boca Grande lässt es sich im Restaurant »**The Outlet**« ausgezeichnet frühstücken und brunchen. Die beste Zeit ist morgens um sieben, wenn noch der Morgennebel wie ein zarter Schleier über der Marina liegt. Bis 14 Uhr kreiert die Küche kreative und großzügig portionierte Gerichte (1251 12th St. E, Boca Grande; Tel. 1-941-964-2294; tgl. 7–14 Uhr; www.theinnlet.com).

(▶ S. 349) in der Bucht und ging wahrscheinlich auch an Land. Spanische Missionare wirkten hier im 16. und 17. Jh., danach versteckten sich hier Seeräuber. Die heutige Siedlung wurde 1885 inkorporiert. Bis 1904 war Punta Gorda Endstation der Florida Southern Railway. Vom Long Dock aus bestanden seinerzeit Schiffsverbindungen nach ▶ Key West, Havanna (Kuba) und New Orleans.

Am Ufer des Peace River ist anstelle des alten Piers »**Fishermen's Village**« entstanden, ein Komplex mit Souvenirläden, Lokalen, Ferienwohnungen und Freizeiteinrichtungen sowie einem Jachthafen. Am Westende der Marion Avenue erinnert der **Ponce de León Park** an die Landung des berühmten Spaniers im Jahre 1513. Und im **Peace River Wildlife Center** werden verletzte Wildtiere gesund gepflegt.

Peace River Wildlife Center: 3400 W Marion Ave. | tgl. 11–16 Uhr frei, Spende erbeten | http://peaceriverwildlifecenter.org

FORT PIERCE

Region: Central East | **Höhe:** 0–8 m ü. d. M. | **Einwohnerzahl:** 41 000

Kräftige junge Männer robbten hier durch die Dünenlandschaft und lernten, Dolche und Handgranaten möglichst zielgenau zu werfen: Während sich in ▶ Palm Beach eine Autostunde weiter südlich die New Yorker Uppercrust in der Sonne räkelte, bereiteten sich in Fort Pierce die ersten Navy Seals auf die Invasion in der Normandie vor. Auch sonst hat die bis heute eher schläfrige, von der Landwirtschaft geprägte Stadt ein paar Asse im Ärmel.

Ein neues Touristenziel

Die Touristen kamen erst in den 1950er-Jahren – die schön altmodischen Motels und Piers lassen die Zeit der Straßenkreuzer und Drive-in-Diners aufleben. Seither hat Fort Pierce die Ecken und Kanten einer hart arbeitenden Stadt konserviert. Das hübsch restaurierte Zentrum wird leider von Türmen einer Zementfabrik überragt, und am Ortseingang »grüßt« ein großes Klärwerk. Doch das macht nichts, denn Sehenswertes findet sich erst auf dem Weg über den Indian River in Richtung North Hutchison Island, einer vorgelagerten und größtenteils noch natürlichen Barriere-Insel.

Skurrile Skulpturen von Jorge Blanco zieren das Ufer am Indian River Drive.

▌ Wohin in Fort Pierce und Umgebung?

Fort Pierce: Ölgemälde, Seekühe und Elitekämpfer

Er sagte immer, was er dachte, und war einem Streit nie abgeneigt. A. E. »Beanie« Backus (1906–1990) war so kantig wie seine Stadt – und Floridas berühmtester Landschaftsmaler. Das unweit der A1A über den Indian River gelegene **A. E. Backus Museum** würdigt Leben und Werk des künstlerischen Autodidakten, der Florida mit seinen tropischen Themen in aller Welt bekannt machte.

»Sunrise City«

Ein paar Blocks weiter südlich schwimmen frei lebende Seekühe im Moore Creek des **Manatee Observation & Education Center**. Eine geführte Tour durch das Tiefseeforschungsinstitut **Harbor Branch Oceanographic Institution** informiert als Teil der Florida Atlantic University über moderne Aquakulturen.

Das für den europäischen Besucher wohl ungewöhnlichste Museum Floridas ist ein weißer Rundbau unter Palmen: Das **Navy SEAL Museum** informiert mit einer nicht geringen Portion vaterländischem Pathos über die Elitekämpfer der US-Marine sowie deren verdeckte Operationen in aller Welt. Vom Zweiten Weltkrieg bis zum Vietnamkrieg wurden praktisch vor der Haustür die Elite-Einheiten der US-Marine ausgebildet.

Der **Fort Pierce Inlet State Park** am Südzipfel von North Hutchison Island bietet schöne Strände.

A. E. Backus Museum: 500 N Indian River Dr. | Tel. 1-772-465-0630, Sa. 10–16, So. 12–16 Uhr | 5 $ | www.backusmuseum.com
Manatee Observation & Education Center: 480 N Indian River Dr. Okt.–Juni Di.–Sa. 10–17, So. 12–16, Juli–Sept. Do.–Sa. 10–17 Uhr 1 $ | www.manateeeducationcenter.org
Harbor Branch Oceanographic Institution: 5600 N US-1 Mo.–Fr. 10–17, Sa. 10–14 Uhr | frei | www.fau.edu/hboi
Navy SEAL Museum: Hutchison Island, 3300 N A1A Di.–Sa. 10–16, So. 12–16 Uhr | 10 $ | www.navysealmuseum.org
Fort Pierce Inlet State Park: 905 Shorewinds Dr. tgl. 8 Uhr bis Sonnenuntergang | Fußgänger 2 $, Pkw 6 $ www.floridastateparks.org/park/Fort-Pierce-Inlet

Nette Kleinstadt mit wunderbaren Stränden

Über die North Hutchison Island der Länge nach durchmessende A1A erreicht man nach 14 mi/23 km die 16 000 Einwohner zählende Siedlung Vero Beach. Zwar haben hier überwinternde und gut betuchte Amerikaner für ein gewisses nobles Flair gesorgt, trotzdem ist Vero Beach eine nette Kleinstadt. Kilometerlange, vom **Ocean Drive** aus erreichbare Sandstrände, vor allem der **South Beach Park**, locken Sonnenanbeter und Badegäste an.

Vero Beach

Der größte Player im hiesigen Tourismus ist **Disney's Vero Beach Resort** im Norden des Städtchens (https://verobeach.disney.go.com).

FORT PIERCE ERLEBEN

ST. LUCIE COUNTY CHAMBER OF COMMERCE
482 N Indian River Dr., Fort Pierce | Tel. 1-772-468-9152
www.stluciechamber.org

ARCHIE'S SEABREEZE €€–€
»No shoes, no shirt, no problem!«
Seit über 70 Jahren füllt diese klassische Beach Bar Strandläufer, Harley-Fahrer und Touristen ab. Poolbillard, Livemusik, Lokalkolorit. Archies Spezialität ist, was sonst, der »Archie-Burger«!

401 S Ocean Dr.
Tel. 1-772-460-3888

MICKEY'S RESTAURANT €
Doch, es gibt sie noch, die treuen Stammgäste, die nur eines befürchten, nämlich dass sich ihre Lieblingskantine mit den niedrigen Preisen selbst ins Jenseits befördert. Dessen ungeachtet bleibt »Mickey's«, eine einfache Kantine, sich treu. Und wird wohl auch weiterhin die besten »Kraut Dogs«, »Tilapia Sandwiches« und »Philly Cheese Steaks« der Umgebung servieren.
3315 S US-1, Fort Pierce
Tel. 1-772-468-7642

Der am Nordende der Insel gelegene **Sebastian Inlet State Park** bietet einen Surf Shop sowie Kajak-und Kanuverleih. Weithin ist das Donnern der gleichmäßig brechenden Wellen zu hören. Im **McLarty Treasure Museum** im Süden des Parks sind Exponate zu sehen, die aus einigen vor der Küste gesunkenen spanischen Galeonen stammen. Sie erklären die Herkunft des Namens »Treasure Coast«. Das **Sebastian Fishing Museum** (9700 S Hwy. A1A) widmet sich der hiesigen Fischwirtschaft.

Sebastian Inlet State Park: 13180 N A1A | 8 Uhr bis Sonnenuntergang
McLarty Treasure Museum, Sebastian Fishing Museum: 10–16 Uhr
Fußgänger 2 $, Pkw 8 $ | www.floridastateparks.org/park/Sebastian-Inlet

Labyrinth aus Marschen und Inseln
Indian River

Still, dunkel und brackig erstreckt sich der Indian River über eine Länge von zirka 125 mi/200 km parallel zur Atlantikküste von New Smyrna Beach (▶ S. 82) bis nach Stuart im Norden. Der Fluss, der keiner ist, sondern eher eine Lagune, ist vor allem zwischen Vero Beach und Sebastian sehr flach und bildet ein Labyrinth aus Marschen und Inseln, die zig Vogelarten Schutz bieten. Eine Rinne für Wasserfahrzeuge ist ausgebaggert, denn der Indian River ist Teil des **Intracoastal Waterway** (▶ S. 256). Teile der Lagune sind für verschiedene Wassersportarten reserviert.

Das **Environmental Learning Center** (ELC), auf Wabasso Island bei Vero Beach mitten im Indian River, erinnert seine Besucher daran, wie empfindlich dieser Naturraum ist. In offenen Bassins kann man typische Vertreter der hiesigen Meeresflora und -fauna studieren, ein **Plankenweg** führt durchs Dickicht.

Environmental Learning Center: Di.-Fr. 10–16, Sa. 9–12, So. 13–16 Uhr | 5 $ | www.discoverelc.org

Welthauptstadt der Sailfish-Angler

Wer in den 18 mi/29 km südlich von Fort Pierce liegenden Fischerhafen Stuart (16 000 Einw.) kommt, merkt sofort, dass er sich in der Welthauptstadt der Sailfish-Angler befindet: So weit das Auge reicht – nur Jachten und Sportfischerboote, und dann auch noch der beeindruckende **Florida Sailfish Fountain** im Zentrum! Unzählige Angler fahren hinaus aufs Meer, um dem Sailfish (Atlantischer Fächerfisch, Istiophorus americanus) mit seiner auffallenden Rückenflosse nachzustellen.

Stuart ist zudem ein beliebtes Ausflugsziel, denn sein historisches Zentrum wurde saniert und mit Restaurants, Bars, Geschäften usw. erfolgreich wiederbelebt. Einen zweiten Blick wert sind die **Uferpromenade** sowie die Häuserzeilen an der **Flagler Avenue** und an der **Osceola Street**.

Stuart

★ FORT WALTON BEACH · DESTIN

Region: Northwest | **Höhe:** 0–8 m ü. d. M.
Einwohnerzahl: 31 000 (Metropolitan Area: 190 000)

Als wäre nichts gewesen: Was für ein Strand, was für ein Sand! Puderzuckerähnliches Weiß auf 25 Meilen, flaches, sanft abfallendes Gelände, smaragdgrünes Wasser: Die Strände von Walton Beach sind wieder da, und das nur wenige Jahre nach der katastrophalen Ölpest des Jahres 2010!

Das Beste: 60 % des Küstensaums sind gesetzlich vor jeglicher Bebauung geschützt, ein Umstand, der diesen mit Recht »Emerald Coast« genannten Abschnitt der Golfküste zum gefragtesten Urlaubsziel im Panhandle macht. Entsprechend stürmisch war die Entwicklung während der letzten Jahrzehnte. Seit Juni 2010 wurden immer wieder Teerklumpen und Ölschlieren des »Deepwater Horizon Oil Spill« an den Strand gespült, die in in mühsamer Arbeit entfernt werden mussten.

»Emerald Coast«

Stützpunkt für Piloten

Tourismus und Militär

Die im 19. Jh. von Bürgerkriegsveteranen am Westufer der Choctawhatchee Bay gegründete Stadt am Highway US-98 lebt nicht nur vom Tourismus, sondern auch von der **Eglin Air Force Base**, einem der größten Luftwaffenstützpunkte der Welt. Hier wurden Generationen amerikanischer Piloten ausgebildet. Außer ein paar Oben-Ohne-Bars, einschlägigen Kneipen und Kondensstreifen am Himmel macht sich ihre Präsenz im Stadtbild aber kaum bemerkbar.

❚ Wohin in Fort Walton Beach und Umgebung?

Mound-Kultur der Küstenindianer

Indian Temple Mound Museum

Seit dem 5. Jh. v. Chr. schütteten Indianer der Mississippi-Kultur sog. Mounds für kultische Zwecke auf. Wer auf der »Miracle Strip« genannten US-98 in die Stadt kommt, passiert einen der wohl im 13./14. Jh. aufgeschütteten Hügel, auf dem der **Nachbau eines indianischen Kulthauses** steht. Im dazugehörigen **Museum** kann man sich über die Besiedlung der Golfküste durch die Ureinwohner informieren und indianische Töpferware aus mehreren Epochen bestaunen.

139 Miracle Strip Pwy. SE | Mo.–Sa. 10–16.30 Uhr | 5 $
http://fwb.org/museums/indian-temple-mound-museum

Hinunter zum Puderzucker-Strand von Fort Walton Beach

FORT WALTON BEACH · DESTIN ERLEBEN

EMERALD COAST CVB
1540 Miracle Strip Pwy.,
Fort Walton Beach, FL 32548
Tel. 1-850-651-7131
www.emeraldcoastfl.com

DESTIN FISHING RODEO
Alljährlich im Oktober wird im Hafen
Destin ein großer Hochsee-Angel-
wettbewerb durchgeführt, bei dem
es viel zu gewinnen gibt. Dabei kann
man vielerlei bestens zubereitete
Fischgerichte probieren.
www.destinfishingrodeo.org

OLD BAY STEAMER €€€
Wenn das nichts heißt: Selbst amerikanische Gäste sagen, dass sie noch
nie so große Seafood-Portionen
gesehen haben!
102 Santa Rosa Blvd.,
Fort Walton Beach
Tel. 1-850-664-2795
www.oldbaysteamerfwb.com

AUNT MARTHA'S BED & BREAKFAST €€€
Das knuddelige B&B bietet genau
das, was Unterkünfte dieser Art
ausmacht: Ein herzliches Willkommen aufmerksamer Gastgeber,
gemütliche, hübsch altmodisch
eingerichtete Zimmer und ein
Frühstück, an das man sich noch
lange erinnert.
315 Shell Ave.,
Fort Walton Beach
Tel. 1-850-243-6702
www.auntmarthasbedand
breakfast.com

Flugzeuge der US Air Force
Flugzeug- und Militär-Freaks steht dieses Museum 6 mi/10 km nord-
östlich außerhalb der Stadt am Eingang zur Eglin Air Force Base offen.
Hier sind alle Waffensysteme der US Air Force ausgestellt, die vom
Zweiten Weltkrieg bis zum Golfkrieg und zum Krieg in Afghanistan
eine Rolle spielten. Eine »**Flying Fortress**« (Fliegende Festung) aus
dem Zweiten Weltkrieg kann man ebenso inspizieren wie einen **B-52
Langstreckenbomber**, das legendäre **Spionageflugzeug SR-71**
»**Blackbird**« oder einen F-16 Kampfjet.
Eglin Air Force Base: Zufahrt via FL 85 | tgl. 9.30–16.30 Uhr | frei
www.afarmamentmuseum.com

Air Force
Armament
Museum

Traumstrände auf vorgelagerten Inseln
Eine Brücke führt den Highway US-98 vom Stadtzentrum hinüber auf
die für ihre traumhaft schönen Strände bekannte Barriere-Insel Santa
Rosa Island, deren Ostzipfel, der sich vor dem Eingang zur Choctawhatchee Bay erstreckt, **Okaloosa Island** genannt wird. Auch hier
sind in jüngerer Zeit zahlreiche Neubauten förmlich aus dem Sand
gestampft worden.

Santa Rosa
Island

Mit Rochen schnorcheln

Gulfarium Jenseits der großen Brücke lockt das Gulfarium vor allem in den Schulferien und in der Hauptreisezeit viele Besucher an. Denn hier kann man aus sicherer Distanz gefährliche Haie und Muränen beobachten, ebenso friedvolle Meeresschildkröten und muntere Delfine. Auch einige Pinguine, Seelöwen und Fischotter tummeln sich in den Becken.

Gulfarium: 1010 Miracle Strip Pwy. SE, Okaloosa Island
9–16.30 Uhr, Delfin- und Seelöwen-Shows mehrmals tgl. (s. Website)
22 $ | www.gulfarium.com

»The World's Luckiest Fishing Village«

Destin Östlich von Fort Walton Beach überspannt eine weitere Brücke den Ausgang der **Choctawhatchee Bay** und erreicht nach ca. 7 mi/11 km das heute aus allen Nähten platzende einstige **Fischerdorf** Destin, in dessen Hafen bzw. Marinas zahllose mit allerlei Angelgerätschaften ausgestattete Jachten dümpeln. Die gesamte Nehrung, an deren Westspitze der alte Hafen liegt, ist heute mit Hotels und Ferienapartments bebaut.

Bester Grund zum Aussteigen wäre hier das kleine, aber feine **History & Fishing Museum** abseits des Emerald Coast Parkway (108 Stahlman Ave., US-98). Ganz ohne die sonst übliche Technologie, dafür mit umso mehr Liebe zu ausgestopften Fischen, alten Steuerrudern und historischen Schwarzweißfotos wird hier die Geschichte des Fischfangs dargestellt.

History & Fishing Museum: Di.–Sa. 10–16 Uhr, im Sommer auch Mo.
5 $ | www.destinhistoryandfishingmuseum.org

Perfekt geplante Freizeitlandschaft

Santa Rosa Beach, Sandestin Folgt man dem US-98 in östlicher Richtung weiter, weicht die ursprüngliche Dünenlandschaft nach und nach einer perfekt geplanten Freizeitlandschaft. Wuchtige Hochhauskomplexe, ausufernde Shopping Malls, breite Highways, riesige Parkplätze und dazwischen Golf- und sonstige Sportplätze. Das Konglomerat am **zuckrig-weißen Sandstrand** nennt sich Sandestin bzw. Santa Rosa Beach und nimmt heute den größten Teil der schmalen Nehrung zwischen Golf und Choctawhatchee Bay ein.

Strände, Wassersport und ursprüngliche Dünenlandschaft

South Walton Beaches, Grayton Beach Östlich von Sandestin beginnen 80 km weniger geschminkten Strandes mit weniger aufdringlicher Freizeitindustrie. Dieser South Walton Beaches genannte Abschnitt bietet mit Grayton Beach Seaside und den neuen, ausschließlich für Urlauber geplanten Städten WaterColor und Rosemary Beach Ferien für müde Urlauber, die nur eines im Sinn haben: das süße Nichtstun. Ca. 5 mi/8 km südöstlich von Santa Rosa Beach (via US-98) erreicht man den Grayton Beach, der als

An den Naturstränden des South Walton Beaches geht es ruhig und beschaulich zu.

einer der schönsten Strände der USA gerühmt wird. Hier hat sich bereits 1880 der erste wohlhabende Pensionär aus Neuengland niedergelassen. Um die Jahrhundertwende öffnete ein Ferienhotel, und in den 1920er-Jahren kamen die ersten Holzhäuschen, die heute so typisch für den Küstenabschnitt zwischen ▶ Pensacola und ▶ Apalachicola sind.

Am westlichen Ortsrand liegt der **Grayton Beach State Park** mit noch weitgehend naturbelassenem Strand und Dünengelände. Hier sieht man, wie diese Küste vor der Ankunft der Europäer ausgesehen hat: endloses Dünengelände nämlich, mit lichtem buschähnlichem Gestrüpp aus langnadeligen Kiefern, Magnolien und Palmetto. Im Frühsommer kommen noch Meeresschildkröten zur Eiablage an den Strand. Ein Campingplatz, ein Badestrand mit Wassersportmöglichkeiten und ein naturkundlicher Lehrpfad sind hergerichtet.

Grayton Beach State Park: tgl. 8 Uhr bis Sonnenuntergang | Pkw 5 $, Fußgänger 2 $ | www.floridastateparks.org/park/Grayton-Beach

Mustersiedlung für den Strandurlaub

Nur durch einen kurzen Grünbereich getrennt schließt wenige Meilen weiter östlich die Retorten-Urlaubersiedlung Seaside an, die

Seaside

ebenfalls an einem zauberhaften Badestrand liegt. Sie wurde in den 1980er-Jahren mit dem Anspruch aus dem Boden gestampft, eine in besonderem Maße mustergültige Feriendestination zu werden. Um einen Hauptplatz mit Pavillons, Geschäften, Lokalen und Dienstleistungseinrichtungen gruppieren sich luxuriöse bis einfache Feriendomizile auf unterschiedlich großen Parzellen.

Namhafte Architekten aus dem ganzen Land haben haben hier eine moderne Strandsiedlung auf den Sand gesetzt. **Pastellfarbene, viktorianisch anmutende Holzhäuser** mit Türmchen, Erkerchen und sonstigem Zierrat überwiegen. Falls einem diese heile Welt bekannt vorkommt, hat das einen guten Grund: 1998 spielte Seaside in dem Film »The Truman Show« mit Jim Carrey das fiktive Städtchen Seahaven!

Feudaler Wohnsitz im Plantagenstil

Eden Gardens State Park Etwas weiter nördlich kann man noch ein wenig Südstaaten-Atmosphäre schnuppern, denn am östlichsten Zipfel der **Choctawhatchee Bay** hat sich der Holzindustrielle William Henry Wesley 1898 einen feudalen Wohnsitz im Plantagenstil errichten lassen inmitten einer Parkanlage, in der im Frühling die Azaleen und Magnolien blühen. Das Herrenhaus ist mit wertvollem Mobiliar ausgestattet.

Park tgl. 8–18 Uhr | Führungen Do.–Mo. 10–15 Uhr (stdl.)
Fußgänger 2 $, Pkw 4 $, Führung 4 $
www.floridastateparks.org/park/Eden-Gardens

Viktorianisches Städtchen in Hügellandschaft

DeFuniak Springs Etwa 26 mi/42 km nördlich von Grayton Beach liegt das fotogene 6000-Einwohner-Städtchen mit viktorianischen Bauten an einem romantischen kreisrunden **Quellsee** in der reizvollen Hügellandschaft des Florida Panhandle. Es entstand 1881, als Landvermesser eine Trasse für die Louisville & Nashville Railroad finden sollten. Sie benannten ihre Niederlassung nach einem ihrer Vorgesetzten. Hübsch restaurierte Bauten sind die Public Library von 1887 sowie das Hotel »DeFuniak« von 1920.

Perfekt für den Familienurlaub

Ponce de León Springs State Park Wenige Meilen östlich erstreckt sich dieses Schutzgebiet. Mittelpunkt ist die namengebende **Karstquelle**, die aus horizontal gelagerten Kalkschichten hervorbricht und einen schönen Quellteich bildet. Auch hier soll sich der Konquistador Juan Ponce de León (▶ S. 349) auf seiner Suche nach der »Quelle der ewigen Jugend« aufgehalten haben. Heutige Besucher können sich hier zumindest mit einem Sprung ins Wasser erfrischen, auch schnorcheln, angeln und nette Wanderungen unternehmen.

Tgl. 8 Uhr bis Sonnenuntergang | Fußgänger 2 $, Pkw 4 $
www.floridastateparks.org/park/ponce-de-Léon-springs

★ GAINESVILLE

Region: North Central | **Höhe:** 52 m ü. d. M. | **Einwohnerzahl:** 128 000
(Metropolitan Area: 260 000

M 3

*Gut 40 000 Studenten verpassen ihr eine Vitaminspritze, die sie
für Besucher erst interessant macht. Außer einem jungen Gesicht
und annehmbarem Nachtleben zeigt die Universitätsstadt zudem
Bürgersinn: Mit ihren Fitness-Programmen am Arbeitsplatz steht
sie im Kampf gegen Übergewicht landesweit an erster Stelle.*

Über die Hälfte aller Unternehmen nehmen an der Wellness-Kampagne
teil – Grund genug für die Stadtväter von der »most liveable City in
Florida« zu sprechen. Auch die Seminolen mochten das Fleckchen
Erde: Als Gainesville 1854 gegründet wurde, widersetzten sie sich
hartnäckigst ihrer Umsiedlung. Der Umzug der Kingsbury Academy
von Ocala nach Gainesville in den 1860er-Jahren und ihr Zusammen-
schluss mit dem Florida Agricultural College kurbelten das Wachstum
an. 1905 wurde das College zur **University of Florida** erhoben.

*Seminolen
und
Studenten*

▌ Wohin in Gainesville?

Denkmalgeschützt – Das rotziegelige Stadtzentrum

Ist dies noch Florida? Micky Maus und die Strände scheinen weit weg!
Der denkmalgeschützte Northeast Historic District erinnert mit seinen rotziegligen Residenzen aus der Zeit von 1880 bis 1930 eher an
Neuengland. Vom 1886 errichteten Courthouse (E University Ave./
NE 1st St.) ist allerdings nur noch der Glockenturm erhalten. Im klas-
sizistischen Thomas Center (306 NE 6th Ave.) finden heute Ausstellungen und sonstige Veranstaltungen statt. Das ehemalige Postamt
beherbergt ein Theater.

*Northeast
Historic
District*

Indianerkulturen, Fossilien und Schmetterlinge

Für das junge Florida ist dieses Museum auf dem Universitäts-Campus
im Westen der Stadt uralt. 2017 feierte es seinen 100. Geburtstag, auf
dem es seinen Forschungsauftrag als oberste Priorität ausdrücklich
hervorhob. Wissenschaftlich trocken geht es in den heiligen Hallen
trotzdem nicht zu. Floridatypische Naturräume (Savanne, Mangroven,
Hammock) sind in Dioramen nachgebaut und erklärt.
Besondere Beachtung verdient auch die **anthropologisch-ethno-
graphische Abteilung** des Museums mit umfangreichen Sammlungen
zu karibischen und mittelamerikanischen Indianerkulturen.
3215 Hull Rd., Powell Hall | Mo.–Sa. 10–17, So. 13–17 Uhr
frei, Butterfly Rain Forest 13 $ | www.floridamuseum.ufl.edu

*Florida
Museum
of Natural
History*

GAINESVILLE ERLEBEN

GAINESVILLE/ALACHUA COUNTY CVB

30 E University Ave., Gainesville, FL 32601 | Tel. 1-352-374-5260
www.visitgainesville.net

OAKS MALL PLAZA

Die größte Shopping Mall der Gegend bietet über 100 Geschäfte und Kaufhäuser neben einem guten Dutzend Restaurants und Fastfoodkantinen.
6419 Newberry Rd.
Mo.–Sa. 10–21, So. 12–18 Uhr
www.visitgainesville.com/attractions/oaks-mall

TIOGA TOWN CENTER

Am Westrand von Gainesville gruppiert sich diese aus Geschäften und Restaurants bestehende Modellsiedlung um ein weitläufiges Amphitheater.
Newberry Rd., 105 SW 128th St.
Tel. 1-352-505-3884
www.tiogatowncenter.com

PARAMOUNT GRILL €€€

In diesem netten Downtown-Restaurant unweit der Universität wird vorzugsweise mit frischen Produkten aus der Region gekocht. Die Küche mischt traditionelle Südstaatenrezepte mit Kochtraditionen aus aller Welt.
12 SW 1st Ave. | Tel. 1-352-378-3398
www.paramountgrill.com

THE TOP RESTAURANT €€€

Es ist ein schönes Gefühl, wenn sich das Warten gelohnt hat. Denn »The Top« ist beliebt in Gainesville. Und zwar wegen seiner saisonalen, Vegetarier wie Fleischesser ansprechenden Cuisine. Und seiner über 50 Biersorten.
30 N Main St.
Tel. 1-352-337-1188

MAGNOLIA PLANTATION BED & BREAKFAST INN €€€

Es gibt B&Bs, in die man am liebsten einziehen würde. Dieses hier mit seinen 5 Zimmern und 7 Cottages im Second-Empire-Stil, dem Magnolien- und Palmengarten mit Springbrunnen verzaubert.
309 SE 7th St. | Tel. 1-352-375-6653
www.magnoliabnb.com

SWEETWATER BRANCH INN €€

Hier werden Hochzeiten gefeiert und Flitterwochen verbracht, kein Wunder: Die über zwei historische Häuser und ein Cottage verteilten Zimmer laden zum Träumen ein!
625 E University Ave.
Tel. 1-352-373-6760
www.sweetwaterinn.com

Präkolumbisch, afrikanisch, ozeanisch und modern

Harn Museum of Art

Für eine mittelgroße Stadt wie Gainesville ein Kunstmuseum, das man eher in einer kosmopolitischen Millionenstadt erwarten würde! Ebenfalls auf dem Uni-Campus kann man eine der umfangreichsten Kunstsammlungen im Süden der USA besichtigen. Ausstellungsschwerpunkte sind: Artefakte aus dem präkolumbischen Mesoamerika,

Kunst Westafrikas und Ozeaniens, ostasiatische Keramik und auch zeitgenössische amerikanische Kunst. Und wer zwischendurch einen akuten Anfall von »museum fatigue« (Museumsmüdigkeit) erleidet, kann in zwei herrlichen **Gärten** ein Päuschen einlegen.

3259 Hull Rd. | Di.–Fr. 11–17, Sa. 10–17, So. 13–17 Uhr | frei
www.harn.ufl.edu

Rund um Gainesville

212 Holzstufen zum Karsttrichter

Mit jeder Stufe hinab wird es spürbar kühler, und wenige Minuten später ist man in einer dunkel-geheimnisvollen Welt. Die 37 m tiefe und 152 m breite **Doline**, 4 mi/6,5 km nordwestlich von Gainesville, ist vor etwa 10 000 Jahren entstanden, als die Decke einer Flusshöhle einstürzte. Hier unten trifft man Pflanzengesellschaften an, die man sonst nur im viel weiter nördlich gelegenen Appalachen-Gebirge findet. Ausführliche Informationen gibt es im **Visitor Center**.

★
Devil's
Millhopper
Geological
State Park

4732 Millhopper Rd. | Mi.–So. 9–17 Uhr | Fußgänger 2 $, Pkw 6 $
www.floridastateparks.org/park/devils-millhopper

Viele Stufen führen hinab zu Devil's Millhopper.

Florida vor 150 Jahren – Prärie, Hammocks und Sümpfe

Paynes Prairie Preserve State Park

Ein Abstecher führt von Gainesville nach Süden (US-441). An der Stadtgrenze beginnt der Paynes Prairie Preserve State Park, ein weitläufiges, sumpfiges **Grasland mit Hartholz-Bauminseln** darin. So sah Zentralflorida noch vor 150 Jahren aus: Prärie, von Hammocks und Sümpfen durchsetzt und von einer artenreichen Tierwelt bewohnt. Bisons, Wildpferde, Wildkatzen, Alligatoren und über 270 Vogelarten kann man hier sehen. Wanderpfade durchziehen den Park. Ferner gibt es auf dem Areal mehrere Beobachtungstürme.

100 Savannah Blvd., Micanopy, Anfahrt via I-75, Exit 374
tgl. 8 Uhr bis Sonnenuntergang | Fußgänger 2 $, Pkw 6 $
www.floridastateparks.org/park/Paynes-Prairie

Musterbeispiel einer ländlichen Südstaatensiedlung

Micanopy

Die 11 mi/18 km südlich von Gainesville gelegene Ortschaft ist mit ihren viktorianischen Bauten das Musterbeispiel einer ländlichen Südstaatensiedlung. Der nach einem **Seminolen**-Führer benannte Ort begann 1821 mit einem Postamt. Seitdem hat sich nicht allzu viel verändert: Micanopy, unter alten Eichen dösend, schmeichelt dem Auge mit klassischem Südstaatencharme – und der Geldbörse mit vielen interessanten **Antiquitätenläden**.

Cross Creek – Wallfahrtsstätte einer Literatin

Marjorie Kinnan Rawlings Historic State Park

Etwa 15 mi/24 km südöstlich von Gainesville liegt in Cross Creek das Anwesen, wo die Pulitzer-Preisträgerin **Marjorie Kinnan Rawlings** (1896–1953) von 1928 bis 1941 lebte. Im typischen Cracker-Holzhaus bzw. unter Orangen- und Pekannussbäumen verfasste sie »The Yearling« (»Frühling des Lebens«) oder »Cross Creek«, in denen sie den Alltag im Florida der 1930er-Jahre porträtierte. Seit der Verfilmung von »Cross Creek« (1983) ist Rawlings Estate eine Wallfahrtsstätte.

18700 S CR 325, Cross Creek | Park: tgl. 9–17 Uhr | 3 $, Parkgebühr 3 $
Führungen: Okt.–Juli Do.–So. 11–16 (stdl.), 3 $
www.floridastateparks.org/park/Marjorie-Kinnan-Rawlings

★ JACKSONVILLE

Region: Northeast | **Höhe:** 0–7 m ü. d. M. | **Einwohnerzahl:** 854 000 (Metropolitan Area: 1,6 Mio.)

N 2

Schwerindustrie, Papierfabriken, Großbanken, Hafen und Tourismus: Die Stadt im äußersten Nordosten Floridas steht auf vielen Beinen. Und wer genauer hinschaut, stellt fest, dass Jacksonville von Jahr zu Jahr attraktiver wird.

Die Einheimischen nennen ihre Stadt an der Biegung des St. Johns River schlicht »Jax«. In dem flächenmäßig zu den größten Städten der USA gehören Konglomerat liegen die Sehenswürdigkeiten weit auseinander, wohl auch deshalb pflegen Besucher bislang gleich zu den ausgedehnten Badestränden durchzufahren. Dabei lohnt »Jax« einen zweiten und auch dritten Blick durchaus!

Wohin auf der North Bank?

Gleißende Wolkenkratzer im Sonnenlicht

Die Innenstadt durchläuft gerade eine milliardenschwere Sanierungs- Downtown phase. Die im Sonnenlicht gleißenden Wolkenkratzer, darunter das **Wells Fargo Center** und der postmodern wirkende, vom Stararchitekten Helmut Jahn konzipierte 40-stöckige **Bank of America Tower**, verleihen ihr eine imposante Skyline. Mehrere Brücken verbinden die nördlich und südlich des St. Johns River gelegenen Stadtteile. Das bekannteste Wahrzeichen der Stadt und ein beliebtes Fotomotiv ist die **Main Street Bridge**, deren Fahrbahn bei der Durchfahrt größerer Schiffe hochgehoben wird.

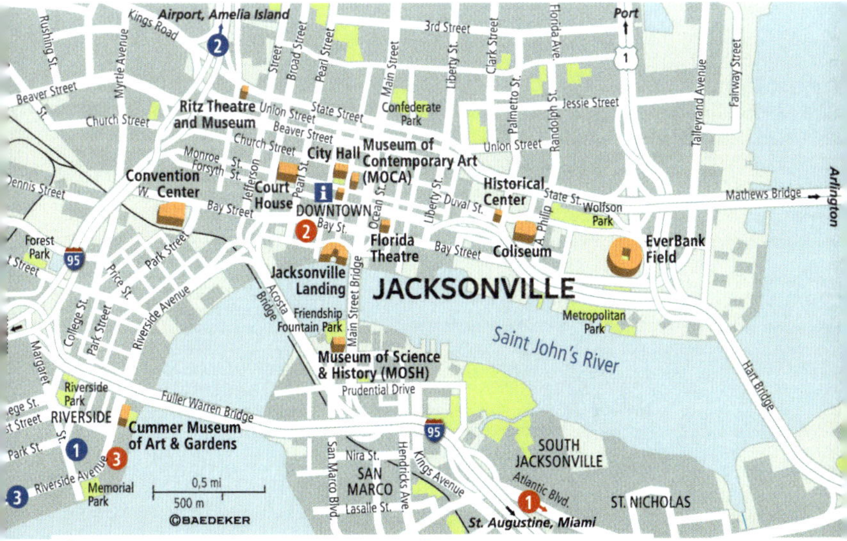

An der Biegung des Flusses ...

[Map of Jacksonville with labels including: Airport, Amelia Island; Kings Road; 3rd Street; Port; Confederate Park; Ritz Theatre and Museum; City Hall; Museum of Contemporary Art (MOCA); Convention W. Center; Court House; DOWNTOWN; Historical Center; Florida Theatre; Coliseum; EverBank Field; Jacksonville Landing; JACKSONVILLE; Metropolitan Park; Friendship Fountain Park; Saint John's River; Museum of Science & History (MOSH); Prudential Drive; Forest Park; Riverside Park; RIVERSIDE; Cummer Museum of Art & Gardens; Memorial Park; SAN MARCO; SOUTH JACKSONVILLE; ST. NICHOLAS; St. Augustine, Miami]

0,5 mi
500 m
© BAEDEKER

🍴🍷
1 Mossfire Grill
2 Sticky Fingers Ribhouse
3 Biscottis

🏠
1 Aloft Jacksonville Tapestry Park
2 Omni Jacksonville Hotel
3 Riverdale Inn

JACKSONVILLE ERLEBEN

JACKSONVILLE & THE BEACHES CVB
208 N Laura St., Suite 102
Jacksonville, FL 32202
Tel. 1-800-733-2668
www.visitjacksonville.com

Riverside ist bekannt für seine Urban-Wear-Läden. Coole Schuhe gibt es vor allem an der an der hippen River-side Street zwischen Lomax und Post Street. Nobler geht es in **Avondale** zu. Prada, Lily Pulitzer und andere große Namen findet man in den Boutiquen an der **St. Johns Street** zwischen Talbot und Pinegrove Street. Der **San Marco Square** ist eine gute Adresse für Antiquitäten-, Bücher- und Schmuckkäufer.

Viele Besucher pflegen sich auf die Biegung des Flusses in der Downtown zu konzentrieren: **Jacksonville Landing** und **Southbank River-walk**, einander gegenüber liegende Vergnügungsviertel, sind abends und am Wochenende die beliebtesten Treffpunkte der Stadt.

JACKSONVILLE JAZZ FESTIVAL
Eines der größten Jazz-Festivals des Landes am Wochenende des Memo-rial Day (letzter Mo. im Mai).
http://jacksonvillejazzfest.com/

❶ MOSSFIRE GRILL €€
Ziemlich temperamentvoll gewürzte Gerichte des amerikanischen Südens

werden in bernsteinfarbenem Designer-Ambiente serviert. Coole Tequila-Bar im Obergeschoss und Happy Hour von 15–19 Uhr!
Riverside, 1537 Margaret St.
Tel. 1-904-355-4434
www.mossfire.com

❷ STICKY FINGERS RIBHOUSE €€
Wenn sündigen, dann hier! Das tref-fend »Klebrige Finger« genannte Restaurant ist seit vielen Jahren Mekka einheimischer wie auswärtiger Fleischesser. Ganz oben auf deren To-do-Liste: die Ribs und Chicken Wings.
Baymeadows, 8129 Point Meadows Blvd.
Tel. 1-904-493-7427
www.stickyfingers.com

❸ BISCOTTIS €
Hier schmecken Pizza und Hühnchen-salat dank einer hochgelobten krea-tiven Küche anders. Was 1993 als 37-Stühle-Café begann, ist heute ein munteres 100-Plätze-Restaurant. Und treibt mit seinen dekadenten Desserts Freudentränen in die Augen.
Avondale, 3556 St. John's Ave.
Tel. 1-904-387-2060
www.biscottis.net

❶ ALOFT JACKSONVILLE TAPESTRY PARK €€€
Form folgt Funktion in diesem durch-designten Boutiquehotel in Southside Jacksonville. Warme Farben – und ein schöner Pool – schaffen es, dass man nicht friert, sondern sich hier pudel-wohl fühlt.
4812 Deer Lake Dr. West
Tel. 1-904-998-4448 | www.aloft jacksonvilletapestrypark.com

❷ OMNI JACKSONVILLE HOTEL €€€

Modernes Cityhotel mit 354 Gästezimmern und -suiten, gerade mal einen Steinwurf vom beliebten Riverwalk entfernt, mit beheiztem Pool auf dem Dach.
Downtown, 245 Water St.
Tel. 1-904-355-6664
www.omnihotels.com

❸ RIVERDALE INN €€

Neben gemütliche Ecken, in die man sich mit einem guten Buch zurückziehen könnte, bietet das himmelblaue Inn im verspielten Queen-Anne-Stil acht bezaubernde Gästezimmer, eine romantische Veranda und ein großzügiges Frühstücksbuffet.
1521 Riverside Ave. | Tel. 1-904-3
54-5080 | www.riverdaleinn.com

Flanieren am Northbank Riverwalk

Coffee Shops, Restaurants, Staßenmusiker, Jongleure, Body-Painter: Dieser Komplex aus Glas, Stahl und Sonnenschirmen am Flussufer umfasst einige Dutzend Geschäfte und Lokale mit Blick aufs Wasser. Rund 300 Events finden hier jährlich statt, darunter das Jacksonville Jazz Festival Ende Mai (▶ links) und das Feuerwerk zum 4. Juli. Der vor Jacksonville Landing am Ufer entlang ziehende Northbank Riverwalk führt als schöne Promenade von der Berkman Plaza bis zum **Times Union Center for the Performing Arts** (http://jaxevents.com).

Jacksonville Landing

Historischer Mediterranean-Revival-Filmpalast

Östlich von Jacksonville Landing kümmert sich das historische, 1927 als Filmpalast im Mediterranean-Revival-Stil (▶ S. 338) eröffnete Florida Theater um, wie es offiziell so schön heißt, die Lebensqualität der Städter: **Festivals** und **Konzerte** finden hier statt, und alte Hollywoodklassiker in dem üppigen 2000-Plätze-Theater mit dem gewaltigen Balkon zu goutieren ist ein ganz besonderes Vergnügen.
128 E Forsyth St. | Tickets: Tel. 1-904-355-2787
www.floridatheatre.com

Florida Theater

Kunsttempel des amerikanischen Südens

Zeitgenössische Objekte werden in diesem zu den größten Museen seiner Art im amerikanischen Süden gehörenden Kunsttempel innovativ inszeniert. Ausgestellt sind Werke internationaler und amerikanischer Künstler. Zur permanenten Sammlung zählen Arbeiten von Helen Frankenthaler, Robert Rauschenberg oder Jim Dine.
333 N Laura St. | Di.–Sa. 11–17, Do. 17–21, So. 12–17 Uhr | 8 $
https://mocajacksonville.unf.edu

Museum of Contemporary Art (MOCA)

LaVilla – Historisches Afroamerikaner-Viertel

In der Zeit der Rassentrennung, als Bürger mit heller und dunkler Hautfarbe in unterschiedlichen Quartieren lebten, war LaVilla das von Afroamerikanern am dichtesten besiedelte Stadtviertel. Dessen kulturellen Brennpunkt bildete das **Ritz Theatre**, wo viele berühmte Musiker aufspielten. Den Abrisseifer der 1960er-Jahre hat indes nur das

Ritz Theatre and Museum

Ritz, restauriert und geliftet, überstanden. Das zugehörige **Ritz Museum** erzählt ein Stück interessanter afroamerikanischer Geschichte.
829 N Davis St. | Museum: Di.–Fr 10–17 Uhr | 8 $
www.ritzjacksonville.com

Wohin auf der South Bank?

Auf ehemaligem Werft- und Industriegelände

South Bank
Riverwalk

Amerika geht verstärkt zu Fuß. Am Südufer des St. Johns River verläuft der 1985 eröffnete South Bank Riverwalk. Diese attraktive Anlage mit Nobelhotel, Restaurants und drei Museen wurde auf ehemaligem Werft- und Industriegelände errichtet. Von der Uferpromenade bietet sich ein toller Blick auf die Skyline der North Bank.
Mittelpunkt des **Friendship Park** ist die nachts angestrahlte **Friendship Fountain**, deren Wasserspiele bis zu 36 m hoch steigen.

Natur, Geschichte, Wissenschaft und Technik

Museum of
Science &
History
(MOSH)

Selbst wenn das »The Body Within« genannte Ausstellungsstück, das man durch einen weit geöffneten Mund betritt und durch einen menschlichen Verdauungstrakt wieder verlässt, den intensivsten Eindruck hinterlässt: Dieses populärwissenschaftlich ausgerichtete Museum ist das meistbesuchte der Stadt und bietet Einblicke in Natur, Geschichte, Wissenschaft und Technik. Hauptattraktionen sind neben dem Science Theater und dem Planetarium vor allem die Ausstellungen »**Water Worlds**« und »**Atlantic Tails**«, die sich mit der Naturgeschichte und einigen in ihrem Bestand gefährdeten Tieren (Delfine, Manatees) beschäftigen. In Aquarien kann man Floridas Wasserwelt beobachten. Die interessante Präsentation »**Currents of Time**« bringt Erwachsenen wie Schulklassen die über 12 000 Jahre alte Besiedlungsgeschichte Nordostfloridas näher.
1025 Museum Circle | Mo.–Do. 10–17, Fr. 10–20, Sa. 10–18,
So. 12–17 Uhr | 12,50 $ | www.themosh.org

Wohin in Riverside?

Pittoresk und angesagt

Riverside

Amerikas alte Stadtviertel werden restauriert, danach ziehen Künstler ein und sorgen für den Hip-Faktor, dann folgen liquide Millennials und Familien. So sieht es auch in Riverside aus. In den 1850er-Jahren gegründet, ist das am **Memorial Park** gelegene Viertel das architektonisch wohl vielfältigste Floridas. Vor allem rund um die **Margaret Street** liegen überaus fotogene Beispiele des Mediterranean Revival sowie Kolonial- und neoklassizistischen Stils. Eine echte Schönheit ist die **Riverside Baptist Church**, die vor allem im geräumigen Innern schöne byzantinische und romanische Stilelemente aufweist. Sie wurde 1925 nach Plänen des renommierten Architekten Addison Mizner aus Palm Beach (▶ S. 348) an der Park Street errichtet (http://rbcjax.com).

Fabrikantenvilla mit Kunst und Meißener Porzellan

Idyllische Landschaften fotografieren, ohne die Stadt zu verlassen, kann man in diesem am Kopf der Fuller Warren Bridge in einem Park liegenden Kunstmuseum. Untergebracht ist es in der Ende des 19. Jhs. entstandenen **Villa** eines reichen Holzfabrikanten.

Cummer Museum of Art & Gardens

Grundstock der Ausstellung ist die Sammlung der Familie Cummer. Die Palette reicht von altindianischer Kunst über die ägyptische, griechische und römische Antike bis zur europäischen Kunst des 15. bis 19. Jhs. Glanzstücke sind Werke von Albrecht Dürer, Lucas Cranach d. Ä. und Peter Paul Rubens (»Grablegung Christi«). Beachtung verdienen ferner eine Kollektion Meißener Porzellans sowie Kunstobjekte ostasiatischer Herkunft. Viele Besucher allerdings fühlen sich am meisten von den romantischen Weihern und Wege durch die dem St. Johns River zustrebenden **Gärten** angezogen.

Nicht weit westlich des Cummer Museum of Arts, ebenfalls an der Riverside Avenue, breitet sich das hübsche **Bohème-Viertel** »**Five Points**« aus. Hier kann man sich nach dem Museumsbesuch in einigen netten Cafés und Bistros gut entspannen

829 Riverside Ave. | Di. 10–21, Mi.–Sa. 10–16, So. 12–16 Uhr 10 $ (Do. frei) | www.cummermuseum.org/

Etwas außerhalb

Fehlgeschlagener französischer Kolonisierungsversuch

10 mi/16 km östlich der Stadt erinnert ein nachgebautes Fort im **Timucuan Ecological & Historic Preserve** am Ufer des St. Johns River an mehrere Hundert französischer Hugenotten, die hier 1564 mit Billigung der ansässigen Timucuan-Indianer den ersten französischen Stützpunkt anlegen konnten, doch schon wenig später von den Florida ebenfalls beanspruchenden Spaniern bis auf wenige Dutzend Überlebende massakriert wurden. Danach gab Frankreich seine Kolonisierungpläne für Florida auf.

Fort Caroline National Memorial

Timucuan Ecological & Historic Preserve: tgl. 9–17 Uhr | frei | www.nps.gov/timu/learn/historyculture/foca_visiting.htm

Ausgangshafen für Hochsee-Angeltouren

Mayport

20 Autominuten nordöstlich von Downtown Jacksonville erreicht man Mayport, früher ein kleines Fischerdorf, am Südufer des St. Johns River. Vom idyllischen Hafen brechen Erlebnishungrige zu abenteuerlichen Hochsee-Angeltouren auf. Die Mayport Naval Station ist heute

einer der größten Flottenstützpunkte an der Ostküste der Vereinigten Staaten. Hier sind Flugzeugträger und die Verbände der 4. Flotte stationiert.

Rückblick in die Sklavenhalterzeit

Kingsley
Plantation

Von Mayport setzt man mit einer kleinen Autofähre (www.stjohns riverferry.com) nach **Fort George Island** über, einer sumpfigen Insel im Mündungsbereich des St. Johns River.

Unterwegs gibt es einen Fototermin am **St. John's Lighthouse**: Der rote Leuchtturm an der Mündung in den Atlantik gehört zu den meistfotografierten Leuchttürmen Nordamerikas! Im 16. Jh. hatten Spanier hier eine Missionsstation eingerichtet. 1730, als britische Truppen nach Florida vordrangen, erhielt die Insel ihren heutigen Namen. Der Gouverneur von Georgia ließ ein **Fort** errichten.

Gegen Ende der spanischen Kolonialherrschaft legten hier drei Amerikaner Baumwoll-, Zuckerrohr- und Orangenplantagen an, darunter auch die Kingsley Plantation. Sie ist eines der wenigen noch erhaltenen Zeugnisse dieser auf Sklavenarbeit beruhenden Wirtschaftsform im Südosten der Vereinigten Staaten. Die nach dem Pflanzer Zephaniah Kingsley benannte **Plantage** besteht aus Haupt- und Küchenhaus sowie den Ruinen von 25 der **Sklavenbehausungen**. Kingsley, der die Plantage von 1819 bis 1839 betrieb, war mit einer freigelassenen Sklavin und Geschäftsfrau verheiratet. Er ging mit ihr nach Haïti, als nach der Übernahme Floridas durch die USA die Sklavengesetze zu restriktiv geworden waren.

Fort George Island: tgl. 9–17 Uhr, Führungen Sa., So. 11, 13 Uhr
Reservierung: Tel. 1-904-251-3537
www.nps.gov/timu/learn/historyculture/kp.htm

| Strände im Raum Jacksonville

Dreißig Kilometer weißer Sandstrand

Jacksonville
Beaches

Südlich der Mündung des St. Johns River reihen sich an einem 30 km langen weißen Sandstrand traditionsreiche Seebäder wie Jacksonville Beach, **Atlantic Beach** und **Neptune Beach** aneinander.

Jacksonville Beach, das nur 20 Autominuten östlich von Downtown Jacksonville liegt, bietet alle Serviceeinrichtungen einer Touristensiedlung, darunter die Uferpromenade **The Seawalk** und die Seawalk Plaza mit ihren hübschen Geschäften und Lokalen. Der 360 m lange, abends illuminierte **Jacksonville Pier** ist ein beliebter Dauerrenner bei Petrijüngern, Spaziergängern und Sonnenanbetern.

Am **South Ponte Vedra Beach**, der kurz vor ▶ St. Augustine endet, landete seinerzeit Juan Ponce de León (▶ S. 349) und nannte das neu entdeckte Land »La Florida«. Zeit seines Lebens glaubte er, eine weitere größere Insel entdeckt zu haben.

★★ KEY WEST

Region: Southeast | **Höhe:** 0–7 m ü. d. M. | **Einwohnerzahl:** 25 700

In Key West versickert der Overseas Highway zwischen wuchern-
den Bougainvilleen und pastellfarbener Bahamas-Architektur.
Auch Mainstream America verabschiedet sich hier. Übrig
bleibt ein sinnliches Stillleben aus schattigen Veranden, frei
laufenden Hühnern und Straßen, die Caroline oder Angela
heißen. Selbst die Party-Zone der Duval Street wirkt eher
karibisch als amerikanisch.

N 13

Die ersten Spanier, die zu Beginn der Neuzeit an dieser knochen-
trockenen Korallenkalkinsel vorbeischipperten, nannten sie **Cayo
Huesco** (Knocheninsel). Als ein paar Jahrhunderte später Amerikaner die Herrschaft übernahmen, verballhornten sie Cayo Huesco
zu »Key West«. Die südlichste Insel der Florida Keys, die nur 90 mi/
145 km nördlich von Kuba liegt, ist zugleich der südlichste Punkt
der kontinentalen USA und bis zur Stunde einer ihrer strategisch
sensibelsten Orte.

Karibische Lebensart

Von der Shipwrecking- zur Touristen-Hochburg

Zuerst war Cayo Huesco ein berüchtigtes Piratennest. 1845 wurde
Key West ein wichtiger Hafen, und die »**Conchs**«, von den Bahamas
zugewanderte Inselbewohner (benannt nach einer Triton-Schnecken-
art), lebten bestens vom Ausschlachten der Schiffe, die in den Keys
auf Grund liefen, und wohl auch von Strandpiraterie. Um 1870 war
Key West deshalb sogar kurzzeitig die größte und reichste Stadt
Floridas. Vom Wohlstand der »Shipwrecker« und Handelskapitäne
zeugen heute noch die stattlichen »Conch«-Häuser.
Um die Jahrhundertwende klopfte der Tourismus an, der bald wichtigster Wirtschaftszweig wurde. Der stärkste Impuls ging von der Eisenbahn **Henry M. Flaglers** aus (▶ S. 345), die 1912 Key West erreichte.
Damals gab es auch eine Fährverbindung nach Havanna auf Kuba.

Zuwanderer, Strand- piraten und die Eisenbahn

Leben und leben lassen

Die Insellage, das immer warme Klima und die karibische Lebensart
zog schon früh Künstler und Schriftsteller an. In den 1930er- und
1940er-Jahren lebten hier Ernest Hemingway (▶ S. 346; Baedeker
Wissen, S. 148) Tennessee Williams und zeitweise auch John Dos
Passos. Heute ist Key West eines der meistbesuchten Touristenziele
der USA, doch trotz Touristenrummel immer noch beliebter Aufent-
haltsort von (Lebens-) Künstlern und allen, die der etablierten Gesellschaft den Rücken kehren und dem amerikanischen Mainstream kri-
tisch gegenüber stehen.

Künstler und Hedonisten

Key West gilt deshalb als **toleranteste Stadt östlich von San Francisco**. Wenn etwa der County Commissioner nach Dienstschluss als »Drag Queen« verkleidet in einer Bar an der Duval Street Karaoke singt und andere Prominente sich munter als schwul oder lesbisch outen, kräht hier kein Hahn danach. Leben und leben lassen – in Key West ist das bis heute ungeschriebenes Gesetz.

Bezeichnend dafür ist auch das bis heute populäre Konzept der »**Conch Republic**«. So sind etwa die bis vor Kurzem vom »Office of the Secretary General« online ausgestellten, echten Pässen täuschend ähnlichen »Conch Republic Passports« weit mehr als belanglose Souvenirs einer Spaßrepublik (▶ S. 20).

DIE STUNDE DER GLÜCKLICHEN

Die jeden Abend zwei Stunden vor Sonnenuntergang in Key West zelebrierte »**Sunset Celebration**« **auf dem Mallory Square** ist längst ein Ritual. Touristen und Fotografen sammeln sich in Reihen längs der Kaimauer und genießen die »Golden Hour«, während der das Licht noch sanft und rot ist. Künstler zeigen, was sie haben, Artisten jonglieren und balancieren, Einheimische schlurfen in Badelatschen umher. Alle lächeln, auf den Gesichtern liegt der Schimmer des letzten Tageslichts. Und die schöne Gewissheit, einen weiteren Tag im Paradies erlebt zu haben.

KEY WEST ERLEBEN

KEY WEST CHAMBER OF COMMERCE

510 Greene St., Key West,
FL 33040 | Tel. 1-305-294-2587
www.keywestchamber.org

FLORIDA KEYS IM INTERNET

www.fla-keys.com/keywest/

ORIENTIERUNG

Man findet sich schnell zurecht. Die preiswerteren Unterkünfte und Fastfood-Restaurants liegen entlang des **Roosevelt Blvd.** am Ortseingang. Die alte Hauptstraße **Duval Street** durchschneidet die eng bebaute Old Town. Hier und in den Seitenstraßen findet man die besseren, meist in historischen Holzhäusern untergebrachten Hotels und Restaurants und die meisten Geschäfte.

Auf dem **Mallory Square** am Ende der Duval Street trifft sich allabendlich halb Key West zur traditionellen »Sunset Celebration«, dem kollektiven Genießen der tatsächlich spektakulären Sonnenuntergänge. **Bahama Village**, einst das Hippieviertel im Süden der Stadt hat zwar eine Aufwertung durch Trend-Restaurants erfahren, fühlt sich aber noch immer sehr karibisch an.

Das Auto lässt man am besten auf dem Parkplatz stehen und mietet sich stattdessen bei Eaton Bikes ein **Fahrrad**. **Eaton Bikes**: 830 Eaton St. Tel. 1-305-294-8188
www.eatonbikes.com

PELICAN PATH

Dieser markierte Rundweg (Plan und Broschüre bei der Chamber of Commerce, 510 Greene Street) führt an 49 historisch interessanten Gebäuden und Sehenswürdigkeiten vorbei.

OLD TOWN TROLLEY

Nur Mut, hier kennt einen keiner: Zwar wird man an Bord des kitschigen Trolleybus sofort als fußfauler Touri geoutet, doch immerhin kommt man damit auf bequeme Weise an allen interessanten Stellen des Städtchens vorbei.
Abfahrten ab Mallory Square
tgl. 9.30–16.30 Uhr
www.trolleytours.com/key-west

CONCH TOUR TRAIN

Der gummibereifte »Zug« streift auf seinem Rundkurs die wichtigsten historischen Stätten (90 Min.). Abfahrt ab Front Street | 32 $
www.conchtourtrain.com

Alles im, über und unter Wasser wird riesengroß geschrieben. Also Tauchen, Schnorcheln, Angeln, Kiting, Standupboarding und Segeln.

KEY WEST DIVE CENTER

Hier werden u. a. Riff- und Wrack-Tauchgänge angeboten.
Banana Bay | Tel. 1-866-563-1805
www.keywestdivecenter.com.

SEBAGO WATERSPORTS

Dieser Veranstalter kombiniert u. a. Schnorcheltrips mit »Sunset Cruises«: Tagsüber tauchen, abends den Sonnenuntergang an Bord genießen. Mit Gleichgesinnten an Bord leicht ein unvergessliches Erlebnis.
205 Elizabeth St. | Tel. 1-800-507-9955 | www.keywestsebago.com

ANGELN

Petrijünger können entweder selbst ein Boot mieten oder sich einer

Gruppe anschließen. Die Veranstalter von Angeltouren haben rund um den Mallory Square und entlang der Duval Street ihre Info-Stände.

Bei aller Liberalität: Nacktbaden und Oben-ohne sind selbst in Key West »prohibited«. Es gibt ein paar hübsche übersichtliche Sand- und Kieselstrände zum Sonnen und Planschen. Der größte, **Smathers Beach** (S Roosevelt Blvd.), wird von Jugendlichen bevorzugt. Der **Fort Zachary Taylor Historic State Park** (via Truman Annex) bietet auch Schatten unter Palmen. **Higgs Beach** ist mit Spielplatz und Grillstellen für Familien mit Kindern attraktiv.

Strand

In der Duval Street findet man das Gros der Läden und Geschäfte. Richtig nette Lädchen und schicke Boutiquen mit originellen Freizeitklamotten findet man in der Simonton Street und in der Caroline Street.

OCEAN KEY BOUTIQUE

Hier lassen die Kunden, was sie gerade gekauft, gleich an: Die in dieser schicken Boutique zur Wahl stehenden Textilien sind geradezu auf das Klima von Key West zugeschnitten! Vertreten sind alle interessanten Freizeitmarken, wie Quicksilver, Island Company und Tommy Bahama.
0 Duval St. (im Ocean Key Resort)
Tel. 1-305-295-7026
www.oceankey.com

KEY LIME PIE CO.

Lange Schlangen vor der Theke sind keine Seltenheit: Hier gibt's die berühmten, mit dem Saft von Key-Limonen gebackene Sahnetörtchen, dazu auch Seife und Kerzen mit Limonenduft (▶ S. 362).
511 Greene Street
www.keywestkeylimepie.com

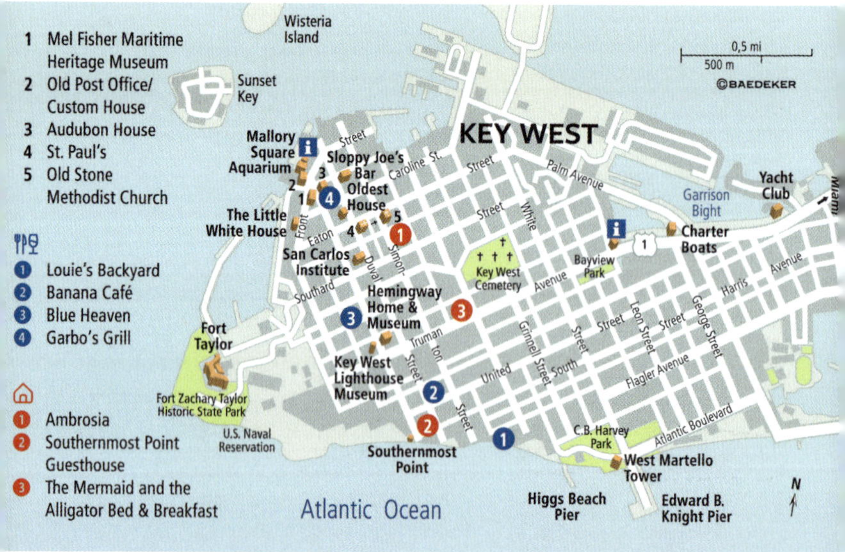

---

1 Mel Fisher Maritime Heritage Museum
2 Old Post Office/ Custom House
3 Audubon House
4 St. Paul's
5 Old Stone Methodist Church

1 Louie's Backyard
2 Banana Café
3 Blue Heaven
4 Garbo's Grill

1 Ambrosia
2 Southernmost Point Guesthouse
3 The Mermaid and the Alligator Bed & Breakfast

Wisteria Island
Sunset Key
Mallory Square
Aquarium
The Little White House
San Carlos Institute
Fort Taylor
Fort Zachary Taylor Historic State Park
U.S. Naval Reservation

KEY WEST

Sloppy Joe's Bar
Oldest House
Hemingway Home & Museum
Key West Lighthouse Museum
Southernmost Point

Caroline St.
Street
Eaton
Southard
Truman
Duval
Simonton
White
Street
Palm Avenue
Key West Cemetery
Bayview Park
Avenue
United
Grinnel Street
Leon Street
Street
Flagler Avenue
Harris Avenue
George Street
Atlantic Boulevard

Garrison Bight
Yacht Club
Charter Boats
C.B. Harvey Park
West Martello Tower

Higgs Beach Pier
Edward B. Knight Pier

Atlantic Ocean

0,5 mi
500 m
©BAEDEKER

N

KEY WEST FIRST LEGAL RUM DESTILLERY

Feinsten Rum kann man im Nordwesten der Stadt nicht weit vom Mallory Square verkosten. Aber Vorsicht: Der ausgeschenkte Rum ist hochprozentig und an besonders heißen Tagen am besten nur in kleinen Mengen zu genießen!
105 Simonton St. | Mo.–Sa. 10–20, So. bis 18 Uhr, Führungen: Mo.–Fr. 13, 15, 17, Sa. 13, 15 Uhr
www.keywestlegalrum.com

❶ LOUIE'S BACKYARD €€€€

Dezente Kellner, wohl temperierte Weine und eine gepflegte Atmosphäre sind in den hiesigen Restaurants eher selten. Auf der anderen Inselseite gibt es das, und raffinierte Fisch-, Wild- und Lammgerichte mit herrlichem Meerblick dazu!
700 Waddell Ave. | Tel. 1-305-294-1061 | www.louiesbackyard.com

❷ BANANA CAFÉ €€€

Bei Crêpe »La French Country« und gutem Kaffee auf der Terrasse fängt der Tag in Key West am besten an. Abends geht er ebenso stilecht zu Ende. Bei Wildpilz-Ravioli oder »Steak fries au poivre«.
1215 Duval St. | Tel. 1-305-294-7227
www.bananacafekw.com

❸ BLUE HEAVEN €€

Der Garten ist ein Dschungel mit kreuz und schwer gespannten Sonnensegeln darüber. Hühner laufen umher, Katzen liegen faul auf den Kieswegen. Zum Frühstück gibt's »Eggs Benedict« mit Avocado und Spinat, mittags Jamaika-Hühnchen und abends »Cajun Caribbean BBQ Shrimp«. Und vieles mehr. So stellt man sich Key West zu Hemingways Zeiten vor.
729 Thomas St. | Tel. 1-305-296-8666
www.blueheavenkw.com

❹ GARBO'S GRILL €€

Man bestellt am Food Truck und setzt sich dann mit seinem »Shrimp Taco« oder »Mango Dog«, wohin man will. Dazu gehört auch eine Bar, wo oft Live-Musik gespielt. Alles sehr relaxt im Hier und Jetzt.
409 Greene St. | Tel. 1-305-304-3004
www.garbosgrillkw.com

❶ AMBROSIA HOUSE €€€

Allein der von tropischen Pflanzen überwucherte Innenhof mit Pool rechtfertigt das Einchecken. Dazu kommen 22 Zimmer und 6 Suiten, deren Interieur von hiesigen Designern gestaltet wurde.
622 Fleming St.
Tel. 1-305-296-9838
www.ambrosiakeywest.com

❷ SOUTHERNMOST POINT GUESTHOUSE €€€

Es gibt einen »südlichsten Massagesalon«, ein »südlichstes Restaurant« – und natürlich dieses »südlichste« Gasthaus der USA. Dabei ist die über 100 Jahre alte Villa alles andere als kitschig, sondern besticht mit geschmackvollen Zimmern, herrlicher Rundum-Veranda und einem wunderbaren Garten zum Entschleunigen.
1327 Duval St.
Tel. 1-305-294-0715
www.southernmostpoint.com

❸ THE MERMAID AND THE ALLIGATOR BED & BREAKFAST €€€

In Key West findet der Feierabend auf Veranden, Balkonen und in Gärten statt. Das viktorianische »Mermaid« hat von allem reichlich. Und dazu einnehmende Zimmer, die man am liebsten gar nicht wieder verlassen würde.
729 Truman Ave. | Tel. 1-305-294-1894 | www.kwmermaid.com

143

»Sloppy Joe's Bar«: Nicht original, aber Hemingways Stammkneipe nachempfunden. Die heute »Captain Tony's Saloon.«

▌ Wohin in Key West?

Auf den Spuren Hemingways und seiner Nachfolger

Old Town »Dies ist der schönste Flecken Erde, den ich in meinem Leben gesehen habe«, schrieb Ernest Hemingway begeistert. »Blumen, Tamarindenbäume, Guaven, Kokospalmen ... Habe mich gestern Nacht mit Absinth volllaufen lassen und Messertricks gezeigt ...« Auch wenn Hemingway sein Key West heute wohl nicht wiedererkennen würde: Ein tropisches Paradies voll exotischer Genüsse ist die südlichste der Florida Keys noch immer. Hochseeangeln, gut essen und vor allem trinken definieren den berühmten »Key Spirit« auch weiterhin, und wer träumt nicht von faulen Ferien in Shorts und Badelatschen?

Das touristische Zentrum ist die Old Town in der Nordwestecke der Insel. Alte, in hellen Pastellfarben gestrichene Holzhäuser mit schönen Veranden und Hängematten in grünen Gärten prägen das Bild. In der **Duval Street** und ihren Seitenstraßen reihen sich Boutiquen, Kunstgalerien, Straßencafés, Restaurants und Bars aneinander.

Am **Mallory Square** wird allabendlich die berühmte »**Sunset Celebration**« gefeiert. Artisten und Jongleute, Handleser und Wahrsager, Einheimische, Alt-Hippies, Millennials und Touristen: Die zuverlässig spektakulären, oft mit gewaltigen Cirrus- und Kumuluswolken spielenden Sonnenuntergänge sorgen dort immer wieder für eine angenehm heitere Atmosphäre.

Charme des alten Key West

Es ist klein und alt (seit 1934) und hat den abblätternden Charme des **Key West** alten Key West. Wohl auch deshalb wickelt dieses Aquarium immer **Aquarium** noch viele Besucher um den Finger. In den Becken schwimmen die bunten Bewohner der Korallenriffe vor der Haustür. In sog. »Touch Tanks« kreisen Rochen, und in den Pools draußen tummeln sich Barracudas und Haie. Alle zwei Stunden finden Haifütterungen statt.

1 Whitehead St. | tgl. 9–18, Fütterungen 11, 13, 15, 16.30 Uhr | 16 $
www.keywestaquarium.com

Weltpolitik und Pokerspiele

Ein paar Gehminuten südlich des Aquariums kann man das »Kleine **Little White** Weiße Haus« besichtigen, ein strahlend weißes Conch-House aus **House** dem 19. Jh., in dem US-Präsident **Harry S. Truman** (1884–1972) von 1946 bis 1952 nicht nur Weltpolitik machte, sondern auch nächtliche Pokerspiele mit Kabinettsmitgliedern und Staatsgästen organisierte.

111 Front St. | Führungen (alle 20 Min.) tgl. 9–16.30 Uhr | 16 $
www.trumanlittlewhitehouse.com

Reiche Ausbeute eines modernen Schatztauchers

Hier taucht man ein in die abenteuerliche Welt der professionellen Schatzsucher! Das Museum zeigt spanischen **Goldschmuck**, **Silber-** **münzen** und andere Reichtümer, die der 1998 verstorbene Schatz- **Mel Fisher** taucher Mel Fisher (▶ Baedeker Wissen, S. 165) aus den Silberschiffen **Maritime** »Atocha« und »Santa Margarita« bergen konnte. Die beiden Galeonen **Heritage** sanken 1622 während eines Hurrikans vor den Marquesas. Ferner er- **Museum** fährt man viel Interessantes zum Thema **Unterwasser-Archäologie**.

200 Greene St./Whitebread St. | Mo.–Fr. 8.30–17, Sa., So.
9.30–17 Uhr | 15 $ | www.melfisher.org

Auf Spuren des Vaters der »Birds of America«

In diesem typischen Conch-Haus wohnte, und das dank einer schö- **Audubon** nen Veranda und schattigen Balkonen nicht schlecht, der berühmte **House &** Ornithologe und Zeichner **John James Audubon** (1785–1851; **Tropical** ▶ S. 343). Hier sind nicht nur kostbare **Originalstiche** des Künstlers **Gardens** und Autors des ornithologischen Standardwerks »Birds of America« zu sehen, sondern auch herrliches, heutzutage nicht mehr gefertigtes Mobiliar aus dem 18. und 19. Jh. Im prächtigen Garten blühen exotische Pflanzen um die Wette.

205 Whitehead/Greene Sts. | tgl. 9.30–16.15 Uhr | 14 $
www.audubonhouse.com

Mit Papa Hemingway auf Kneipentour

Captain Tony's Saloon, ein drinnen ziemlich dunkler Schuppen an der  Green Street, war von 1933 bis 1937 »Sloppy Joe's Bar«, wo Ernest **Sloppy Joe's** Hemingway gerne auf dem für ihn reservierten Hocker das Ende des **Bar**

Tages begoss. Decke und Wände der Bar sind heute mit Visitenkarten der Besucher tapeziert. Übrigens: Die heutige **Sloppy Joe's Bar** befindet sich gleich um die Ecke in der geschäftigen Duval Street. Dort hängen Fotos und **Erinnerungen an Hemingway**, der sich hier wahrscheinlich auch wohl fühlen würde.

Captain Tony's Saloon: 428 Green St. | www.capttonyssaloon.com
Sloppy Joe's Bar: 201 Duval St. | Mo.–Sa. 9–4, So. ab 12 Uhr, Live-Musik | www.sloppyjoes.com

Strand- und Schnochelparadies am Fort

Fort Zachary Taylor Historic State Park

Das düstere, am Südwestende der Insel liegende **Fort Taylor** wurde 1845 bis 1866 als Teil des amerikanischen Seeverteidigungssystems errichtet. Es spielte während des Bürgerkriegs eine wichtige Rolle: Die Union ging von hier aus gegen Blockadebrecher vor. Im Spanisch-Amerikanischen Krieg wurde die Festung modernisiert und ist seit 1947 **Marinestützpunkt**. Im alten Fort sind heute Kanonen und Waffen aus der Bürgerkriegszeit zu sehen. Besonderer Besuchermagnet ist auch der wunderschöne Strand.

601 Howard England Way | Park tgl. 8 Uhr bis Sonnenuntergang, Führungen tgl. 12 Uhr | Fußgänger 2 $, Pkw 6 $
www.floridastateparks.org/park/Fort-Taylor

Der Schriftsteller und seine Katzen

Ernest Hemingway Home & Museum

Hier schrieb er also! Was er wohl zu den Besuchermassen sagen würde, die heute tagein tagaus mit glänzenden Augen durch sein Allerheiligstes pilgern? Das schöne **Wohnhaus** an der Whitehead Street ist eine der Top-Attraktionen von Key West. Im Jahre 1931 kaufte Hemingway das gut ausgestattete, 1851 im spanischen Kolonialstil errichtete Gebäude mit umlaufendem Balkon (▶ Abb. S. 149). Hier schrieb der Literaturnobelpreisträger bis 1961 einige seiner berühmten Werke, wie »Die grünen Hügel Afrikas« oder »Haben und Nicht Haben«. Im üppig blühenden **Garten** tummeln sich im Übrigen etliche Nachkommen von Hemingways Katzen, die wie ihre Ahnen sechs Zehen statt der üblichen fünf an den Vorderpfoten haben.

907 Whitehead St. | tgl. 9–17 Uhr | 14 $ | www.hemingwayhome.com

Das Geschäft mit der Bergung gesunkener Schiffe

Key West Shipwreck Treasure Museum

Mit der »Isaac Allerton« machten die Wrecker von Key West ihr bestes Geschäft: 50 000 Dollar, damals wie sechs Richtige im Lotto, spülte der vor der Insel gesunkene Dreimaster damals in ihre Kassen. Das originelle Museum dokumentiert die spannende, oft morbide Geschichte der in legalen Grauzonen operierenden Abwracker mit Hilfe von kostümierten Schauspielern und jeder Menge grauslichunterhaltsamer Anekdoten.

1 Whitehead St. | tgl. 9.40–17 Uhr | 15 $ (inkl. 30-minütiger Tour)
www.keywestshipwreck.com

Ein »Selfie« vor bunter Betonboje

Am Ende der Whitehead Street ist oft eine auf die offene See zulau-
fende Menschenschlange zu sehen. Beim Näherkommen entpuppt
sich diese als Warteschlange: Touristen aus aller Welt warten darauf,
ein »Selfie« von sich vor einer bunten Betonboje zu machen, die den
südlichsten Punkt der kontinentalen USA markiert. Von hier sind es
nur noch 144 km bis Kuba, weniger als nach Miami!

Southern-
most Point

PICKNICK MIT PAPAGEI

Der schmale kleine Weg führt am Haus vorbei direkt
in den von tropischen Pflanzen überwucherten
Nancy Forrester's Secret Garden (518 Elizabeth St.,
Key West; tgl. 10–15 Uhr; 10 $; http://nancyforrester.com).
Dort päppelt die gleichnamige Künstlerin und Umwelt-
aktivistin seit über 30 Jahren von ihren Besitzern gequälte
oder vernachlässigte Papageien und Kakadus auf.
Inzwischen hat der Umgang mit interessierten Besuchern
so manche der sozialen Tiere »gesprächig« gemacht –
Resultat der Interaktionen, zu denen Nancy jeden ermun-
tert. Auch Gäste mit Picknickkorb sind gern gesehen.
Teilen muss man nicht: Nancys Federvieh frisst Nüsse.

147

DER BESTE FLECK AUF ERDEN

Kein Zweifel: Key West tat ihm gut. Hier schrieb der Nobelpreisträger für Literatur einige seiner erfolgreichsten Werke, hier ging der Rast- und Ruhelose für mehrere Jahre vor Anker und genoß den Charme der Tropen.

Key West und besonders das schöne Haus mit den gelben Fensterläden an der Whitehead Street werden für **Ernest Hemingway** (▶ S. 346) nicht nur Basislager für seine Reisen. Im milden Winter von Key West entstanden einige seiner bekanntesten Romane und Kurzgeschichten, wie »In einem anderen Land«, »Schnee auf dem Kilimandscharo«, »Die grünen Hügel Afrikas« und »Wem die Stunde schlägt«.

Zeitungsreporter

Hemingway wächst mit seinen Geschwistern in Oak Park, einem noblen Vorort von Chicago, auf. Nach Abschluss der High School wird er Reporter beim »Kansas City Star«. 1918 geht er als Freiwilliger an die **italienische Front**, wo er schwer verwundet wird. Nach Kriegsende kehrt Hemingway als Zeitungsredakteur in die USA zurück.

Frühe Ehen

1921 heiratet er **Elizabeth Hadley Richardson** und zieht mit ihr nach Paris. Dort entstehen die ersten wichtigen Kurzgeschichten, abgefasst in Hemingways berühmtem, vom Journalismus geprägten Stil – mit kurzen prägnanten Sätzen.

Die Ehe mit Hadley zerbricht, als Hemingway ein Verhältnis mit **Pauline Pfeiffer**, einer Bekannten seiner Frau, beginnt. Nach der Scheidung heiratet er Pauline im Mai 1927 in Paris.

Villa in Key West

Als ihm der Schriftsteller John Dos Passos von der Schönheit Floridas vorschwärmt, schifft sich Hemingway mit Pauline im März 1928 nach Havanna ein und setzt von dort nach Key West über. Die meisten Bewohner des Ortes haben auf irgendeine Art mit dem Meer zu tun, auch Hemingway wird zum begeisterten Fischer. Bereits im April berichtet er seinem Lektor Max Perkins, er habe »den größten Tarpun (gefangen), den sie bis jetzt hier in der Saison erblickt haben: 63 Pfund«.

Die ersten drei Jahre leben Hemingway und Pauline zur Miete, bevor sie im Frühjahr 1931 mit Hilfe ihres Onkels Gus eine im spanischen Kolonialstil erbaute Villa (907 Whitehead St.; ▶ S. 146) erwerben. Pauline lässt den verwilderten Garten neu anlegen und unter den Banyanbäumen einen Swimmingpool – den ersten in Key West – bauen. Das hübsche Haus mit seinen umlaufenden Eisenbalkonen wird für sechs Jahre Hemingways **Dichterklause und fester Wohnsitz** für die Zeit mit Pauline. Noch heute lebt eine umfangreiche Kolonie von Katzen, deren Urahnen der Schriftsteller einstmals ansiedelte, auf dem Grundstück.

Reisen und späte Jahre

Hemingway geht es gut, er genießt Wohlstand und Ruhm. Im Winter 1934 ist er mit Pauline von seiner ersten Safari aus **Afrika** zurückgekehrt, wo er am Kilimandscharo Löwen, Büffel und anderes Großwild gejagt hatte. So manche seiner Erlebnisse wird er später literarisch verarbeiten. Doch Anfang 1937 geht er als Korrespondent nach **Spanien**, wo der Bürgerkrieg tobt. Er trifft dort die Journalistin **Martha Gellhorn** wieder, die er in Key West bei einem Interview kennengelernt hatte. Sie wird 1940 seine dritte Ehefrau. Mit den Einkünften aus seinem Erfolgsroman »Wem die Stunde schlägt« kauft er eine Finca auf Kuba, um dort ein paar Sommer zu verbringen. Die beiden berichten zu Beginn der 1940er-Jahre von Schauplätzen des Zweiten Weltkrieges in Ostasien. Er schreibt über die Befreiung von Paris und ist bei den Kämpfen um den Westwall dabei. Ende 1945 ist auch seine dritte Ehe gescheitert.

Im März 1946 heiratet er **Mary Welsh** in der kubanischen Hauptstadt Havanna. Die Finca »La Vigía« wird fast zwanzig Jahre lang sein Zuhause. Dort entsteht eines seiner besten Werke: »Der alte Mann und das Meer«, für das er 1954 den **Literatur-Nobelpreis** erhält.

Hemingway, der eine Kriegsverletzung, Jagdunfälle und zwei Flugzeugabstürze überlebte, mangelt es immer häufiger an Kraft zum Verfassen neuer Werke. Er leidet an schlimmen **Depressionen**. Am 2. Juli 1961 setzt er seinem Leben ein Ende.

Der Garten der Villa trägt die Handschrift von Pauline, Hemingways zweiter Frau. Hier und da miaut es noch.

Traumblick nach 88 Treppenstufen

Key West Lighthouse Museum

Der herrliche Rundblick lohnt die Besteigung dieses **Leuchtturms**, aber Vorsicht: Wer unter Platzangst und Schwindelgefühlen leidet, sollte sich den Aufstieg gut überlegen. Die Wendeltreppe ist extrem eng und kann erdrückend wirken. 1847 eingeweiht, war der Leuchtturm der Anfang vom Ende des einträglichen »Shipwrecking«. Ein hübsches kleines **Museum** im Leuchtturmwärterhaus rekonstruiert dieses weniger ruhmreiche Kapitel der Stadtgeschichte.

938 Whitehead St. | tgl. 9.30–16.30 Uhr | 10 $ | www.kwahs.org

Flair des historischen Key West

Bahama Village

Vom Tourismus belagert, hält das Viertel zwischen Thomas, Angela und Amelia Streets nach wie vor den alten Geist von Key West aufrecht. Hier streunen die meisten Hühner scheinbar herrenlos umher, reihen sich die einfachen, früher oft von Zigarrendrehern bewohnten Holzhäuser aneinander. Die Menschen, meist Nachfahren von den Bahamas stammender Siedler und Afro-Kubaner, gehen sonntags noch immer wie aus dem Ei gepellt zur Kirche und erinnern sich gern an die inzwischen verbotenen Hahnenkämpfe.

Exzentrische Grabinschriften

Key West Cemetery

Sinn für Humor bewiesen die Conchs nicht nur mit der Ausrufung ihrer Republik, sondern auch auf diesem Friedhof. Der am Nordrand von Old Town (Margaret und Angela Sts.) liegende Friedhof ist für seine humorige Grabinschriften bekannt: »Devoted Fan of Singer Julio Iglesias« steht auf einem, »I told you I was sick« auf einem anderen Grabstein. **Denkmäler** für kubanische Patrioten und die bei der Explosion der »USS Maine« 1898 in Havanna gestorbenen Matrosen bemühen sich vergeblich um den hier angebrachten Ernst. Im Übrigen wurden die Toten des harten Korallenbodens und der häufigen Überschwemmungen wegen über der Erde bestattet: Die meist übereinander **gestapelten Sarkophage** erinnern an eine Totenstadt.

▎ Ausflüge ab Key West

Inselhüpfen à la Florida Keys

Key West National Wildlife Refuge

Von Key West werden Tagestouren per Boot oder Wasserflugzeug zu den vorgelagerten **Marquesas Keys** angeboten, die das Kernstück des Key West National Wildlife Refuge bilden. Allein der Flug über das makellos blaue bis jadegrüne Meer lohnt diesen Trip! In dem Naturschutzgebiet kann man Wasservögel beobachten, darunter Seeschwalben, Reiher, Kormorane und Pelikane. Schnorchler und Taucher erleben eine zauberhafte Welt, wie im Hollwoodfilm »Finding Nemo«.

Key West National Wildlife Refuge: Visitor Center im National Key Deer Refuge (▶ S. 104) | www.fws.gov/refuge/Key_West

Per Fähre oder Wasserflugzeug auf die Koralleninseln

Etwa 110 km westlich vor Key West erstreckt sich der Dry Tortugas National Park, ein marines Naturschutzgebiet, das eine Gruppe winziger **Koralleninseln** und ausgedehnter Unterwasser-**Korallenriffe** für die Nachwelt bewahrt. Juan Ponce de León (▶ S. 349) entdeckte diese Inselchen anno 1513 und benannte sie nach den hier brütenden Seeschildkröten.

Dry Tortugas National Park

Historisch Interessierte besuchen das 1846 zum Schutz amerikanischer Schiffe auf **Garden Key** angelegte **Fort Jefferson**. In der Ziegelsteinfestung wurden zwischen 1863 und 1874 prominente politische Gefangene aus dem Sezessionskrieg festgehalten.

Dry Tortugas National Park: Garden Key Visitor Center
tgl. 8.30–16.30 Uhr | 10 $ (bei Flug- und Fährtransfer inkl.)
www.nps.gov/drto
Fähren (175 $): www.drytortugas.com | Flugverbindungen
(ca. 330 $ Halbtagesausflug): www.drytortugasinfo.com

KISSIMEE · ST. CLOUD

Region: Central | **Höhe:** 19 m ü. d. M. | **Einwohner:** 105 000

Der erste Eindruck von Kissimee ist der eines gesichtlosen Siedlungsbreis, der zweite der eines unverständlichen Highway-Systems. Weiß man jedoch genau, wohin man will, kann einen selbst diese bereits im Großraum ▶ Orlando liegende Stadt noch überraschen.

Das beschaulich-ländliche Florida sieht man hier kaum noch. Nicht einmal 50 Jahren reichten, um die Region von Gund auf umzukrempeln. Dabei fing alles relativ harmlos an. 1878 ließen sich erste weiße Siedler in dieser Gegend nieder. 1891 wurde das junge **Farmerdorf** Kissimmee Verwaltungssitz einer Region, in der damals gerade einmal 815 Menschen lebten. Gute Bedingungen für den Obst- und Gemüseanbau zogen weitere Neusiedler an. Der entscheidende Sprung nach vorn erfolgte jedoch 1963, als **Walt Disney** hier ideale Bedingungen für die Umsetzung seiner Vision einer perfekten, sauberen Freizeit- und Vergnügungslandschaft vorfand. Der phänomenale Erfolg der Disney-Freizeitwelt ermunterte auch andere Unternehmer zur Ansiedlung gigantischer **Entertainmentparks** in der Gegend. Im Windschatten der Entertainment-Welthauptstadt stellte auch Kissimee auf Vergnügungstourismus um und punktet vor allem mit kleineren, charmanteren Vergnügungsparks und Attraktionen.

Hochburg des Entertainment

5X

EINFACH UNBEZAHLBAR

Erlebnisse, die für Geld nicht zu bekommen sind

1.
UND DER HAIFISCH ...

...der hat Zähne! Sie sind zwar 10 Mio. Jahre alt, aber noch ganz schön spitz und scharf. Die versteinerten, dunkel schimmernden Haizähne findet man am **Strand von Venice** (südl. von Sarasota), vor allem rund um den Fishing Pier in Brohard Park! (▶ S. 352)

2.
SELBST ERBEUTET

Das Abendessen eigenhändig fangen? Von Juli bis September ist an den Stränden und Buchten von Cedar Key »**Scalloping**« (Muschelsuchen) angesagt. Und **Tony's Seafood Restaurant** bereitet die Meeresbeute zu! (▶ S. 67)

3.
EVERGLADES VS. DISNEY

Wie sah es in der Umgebung von Orlando vor der Ankunft von Micky Maus aus? Das **Disney Wilderness Preserve** bei Kissimmee hat als Kompensation für seine Land fressenden Vergnügungsparks 46 km² des alten Everglades-Ökosystems gesund gepflegt und zeigt rund 1000 heimische Tier- und Pflanzenarten! (▶ S. 220)

4.
GANGSTER UND GEISTER

Im 13. Stock wurde jemand erschossen, im Krieg war es Lazarett, später stand es leer und galt als Spukschloss: Die **Gratistouren im Biltmore Hotel** in Coral Gables (So. 13.30, 14.30 Uhr) sind alles andere als langweilig! (▶ S. 180)

5.
MIAMIS MUSEEN GRATIS

Miamis Museen sind cool und innovativ und an manchen Tagen auch noch gratis! Über den »**Free Museum Day**« kann man sich (sogar auf Deutsch) online informieren: www.miamiandbeaches.com/things-to-do/free-things-to-do/free-museum-days).

▎Wohin in Kissimmee und Umgebung?

Historisches Zentrum und Bundesstaaten-Denkmal

Südlich des Highway 192 quer durch die Stadt liegen die alte **Main Street** und der **Broadway Boulevard**, hübsch herausgeputzt mit vielen kleinen Geschäften und über 100 Jahre alten Häusern – was in diesem Teil Florida fast schon als prähistorisch gilt.   **Downtown**

Ein kurzer Abstecher Richtung Lake Tohopekaliga führt zum **Monument of States** im Lake Front Park. Das pyramidenförmige Denkmal entstand 1943 unter dem Eindruck des japanischen Angriffs auf Pearl Harbor im Dezember 1941 und setzt sich aus Steinen der damaligen 48 amerikanischen Bundesstaaten zusammen.

Ins Herz der Vergnügungsindustrie

Am Highway 192 (Irlo Bronson Memorial Highway) reihen sich Attraktion, Hotel, Motels und Restaurants, schlicht die gesamte Infrastruktur der hiesigen Vergnügungsindustrie, aneinander. Rund um die Uhr herrscht hier Jahrmarkt-Atmosphäre. Das **Osceola Center for the Arts**, das auch einige Kunstgalerien umfasst und Theateraufführungen und Konzerte bietet, wirkt hier fast wie ein Fremdkörper.   ★ **Irlo Bronson Memorial Highway**

2411 E. Irlo Bronson Memorial Hwy. | www.osceolaarts.org

Shopping und »Fun Around the Town«

Das im Stil der Jahrhundertwende (19./20. Jh.) erbaute **Einkaufszentrum** hat neben Boutiquen und Lokalen auch einige nette Fahrgeschäfte zu bieten, so etwa ein Riesenrad aus dem Jahre 1928 und ein 1909 konstruiertes Pferdchen-Karussell.   **Old Town Center**

5770 W Irlo Bronson Memorial Hwy., Kissimmee | tgl. 10 – 23 Uhr | frei | https://myoldtownusa.com

Zoo der Panzerechsen

Den Eingang zum Gatorland Zoo zwischen Kissimmee und ▶ Orlando markiert das aufgerissene Maul eines riesigen Alligators aus Pappmaché. Entsprechend kitschig überdreht geht es weiter, und das ist angesichts der oft kalten Perfektion in der Themenparks von Orlando eine Wohltat. Hier leben neben einigen Zootieren aus aller Welt etwa 5000 Alligatoren und Krokodile. Diese Tiere werden kommerziell gezüchtet und bei »**Gator Jumparoo**« genannten Fütterungen, bei denen sie für ihre Hühnchenstücke senkrecht aus dem Wasser schnellen, dem begeisterten Publikum vorgeführt.   ★ **Gatorland**

In einem offenen Gehege kann man auch verschiedene Schlangenarten beobachten. Nichts für Hasenfüße ist die »**Screamin' Gator Zip Line**«: Wer der Gefahr ins Auge blicken kann, kann über ein von Alligatoren wimmelndes Gehege fahren!

14501 S Orange Blossom Trail | tgl. 9 – 17 Uhr | Tagespass 30 $ www.gatorland.com

(Gift-)Schlangen aus aller Welt

Reptile World Serpentarium

Schlangen stehen nicht unbedingt auf der To-do-Liste von Florida-Besuchern. Kleine und große Kinder werden jedoch den von verschiedenen Wasserschildkröten-Arten genutzten Pool toll finden, bei der Entnahme von Schlangengift durch Mitarbeiter wie gebannt zuschauen. In den Terrarien des Reptile World Serpentarium von St. Cloud werden über vier Dutzend **verschiedene Schlangenarten** aus allen Erdteilen gehalten. Ferner sind hier auch Eidechsen, Schildkröten sowie Alligatoren aus nächster Nähe zu sehen. Täglich um 12 und 15 Uhr führen Mitarbeiter Giftschlangen vor und zeigen, wie diesen Gift entnommen wird.

5705 E Irlo Bronson Memorial Hwy., St. Cloud | Di.–So. 9–17 Uhr 11,50 $ | www.reptileworldserpentarium.com

Florida abseits der Touristenströme

Forever Florida

Dieses Erlebniszentrum erstreckt sich nicht weit von St. Cloud über ca. 2000 Hektar. Während einer Rundfahrt mit dem Safari-Bus bekommt man **Tiere aus verschiedenen Ökosystemen** zu sehen. Allerlei Abenteuer, wie Ziplining und Canopy Cycling, kann man im **EcoPark** erleben, für die Kleinen gibt es einen ansprechenden Streichelzoo und Ponyreiten. Angrenzend liegt die dazugehörige **Crescent C Ranch** mit Viehweiden.

4755 N Kenansville Rd., St. Cloud | tgl. 9–17 Uhr 135 $ (Eintritt und 4 Attraktionen, einzelne Touren günstiger) Reservierung: Tel. 1-407-957-9794 | www.foreverflorida.com

KISSIMMEE · ST. CLOUD ERLEBEN

EXPERIENCE KISSIMMEE
215 Celebration Place, Suite 200, Kissimmee, FL 34747
Tel. 1-800-333-5477
www.experiencekissimmee.com

SILVER SPURS RODEO
Schweiß, Staub und Knochenbrüche: Alljährlich Mitte Februar und Anfang Juni steigt das größte Rodeo östlich des Mississippi.
1875 Silver Sour Lane
www.silverspursrodeo.com

LONGHORN STEAK-HOUSE €€€–€€
Nach Meinung vieler Gäste gibt es hier die besten Steaks des »Sunshine State«. Andere wünschen sich mehr Licht, um die Proteinschnitten auf dem Teller besser sehen zu. Was ja auch wieder für einen Abend im »Longhorn« spricht!
5351 W und 8150 W Irlo Bronson Memorial Hwy., Kissimmee
Tel. 1-407-396-9556,
Tel. 1-407-390-1084
www.longhornsteakhouse.com

★ LAKE CITY

Region: North Central | **Höhe:** 60 m ü. d. M. | **Einwohnerzahl:** 12 500

Das hübsche Städtchen auf halbem Weg zwischen ▶ Jacksonville und ▶ Tallahasse ist kein Kind von Langeweile, denn Tage in Lake City können spannend aussehen: Tagsüber die Umgebung erkunden wie im Osceola National Forest , aber auch paddeln oder schwimmen und abends in den Pubs der Stadt entschleunigen.

Lake City ging aus einer größeren Indianersiedlung hervor. Ein Häuptling dieses Dorfes war maßgeblich am sog. Dade Massacre (1835) beteiligt, das den Zweiten Seminolenkrieg (▶ S. 330) auslöste. Nach Beendigung der Feindseligkeiten ließen sich hier die ersten Weißen nieder. Wirtschaftliche Grundlagen waren zunächst **Forstwirtschaft** und Viehzucht. Die Entdeckung von **Phosphat-Vorkommen** am Suwannee River und der Gemüse- und Tabakanbau gaben weitere wirtschaftliche Impulse. Zudem hängen immer mehr Jobs von den durchreisenden Touristen ab: Die von Norden nach Süd-Florida strebende **Interstate 75** verdankt die Stadt ihren Beinamen »Gateway to Florida«.

▌ Wohin in Lake City und Umgebung?

Schöne alte Häuser und ansehnliche Villen

Die Stadtväter von Lake City sprechen von »Old world charm«, wenn es um den Historic District ihrer Stadt geht. Damit gemeint sind vor allem die schönen alten Häuser an der **Marion Street**, allen voran das gute alte »**Blanche Hotel**« (N 212), das dieser Tage komplett überholt wird, und in dem Mafia-Boss Al Capone (▶ S. 343) abzusteigen pflegte. Mehr Historie erfährt man im alten »**Marion Street Bistro & Brew House**« (N 281), das seine Burger, Pastrami-Sandwiches und Steaks mit viel Ambiente und gelbstichigen Schwarzweißfotos an den Wänden serviert.

Historic District

Gut restaurierte Häuser stehen auch im angrenzenden **Commercial District**. Recht ansehnliche Villen kann man am **Lake Isabella** bewundern. In Commercial District findet man auch das **Lake City Columbia County Historical Museum**. In einem kleinen Haus mit Südstaatenbalkon untergebracht, bewahrt das Historische Museum auf zwei mit Artefakten vollgestopften Etagen alles auf, was Einheimische auf ihren Dachböden gefunden haben. Besonders beeindruckend ist die dem Bürgerkrieg gewidmete Sammlung.

157 SE Hernando Ave., Do., Sa. 10–13 Uhr, Spende | http://lccchm.org

Für den »Vater der amerikanischen Musik«

Stephen
Foster Cul-
ture Center
State Park

Für Fans amerikanischer Folklore: Bei **White Springs**, etwa 12 mi/ 20 km nordwestlich von Lake City, erinnert ein Kulturzentrum am Suwannee River an **Stephen Foster** (1826–1864), den Komponisten und Dichter amerikanischer Volkslieder. Weltbekannt sind seine Songs »Old Folks at Home« und »Oh, Susanna«.

11016 Lillian Saunders Dr./US-41 W, White Springs
tgl. 8 Uhr bis Sonnenuntergang | Fußgänger 2 $, Pkw 5 $
www.floridastateparks.org/park/Stephen-Foster

Swamp Wilderness mit Kiefern und Zypressen

Osceola
National
Forest

Nordöstlich von Lake City erstreckt sich der bereits 1931 eingerichtete Osceola National Forest, benannt nach einem Seminolen-Häuptling (▶ S. 348), mit einer Ausdehnung von nur 890 km² der kleinste unter den Staatsforsten in Florida. Weite Kiefernbestände, zahllose Seen, Teiche und Tümpel sowie Zypressensümpfe, Gummibaum- und Magnolienbestände kennzeichnen das Landschaftsbild. Im Norden geht das Waldgebiet allmählich in das Okefenokee-Sumpfgebiet über (▶ unten).

Durch das Waldgebiet führt ein ca. 37 mi/60 km langes Teilstück des **Florida Trail** (www.floridatrail.org) von White Springs am Suwannee River bis zum Olustee Battlefield. Einer der schönsten Plätze ist der **Ocean Pond**, wo man hervorragend baden kann. Von dessen Nordufer können furchtlose Naturfreunde dem **Osceola Trail** weiter ins feuchte Hinterland folgen.

www.fs.usda.gov/osceola

Verlustreiche Schlacht im Bürgerkrieg

Olustee
Battlefield
State
Historic Park

1864 standen sich in der Nähe der Ortschaft **Olustee** Tausende Soldaten der Union und der Konföderierten in der größten Schlacht des Bürgerkriegs in Florida gegenüber. Damals siegten die Konföderierten und sicherten so den Nachschub für die Südstaaten. Ein Besucherzentrum, **Museum** und **Lehrpfad** informieren detailreich über die Schlacht, bei der innerhalb von vier Stunden 2800 Soldaten ums Leben kamen.

5815 Battlefield Trail Rd., Olustee | tgl. 9–17 Uhr | frei
www.floridastateparks.org/park/Olustee-Battlefield

Alligatoren im »Land der Schwankenden Erde«

Okefenokee
Swamp
National
Wildlife
Refuge

Ein Ausflugsziel für Naturliebhaber ist der Okefenokee Swamp, ein über 2000 km² großes Feuchtgebiet, das sich vom nördlichen Osceola Forest 40 mi/64 km nordwärts bis in den Bundesstaat Georgia ausdehnt. Das »Land der Schwankenden Erde«, wie diese urtümliche Landschaft von den Choctaw-Indianern genannt wurde, ist ein bedeutender Grundwasserspeicher. Ein Gewirr von Seen und Wasserläufen, **Zypressensümpfen** und »Schwimmenden« Inseln, die beim

Betreten zwar schwanken, aber dennoch ganze Wälder und indianische Dörfer trugen, speist den nach über 400 km in den Golf von Mexiko mündenden **Suwannee River** und den 80 km weiter östlich in den Atlantik fließenden St. Marys River sowie unzählige **Karstquellen**. Das Okefenokee National Wildlife Refuge umfasst 90 % der Sumpfregion und bietet bedrohten Wildtierarten wie Schwarzbären und Wildkatzen sowie unzähligen Vögeln Schutz. In den Okefenokee-Sümpfen vermutet man derzeit rund 10 000 Alligatoren.

2766 Suwanee Canal Rd., Folkston, GA
tgl. ½ Std. vor Sonnenaufgang bis 17.30/19.30 Uhr | Pkw 5 $
www.fws.gov/refuge/okefenokee

LAKE CITY ERLEBEN

LAKE CITY – COLUMBIA COUNTY TOURIST DEVELOPMENT COUNCIL
263 NW Lake City Ave.,
Lake City, FL 32055
Tel. 1-386-758-1312
www.springsrus.com

OLUSTEE BATTLE FESTIVAL & REENACTMENT
Alljährlich im Februar wird die berühmte Bürgerkriegsschlacht zwischen Unionssoldaten und Konföderierten wirkungsvoll nachgestellt (▶ links).
www.olusteefestival.com

FLORIDA FOLK FESTIVAL
Am Wochenende um den Memorial Day (letzter Montag im Mai) wird dieses volkstümliche Fest im Stephen Foster Culture Center State Park gefeiert: mit Musik, Tanz, Geschichtenerzählungen, Vorführungen alter Handwerke sowie leckeren Speisen und Getränken.
www.floridastateparks.org/folkfest/

BOB EVANS RESTAURANT €€
»Family Restaurants« sind dazu da, vielköpfige Familien preiswert durchzufüttern. Die Portionen sind groß, die Preise niedrig, die Qualität so lala. Dieses hier ist die Ausnahme von der Regel. Die Grillhühnchen sind lecker und die Salate schön frisch.
3628 W US-90
Tel. 1-386-752-8749

THE R BAR
Der hiesige Karaoke-Joint kommt mit gut bestückter Bar, Poolbillard und schräger Livemusik hoch motivierter Amateurgruppen, die vor allem eines haben: Spaß.
723 E Duval St. | Tel. 1-386-288-1092

BAYMONT INN & SUITES LAKE CITY €€
Kettenhotels wie dieses schützen vor bösen Überraschungen. Es bietet 83 große, solide ausgestattete Zimmer mit Pool, Sauna und Fitnessraum.
3598 US-90 West | Tel. 1-386-752-3801 | www.wyndhamhotels.com/baymont

Ichetucknee Springs State Park

Schwimmen, Schnorcheln, Paddeln, Wandern

12 mi/20 km südwestlich von Lake City lockt flüssiges Licht! Über die FL 47 und FL 238 bzw. den Highway US-27 gelangt man in den idyllischen Ichetucknee Springs State Park. Kräftig schüttende **Karstquellen** speisen hier den Ichetucknee River mit kristallklarem Wasser, in dem man sich beim Tauchen wie schwerelos fühlt (▶ unten). Kanus, Kajaks und Stand-up-Paddleboard können gemietet werden. In der Nähe der Quellen wurden vor einiger Zeit **indianische Siedlungsspuren** entdeckt. Die Spanier unterhielten hier vorübergehend eine Missionsstation.

12087 SW US-27, Fort White | tgl. 8 Uhr bis Sonnenuntergang Fußgänger 2 $, Pkw 6 $ | www.floridastateparks.org/park/Ichetucknee-springs

SCHWERELOS IM FLÜSSIGEN LICHT

Vergessen Sie die populäre Wasser-Show des Cirque du Soleil in Las Vegas: Beim Schwimmen in den Karstquellen des **Ichetucknee Springs State Park** erleben Sie zauberhafte Schwerelosigkeit in flüssigem Licht. So klar und rein ist hier das Wasser! Im Übrigen übersteigt dessen Temperatur niemals 23 Grad. An heißen Sommertagen ein Segen …

★ LAKELAND

Region: Central | **Höhe:** 67 m ü. d. M. | **Einwohnerzahl:** 94 000

Die Stadt auf halbem Weg zwischen Tampa und Orlando ist nicht die schönste. Doch jenseits der endlosen Reihen von Gebrauchtwagenhändlern, Kliniken und Fastfood-Restaurants gibt es ein charmantes altes Stadtzentrum mit kreisrunden Seen, auf denen Schwäne schwimmen und wo die Straßen Orange, Lime und Lemon heißen ...

Lakeland begann 1885 als Zentrum für Erdbeer- und Zitrusfrüchte-anbau. Später, der »Vater der Maus« dachte noch gar nicht an Walt Disney World, kam der Tourismus dazu. Heute erinnert in dieser modernen, trotz rasanter Entwicklung noch immer kleinstädtisch wirkenden Kommune nichts daran, dass sie in den 1980er-Jahren unter hoher Arbeitslosigkeit litt.

Zitrusfrüchte und Tourismus

Moderne Stadt im Aufschwung

Zitrusfrüchtean- und Phosphatabbau, die beiden wichtigsten Stand-beine Lakelands, durchliefen eine beispiellose Krise. Das alte Stadt-zentrum verwahrloste. Doch dann setzte in Lakeland ein Umdenken ein. Energische Stadtväter lockten neue Industrien an und warben noch stärker um Touristen. In ▶ Tampa und ▶ Orlando arbeitende Pendler entdeckten Lakeland als Wohnsitz, und das Baseballteam der »Detroit Tigers« kam zum »Spring Training«. Heute präsentiert sich Lakeland als moderne Stadt mit Handel an der Peripherie und zeitgemäßen organischen und regionale Produkte unterstützenden Geschäften und Restaurants im Zentrum.

Struktur-krise und Fortschritt

▌ Wohin in Lakeland und Umgebung?

Ungewöhnliche Einblick in die Luftfahrt

Auf dem Campus der »Sun'n Fun Fly-In, Inc.« auf dem Lakeland Linder Regional Airport zeigt das Florida Air Museum im Hauptquar-tier des **Aerospace Center for Excellence** (ACE) alles, was bisher das Abheben schaffte, und konzentriert sich dabei auch auf promi-nente Piloten und Ingenieure aus Florida. Über 60 Fluggeräte sorgen für Unterhaltung, darunter bizarre Eigenbauten, eine Boeing-Stear-man Model 75, bekannt als »Red Baron«, ferngelenkte Drohnen und Memorabilia aus dem persönlichen Besitz des »Aviators« und Lebe-mannes Howard Hughes.

Florida Air Museum

4175 Medulla Rd. | Di.–Sa. 10–16, So. 12–16 Uhr | 12 $
www.flysnf.org/ace

Diese Grumman G-44 Widgeon von 1949 war auch schon auf Besuch im Florida Air Museum.

Frank Lloyd Wrights »Organische« Architektur

Florida Southern College

Auf dem Gelände der Hochschule südwestlich des Stadtzentrums hinterließ **Frank Lloyd Wright** seine Handschrift. Die durch Esplanaden miteinander verbundenen, zeitlos schönen 18 Gebäude, verkörpern, was er unter »Organischer« Architektur verstand: die Einbettung in die natürliche Umgebung unter Verwendung regionaler Baumaterialien. Er nannte den Campus liebevoll sein »Child of the Sun«. Besondere Beachtung verdienen die **Annie Pfeiffer Chapel** und das einzige je von Wright entworfene **Planetarium** (111 Lake Hollingsworth Dr.).

Safari durch die Weltkunst

Polk Museum of Art

Klein aber fein: Dieses Museum gehört zu den Top Ten der Kunstmuseen Floridas und zeigt u. a. wertvolle Kollektionen präkolumbischer Kunst aus den Anden, europäische und orientalische Keramik sowie amerikanische Kunst des 18. und 19. Jhs. Ferner gewährt es Einblicke in die aktuelle Kunstszene Floridas und präsentiert Installationen der talentiertesten Nachwuchskünstler im »Sunshine State«.

800 E Palmetto St. | Di.–Sa. 10–17, So. 13–17 Uhr | frei
http://polkmuseumofart.org

Ein Traum für Oldtimer-Flugzeugfans

Fantasy of Flight

15 mi/24 km nordöstlich von Lakeland, im privaten Luftfahrtmuseum bei Polk City, können über 160 Flug-Oldtimer besichtigt werden. Die Hingucker des Museums sind ein viermotoriges Flugboot des Typs

Short »Sunderland«, eine Grumman »Wildcat« und eine Super-marine »Spitfire«.

1400 Broadway Blvd. SE, Polk City | Fr.–So. 11–15 Uhr | 12 $
www.fantasyofflight.com/collection

Botanischer Garten im Vergnügungspark

Bereits in den 1930er-Jahren erkannte ein Immobilienmakler den Reiz dieser Seenlandschaft. Er ließ eine Kombination aus Botani-schem Garten und Freizeitpark anlegen, die bald als »Mutter aller Vergnügungsparks« bekannt wurde. Eine weltberühmte Wasserski-Show war bis zum wirtschaftlichen Ende im Jahr 2009 Hauptattrak-tion der Cypress Gardens. Seitdem wurde der Botanische Garten mit seinen mächtigen Zypressen, Azaleen und Camelien gewissenhaft restauriert und behutsam in den benachbarten **Legoland**-Vergnü-gungspark integriert.

Cypress Gardens at Legoland

1 Legoland Way, Winter Haven | tgl. 10–18 Uhr | Tagesticket (inkl. Legoland-Attraktionen): ab 94 $ | www.legoland.com/florida

LAKELAND ERLEBEN

LAKELAND CHAMBER OF COMMERCE

35 Lake Morton Dr., Lakeland, FL 33801 | Tel. 1-863-688-8551
www.lakelandchamber.com

SUN 'N FUN FLY-IN

Fliegertreffen und spektakuläre Airshow der Experimental Aircraft Association (EAA).
5 Tage in der 2. Aprilwoche
www.flysnf.org

THE TERRACE GRILLE €€€€

Das elegante, lichtdurchflutete Res-taurant im »Terrace Hotel« gilt als beste Adresse in Zentral-Florida für Filet Mignon. Man sollte aber auch einmal Räucherlachs auf Bagel oder gefüllte Hühnerbrust versuchen.

329 E Main St., Terrace Hotel
Tel. 1-863-688-0800
www.terracehotel.com/lakeland-terrace-grille.htm

HARRY'S SEAFOOD BAR & GRILLE €€

»Jambalaya«, Shrimps mit Reis und Andouille-Wurst: In dieser schönen Kneipe grüßt New Orleans. Auch tolle Mittagsgerichte!
101 N Kentucky Ave./Ecke Main St. | Tel. 1-863-686-2228
http://hookedonharrys.com/location/lakeland/

LAKELAND TERRACE HOTEL €€

Viel Hotel für wenig Geld: Das 1924 eröffnete Terrace atmet Old-Florida-Charme, auch wenn seine 88 preiswer-ten Zimmer und Suiten heute mit allen Annehmlichkeiten ausgestattet sind.
329 E Main St. | Tel. 1-863-688-0800
www.terracehotel.com

Geruhsames Städtchen im Hügelland

Lake Wales Angesichts von so viel brandneuem Florida – der »Sunshine State« gehört zu den dynamischsten Bundesstaaten, wenig ist älter als 20 Jahre – kann die Begegnung mit historisch gewachsenen, eher geruhsamen Städtchen durchaus guttun. Eine halbe Autostunde südöstlich, ziemlich genau in der geografischen Mitte Floridas und eingebettet in eine schöne Hügellandschaft, liegt Lake Wales (12 000 Einw.) mit seinem liebevoll restaurierten Stadtzentrum. Hier erinnert das pink-farbene **Lake Wales Depot Museum** an die Anfänge von Eisenbahn, Terpentingewinnung und der Zitrusindustrie.

325 S Scenic Hwy., Di.–Sa. 9–17 Uhr | frei
www.cityoflakewales.com/439/Depot-Museum

Märchenhafte Landschaft mit Glockenspiel-Konzert

Bok Tower Gardens Wenige Meilen nördlich von Lake Wales breiten sich die wohl riechenden Orangenplantagen aus, die die Bok Tower Gardens umgeben. Der von dem aus Holland stammenden Publizisten **Edward Bok** (1863–1930) in den 1920er-Jahren angelegte **Botanische Garten** gilt vielen als der schönste Floridas. Von dem damals berühmten Landschaftsarchitekten **Frederik Law Olmsted** auf der Kuppe des **Iron Mountain** (mit 90 m eine der höchsten Erhebungen Floridas) als kontemplative Traumlandschaft mit zahlreichen stillen Orten zur inneren Einkehr angelegt, blühen hier Azaleen, Kakteen und Magnolien in wahrhaft märchenhafter Üppigkeit. Überragt wird die Idylle vom 60 m hohen **Singing Tower** in einer gewagten Mischung aus Art Deco und Neogotik. Während sich der schöne Kalk-Marmor-Turm poetisch in einem stillen Ententeich spiegelt, erklingt sein Carillon, ein großes Glockenspiel.

1151 Tower Blvd., Lake Wales | 8–18 Uhr, Glockenspiel 13 und 15 Uhr
14 $ | www.boktowergardens.org

★ MELBOURNE

Region: Central East | **Höhe:** 0–7 m ü. d. M. | **Einwohnerzahl:** 76 000

Wer Melbourne sagt, denkt an Strand. Ziemlich viel Strand. Über 60 unverbaute Kilometer, um genau zu sein, die gesamte »Space Coast« von der Canaveral National Seashore (▶ S. 64) bis nach Melbourne Beach. Melbourne selbst, ein verwirrendes Durcheinander von Straßen, Palmen und Stränden, blickt natürlich ebenfalls aufs Wasser. Dabei gibt es im alten Zentrum ein paar echte Rohdiamanten.

Die ersten Siedler waren befreite Sklaven, die sich hier in den 1860er-Jahren niederließen. Seinen Namen erhielt der Ort im Jahre 1879 von einem aus Australien stammenden Postbeamten. 1894 erreichte die Florida East Coast Railway des Eisenbahn-Magnaten Henry M. Flagler (▶ S. 345) Melbourne, was einen enormen wirtschaftlichen Aufschwung zur Folge hatte.

❚ Wohin in Melbourne und Umgebung?

Kultur-, Einkaufs- und Ausgehviertel

Ihre Schokoladenseite zeigt die sonst weit auseinander gezogene Stadt im alten, auf dem Ufer der Indian River Lagoon angesiedelten Eau Gallie Arts District (EGAD). Im Kreuzungsbereich von Highland Avenue und Eau Gallie Boulevard schmücken bunte Floridamotive die Häuserwände, gibt es Independent-Galerien, Cafés, Läden und Restaurants.

Eau Gallie Arts District (EGAD)

Das ebenfalls hier logierende **Foosaner Art Museum** bietet Wechselausstellungen von Werken bekannter Künstler und Workshops.

Der **Eau Gallie Fishing Pier** am Ende des gleichnamigen Causeway sowie der **Melbourne Beach Fishing Pier** am Ende der Ocean Avenue sind beliebte Treffpunkte von Anglern und einheimischen Müßiggängern.

Eau Gallie Arts District: 587 E Eau Gallie Blvd., Suite 103
Tel. 1-321-574-2737 | www.eaugallieartsdistrict.com
Foosaner Art Museum: 1463 Highland Ave. | Mi.–Sa. 10–16 Uhr, frei
www.foosanerartmuseum.org

Ins Merritt Island National Wildlife Refuge

Jenseits des Indian River erstreckt sich die einst von Indianern bewohnte schmale Merritt Island. Sie ist heute Teil jenes großen Wildschutzgebietes (▶ S. 65), das sich um das Kennedy Space Center legt und in dem über 1500 verschiedene Pflanzen- und Tierarten gezählt werden.

Merritt Island

Merritt Island National Wildlife Refuge: ▶ S. 65

Auf der vorgelagerten Barriere-Insel

Auf der vorgelagerten Barriere-Insel reihen sich Feriensiedlungen mit klangvollen Namen aneinander. Besonders stürmisch wächst die Strandsiedlung **Satellite Beach** heran, die schon weit über 10 000 Einwohner zählt. Tolle Ferienhäuser, zum Teil mit eigenen Jachtliegeplätzen, gibt es vor allem in **Indian Harbour Beach**. Besonders schöne Badeplätze sind der **Paradise Beach** und auch der **Melbourne Beach**. Weiter im Süden schließen die von Einheimischen und Touristen gleichermaßen besuchten Strandabschnitte **Melbourne Shores** und **Floridiana Beach** an.

Strände

GOLDRAUSCH IM OZEAN

Havanna, den 5. September 1622: Eine spanische Flotte aus neun Schiffen verlässt den Hafen, darunter die »Nuestra Señora de Atocha« und deren Schwesterschiff »Santa Margarita«, beladen mit Gold, Silber und Edelsteinen. Eigentlich sollte sie noch warten, denn im September ziehen oft schlimme Wirbelstürme über die Karibik. Doch Angst vor Raubüberfällen treibt die Kapitäne zur Eile – sie wagen die gefährliche Reise.

Doch schon am nächsten Tag sind nur noch wenige Seeleute am Leben. An Planken geklammert versuchen sie, Floridas Küste zu erreichen. Die Schätze sinken auf den Meeresgrund. Das Schicksal der beiden Silberschiffe, die vom Sturm gebeutelt vor Florida verunglückten, ist kein Einzelfall. Sie mussten auf ihrem Heimweg aus der Neuen Welt zwangsläufig die gefährliche Passage zwischen Kuba und Florida mit ihren Korallenriffen und Strömungen durchfahren.

Blackbeard & Co.

Auch **Piraten** lauerten vor Florida, denn hier waren die oft schwer mit Schätzen beladenen Schiffe eine leichte Beute. Die Seeräuber konnten sie mit ihren wendigen Booten kapern oder mit

Schatztaucher vor der Küste Floridas. Spektakuläre Funde sind heute aber selten.

Irrlichtern auf Riffe locken. Berühmt-berüchtigt war seinerzeit das See-räuber-Duo Black Caesar und Edward Teach alias **Blackbeard**, das im frühen 18. Jh. die Gewässer zwischen Kuba, Florida und Bahamas sowie im Golf von Mexiko unsicher machte. Und der Pirat **Gasparilla** kaperte bzw. versenkte mit seiner Mannschaft von 1784 bis 1795 drei Dutzend Galeonen.

Modernste Technik

Man schätzt, dass seit dem 16. Jh. mehr als 1000 Schiffe vor Floridas Küsten sanken. Kein Wunder, dass immer wieder Taucher aus aller Welt in diesen Gewässern ihr Glück su-chen. Dabei stützen sie sich heute auf modernste Technik: Computer berechnen vermutliche Fundstellen, mit satellitengestützter Navigation wird dann der Meeresboden abgesucht. Neue Messgeräte registrieren auch kleine Mengen von Metall in un-erforschten Tiefen. So gelingen von Zeit zu Zeit spektakuläre Funde, die den hohen Aufwand für die Ausrüs-tung wettmachen.

Riskante Unternehmen

Schatzsuche ist mit großen Risiken behaftet, ihr Ausgang ungewiss. 16 Jahre suchte der Profi-**Schatz-taucher Mel Fisher** (▶ S. 145, 166) nach den Galeonen »Atocha« und »Santa Margarita«, die an jenem Septembertag 1622 untergingen. Die Suche kostete ihn gut 8 Mio. $, Sohn und Schwiegertochter das Leben. Niemand glaubte mehr an den Erfolg, als ein Taucher aus Fishers Crew plötzlich gegen eine Wand aus reinem Silber schwamm. Fast 1000 Barren aus dem Laderaum der

»**Atocha**« waren nach Jahrhunderten auf dem Meeresgrund noch immer sauber gestapelt. Fisher fand 1980 auch das Wrack der »**Santa Margarita**« mit einem Schatz im Wert von gut 350 Mio. $, doch erst nach vielen Ge-richtsterminen konnte er ihn für sich beanspruchen.

Die Rechtslage bei einem Schatzfund ist unklar. Laut Gesetz gehören innerhalb der 3-Meilen-Zone geborgene Schätze dem Staat, nur Wracks außerhalb einer 24-Meilen-Zone dem Finder. Dazwi-schen erstreckt sich eine Grauzone, in der die Eigentumsrechte in Prozessen geregelt werden müssen. Die spekta-kulären Funde von Florida waren mit der Entdeckung der »Atocha« und der »Santa Margarita« noch nicht beendet. 1987 wurde die »**Nuestra Señora de Maravilla**« geborgen, die 1659 voll be-laden mit einem anderen Schiff zusam-mengestoßen und gesunken war. Und 1990 fanden Taucher in der Nähe der Dry Tortugas ein weiteres Silberschiff, das im 17. Jh. gesunken war.

Strandläufer

Laien haben gegen Profi-Schatztaucher kaum eine Chance, über Nacht zum Millionär zu werden, denn alle leicht erreichbaren Orte sind längst abge-sucht. Eher entdecken Strandläufer tolle Schätze als Hobbytaucher, denn an Südfloridas Stränden werden fast nach jedem Hurrikan Gold-Dublonen aus der Kolonialzeit gefunden. Eines der wertvollsten alten Schmuckstücke wurde nicht vom Meeresgrund gebor-gen, sondern am Strand entdeckt: eine goldene Halskette im Wert von gut 50 000 $. Wer selbst keine Schätze aufspürt, kann sie im Museum besich-tigen – etwa in **Mel Fisher's Treasure Museum** in Sebastian (▶ S. 166).

MELBOURNE ERLEBEN

THE MELBOURNE – PALM BAY AREA CHAMBER OF COMMERCE
1005 E Strawbridge Ave.,
Melbourne, FL 32901-4782
Tel. 1-321-724-5400
www.melbourneregional
chamber.com

SQUID LIPS €€
Was will man mehr? Das »Squid Lips«
ist ein klassisches Strandrestaurant.
Unter Palmen, mit viel warmem Holz
im Innern und einer Terrasse mit Blick
auf Strand und Wasser. Ach ja: Es gibt
»Coconut Shrimp«, »Citrus Salmon«,
gefüllte Flunder usw. Hervorragend!
1477 Pineapple Ave.
Tel. 1-321-259-3101
www.squidlipsgrill.com

HAMPTON INN MELBOURNE €€
Die 2016/17 komplett überholte
Herberge der Mittelklasse-Marke ist
ein sicherer Tipp mit großen Zimmern, Pool und Fitness Center.
194 Dike Road, Melbourne
Tel. 1-321-956-6200
http://hamptoninn3.hilton.com

Hochseeangler- und Surfer-Paradies

Sebastian Inlet State Park

Südlich von Melbourne überbrückt der Highway A1A das Sebastian Inlet. Hochseeangler können hier vom Indian River in den Atlantik hinausfahren. Der **Strand** des Parks ist wegen seiner gleichmäßig brechenden Wellen auch bei Surfern sehr beliebt!
Das hiesige **McLarty Treasure Museum** zeigt Schätze, die man aus den 1715 gesunkenen spanischen Galeonen barg, während das **Sebastian Fishing Museum** die örtliche Fischereikultur lebendig werden lässt.
Infos zu State Park und Museen ▶ S. 122

Auf den Spuren eines bekannten Schatztauchers

Mel Fisher's Treasure Museum

Im 1992 eröffneten Privatmuseum in Sebastian (zwischen Melbourne und Vero Beach) sind die Funde des amerikanischen Tauchpioniers **Mel Fisher** (1922–1998) ausgestellt. 1985 konnte der erfolgreichste Schatztaucher der USA (▶ Baedeker Wissen, S. 164) mit seiner Mann-schaft einen besonderen Erfolg feiern. Nach jahrelanger Suche ent-deckte er das **Wrack der 1622 untergegangenen** »Atocha«, einer sagenumwobenen Galeone, die sich reich mit Gold, Silber, Münzen und Schmuck beladen auf dem Weg ins heimatliche Spanien befand. Zum Museum gehören Reparaturwerkstätten und ein Souvenirladen, in dem Artefakte der »Atocha« gekauft werden können.
1322 US-1 | Mo.-Sa. 10–17, So. 12–17 Uhr, Sept. geschl. | 7 $
www.melfisher.com

★★ MIAMI

Region: Southeast | **Höhe:** 0–7 m ü. d. M. | **Einwohnerzahl:** 409 000
(Metropolitan Area: ca. 5,6 Mio.)

Sonnenüberflutete Strände und Art-Deco-Perlen, eine entfesselte Kunstszene und eine Küche ohne Grenzen – ein höllisch heißes Nachtleben sowieso: Miami ist ein kreatives Tohuwabohu. Liegt es an seiner einzigartigen ethnischen Vielfalt? »Estas ready?«, fragen junge Leute einander, bevor es abends losgeht, und komplimentieren ein schickes Top schon mal mit »que cute!« Sei es, wie sei: Miami ist Lebensfreude pur und überrascht bei jedem Besuch aufs Neue.

Q 11

»Spanglish« heißt die flotte Mischung aus Spanisch und Englisch, und weil schon jetzt drei Viertel der Bevölkerung neben diesen beiden noch eine von mindestens 25 weiteren Sprachen sprechen, begegnet man dem rasanten Sprachenmix beim »Tiki Tiki« (Klatsch) im Treppenhaus, beim »Parquear« (Parken) auf dem Parkplatz oder beim Blättern der Stellenanzeigen unter »Fulltime Trabajo«. »Spanglish« ist allgegenwärtig in Miami, dessen Name in der Seminolen-Sprache »Großes Wasser« bedeutet, und das jährlich 11 Mio. Gäste anzieht.

Pure Lebensfreude

Mit Julia Tuttle fing alles an …

Der Weg dorthin war kurz und spannend wie ein 100-Meter-Sprint. »Es ist mein Lebenstraum mitzuerleben, wie diese Wildnis in ein wohlhabendes Land verwandelt wird«, hatte **Julia Tuttle** (1840–1898), die am Miami River Land besaß, vor Augen, als sie dem Eisenbahnmagnaten **Henry M. Flagler** (▶ S. 345) 1895 ein Orangenblüten-Bukett schickte. Dieser hatte seine Ostküstenbahn bereits bis nach ▶ Palm Beach vorangetrieben und sah sein Werk damit als vollendet an. Dann vernichtete ein Kaltlufteinbruch die Zitrusernte, und Tuttle nutzte die Gelegenheit, mit blühenden Orangenzweigen für ihre Wildnis im Süden zu werben. Flagler reagierte unverzüglich. Schon im April 1896 erreichte seine **Florida East Coast Railway** Miami. Alles Weitere ist, wie es so schön heißt, Geschichte. Angeschoben von der Entwicklung auf der vorgelagerten Sanddüne (▶ Miami Beach), war Miami schon um 1910 ein populäres Reiseziel. Den »Florida Land Boom« der 1920er-Jahre (▶ S. 332) überstand es ebenso wie zwei verheerende Hurrikane. Das Ende der Depression feierte die Stadt mit damals modernster Hotelarchitektur.

Orangen, Eisenbahn, Tourismus

Nach dem Zweiten Weltkrieg

Nach dem Zweiten Weltkrieg entwickelte sich ▶ Miami Beach zu **Amerikas Riviera**: Zwischen 1945 und 1954 wurden hier mehr Hotels gebaut als in allen anderen Bundesstaaten zusammen. Miami zog

Riviera, Glücksspiel und Kubaner

jedoch nicht nur Touristen an. In den 1950er-Jahren nutzten nahezu alle Mafia-Familien der Ostküste Miami als Basis für ihre Aktivitäten in der Karibik und Kuba. Glücksspiel, Prostitution, Drogenhandel – Miami wurde als gefährliches Pflaster aktenkundig. Am 1. Januar 1959 wurden die Weichen für Miamis Zukunft neu gestellt. **Castros Revolution** auf Kuba bescherte Miami eine **Flut von Exilanten**, allen voran die gesamte, bürgerlich-konservative Oberschicht. 1973 lebten bereits 300 000 Kubaner in der Stadt. In den 1980er-Jahren leerte Fidel Castro seine Gefängnisse und bescherte Miami 140 000 weitere, dieses Mal auch kriminelle Landsleute.

»North South America«

Während der 1980er-Jahre entstand Miamis **neue Downtown**. Weitere Einwanderer aus Lateinamerika und der Karibik kamen an, Straßenschilder, Werbetafeln etc. wurden zweisprachig. Miami wurde erstmals »North South America« genannt. Zahlreiche namhafte Unternehmen ließen sich in der Stadt nieder, die Fühler nach den Märkten Lateinamerikas ausstreckend.

Einwanderungswellen

Die TV-Serie »**Miami Vice**« (1984–1989) etablierte Miamis Image als Tummelplatz schwerer Jungs und leichter Mädchen und reflektierte die Rolle der Stadt im internationalen Drogenhandel.

Finanzzentrum und Tor nach Lateinamerika

Heute präsentiert sich Miami als bedeutendes internationales Finanzzentrum und Tor nach Lateinamerika. Der Anteil der »Hispanics« ist mit fast 75 % in keiner anderen US-Metropole so groß wie in Miami. Nur noch 12 % sind nichtspanische Weiße: Grund genug für die Stadtväter, auf den vorwärts stürmenden Zug zu springen und ihre Stadt auch als kulturelle Nahtstelle der beiden Amerikas zu bewerben.

Kulturelle Nahtstelle

★★ Downtown Miami

Skyline aus Wolkenkratzern

Vom **MacArthur Causeway**, dem palmengesäumten Highway über die Biscayne Bay nach South Beach, sieht man sie am besten. Die Downtown, ein dichter Wald aus Büro- und Wohntürmen, ragt aus dem Wasser empor wie eine schwimmende Insel. Über 6 Mio. Einwohner hat die Greater Miami Area inzwischen, doch kein Ort in diesem über 140 km² großen Ballungsraum verdeutlicht die atemberaubende Dynamik der Stadt eindrucksvoller. In Downtown Miami residieren die

Downtown

🍴			⌂	
❶ Atrio	❸ Cheen-Huaye		❶ Inter-Continental Miami	
❷ Michell's Genuine Kitchen	❹ Garcia's Seafood Grille & Fish		❷ Hampton Inn by Hilton Miami - Coconut Grove/Coral Gables	

Banken und Versicherungsgesellschaften. Der Verkehr ist zermür-
bend, hier brummt die Stadt wie ein Bienenstock. Und dennoch: Das
Miami-Klischee ist nie weit entfernt. Oder wo sonst in den USA sieht
man Radfahrer in Badehose und Bikini in den Straßenschluchten?

Vision einer städtischen Oase

**Museum
Park**

Der Museum Park liegt auf einem Uferstreifen zwischen der Biscayne
Bay und der ersten Wolkenkratzerreihe der Downtown. Im Süden
grenzt er an die Multifunktionshalle **American Airlines Arena**
(Basketball, Konzerte) und den **Bayside Marketplace** (▶ rechts),
im Norden schließen seine beiden Namensgeber an, das **Pérez Art
Museum** und das **Phillip and Patricia Museum of Science** (▶ S. 173,
174). Beide Top-Museen sind Teil der größeren Vision von einer städ-
tischen Oase à la New Yorker Central Park, die schon 1976 als Bicen-
tennial Park begann, deren Realisierung jedoch wegen Rezessionen
und Budgetkürzungen immer wieder verzögert wurde. Inzwischen ist
man dem Ziel näher gerückt: Nicht nur die beiden Museen locken Einheimische und Touristen auch an Wochenenden nach Downtown. Im
Museum Park werden auch riesige Events veranstalet, darunter das
Ultra Music Festival (▶ S. 172) sowie zahllose Rockkonzerte.

In die Höhe geschossen – Downtown Miami wächst und wächst …

MIAMI ERLEBEN

GREATER MIAMI CVB
701 Brickell Ave., Suite 2700, Miami, FL 33131 | Tel. 1-305-539-3000 | www.miamiandbeaches.com

MIAMI INTERNATIONAL AIRPORT
Der Flughafen liegt nur wenige Meilen westlich von Downtown. Er ist gut an das städtische **Nahverkehrsnetz** angebunden. Zudem lassen Hotels, Mietwagenfirmen usw. **Shuttlebusse** fahren, damit ihre Gäste bequem ans Ziel kommen. Auch viele **Taxi**-Unternehmen bieten ihre Dienste an.
Tel. 1-305-876-7000
www.miami-airport.com

TRI-RAIL
Der Regionalexpresszug verkehrt mehrmals tgl. auf der Strecke Miami–Fort Lauderdale–Palm Beach.
Tel. 1-800-874-7245 | nur Mo.–Sa.
www.tri-rail.com

MIAMI-DADE TRANSIT
Miamis Nahverkehrsgesellschaft unterhält ein »**MetroBus**«-Liniennetz mit 70 Routen, die auch die Vororte erschließen.
Ferner durchqueren zwei Linien der »**MetroRail**« die Großstadt von Palmetto bzw. Miami International Airport im Nordwesten bis Dadeland im Süden.
Auf drei Rundkursen in Downtown Miami, die alle größeren Hotels, Amtsgebäude und Shopping-Zentren miteinander verbinden, verkehrt gratis der fahrerlose »**MetroMover**«.
Tel. 1-305-891-3131
tgl. 5–24 Uhr
www.miamidade.gov

STADTBESICHTIGUNG
Miami ist keine Stadt, die man ohne Weiteres zu Fuß erkunden kann. Die öffentlichen Verkehrsmittel führen nicht immer zum gewünschten Ziel. Mit »MetroMover«, »MetroRail« und »MetroBus« erreicht man zumindest einige interessante Plätze der Stadt. Empfehlenswert sind organisierte **Stadtrundfahrten**, die meist am Bayside Marketplace beginnen. Dazu gehört auch der »**CitySightseeing Miami Hop on Hop off Bus**«. Mit einem Tagesticket kann man beliebig oft ein- und auszusteigen.
401 Biscayne Blvd. | 7–20 Uhr
https://miamicitysightseeing.com

BAYSIDE MARKETPLACE
Miamis beliebtester Treffpunkt an der Biscayne Bay umfasst über 150 Geschäfte, Food Courts und »Shoppertainment« vom Feinsten. Bis nachts herrscht hier Hochbetrieb. Man genießt einen »Cafe Cubano« oder »Mojito« und glüht so für die lange Nacht drüben in South Beach vor.
401 Biscayne Blvd.
Mo.–Do. 10–22, Fr., Sa. 10–23, So. 11–21 Uhr
www.baysidemarketplace.com

COCOWALK
Im Herzen von Coconut Grove schlägt Miami eine langsamere Gangart an. Hier kann man auf drei Stockwerken in vier Dutzend Geschäften und Boutiquen Texilien kaufen, die nicht von der Stange sind, oder sich einfach zum Leute-Gucken in eines der netten kleinen Lokale begeben. Auch hier herrscht Betrieb bis spät in die Nacht.
Coconut Grove, 3050 Grand Ave.
So.–Do. 10–22, Fr., Sa. bis 23, Bars bis 3 Uhr | www.cocowalk.net

COCONUT GROVE ARTS FESTIVAL

An einem Wochenende im Februar findet seit 55 Jahren das erste größere Kunstfestival der USA unter freiem Himmel statt.

3390 Mary St. | www.cgaf.com

CARNAVAL MIAMI, CALLE OCHO FESTIVAL

Im Stadtteil »Little Havana« geht es in der Karnevalszeit im Februar/März hoch her. Dann gibt es hier farbenfrohe Umzüge, karibische Rythmen und Salsa-Musik auf den Straßen.

www.carnavalmiami.com/event-view/calle-ocho

ULTRA MUSIC FESTIVAL (UMF)

Dreitägiges Open Air mit elektronischer Tanzmusik, das seit 1999 meist zum Abschluss Musikmesse »Winter Music Conference« Ende März stattfindet.

https://ultramusicfestival.com

❶ ATRIO €€€€

Was ist besser: der Blick oder das Essen? Schwer zu entscheiden! Nur so viel: Die globale Küche ist anspruchsvoll, aber nicht prätentiös und der Blick auf die nächtliche Skyline der Downton spektakulär.

1395 Brickell Ave.
Tel. 1-305-503-6529

❷ MICHAEL'S GENUINE KITCHEN €€€

Beim Betreten dieses modernen Restaurants fällt gleich der erste Blick auf die »Raw Bar«, wo sich die Austern stapeln. Die Köche in der offenen Küche lächeln einem zu, man fühlt sich willkommen. Geboten wird kreative Fusion aus saisonalen Produkten der Umgebung.

130 NE 40th Street
Tel. 1-305-573-5550
https://michaelsgenuine.com

❸ CHEEN-HUAYE €€

Cheen-Huaye bedeutet »Nur hier« in der Maya-Sprache. Und nur hier gibt es traditionelle, deftige Gerichte aus Yucatán, Mexiko. Wie mariniertes, zwischen Platanenblättern gekochtes Ferkel oder Burritos mit Reis, Bohnen und Zwiebeln.

15400 Biscayne Blvd.
Tel. 1-305-956-2808
www.cheenhuaye.com

❹ GARCIA'S SEAFOOD GRILLE & FISH €€

Am Miami River gibt es beste Red Snapper und Stone Crabs mit schönem Blick auf den Fluss.

398 NW North River Dr.
Tel. 1-305-375-0765
www.garciasmiami.com

❶ INTER-CONTINENTAL MIAMI €€€

In diesem postmodernen Wolkenkratzer ist alles geschmackvoll: von der Lobby mit einer original Henry-Moore-Skulptur über die Aussicht auf die Biscayne Bay bis hin zu den Zimmern und Suiten.

100 Chopin Plaza; Tel. 1-305-577-1000 | www.icmiamihotel.com

❷ HAMPTON INN BY HILTON MIAMI – COCONUT GROVE/CORAL GABLES €€€

Von dem modernen Mittelklassehotel mit seinen 136 Zimmern und Suiten sind es nur ein paar Schritte ins Zentrum dieses Stadtteils und wenige Autominuten zu den Sehenswürdigkeiten in Coral Gables.

2800 SW 28th Terrace, Coconut Grove | Tel. 1-305-448-2800
www.hamptoninncoconutgrove.com

Neues Mekka für moderne Kunst

Das Pérez Art Museum Miami (PAMM; vorher Miami Art Museum)
bezog 2013 vor Ort ein neues, von den Schweizer Stararchitekten
Herzog & de Meuron entworfenes Gebäude mit hängenden Gärten,
riesigen Fenstern und einer gut 60 m breiten Treppe zum Ufer hin.
Gezeigt werden Werke namhafter amerikanischer und internationaler
Künstler seit den 1940er-Jahren, mit Arbeiten von James Rosenquist,
Frank Stella, Kiki Smith, Wifredo Lam und Damian Ortega. **Wechsel-
ausstellungen** sorgen für regen Zulauf, wie eine Präsentation des
chinesischen Künstlers und Dissidenten Ai Weiwei und **Open-Air-
Konzerte** des preisgekrönten Künstlers und Musikers Jorge Moreno.

PAMM: 1103 Biscayne Blvd. | Fr.–Di. 10–18, Do. bis 21 Uhr | 16 $
www.pamm.org

Pérez Art
Museum
Miami
(PAMM)

DAS AUGE ISST MIT

Wenn bei Einbruch der Dämmerung Downtown Miami
sich in bläulich schimmerndes Licht taucht, wird die
Stimmung fast magisch, sobald man von der Terrasse des
Restaurants **Area 31** (www.area31restaurant.com)
im 16. Stock des EPIC Hotel, vorbei an einem Wald
eleganter Wohn- und Bürotürme, auf die glitzernde
Biscayne Bay blickt. Das Auge »isst« gleich in doppelter
Hinsicht mit, wenn dann »Ceviche Classico« oder
»Goat Cheese Croquetas« serviert werden.

Das umgebende Universum besser verstehen

Phillip and Patricia Frost Museum of Science

Das Phillip and Patricia Frost Museum of Science (ehemals Miami Science Museum) zog von Coconut Grove hierher und öffnete im Mai 2017 seine Pforten. Das Museum, untergebracht in einem gigantischen, angeknabbert aussehenden »Kuchenstück«, versteht sich als Bindeglied zwischen der brummenden Downtown und der Fauna und Flora der Biscayne Bay. Drinnen erwarten den Besucher topaktuelle Ausstellungen zu den bedrohten Ökosystemen Floridas, den Weiten des Alls sowie ein Planetarium.

1101 Biscayne Blvd. | tgl. 9.30–17.30 Uhr | 29 $ | www.frostscience.com

Ein höheres Level von (Luxus-) Architektur

One Thousand Museum Tower

Gegenüber wächst der 215 m hohe, durch sein markantes Exoskelett definierte Wolkenkatzer heran mit Aquatic Center, Sky Lounge und 83 Luxus-Residenzen auf 60 Etagen. Den ultramodernen Wohnturm entwarf die kürzlich verstorbene aus dem Irak stammende Stararchitektin **Zaha Hadid**. Bereits während der Bauarbeiten wurden diverse Rekorde gebrochen, so musste für die Fundamente des Giganten 50 m tief gebohrt werden. Einweihung ist voraussichtlich 2018.

1000 Biscayne Blvd. | www.1000museum.com

Neue Ära der darstellenden Kunst

Adrienne Arsht Center for the Performing Arts

Nördlich des Dolphin Expressway zieht das von Stararchitekt **Cesar Pelli** konzipierte, nach der amerikanischen Philanthropin **Adrienne Arsht** benannte Center for the Performing Arts Kulturbeflissene aus aller Welt an. 2007 eröffnet, hat es erheblich dazu beigetragen, eine neue Kulturära für Miami einzuläuten. Das durch den Biscayne Boulevard zweigeteilte, durch eine Fußgängerbrücke verbundene bauliche Ensemble besteht aus einem **Opernhaus** und einer **Konzerthalle** mit hervorragender Akustik. Des Weiteren gibt es ein Schauspieltheater und mehrere Räume für künstlerische Darbietungen aller Art.

1300 Biscayne Blvd. | Tel. 1-305-949-6722 | Führungen: Mo., Sa. 12 Uhr frei | Veranstaltungen, Tickets: www.arshtcenter.org

Geschichte Südfloridas und seiner Bevölkerung

HistoryMiami

Im Zuge des Kulturbooms der Stadt wurde das altehrwürdige und größte Geschichtsmuseum Floridas entstaubt und umbenannt. Statt »Historical Museum of Southern Florida« heißt es inzwischen schlicht »HistoryMiami«. Zusammengeschrieben, eine Verbeugung vor dem Zeitgeist. Untergebracht im **Metro Dade Cultural Center** an der immer belebten Flagler Street, zeigt es neben permanenten Sammlungen interessante Ausstellungen zum Alltag der verschiedenen Bevölkerungsgruppen von Miami. Auch Stadtführungen durch diverse ethnische Viertel werden veranstaltet.

101 W Flagler St. | Di.–Sa. 10–17, So. ab 12 Uhr | 10 $ www.historymiami.org

Wynwood Walls: Street Art rettete ein altes Industrieviertel.

Street Art – Graffiti im Arts District

Alles begann mit der Vision eines Mannes. 2009 überlegte Immobilienmakler und Projektentwickler Tony Goldman, der schon an der Revitalisierung von South Beach (▶ S. 188) mitgewirkt hatte, wozu die heruntergekommenen Gebäude in **Wynwood** noch zu gebrauchen waren, und hatte eine zündende Idee: Die fensterlosen **Lagerhäuser** könnten riesige Leinwände für die beste je an einem Ort gesehene Street Art sein. Goldman begann mit den »warehouses« an der 25. und 26. Straße und lud namhafte Straßenkünstler ein, sich dort auszutoben. Die Resonanz war überwältigend.

Im Laufe der nächsten Jahre verewigte sich die internationale Elite der **Grafitti-Künstler** nicht nur auf den sechs Gebäude umfassenden »Wynwood Walls«, sondern auch in den angrenzenden Seiten- und Querstraßen sowie den Nachbarvierteln. Die beste Art und Weise, sich der ungemein kreativen und dynamischen Street-Art-Szene in Wynwood zu nähern, ist auf einer geführten Tour.

2520 NW 2nd Ave | Mo.–Do. 10–11.30, Fr., Sa. 10.30–24, So. 10.30–20 Uhr frei | www.thewynwoodwalls.com. Geführte Touren, Termine und Preise unter: www.miamisbest graffitiguide.com

★
Wynwood
Walls

 **Little Havana**

Hier spricht man spanich

Stadtviertel der Exilkubaner

Rund um SW 8th Street, besser bekannt als »Calle Ocho«, leben über 500 000 nach Castros Revolution 1959 hierher geflohene Exilkubaner und andere Lateinamerikaner. Spanisch ist die erste Sprache hier im Südwesten von Downtown Miami und Salsa zunächst einmal das Wort für Soße. Little Havana wirkt weitgehend gesichtslos und unaufgeregt, aber dafür gibt es an der Calle Ocho zwischen den wie Gefängnisse gesicherten Convenience Stores und Junkfood-Kantinen ein paar interessante Orte. Im **Teatro Avante**, das klassische und moderne Stücke in spanischer Sprache aufführt, findet alljährlich im Juli das vierzehntägige »International Hispanic Theater Festival« statt. **Teatro Avante:** 744 SW 8th St. | www.teatroavante.org

Domino und Schweinbucht

Domino Park, Bay of Pigs Museum

An der Einmündung der SW 15th Avenue liegt die nach Máximo Gómez, dem Anführer der kubanischen Befreiungsarmee, benannte Anlage, die jedoch als **Domino Park** bekannt ist. Hier treffen sich vor allem ältere Exilkubaner zum traditionellen Spiel mit den gepunkteten Steinen. Auf dem kleinen Platz an der Einmündung der SW 13th Street in die Calle Ocho wurde 1971 ein Marmordenkmal mit ewiger

Zur Villa Vizkaya gehört natürlich auch ein stilechter Renaissancegarten.

Flamme feierlich eingeweiht, das an Mitglieder der **Brigade 2506** aus Exilkubanern erinnert, die im April 1961 bei der missglückten Invasion auf Kuba umkamen. Im **Bay of Pigs Museum** (auch Brigade 2506 Museum and Library) im Südwesten von Little Havana wird ebenfalls die 1961 fehlgeschlagene Invasion in der Schweinebucht auf Kuba dokumentiert.

Bay of Pigs Museum: 1821 SW 9th St. | Mo.-Fr. 10-16 Uhr | frei, Spende
www.museumsusa.org/museums/info/110

Coconut Grove

Wo das Geld wohnt

Hier schaltet Miami zwei Gänge zurück und lehnt sich im Schaukelstuhl behaglich zurück. Natürlich nur im übertragenen Sinne: Coconut Grove, die um 1840 von Zuwanderern von den Bahamas gegründete Vorstadt, ist so etwas wie die entspannte Version von Miami. Einfache Fachwerkhäuser und Bauten aus Coquina-Kalkstein (▶ S. 339) sowie mediterrane Villen inmitten üppig blühender Gartenanlagen verleihen der Siedlung viel Atmosphäre. Das Herz des Viertels schlägt im Kreuzungsbereich von Grand Avenue, Main Highway und McFarlane Road.

Mediterrane Villen

Vorbild des lokalen Renaissance-Revival

Unweit südlich des Rickenbacker Causeway direkt an der Bucht liegt die wunderschöne Villa Vizcaya in einem umwerfenden **Garten**. Das Gebäude wurde 1912–1916 als Winterdomizil für den Erntemaschinen-Fabrikanten James Deering im Stil der italienischen Renaissance gebaut. In den opulent möblierten Räumen des Palastes kann man eine Kollektion französischer, spanischer und italienischer Kunst ebenso bestaunen wie kostbare Möbel, Teppiche und Skulpturen und – eine **Sammlung alter Baedeker!**

Villa Vizcaya

3251 S Miami Ave. | Mi.-Mo. 9.30-16.30 Uhr | 18 $
http://vizcaya.org

Malerisches altes Dorf

Westlich stadteinwärts (Grand Ave./Main Hwy.) liegt der **alte Ortskern** von Coconut Grove. Hübsche Straßencafés, Kinos und Geschäfte, in denen man modische Strand- und Badekleidung, CDs, DVDs usw. kaufen kann. Hier ist Miami plötzlich ein hübsches kleines Dorf! Nach wie vor beliebtester Treffpunkt ist der im Jahre 1990 eröffnete **CocoWalk** (3050 Grand Ave.; ▶ S. 171).

Coconut Grove Village

Pionier-Holzhaus auf Stelzen

Wenige Meter entfernt wartet eine echte Überraschung! Ein **Holzhaus** auf Stelzen, das Ralph Munroe, berühmtester Segelbootkonstrukteur seiner Zeit, noch vor der Gründung Miamis errichtete!

The Barnacle Historic State Park

Er orientierte sich dabei an der Architektur der »Conch Houses« (▶ S. 340), die interessante Lösungen für die Kühlung von Häusern im tropischen Klima gefunden hatten. Räume und überdachte Veranden gruppieren sich um den »**The Barnacle**« genannten achteckigen zentralen Wohnraum. Die originale Einrichtung ist noch erhalten, ebenso das **Bootshaus** mit Werkstatt.

3485 Main Hwy. | Mi.–Mo. 9–17 Uhr | 2 $ | Führungen: 10, 11.30, 13, 14.30 Uhr | 3 $ | www.floridastateparks.org/park/The-Barnacle

▌ Coral Gables

»New Urbanismus«

»Mediterra-
nes« Wohn-
quartier

Westlich von Coconut Grove beginnt das ab 1926 von **George E. Merrick** (▶ S. 347) als vornehmes Wohnquartier angelegte Viertel Coral Gables, das dem **Mediterranean Style** (▶ S. 338) huldigt. Weshalb, erklärte der detailbesessene Projektentwickler und Wegbereiter des New Urbanism, der in drei Jahren mit rund 1000 Häusern eine der ersten geplanten Siedlungen in den USA schuf, so:

> »
> Das kann ich nicht so genau erklären, außer dass derspanisch-mediterrane Stil für mich immer der einzige Stil ist, in dem Häuser in dieser tropischen Umgebung gebaut werden sollten.
> «

 Vornehm und schönheitsbewusst wirkt Coral Gables noch immer – so sehr, dass selbst die Anwohner keinen Pickup-Truck in ihren Einfahrten parken dürfen. Eine Ironie der Geschichte: In den Straßen mit den durchweg spanischen Namen wohnen heute zunehmend wohlhabende YUCA (»Young Urban Cuban Americans«).
Von den geplanten acht Stadttoren wurden nur vier im Norden des Stadtbezirks gebaut. Drei davon, die **Douglas Entrance**, die **Granada Entrance** und die **Prado Entrance**, passiert man, wenn man auf dem Tamiami Trail nach Westen fährt. Als Vorbilder dienten Triumphbögen, wie man sie aus Madrid, Toledo und Sevilla kennt. Hauptverkehrsachse ist der **Coral Way** als Ost-West-Verbindung. Eine Augenweide ist die im Stil der spanischen Renaissance gehaltene **Coral Gables City Hall** an der Kreuzung Coral Way/LeJeune Road.

www.coralgables.com

Prachtboulevard und Shopping-Meile

Miracle Mile

Von der City Hall zieht sich die Miracle Mile als östlicher Ast des Coral Way (SW 22nd Avenue) in Richtung Miami. An der breiten Prachtstraße steht das imposante, von Merrick konzipierte und genutzte

In der smaragdgrünen Wasserlandschaft des Venetian Pool können sich
die Wasserratten austoben.

Colonnade Building mit Rotunda, wundervollem Marmor-Interieur,
schönen Ornamenten und spanischem Ziegeldach. Dahinter ragt das
1985 errichtete **Colonnade Hotel** in die Höhe.

Zum Elternhaus des Stadtgründers

Westlich der City Hall verdient ein unscheinbares Haus Beachtung, in
dem Stadtplaner **George Edgar Merrick** (1886–1942) seine Jugend-
zeit verbrachte. Es ist heute als Museum zugänglich. Zwei interessante Bauten in der Nähe von Merrick House sind das 1916 errichtete
Poinciana Place (937 Coral Way), das »**Honeymoon Cottage**« von
Merrick und die 1924 erbaute **Casa Azul** (1254 Coral Way) mit ihrem
spektakulären Dach aus blau glasierten Ziegeln.

Merrick
House

Merrick House: 907 Coral Way | wird bis Anfang 2018 renoviert. Infos
zu Öffnungszeiten: http://coralgables.com/index.aspx?page=138

Amerikas schönstes öffentliches Bad

Beim Merrick House zweigt der DeSoto Boulevard vom Coral Way
südwestwärts zur DeSoto Plaza ab. Dabei passiert man den malerischen Venetian Pool, ein in einen alten Korallenkalkbruch eingefügtes
Schwimmbad, in dem schon Tarzan-Darsteller Johnny Weissmuller
und die schauspielernde Wassernixe Esther Williams planschten.
Bauten aus Korallenkalk, pseudovenezianische Brückenbögen, kleine
Wasserfälle und **künstliche Höhlen** locken nicht nur Touristen,
sondern auch viele Einheimische an. Sehr hübsch ist auch der vom

Venetian
Pool

Künstler Denman Fink in den 1920er-Jahren gestaltete **Brunnen auf der DeSoto Plaza** vor dem Venetian Pool.

Venetian Pool: 2701 DeSoto Blvd. | April–Nov. wechselnde Zeiten (s. Website) | 15 $ | www.coralgables.com/index.aspx?page=167

Luxusherberge mit schillernder Vergangenheit

Biltmore Hotel

Beim Anblick des »Biltmore Hotel«, an dem der DeSoto Boulevard endet, fühlt man sich wie in einem alten Hollywoodschinken: Den Kern der 1926 eröffneten 275-Zimmer-Anlage bildet ein fast 100 m hoher **Turm**, für den wohl die Giralda im spanischen Sevilla Pate stand. Ein Augenschmaus ist die **Lobby**, deren italienischer Marmor und spanische Kacheln schon Judy Garland und Ginger Rogers beeindruckt haben. Während seiner Glanzzeit brachten Gondolieri badelustige Gäste auf einem eigens gestochenen »**Canale**« an den Strand der Biscayne Bay. Während des Zweiten Weltkrieges diente die Luxusherberge als Lazarett, wurde danach von einer Veteranenorganisation belegt und war von 1968–1986 dem Verfall preisgegeben. Heute wieder ein Luxushotel, dient sie als Kulisse für Modefotografen, Filmemacher und Hochzeitspaare. Um das Hotel herum liegen zwei **Golfplätze**, ein **Polofeld** und über ein Dutzend Tennisplätze.

Kunst sämtlicher Kontinente

Lowe Art Museum

Am Südrand der Grünanlagen des Biltmore Hotel liegt das erstklassige, der University of Miami gehörende Kunstmuseum. Es beherbergt herausragendes **Kunsthandwerk** der Pueblo- und Navajo-Indianer. Weiteres Highlight ist die **Kress Collection** mit Kunstwerken aus Renaissance und Barock, darunter Arbeiten von **Tintoretto** und **Jordaens**. In der Beaux-Arts Gallery sind Werke namhafter Künstler des 19. und 20. Jhs. zu sehen. Stolz ist man auf Gemälde von **Frank Stella** und **Roy Lichtenstein** sowie auf Töpferware von **Pablo Picasso**.

1301 Stanford Dr. | Di.–Sa. 10–16, So. 12–16 Uhr | 12,50 $ www.lowe.miami.edu

Tagesausflug in den Matheson Hammock Park

Fairchild Tropical Botanic Garden

Wenige Autominuten südlich von Coral Gables liegt der **Matheson Hammock Park**. Hier gibt es noch urwüchsige Hartholzbestände sowie einen schönen Badestrand an einer natürlichen Lagune. Den Südwestteil des Parks nimmt der nach einem Botaniker benannte **Fairchild Tropical Botanic Garden** ein. Auf dem 34 ha großen, wunderbar gestalteten Terrain werden Tausende Pflanzenarten kultiviert, darunter mehr als 100 verschiedene Palmensorten.

Matheson Hammock Park: 9610 Old Cutler Rd.
tgl. Sonnenauf- bis -untergang | Pkw 5/6 $
www.miamidade.gov/parks/matheson-hammock.asp
Fairchild Tropical Botanic Garden: 10901 Old Cutler Rd.
tgl. 9.30–16.30 Uhr | 25 $ | www.ftbg.org

Key Biscayne

Exklusives Erholungs-, Sport- und Wohngebiet

Sting in verwaschenen Shorts, Paris Hilton mit oder ohne Hündchen: **Barriere-Insel** Wenn Miamis Klatschspalten über »Celebrities« berichten, fällt immer wieder der Name Key Biscayne. Südöstlich von Miami erstreckt sich die 7 mi/11 km lange Barriere-Insel mit ihren **wunderschönen Badesträndern**, luxuriösen Wohn- und großzügigen Sportanlagen sowie etlichen noblen Restaurants. Sie ist vor allem Golf- und Tennisspielern als Austragungsort wichtiger Turniere ein Begriff. Man erreicht die Insel von der Brickell Avenue bzw. vom Bayshore Drive über den mautpflichtigen Rickenbacker Causeway.

Meerwasseraquarium – Beeindruckend und traurig ...

An der Südspitze von Virginia Key lädt Südfloridas größtes tropisches **Miami Seaquarium** Meerwasseraquarium zum Besuch ein. Hier wurden in den späten 1950er-Jahren zahlreiche Folgen der auf der ganzen Welt beliebten Fernsehserie »**Flipper**« aufgenommen. Die Orca-Dame »**Lolita**« war lange der Star des Meerwasser-Zirkus. Inzwischen fordern Tierschützer immer lauter die Freilassung des vom Chlor halbblinden und von Delfinbissen geplagten Wals. Ansonsten kann man hier Tausende verschiedene Meereslebewesen studieren und von einer Unterwasserstation aus die Fütterung von Haien miterleben. Im Mangrovenwald des Bereichs **Discovery Bay** begegnet man zahlreichen gefährdeten Tierarten, darunter auch etliche Meeresschildkröten.
4400 Rickenbacker Causeway | tgl. 9.30/10–18 Uhr | 40 $
www.miamiseaquarium.com

Traumstrand und »Grande Dame« des Umweltschutzes

Einer der schönsten Strände des Sunshine State erstreckt sich quasi vor der Haustür Miamis: Der 2 mi/3,5 km lange **Crandon Park Beach** **Marjory Stoneman Douglas Biscayne Nature Center** fällt so langsam in den Atlantik ab, dass man Spaziergänge zu den Sandbänken weit draußen unternehmen kann. Mit etwas Glück sieht man Delfine. Der großen alten Dame des Umweltschutzes gewidmet, bietet das Naturzentrum im nordöstlichen Bereich des Crandon Park interessante Aquarien, schöne Spaziergänge durch kaum berührte Hammocks und von Experten geführte Strandtouren. Interessant sind auch die persönlichen Aufzeichnungen der Feministin und Schriftstellerin **Marjory Stoneman Douglas** (1890–1998).
Crandon Park: 6747 Crandon Blvd. | 8 Uhr bis Sonnenuntergang
Parkgebühr pro Pkw 5/7 $ | www.miamidade.gov/parks/parks/
crandon_beach.asp
Marjorie Stoneman Douglas Biscayne Nature Center:
6767 Crandon Blvd. | Information Office: tgl. 10–16 Uhr | frei
www.biscaynenaturecenter.org

Palmen, Dünen, Meer und ein uralter Leuchtturm

**Bill Baggs
Cape Florida
State Park**

Am Südende von Key Biscayne endet der Crandon Boulevard am Eingang zu diesem wuderschönen, eine herrliche **Dünenlandschaft** bewahrenden Schutzgebiet. Nicht minder schön als Crandon Park Beach, bietet der 2 km lange **Sandstrand** überdies die Möglichkeit einer Besichtigung des ältesten Leuchtturms Floridas.

1825 erbaut, wurde das **Cape Florida Lighthouse** während des Zweiten Seminolenkriegs von Indianern belagert und niedergebrannt. Bis heute dient der kurz darauf neu errichtete, 31 m hohe Leuchtturm Schiffen als Orientierung.

Bill Baggs Cape Florida State Park: 1200 S Crandon Blvd., Key Biscayne tgl. 8 Uhr bis Sonnenuntergang | Fußgänger 2 $, Pkw 8 $
www.floridastateparks.org/park/Cape-Florida

Cape Florida Lighthouse: 9–17 Uhr | Führungen Do.–Mo. 10, 13 Uhr

⭐ Biscayne National Park

Größtes Meeresschutzgebiet auf dem US-Festland

**Barriere-
Inseln, Riffe,
Mangroven-
wälder**

Der 1980 zum Schutz vor Spekulanten und Investoren gegründete Nationalpark, liegt eine knappe Autostunde südlich von Miami und ist das größte marine Naturschutzgebiet der festländischen USA. Es bewahrt ein 275 km² großes, aus 44 Barriere-Inseln, Korallenriffen, Mangrovenwäldern und Küstenfeuchtgebieten bestehendes Areal. Die **Riffe** selbst liegen einige Meilen vor der Küste und bieten etwa 50 verschiedenen Korallenarten sowie einer für die Nähe zum Ballungsram Miami erstaunlichen Vielfalt tropischer Fische und Schalentiere Schutz.

Ausstellungen – Lehrreich und oft umweltkritisch

**Dante Fascell
Visitor
Center**

Das Dante Fascell Visitor Center, erreichbar via North Canal Street, liegt 9 mi/15 km östlich von Homestead am Convey Point. Die lehrreichen und oft umweltkritischen Ausstellungen befassen sich mit der komplizierten Naturgeschichte der Biscayne Bay.

9700 SW 328 St. | tgl. 9–17 Uhr | frei | www.nps.gov/bisc

Reiche Tier- und Pflanzenwelt über und unter Wasser

Korallenriffe

Hauptattraktion sind die seit einiger Zeit von Umweltgiften bedrohten Korallenriffe. Der vorbeifließende Golfstrom lässt hier verschiedenste Korallenarten gedeihen. Die Korallenstöcke bieten einer unglaublichen Vielfalt von Fischen Schutz. Außerdem sieht man Schwämme, Langusten, Hummer und Krabben. Zudem halten sich in diesem amphibischen Lebensraum gerne Meeresschildkröten auf. Taucher erkunden hier **Wracks von Schiffen**, die in der Vergangenheit auf die Korallenriffe aufgelaufen sind. Allein 1733 sanken in dieser Gegend während eines Hurrikans 19 mit Schätzen beladene spanische Galeonen auf

BISCAYNE NATIONAL PARK ERLEBEN

ANREISE

Mit dem Auto: US-1 bis Homestead, dann auf der SW 328th Street (North Canal Drive) ostwärts.
Per Boot: zur Herbert Hoover Marina beim Homestead Bayfront Park oder zur Marina im Black Point Park.

DANTE FASCELL VISITOR CENTER

Hier kann man auch Kanus und Kajaks anmieten und Bootsausflüge buchen
9700 SW 328 St., Sir Lancelot Jones Way, Homestead, FL 33033
Tel. 1-305-203-1444
tgl. 9–17 Uhr
www.nps.gov/bisc

---

ihrem Weg nach Europa. Am Festland ist die **Mangrovenküste** noch weitgehend intakt. Mit ihrem Wurzelgewirr halten die Mangroven feinste Sedimente fest und filtern so das Wasser. Sie sind die Kinderstube für die in der Bucht lebenden Fischarten und bieten beste Bedingungen für Wat- und Seevögel.

Auf den im Schutzgebiet gelegenen **Keys** (Cayos) findet sich eine in den USA einmalige Vegetation. Auf den Inseln wachsen tropische Harthölzern und Sträucher, die eigentlich sonst für die Karibik typisch sind. Auf der einige Meilen östlich vorgelagerten Insel **Elliott Key** gibt es einen Bootsanleger, einen Campingplatz und einen hübschen Sandstrand.

★★ MIAMI BEACH

Region: Southeast | **Höhe:** 0–3 m ü. d. M. | **Einwohnerzahl:** 88 000

Bevor sie untergeht, schimmert die Sonne noch an den pastellfarbenen Hauswänden des Art Deco Historic District. Dahinter wummert bereits Salsa-Musik, klirren Gläser, lachen Menschen. Miami Beach ist Floridas »Party Town«, wo Jennifer Lopez, Pitbull und Co. die Nacht zum Tage machen und Paparazzi verkaterten Promis auflauern.

Anno 1868 sah Farmer Henry B. Plum, als er an Floridas Atlantikküste entlang segelte, auf einer Sandinsel Palmen stehen. Er versuchte sein Glück mit Kokosnüssen und baute das erste Haus. Doch die Mangrovensümpfe und Myriaden von Stechmücken vereitelten große Geschäfte. 1894 gab Plum auf und verkaufte sein Land an **John Collins**, einen Farmer aus New Jersey. Der besah sich seinen Besitz erst zwei

»Party Town«

183

Jahre später, als er mit einem der ersten Züge Miami besuchte. Doch sein Plan, eine Brücke vom Festland hinüber zur sandigen Nehrung zu bauen, überforderte ihn finanziell. Nun trat der Unternehmer **Carl Fisher** auf den Plan. Die Brücke wurde realisiert und Collins' Anwesen in ein Winterdomizil mit Golf- und Tennisplätzen umgewandelt. Miami Beach war geboren!

Platz an der Sonne für Superreiche

Eisenbahn, Millionärs-residenzen, Mafia

Unterdessen ließ Eisenbahn-Magnat **Henry M. Flagler** (▶ S. 345) im kühlen Norden der USA für das neue Winterreiseziel werben und das »Royal Palm Hotel« errichten. Auch Fishers Werbekampagnen – im winterlichen New York lockten Werbetafeln mit »It's June in Miami« Investoren und Besucher – waren erfolgreich. Amerikas Millionäre wollten ihren Platz an der Sonne: In den 1920er-Jahren ließen Superreiche wie William Randolph Hearst und Alfred DuPont ihre Winterresidenzen an der »**Millionaire's Row**« bauen. Die Immobilienpreise stiegen ins Astronomische.

Hatte Miami Beach 1921 erst fünf Hotels und neun Apartmenthäuser besessen, waren es vier Jahre später bereits 56 Hotels, 178 Apartment- und 858 Privathäuser. Der Hurrikan von 1926 machte dem Bauboom ein Ende, doch Miami Beach blieb weiter im Geschäft. 1928, auf dem Höhepunkt der Prohibition, übernahmen Mafia-Gangs unter Al Capone (▶ S. 343) das Alkoholgeschäft in Miami.

Bauten in elektizistischen Stromlinienformen

Zeit des Art Deco

In den 1930er- und 1940er-Jahren ging das Wachstum weiter, der Baustil des Art Deco erreichte seine Blüte. Die Architekten hinterließen Bauten, die eklektische Formen der mediterranen Baukunst und die Stromlinien der neuen Verkehrsmittel übernahmen (▶ Baedeker Wissen, S. 190).

Nach dem japanischen Überfall auf Pearl Harbor (1941) wurden die Hotels in Miami Beach vorübergehend in Ausbildungsstätten, Lazarette und Wohnheime umfunktioniert. Nach dem Krieg öffnete man sich breiteren Bevölkerungsschichten.

Entwicklung zum subtropischen Manhattan

Hotel Row

In den 1950er- und 1960er-Jahren mutierte die Stadt mit bis dahin kaum über die Palmen ragenden Häusern zum subtropischen Manhattan mit diversen Hochbauten. Statt der »Millionaire's Row« entstand die Hotel Row. In den 1980er-Jahren stürzte das Tourismusgewerbe in eine Krise, doch die Erschließung neuer Märkte in Europa, Asien und Südamerika sowie die Entdeckung durch Zeitgeist-Medien bescherten Miami Beach einmal mehr eine Renaissance. Ihr konnte selbst die Ermordung des Modeschöpfers Versace (1997) auf den Stufen seines Wohnhauses (heute Villa Casa Casuarina) am Ocean Drive (▶ S. 189) nichts anhaben.

MIAMI BEACH ERLEBEN

GREATER MIAMI CVB
701 Brickell Ave., Suite 2700
Miami, FL 33131 | Tel. 1-305-539-
3000 | Mo.–Fr. 8.30–18 Uhr
www.miamiandbeaches.com,
www.miamiandbeaches.de

FLUGHAFEN
Der Miami International Airport, etwa
7 ml/11 km westlich von Miami Beach,
ist gut an das **öffentliche Nahverkehrsnetz** angebunden. Viele Hotels
in Miami Beach unterhalten **Shuttlebusse**, damit ihre Gäste bequem ans
Ziel kommen. Auch zahlreiche **Taxi**-
Unternehmen bieten am Flughafen
ihre Dienste an.
www.miami-airport.com

MIAMI-DADE TRANSIT
Miamis Nahverkehrsgesellschaft
unterhält ein dichtes **Metrobus**-
Liniennetz mit 70 Routen, die auch
Miami Beach miteinschließen.
www.miamidade.gov/transit

STADTBESICHTIGUNG
Zu empfehlen ist ein 1½-stündiger
geführter Stadtrundgang durch den
Art Deco District. Tickets im Art Deco
Welcome Center der **Miami Design
Preservation League** (MDPL).
Art Deco District Tour:
1001 Ocean Dr./10th St.
tgl. 10.30, Do. auch 18.30 Uhr
Touren ab ca. 20 $ | www.mdpl.org

COLLINS AVENUE
Gepflegt shoppen und dabei Karda-
shian-Doppelgängerinnen beobachten kann man auf der Collins Avenue
zwischen 6th und 8th Avenue. Hier
sind etliche Edelmarken vertreten,
u. a. Armani, Nike und Polo Sports.

LINCOLN ROAD MALL
Nur ein paar Schritte weiter erreicht
man die geschäftige Fußgängerzone
Lincoln Road Mall, in der es praktisch
alles zu kaufen gibt und gute Restaurants und Cafés zum Essen und Beine-
Ausstrecken einladen. Auch deshalb
trifft man hier viele Einheimische.
www.lincolnroadmall.com

BAL HARBOUR SHOPS
Edles von Chanel oder Stella McCartney gibt es in diesem noblen, etwas
düsteren Einkaufszentrum mit etwa
100 Geschäften an der Collins Avenue,
ca. 20 Autominuten nördlich von
South Beach.
9700 Collins Ave.
www.balharbourshops.com

AVENTURA MALL
Eine der größten Malls im Großraum
Miami breitet sich in North Miami
Beach aus. Mehr als 250 Geschäfte
bieten hier Schönes für den »normalen« Geldbeutel. So verwundert es
nicht, dass hier auch die Kaufhaus-
ketten Bloomingdale's, J. C. Penney
und Sears Roebuck vertreten sind.
19501 Biscayne Blvd., Aventura
www.aventuramall.com

ART DECO WEEKEND
Alljährlich am 2. Wochenende im
Januar findet im Art Deco District von
Miami Beach das populäre Festival
statt, mit tollen Retro-Modeschauen,
Dachgartenparties sowie heißen
Rock- und Salsakonzerten.
www.artdecoweekend.com

No. 1

North View Drive

W. 29th St.

Bayshore

W. 29th St.

Fort Lauderdale,
Palm Beach

Pine Tree Drive

Flamingo Drive

Indian Creek Drive

27th St.

29th St.

Municipal

W. 28th St.

Sunset

Sunset

No. 2

W. 27th St.

W. 25th St.

SUNSET

Lake

Par 3 Mun.
Golf Course

MIAMI BEACH

No. 3

W. 24th St.

W. 23rd St.

Golf

Course

A1A

ISLANDS

Sunset Drive

No. 4

W. 21st St.

23rd St.

North Meridian Ave.

Boulevard

Pine Tree Dr.

The Bass

Biscayne

20th St.

North Bay Road

Alton Road

Holo-
caust
Mem.

Garden Center
Conservatory

21st St.

20th

**Convention
Center**

Park Ave.

Maurice
Gibb
Memorial
Park

18th St.

Dade

City Hall

18th St.

Mun. Park

18th

Collins St.

Miami

Venetian

Causeway

17th St.

Ave.

Meridian Ave.

Ave.

The Fillmore

New World
Center

2 2

BELLE
ISLE

Colony
Theater

Lincoln Road Mall

Lincoln

Lincoln Rd.

**Atlantic
Ocean**

RIVO-ALTO
ISLAND

West Avenue

Bay Road

Alton Road

16th

ArtCenter
South Florida

Jefferson

Lenox

Meridian

15th St.

Euclid

St.

Drexel

Washington

Lincoln
Theater

Española

Way

Cameo
Theater

South Beach

Bay

Flagler
Memorial
Monument

14th St.

Michigan

Flamingo
Park

13th St.

12th St.

14th

Pennsylvania Ave.

13th

St.

St.

Fienberg Fisher
K-8 Center

6

Lummus
Park

11th St.

Buoy
Park

E. Star Island Drive

W. Star Island Drive

STAR
ISLAND

Alton Road

Lenox Avenue

Jefferson Avenue

Meridian Avenue

Euclid Avenue

10th St.

9th

8th

7th

6th

The Wolfsonian

Collins Avenue

Art Deco
Welcome Center
Ocean Front
Auditorium

4

Art Deco
District

Lummus
Park

0,3 mi

500 m

©BAEDEKER

Miami

MacArthur

A1A

Causeway

41

Miami Beach Drive

4th St.

3rd St.

2nd St.

1st St.

Washington

Ocean Dr.

Sanford L. Ziff
Jewish Museum

Marjory
Stoneman
Douglas Park

Port Blvd.

TERMINAL
ISLAND

Miami
Beach
Marina

DODGE
ISLAND

South Pointe Drive

1

South
Pointe
Park

South Pointe Beach

FISHER
ISLAND

Fisher Island Drive

🍴🍽
1 Joe's Stone Crab
2 Leynia
3 The Forge
4 Icebox Cafe
5 Yuca
6 LT Steak & Seafood

🏠
1 Acqualina Resort & Spa
2 Delano
3 Fontainebleau
   Miami Beach
4 Casa Grande

OVERTOWN MUSIC AND ARTS FESTIVAL

Die afro-amerikanische Gemeinde von Miami feiert auf diesem Straßenfest Mitte Juli mit Reggae, R&B, Latin Jazz und Afro-Caribbean ihre Kultur und Sprache.
www.overtownmusicarts
festival.com

ART BASEL MIAMI BEACH

Bei diesem zu den einflussreichsten Kunstmessen der Welt zählenden 4-Tage-Event im Dezember präsentieren über 250 Galerien aus aller Welt Meisterwerke des 20. und 21. Jhs.
www.artbasel.com/miami-beach

Die Zeiten der Madonna-Sichtungen und zügellosen Versace-Parties sind vorbei, doch die Nachtklubszene von Miami Beach tobt weiter.
Fans heißer Rythmen gravitieren seit jeher zum **Mango's** (900 Ocean Dr.; www.mangos.com/miami), wo von Salsa über Merengue und Reggaeton bis zu Bachata alles gespielt wird, was die Becken kreisen lässt.
Teure Cocktails und 1990er-Jahre-Musik gibt's im **Rockwell** (743 Washington Ave.; www.rockwell miami.com), Lenny Kravitz und Timbaland werden hier gesichtet.
Im **Do Not Sit on the Furniture** (423 16th St., Miami Beach), dem angesagten Hangout der Dade County Hipster, ist der Name Programm.
Im **Twist** (1057 Washington Ave.; www.twistsobe.com) tanzen Drag Queens und heiße Typen in Unterwäsche.

❶ JOE'S STONE CRAB €€€€

Hier herrscht von Mitte Oktober bis Mitte Mai Hochbetrieb. Dann gibt es jene Delikatessen, durch die das Lokal zu einer Institution geworden ist: Die leckeren Scheren von Steinkrebsen
11 Washington Ave.
Tel. 1-305-673-0365
www.joesstonecrab.com

❷ LEYNIA €€€€

Argentinische Grillkunst und japanische Geschmacksrichtungen? South Beach kann das. Und Chef Jose Icardi auch. Das Resultat? Die Augen essen mit!
1685 Collins Ave.
Tel. 1 305 671 5752
www.morganshotelgroup.com

❸ THE FORGE €€€

Für den Abend im extravaganten »The Forge« Restaurant & Winebar zieht man sich gern etwas schicker an. Das Interieur wird von Spiegeln und hellem Holz bestimmt, der Service ist tadellos, die Speisekarte auf Fleisch, Seafood und saisonale Produkte aus der Umgebung konzentriert.
432 41st St. | Tel. 1-305-538-8533
www.theforge.com

❹ ICEBOX CAFE €€€

Die zur Wahl stehenden Gerichte reflektieren die vielfarbige Stadt: Der Lachs wird Färöer-Art zubereitet, Hühnchenbrust kommt indisch, die Kokosnuss-Suppe nach thailändischer Art. Spannend!
1855 Purdy Ave | Tel. 1-305-538-84 48 | http://iceboxcafe.com

❺ YUCA €€€

»Ropa Vieja«, also langsam geschmortes Angus Steak mit Platanen-FuFu und roten Zwiebel genießen und dabei dem Treiben auf der Lincoln Street Mall zusehen: Das »Yuca« befriedigt spielend alle Sinne.
501 Lincoln Rd.
Tel. 1-305-532-9822
www.yuca.com

❻ LT STEAK & SEAFOOD €€€–€€

Nicht vom konservativen Interieur täuschen lassen: Das Hotel-Restaurant ist beliebt wegen leckerster Kombinationen von erstklassigen Steaks und Seafood sowie kreativer Vorspeisen und Beilagen.
The Betsy South Beach,
1440 Ocean Dr. | Tel. 1-305-673-0044
www.thebetsyhotel.com/dining

❶ ACQUALINA RESORT & SPA €€€€

Die Anlage mit drei Pools grenzt direkt an den Sandstrand von Sunny Isles im Norden von Miami Beach. Die großzügigen Zimmer bieten allen Komfort. Umfangreiches Kinderprogramm und ein wunderbares Spa mit allen möglichen Anwendungen in entspannender Atmosphäre. Das italienische Restaurant »Il Mulino New York« ist eines der besten der Stadt (www.ilmulino.com/miami).
17875 Collins Ave., Sunny Isles
Tel. 1-305-918-8000
www.acqualinaresort.com

❷ DELANO €€€€

Das Delano ist ein Art-Deco-Schmuckkästchen (238 Zimmer und Suiten), das spätestens nach seiner Renovierung durch Star-Designer Philippe Starck auch zum Society-Treff aufgestiegen ist. Und was für ein unwiderstehlicher Pool!
1685 Collins Ave.
Tel. 1-305-672-2000
www.morganshotelgroup.com

❸ FONTAINEBLEAU MIAMI BEACH €€€€

Frank Sinatra sang hier »New York, New York«, und in »The Bodyguard« stritt sich Whitney Houston hier mit Kevin Costner. Kein Wunder, dass einem das legendäre, noch immer stark an die 1960er-Jahre erinnernde Nobelhotel bekannt vorkommt. Knapp 1000 Zimmer warten, Spa, eigene Marina und ein Dutzend Restaurants.
4441 Collins Ave.
Tel. 1-305-538-2000
www.fontainebleau.com

❹ CASA GRANDE €€€

Man fühlt sich gleich wie zu Hause in diesem knuddeligen Art-Deco-Domizil mit Blick auf den Beach. Wegen dieser Lage sehr beliebt, deshalb unbedingt reservieren!
834 Ocean Dr.
Tel. 1-305-672-7003
www.casagrandesuitehotel.com

❙ Wohin in Miami Beach?

Paradiesisch schöne Stadtlandschaft

SoBe (South Beach)

South Beach, hier nur kurz SoBe (gespr. SouBi) genannt, ist eine paradiesisch schöne Stadtlandschaft. Pastellfarbene Art-Deco-Häuser mit kühlen, dunklen Lobbies, im warmen Wind leise raschelnde Palmenblätter, geschmackvolle Boutiquen und eine breite Palette toller Bars, Cafés und Restaurants: Man lächelt, sobald man aus dem Wagen steigt und die Ocean Aven auf und ab blickt. So viele schöne Farben, so viele gut gelaunte Menschen. South Beach ist Miami Beach. Das Viertel zwischen Dade Boulevard im Norden und 1st Street im Süden ist »schuld« am Image von Miami Beach als hipper Party-Zone.

Hauptstadt des Art Deco

Während man sich schnell an all die leicht bekleideten Menschen ge-
wöhnt, beginnt einen die Architektur zu fesseln: Mit gut 800 Gebäuden **Art Deco**
besitzt South Beach die weltweit größte Konzentration an Art-Deco- **Historic**
Gebäuden. 1979 unter Denkmalschutz gestellt, stand der Art Deco **District**
District zwischen 6th St., Alton Rd., Collins Ave. und Dade Blvd. noch
Anfang der 1970er-Jahre kurz vor dem Aus: Investoren wollten das
gesamte Viertel einebnen und dort Apartmenttürme hinstellen.
Dass daraus nichts wurde, ist den Anstrengungen der **Miami Design
Preservation League** (MDPL; ▶ S. 185) zu verdanken. Unter ihrer
Ägide wurden die betagten Gebäude aus den 1930er- und 1940er-
Jahren restauriert und einmal mehr als (zitronengelbe) Hotels, (kari-
bischblaue) Apartmenthäuser und (mit farbigem Neonlicht beleuch-
tete) Cafés genutzt. Und bescherten den Stadtvätern nebenbei eine
der profitabelsten touristischen Top-Attraktionen Floridas.

Laufsteg der Jungen, Schönen und Reichen

Dass der Ocean Drive ein Laufsteg der Jungen, Schönen und Reichen
ist, kann man als Klischee abheften. Morgens schlendern verschlafene
»locals« zum Frühstück, tagsüber gehen Familien mit Kindern spa-
zieren. Von Reichen und Schönen keine Spur. Erst nach Einbruch der
Dunkelheit kommt der Ocean Drive langsam in Fahrt: 68er-Mustangs
und auf Hochglanz gewienerte Harleys kreuzen auf der Straße auf
und ab, junge Männer tragen ihre neuesten Tätowierungen spazieren.
»Art-Deco-SoBe« liefert dazu die passende Kulisse. Viele Gebäude
sind Hotels, mit sehenswerten Lobbies, hübschen Straßenrestaurants
und schicken Bars. Viele haben Filmerfahrung, waren in Produktionen
von »Miami Vice« bis »CSI Miami« zu sehen.
Besonders fotogene **Art-Deco-Gebäude** sind: das schneeweiße Hotel
»Lord Balfour« (Nr. 350), das in Geometrie schwelgende »Park
Central« (Nr. 640), das von Babyblau bis Flamingorosa changierende
»Colony Hotel« (Nr. 736), die orangefarbenen »Waldorf Towers«
(Nr. 860) und das weiße, von Efeu bewachsene »Cardozo« (Nr.
1300) – Letzteres übrigens ein Familienbetrieb von Gloria und Emilio
Estefan (▶ S. 344).
Seit Jahren »in« – bei Publicitysüchtigen ebenso wie bei Lesben und
Schwulen und allen anderen – ist der **breite Badestrand**, auf dem es
das ganze Jahr hoch hergeht. Jenseits des Ocean Drive steht auch die
Villa Casa Casuarina des 1997 auf dem Höhepunkt einer Welle der
Gewalt ermordeten Modezaren Gianni Versace, heute ein Luxushotel
mit Restaurant (1116 Ocean Dr.; http://vmmiamibeach.com).
Naturgrün und -blau gibt es auf der anderen Straßenseite im öffentlichen **Lummus Park**: Dieser palmenbestandene und von Spazier-
und Radwegen durchzogene Grünstreifen zwischen der 5th Street
und der 23rd Street mit verschiedenen Sportstätten trennt den viel
befahrenen Ocean Drive vom beliebten weißen Badestrand.

ART DECO HISTORIC DISTRICT

Nirgendwo sonst sind so viele Art-Deco-Bauten versammelt wie in Miami Beach, auch wenn die Zeugnisse dieses Baustils in der Weltstadt New York bekannter sind als die Touristenherbergen am hitzig-schwülen South Beach mit ihren nachts von kitschfarbigen Neonröhren beleuchteten »Bullaugen« und »Augenbrauen«.

❶ Vertikale Linien
streben oft in eine Zikkurat (Stufenturm) oder eine antennenförmige Gebäudespitze.

❷ Horizontale Linien
folgen Fensterreihen und abgerundeten Ecken oder verlaufen als schmückende Geländer.

❸ Fensterbänder

❹ »Augenbrauen«
über den Fenstern sollen in erster Linie Schatten spenden.

❺ Kannelierung
Ein Zierturm (Zikkurat oder Stufenturm) ist oft kanneliert, d. h. ausgekehlt oder geriffelt.

❻ »Bullaugen«
sind kennzeichnend für das »Nautical Deco«, das sich an Formen luxuriöser Passagierschiffe orientiert.

❼ Fries
oft mit stilisierten Darstellungen tropischer Pflanzen und Tiere

❽ Streng geometrische Formen
sind charakteristisch im Art Deco District.

❾ Abgerundete Ecken
betonen die Stromlinienformen.

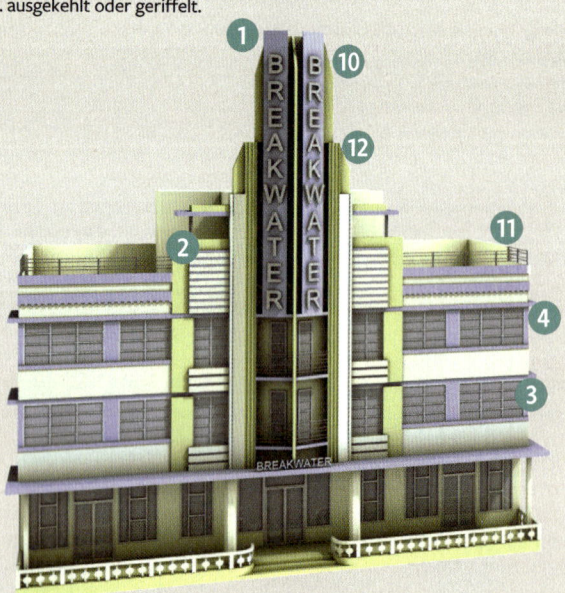

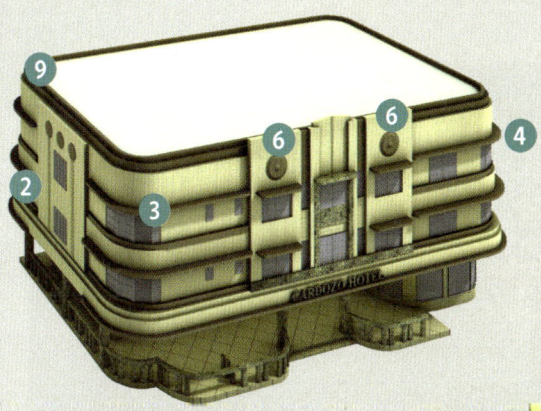

⑩ Ziertürme
häufig mit Stufen sind nach dem Vorbild
der Zikkurat aus dem antiken Zweistromland
gestaltet. Manche haben auch eine antennenförmige Spitze oder ein »Finial« als
Bekrönung.

⑪ Geländer

⑫ Neonleuchten
betonen bei Nacht die Linien der Fenster-
simse, »Bullaugen« und »Augenbrauen«.

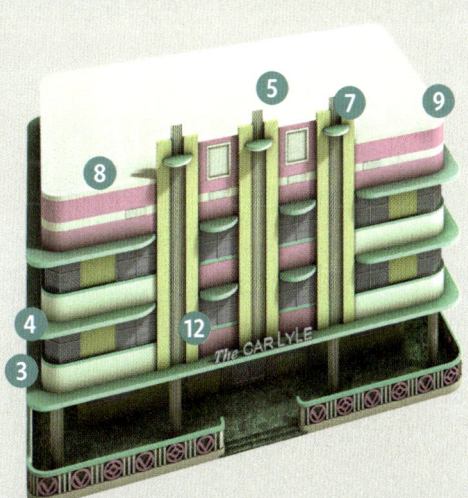

©BAEDEKER

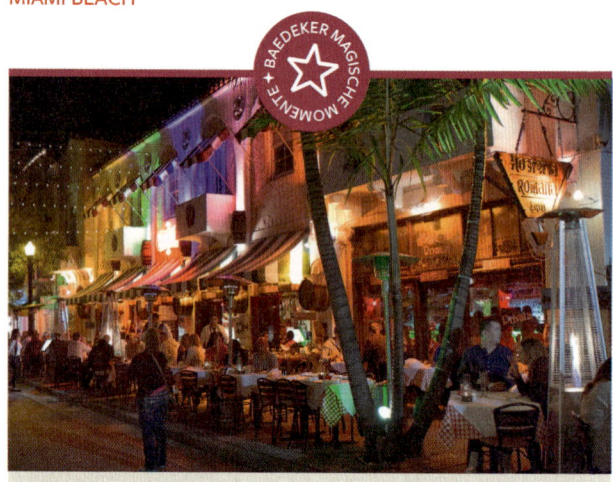

NEONLICHTER AM OCEAN DRIVE …

In lauer subtropischer Nacht über den Ocean Drive zu bummeln ist cool, die feuchtwarme Luft auf der Haut spüren sinnlich und im Schein der bunten Neonlichter schöne Menschen gucken und riesige Cocktails schlürfen anregend. Besser geht's nicht! Dazu passt, dass man viele Neonschilder an den Art-Deco-Hotels irgendwie schon kennt. Tatsächlich haben manche von ihnen in Hollywoodfilmen mitgespielt. Besonders schön: das **Colony Hotel** (Nr. 736), das **Park Central Miami Beach** (Nr. 640), das **Boulevard Hotel** (Nr. 740), das **Clevelander South Beach** (Nr. 1020; www.clevelander.com) und das **Winter Haven** (Nr. 1400) …

Legendäre Hotels am »Strip«

Collins Avenue

Hauptachse von Miami Beach ist die Collins Avenue, auch »The Strip« genannt. Sie wird ebenfalls von ansprechenden Art-Deco-Bauten flankiert. Architekt L. Murray Dixon entwarf das »**Tiffany**« (801 Collins Ave.) und das »**Fairmont**« (Nr. 1000). Das »**Essex House**« (Nr. 1001) wurde 1938 nach Plänen von Henry Hohauser im Stil des »Nautical Deco« erbaut. Roy F. France schuf 1939 das Hochhaus »**St. Moritz**« (Nr. 1565). Erst nach dem Zweiten Weltkrieg entstand das Apartmenthaus »**Surfcomber**« (Nr. 1717) nach Entwurf des Architekturbüros MacKay & Gibbs.

Drei der größten Art-Deco-Hotels sind das »**National**« (Nr. 1677), ein zitronengelber Traum mit großzügig bemessenem Pool, das »**Delano**« (Nr. 1685; ▶ S. 188), wo Promis wie Sandra Bullock, Dennis Rodman, Will Smith oder Barbra Streisand abstiegen, und das »**SLS Hotel**« (Nr. 1701), ein türmchengekröntes, totaler Symmetrie huldigendes Bauwerk. Stromlinien und bauliche Details erinnern an neue Fortbewegungsmittel des 20. Jhs. – Flugzeuge, Raketen und U-Boote.

Hauptgeschäftsstraße mit Museen und Hotels

Hauptgeschäftsstraße von Miami Beach ist die Washington Avenue, die weitere Art-Deco-Bauten säumen. Das 1924 erbaute einstige »**George Washington Hotel**« (Nr. 534) war eines der ersten Strandhotels in Miami Beach. Interessant ist auch das 1936 von Henry Hohauser errichtete »**Hotel Taft**« (Nr. 1044), das **Main Post Office** (Nr. 1300), 1939 im »Deco Federal Style« mit ausgeschmückter Rotunde errichtet, sowie die bereits 1927 entstandene **Old City Hall** (Nr. 1130). *(rechte Spalte:)* Washington Avenue

Das **Jewish Museum of Florida**, das die bis ins 18. Jh. zurückreichende jüdische Geschichte Floridas dokumentiert, ist in der 1936 vom Architekten Henry Hohauser konzipierten Beth-Jacob-Synagoge untergebracht.

In einem 1927 errichteten Lagerhaus mit maurischer Fassade ist ein Teil der der **Florida International University** (FIU) angegliederten Sammlung des Exzentrikers und Kunstfreunds **Mitchell Wolfson** zu sehen. Ausgestellt sind Designobjekte, darunter Plakate und Werbematerial, aus der Zeit von 1880 bis 1945, mit Schwerpunkt Arts & Crafts und europäischer Jugendstil.

Jewish Museum of Florida: 301 Washington Ave. | Di.-So. 10-17 Uhr 6 $ | https://jmof.fiu.edu/
The Wolfsonian: 1001 Washington Ave. | Mo., Di., Do., Sa. 10-18, Fr. 10-19, So. 12-18 Uhr | 12 $ | www.wolfsonian.org

Charmantes Einkaufs- und Ausgehviertel

Einen Besuch verdient auch der Española Way zwischen 14th und 15th Street. Die spanisch anmutende Straße, 1925 angelegt, zog vor allem Künstler an. Heute sorgen hier kleine Galerien und ein Markt am Wochenende für reges Leben. *(rechte Spalte:)* Española Way

Ein hervorstechender Bau an der Ecke zur Washington Avenue ist das **Cameo** (1938; Architekt: Robert Collins), heute ein angesagter Nachtklub (1445 Washington Ave.).

Und noch mehr Art Deco ...

An der **Euclid Avenue** gefallen die Art-Deco-Bauten »The Denis« (Nr. 841; 1938, Architekt: Arnold Southwell), »The Enjoie« (Nr. 928; 1935/36, Albert Anis und Henry J. Maloney) sowie »The Siesta« (Nr. 1110; 1936, Edward A. Nolan). *(rechte Spalte:)* Euclid Avenue, 21st Street

193

Auch entlang der **21st Street** gibt es einige teils renovierungsbedürftige Art-Deco-Bauten, darunter auch das einstige Luxushotel »Plymouth« (Nr. 226; 1940, Anton Skislewicz) und das benachbarte »Adam's Hotel« (1938, L. Murray Dixon). Als Meisterwerk von Henry Hohauser gilt das 1939 fertiggestellte »Governor« (Nr. 435). Nahebei fällt das »Tyler Apartment Hotel« (Nr. 430; 1937, L. Murray Dixon) ins Auge. Interessant ist auch das »Abbey« (Nr. 300; 1940, Albert Anis).

Holzplankenpromenade mit Abgängen zum Strand

Beachfront Promenade

Zwischen 21st und 46th Street verläuft zwischen der langen Reihe von Nobelhotels eine immer wieder schöne Blicke auf den Strand öffnende Holzplankenpromenade. Hotelgäste benutzen sie, um zu Fuß zum Ocean Drive zu gelangen oder vor dem Frühstück ein paar Kilometer zu joggen. In regelmäßigen Abständen gibt es Ausgänge zur Straße und zum Strand.

Neuester Museums-Hotspot

The Bass

Das Stammgebäude des Kunstmuseums im Collins Park (ehem. Bass Museum of Art), die ehem. Miami Beach **Public Libary**, entstand 1930 nach Plänen des Architekten Russell T. Pancoast mit Elementen der Maya-Architektur. Die Reliefs schuf Gustav Bohland. Der **Erwei-**

Bunt und hip: Bummeln und Shoppen unter Palmen in der Lincoln Road

terungsbau stammt von Architekten-Ikone Arata Isozaki. Die **Sammlung** (heute z. T. im Lowe Art Museum präsentiert; ▶ S. 180) umfasst Werke alter und neuer Meister, darunter Dürer, Rubens (»Die Heilige Familie«) und mehrere Impressionisten. Daneben bietet das Museum Wechselausstellungen zur zeitgenössischen Kunst. Das aufwendig renovierte Haus wurde Ende Oktober 2017 neu eröffnet.
2100 Collins Ave (im Collins Park) | Mi.–Mo. 10–17 Uhr | 10 $
https://thebass.org

Lincoln Road – Eine der schönsten Fußgängerzonen …
Zwei Blocks nördlich des Española Way verläuft die Lincoln Road, eine der wohl schönsten Fußgängerzonen Floridas, bereits in den 1950er-Jahren geplant und 1997 »geliftet«. Hier erlebt der Besucher aus Europa keine der nagelneuen, unpersönlichen Einkaufswelten, sondern eine über die Jahrzehnte gewachsene, 1,5 km lange Passage, wo die Menschen ziellos bummeln, einkaufen oder einfach nur ihrer Wege gehen. Neben Marken wie Banana Republic, ZARA und Lululemon gibt es Läden berühmter Designer wie Stella McCartney, während die Palette der Restaurants von der »Hofbrau Beerhall« (Nr. 943) über den Burger Joint »Shake Shack« (Nr. 1111) bis zu Edelrestaurants wie »Quattro Gastronomia Italiana« (Nr. 1014) und dem Steakhaus »Baires Grill« (Nr. 1116) reicht.

Lincoln Road Mall

… und aktueller Kunst-Brennpunkt
Eine Künstlerinitiative betreibt das »ArtCenter«. Die in drei Gebäuden (Nr. 800, 810, 924) untergebrachten Studios und Galerien ermöglichen beste Einblicke in die **experimentelle Kunstszene** von Miami Beach. Jeden ersten Mittwoch im Monat bietet eine »Resident Night« (früher »Studio Crawl«) auch Gelegenheit für Künstler-Begegnungen.

ArtCenter South Florida

Das von R. A. Benjamin im Jahre 1934 gebaute **Colony Theatre** (Nr. 1040) ist ein Musterbeispiel des Art Deco in Miami Beach und mit seinen geschwungenen Linien eine absolut fotogene Beauty. Es ist heute ein Brennpunkt des kulturellen Lebens der Stadt, bietet u. a. Konzerte und Stand-Up-Shows.
ArtCenter South Florida: 924 Lincoln Rd. | Mo.–Fr. 12–18,
Sa., So. 12–20 Uhr | frei | www.artcentersf.org
Colony Theatre: 1040 Lincoln Rd. | www.colonymb.org

Musik-Labor für neue Sounds und junge Talente
Ein Meisterwerk des Stararchitekten **Frank O. Gehry** ist dieser 2011 eröffnete Glaspalast mit weiß leuchtenden Außenwänden, der als Musik-Laboratorium für neue Sounds und junge Talente frisch von den Musikakademien konzipiert wurde. Im Konzertsaal mit seiner ausgezeichneten Akustik kann man gelegentlich die renommierte **New World Symphony** hören.

New World Center

Transparent und ungezwungen: New World Center von Frank O. Gehry

Das 154-Mio.-$-Gebäude wäre jedoch kein echter Frank O. Gehry, hätte der Meister des spektakulären Entwurfs nicht auch den Wunsch der Musikdirektoren nach mehr Kontakt zur Öffentlichkeit mit einfließen lassen. So erklären sich die Fensterreihen im Erdgeschoss, durch die man den Musikern bei Proben und Aufnahmen zusehen kann.

500 17th St. | Mo.–Fr. 10–17, Sa., So. 12 Uhr bis Konzertbeginn | frei
Tickets: Tel. 1-305-673-3331 | www.nws.edu/new-world-center

Rund um das Miami Beach Convention Center

Miami Beach Convention Center (MBCC)

Der mit seiner schneeweißen, unregelmäßig geschwungenen Fassade an ein Reptil aus einem Fantasyfilm erinnernde Gebäudekomplex richtet nicht nur Kongresse und Parteitage aus, sondern auch große Sportveranstaltungen. Übrigens: Im Jahre 1964 gewann hier der Boxer Cassius Clay alias Muhammad Ali seinen ersten Weltmeistertitel im Schwergewicht (www.miamibeachconvention.com). Westlich an das MBCC schließt das **Holocaust Memorial**. Das Mahnmal an der Meridian Avenue erinnert an die Judenvernichtung im Dritten Reich. Aus einem Seerosenteich reckt sich ein 14 m hoher Bronzearm dem Himmel entgegen. Lebensgroße Figuren mit angstverzerrten Gesichtern versuchen, an ihm nach oben zu klettern. An der Südseite des Kongresszentrums fällt das pfirsichfarbene **The Fillmore Miami Beach** ins Auge, das 1951 eröffnet wurde. Seine 3000-Plätze-Arena ist mit über 200 Top-Konzerten jährlich die aktivste aller mittelgroßen Bühnen im Süden der USA (www.fillmoremb.com).

Nördlich von Miami Beach

Laune eines steinreichen Magnaten

1925 erwarb **William Randolph Hearst** einen Teil des mittelalterlichen Klosters Sacramenia in Kastilien. Der steinreiche Zeitungsmagnat ließ es in seine Einzelteile zerlegen und in gut 11 000 bis zu 1,5 t schweren Kisten nach New York verschiffen, als Endstation war Kalifornien vorgesehen. Weil dort die Maul- und Klauenseuche ausbrach und die Kisteninhalte in Stroh verpackt waren, wurde in New York eine Quarantäne verhängt, die drei Jahre dauerte. Dabei wurde das Stroh verbrannt, kamen die Nummerierungen durcheinander. Zudem geriet Hearst während der folgenden Wirtschaftskrise in finanzielle Turbulenzen. Erst nach seinem Tod 1951 setzten sie die Reise fort – allerdings nach Miami, erworben von Spekulanten, die eine Touristenattraktion witterten und die Millionen Einzelteile zum »größten Puzzle aller Zeiten« wieder zusammensetzten.

Heute ist das 1141 bei Segovia fertiggestellte **Zisterzienserkloster** eine Attraktion, die nicht nur amerikanischen Besuchern Ooohs und Aaahs entlockt. Die einen wandeln hier durch mittelalterliche Kreuzgänge und genießen den Umstand, dass dies nicht Disneyland ist, die anderen ziehen vor der unternehmerischen Vision den Hut.

16711 W Dixie Hwy., Mo.–Sa. 10–16.30, So. 11–16.30 Uhr | 10 $
www.spanishmonastery.com

*Ancient
Spanish
Monastery*

★★ NAPLES

Region: Southwest | **Höhe:** 0–3 m ü. d. M. | **Einwohnerzahl:** 21 000

Die meisten Millionäre pro Kopf der Bevölkerung, die meisten Golfplätze, ein biblisches Durchschnittsalter: Solche Etiketten bekommt die zwei Stunden westlich von ▶ Miami am Golf von Mexiko liegende Stadt häufig aufgeklebt. Wie alles im Leben hat auch sie zwei Seiten: Für die einen ist sie eine langweilige Millionärsenklave, für andere ist sie, Lichtjahre von der nächsten Großstadt entfernt, eine Insel der Zivilisation.

Schon die Anfänge waren typisch Florida. 1886 wurde Naples von Bodenspekulanten gegründet und bald das erste Hotel eröffnet. Mit dem Bahnanschluss (1926) und dem Bau des Tamiami Trail (1928) wurde Naples Seebad. Die Investoren im Norden warben mit Slogans wie »Diese Bucht ist noch schöner als die von Neapel in Italien« für ihr Stück Land und gaben so nebenbei der Stadt ihren Namen.

Attraktives Seebad

Währenddessen stiegen die Grundstückspreise im gleichen Tempo, wie Häuser und Hotels gebaut wurden. Die »**Millionaire's Row**« entstand, eine Reihe repräsentativer Strandhäuser, die heute zur »**Olde Naples**« genannten Altstadt gehören. Hollywood entdeckte den neuen Ort als Winterdomizil, allen voran Greta Garbo, Hedy Lamarr und Gary Cooper, die im damals hippen **Club 41** wilde Parties feierten.

1960 zerstörte Hurrikan »Donna« große Teile der Stadt, doch danach erlebte Naples – auch dank der ausgezahlten Versicherungssummen – einen Bauboom, der außer zahlreichen Hotel- und Apartmentblocks am **Vanderbilt Beach** nördlich von Naples auch viele neue Villen sowie Industrieparks für Hightech- und Dienstleistungsunternehmen entstehen ließ.

ÜBER WASSER GEHEN

Der über 300 m lange **Naples Pier** ist von jeher Treffpunkt von Anglern, Sonnenanbetern und »Beach Bums«. Man kommt leicht ins Gespräch, besonders abends. Ob das an der beruhigenden Allgegenwart des Meeres liegt, an der permanenten Ferienstimmung in Florida oder an beidem, sei dahingestellt. Ist ja auch egal. Der Naples Pier ist einfach schön.

❚ Wohin in Naples?

Flanieren, Shoppen und »Sunset Celebration«

Die »Altstadt« von Naples ist schachbrettartig zwischen Bay und Golf **Olde Naples**
angelegt. Bei den alten Docks südlich der South 5th Avenue schlägt
noch schwach das Herz der Stadt. Wo einst die Fischfabrik stand, steht
heute der **Old Marine Marketplace at Tin City** (1200 5th Ave. S),
ein fotogenes Ensemble aus bunten Lagerhäusern mit Restaurants
und Souvenirläden. Elegant, aber auch ziemlich teuer shoppen kann
man in der noblen **3rd Street** und der noch teureren **5th Avenue**. In
schattigen Seitenstraßen lustwandelt man unter Palmen an emsig be-
wässerten Rasenflächen und tollen Villen vorbei und sammelt Appetit
fürs Abendessen.

Der schönste Treffpunkt am Abend ist der über 300 m weit in den
Golf von Mexiko hinausragende hölzerne **Naples Pier**. Einheimische
angeln hier, Urlauber schauen ihnen dabei über die Schulter, und
über allem schwebt die überall am Golf von Mexiko verbreitete sanfte
Leichtigkeit (▶ links). Die grandiosen, in allen Orange- und Rottönen
schwelgenden Sonnenuntergänge über dem Golf von Mexiko lassen
sich von hier aus besonders gut beobachten.

Die Qual der Wahl – 60 Kilometer Sandstrand

Man hat die Qual der Wahl! In und um Naples gibt es über 60 km
besten Sandstrand. In »Olde Naples« enden alle Straßen in Sichtweite
des zwischen alten Villen schimmernden **Naples Municipal Beach**. **Strände**
Nördlich davon lockt der Strand im **Lowdermilk Park** (Banyan Blvd./
Gulf Shore Blvd.). Der **Clam Pass Beach Park** besteht aus dichtem
Mangrovendschungel, durch den ein längerer Plankenweg über Priele
und Marschen hinweg zu Dünen und einem wunderschönen, naturbelassenen Strand führt. Nördlich schließt der von Luxusherbergen
besetzte, kilometerlange **Vanderbilt Beach County Park** an.
Der auf einer Barriere-Insel gelegene **Delnor Wiggins Pass State
Park** im Norden hat ebenfalls einen herrlichen Strand zu bieten (www.
floridastateparks.org).

Strände: 8 Uhr bis Sonnenuntergang | 6–8 $, Parken 8 $

Schutzgebiet durch Bürgereinsatz

Am östlichen Stadtrand von Naples liegt die Conservancy of South-
west Florida. Hinter dem sperrigen Namen verbirgt sich eine Ge-
schichte über Bürgersinn und rastlose Graswurzelarbeit. 1964 sollte **Conservancy**
eine Straße über die **Rookery Bay** Richtung Ten Thousand Islands **of Southwest**
gelegt werden. Eine kleine Gruppe besorgter Bürger bekam davon **Florida**
Wind und wurde politisch aktiv, um den Bau dieser Straße durch unberührte Marschlandschaft zu verhindern. Am Ende wurde sie nicht
gebaut, die Rookery Bay gerettet und das Gebiet unter Schutz gestellt. Heute ist die Conservancy mit Erfolg in fünf weiteren Counties

aktiv. Vor Ort bietet sie geführte Kajaktouren durch ungestörte Mangrovenwälder, auf denen hervorragend informierte Guides von der Wasserqualität über Öl- und Gasgesetze bis zum Verarzten verletzter Seeschildkröten alle Fragen beantworten.

Conservancy of SW Florida: 1495 Smith Preserve Way
tgl., Mai–Dez. Mo.–Sa. 9.30–16.30 Uhr, 15 $
www.conservancy.org/nature-center

Kunst unter gläserner Kuppel

The Baker Museum
Es wird einer gewissen Überwindung bedürfen, in Naples an Museumsbesuche auch nur zu denken. Die Sonne scheint, die Menschen lächeln, die Strände locken. Doch das Baker Museum (vorm. Naples Museum of Arts) auf dem Artis-Naples Campus, ist nicht nur wegen seiner effektiven Klimaanlage interessant. Die in dem Gebäude mit der gläsernen Kuppel gezeigten Werke der amerikanischen Moderne gehören zu den Highlights, während saisonale Präsentationen von wenig bekannten Picassos bis hin zu den neuesten Talenten Floridas alles zeigen, was die Wahrnehmung reizt und herausfordert.

The Baker Museum: 5833 Pelican Bay Blvd. | bis 2018 geschl.
http://artisnaples.org/baker-museum

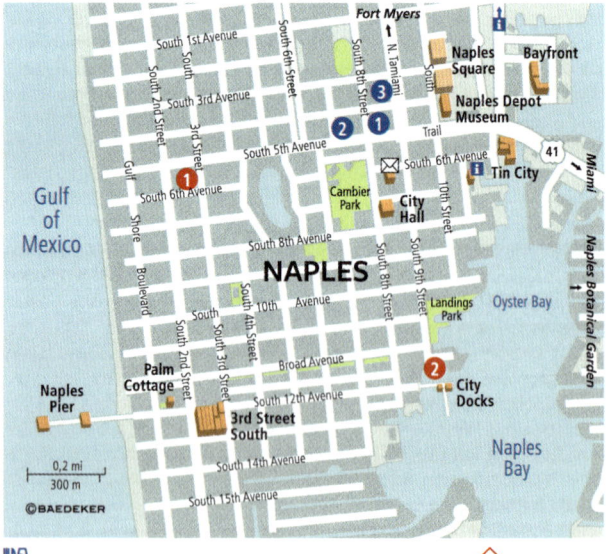

🍴
❶ Chops City Grill
❷ Yabba Island Grill
❸ Brooks Gourmet Burgers and Dogs

⌂
❶ The Escalante
❷ Cove Inn

NAPLES ERLEBEN

NAPLES VISITORS BUREAU

2390 Tamiami Trail N, 210, Naples,
FL 34104 | Tel. 1-239-262-6141
www.paradisecoast.com

❶ CHOPS CITY GRILL €€€€

»Chops« wirbt mit den besten Steaks
in diesem Teil von Florida. Und es
stimmt: Die am Knochen bei kontrol-
lierter Temperatur und Luftfeuchtigkeit gereiften Steaks sind ganz einfach
ein Genuss!
837 5th Ave. S | Tel. 1-239-262-46
77 | www.chopscitygrill.com

❷ YABBA ISLAND GRILL €€€–€€

In diesem für die teure 5th Street vergleichsweise preiswerten Restaurant
ist die ganze Nacht Happy Hour. Wie
man das mit Steak oder Lachs oder
Hummer vereinbart ...
711 5th Ave. S | Tel. 1-239-262-5787
www.yabbaislandgrill.com

❸ BROOKS GOURMET BURGERS AND DOGS €

Wenn schon sündigen, dann wenigstens mit den laut Trip Advisor besten
Hamburgern der USA!
330 9th St. S | Tel. 1-239-262-1127
www.brooksburgers.com

❶ THE ESCALANTE €€€

Vor dem Frühstück ein paar Runden
im Pool im Innenhof drehen? Im
Jacuzzi relaxen, oder doch die paar
Meter zum Strand gehen? Die im
mediterranen Stil errichtete Herberge
ist die schönste Oase in Naples.
290 Fifth Ave. S | Tel. 1-239-659-
3466 | www.hotelescalante.com

❷ COVE INN €€

Das zeitgemäße Boutiquehotel bietet
50 pastellfarbene, modern eingerichtete Zimmer mit Blick auf die in der
Naples Bay dümpelnden Jachten.
900 Broad Ave. S | Tel. 1-239-262-
7161 | www.coveinnnaples.com

Tour de Force durch Natur- und Kulturgeschichte

Prähistorische Jäger umzingeln Mastodons, und Riesenhaie schwimmen dort, wo heute Power Shopping angesagt ist! Das südöstlich des
Stadtzentrums auf der anderen Seite der Naples Bay gelegene Collier
Museum beleuchtet die dramatische Natur- und Kulturgeschichte der
Region seit der Besiedlung durch die indianischen Ureinwohner bis in
die Gegenwart. Im Freigelände sind »**Chickees**« aufgebaut, die typischen Pfahlhütten der **Seminolen**.
3331 Tamiami Trail E | Mo.–Sa. 9–16 Uhr | frei
www.colliermuseums.com

Collier Museum at Government Center

Ein Fest für alle Sinne

Eine wahre Orgie an Farben und Düften erwartet einen in diesem
bemerkenswerten Botanischen Garten! Zu sehen und zu riechen gibt
es Pflanzen aus den Subtropen und Tropen, also von der Karibik
bis hinunter nach Brasilien. Dabei repräsentieren vorbildlich erklärte

Naples Bota-
nical Garden

Themengärten die verschiedenen Regionen. Besonders schön ist der **Water Garden** im Herzen der weitläufigen Anlage: Um einen Teich herum gruppierte Blumen aus aller Welt erinnern an Claude Monets Seerosen-Teich-Gemälde.

4820 Bayshore Dr. | 9–17, Di 8–17 Uhr | 15 $ | www.naplesgarden.org

▎Rund um Naples

Auf Holzbohlen durch unberührte Wildnis

Corkscrew Swamp Sanctuary

Wie viele andere Naturschutzgebiete geht auch dieses auf private Initiativen zurück. 30 mi/48 km nordöstlich von Naples erinnert das wunderbare, von pflanzlichem und tierischem Leben nur so wimmelnde Schutzgebiet daran, wie dieser Teil Florida einst ausgesehen haben muss. Hauptattraktion sind die über 500 Jahre alten, von Farnen, Orchideen und anderen Epiphyten überwucherten **Sumpfzypressen**, die früher überall in den Everglades anzutreffen waren. Im Winter brüten in den Bäumen vom Aussterben bedrohte **Waldstörche**. Die National Audubon Society, Betreiberin des Parks, hat einen 4 km langen Plankenweg verlegen lassen, auf dem man dieses Stück Florida im Urzustand trockenen Fußes und in aller Ruhe erforschen und auf sich wirken lassen kann.

Anfahrt via CR 846, 375 Sanctuary Rd. | tgl. 7–17.30 Uhr | 14 $
http://corkscrew.audubon.org/

An den Stränden von Naples wird es nie langweilig.

★★ OCALA

Region: Central | **Höhe:** 15 m ü. d. M. | **Einwohnerzahl:** 53 500

Fast alle fahren vorbei und verpassen ein Land aus sanften Hügeln, moosbärtigen Eichen und grünen Weiden, auf denen Vollblutpferde grasen. Die Nähe des Entertainment-Riesen ▶ Orlando ist Ocalas Fluch und Segen: Rings um das Zentrum des ländlichen Marion County sieht es noch so aus wie vor der Ankunft von Micky Maus.

Ein Hauptplatz, drumherum eine übersichtliche, **Ocala Historic District** genannte Altstadt und die penibel restaurierte Fort King Street als Vorzeigestraße: Ocala will nicht nur Touristen gefallen, sondern auch seinen Bewohnern. Die meisten stammen von den »Florida Crackers« ab (▶ S. 241), jenen hart arbeitenden, kleinen Farmern, die das Land im 19. Jh. urbar machten und in den Seminolen-Kriegen kämpften.

ländliches Florida

Handfest und bodenständig

Handfest und bodenständig wirkt Ocala, das bereits vor 400 Jahren von Timucuan-Indianern dicht besiedelt war, bis heute. Die Nachfahren der »Crackers« züchteten auf dem fruchtbaren, mit klaren Quellen gesegneten Weideland Rinder und später, als Reiten als Freizeitsport in Mode kam, auch Pferde und ist heute bekannt als Heimat edler Vollblüter und siegreicher **Rennpferde**.

Ocala ist auch als Ausgangsort für erlebnisreiche Ausflüge in die Umgebung zu empfehlen.

Traber und Derbysieger

▌ Wohin in Ocala?

Schöne alte Ziegelhäuser und 5000 Jahre Kunst

Neben der Altstadt, die wegen ihrer schönen alten Ziegelhäuser auch »Brick City« genannt wird, bietet Ocala zwei Museen, die unterschiedlicher nicht sein könnten.

»Brick City«

Am östlichen Stadtrand beherbergt das **Appleton Museum of Art** die fünf Jahrtausende umfassenden Kunstsammlungen eines Industriellen aus Chicago. Die Palette der hochwertigen Ausstellungen reflektiert dessen persönlichen Geschmack und reicht von der griechischen Antike bis zu ethnologischen Sammlungen aus Afrika. Die Wanderausstellungen dagegen greifen auch interessante und kreativ inszenierte Nischenthemen auf.

Appleton Museum of Art: 4333 E Silver Springs Blvd.
Di.–Sa. 10–17, So. 12–17 Uhr | 10 $ | www.appletonmuseum.org

»Swamp Rats« und Oldtimer

Don Garlits Museum of Drag Racing

Im südlichen Vorort **Belleview** lockt das Don Garlits Museum of Drag Racing als durch und durch amerikanisches Museum Besucher an. Es ist dem Paten dieses Hochgeschwindigkeitssports gewidmet. Der bekannteste Dragster-Pilot der USA hat hier seine legendären, »Swamp Rats« genannten Rennwagen ausgestellt. Zu sehen ist u. a. das Gefährt, mit dem er im Jahr 2002 eine Geschwindigkeit von 323.04 mi/520 km/h erreichte.

Und wer sich für Automobil-Oldtimer begeistern kann, kommt im **Museum of Classic Automobiles** gleich nebenan voll auf seine Kosten.

Don Garlits Museum of Drag Racing & Museum of Classic Automobiles: 13700 SW 16th Ave. | tgl. 9–17 Uhr | 20 $ | www.garlits.com

OCALA ERLEBEN

OCALA/MARION COUNTY CVB
112 N Magnolia Ave., Ocala, FL 34475 | Tel. 1-352-438-2800 www.ocalamarion.com

PFERDEAUKTIONEN
Die Versteigerungen im Southeastern Livestock Pavilion sowie im Ocala Breeders Sales Complex -ziehen Kunden, Fans und Schaulustige aus aller Welt an. Beim Publikum beliebt sind auch die Veranstaltungen im Rahmen der »Horse Shows in the Sun«.
Florida Agriculture Center and Horse Park: 11008 S Hwy. 475 http://flhorsepark.com
HITS Past Time Farm: 13710 Hwy. 27 | www.hitsshows.com/ocala

HORSE & HOUNDS €€
Very English – yes indeed. Mit Fish & Chips und »Ploughman's Lunch«.

Aber es kommen auch »Crab Cakes« auf den Tisch, gute Salate, Suppen und Steaks vom Grill.
6998 NW US-27
Tel. 1-352-620-2500 | www.horseandhoundsrestaurant.com

BIG LEE'S SERIOUS BARBECUE €€–€
Big Lees von Sonnenschirmen und Picknickbänken umgebener Foodtruck ist für hiesige und auswärtige BBQ-Fans das Zentrum der Galaxis.
3925 SE 45th Court
Tel. 1-352-304-9105
www.mybigleesbbq.com

HAMPTON INN & SUITES €€€
Gepflegte Herberge der zur Hilton-Gruppe gehörenden Hotelkette; mit 101 geräumigen und gut ausgestatteten Zimmern, Swimmingpool sowie diversen Fitness-Einrichtungen.
3601 SW 38th Ave.
Tel. 1-352-867-0300
http://hamptoninn3.hilton.com

Rund um Ocala

Durchs Land der Pferde zum Orange Lake

Ein reizvoller Ausflug führt von Ocala aus auf der CR 475 nordwärts zum Orange Lake. Unterwegs fährt man am Zentrum der Vollblutzucht in Florida entlang. Welliges **Hügelland** und viele Meilen lange Zäune zwischen Straßen und immergrünen Weiden prägen das Landschaftsbild ebenso wie Bauminseln mit Jahrhunderte alten und mit Spanisch-Moos behängten Lebenseichen. Dazwischen liegen recht fotogene Farmen und Gestüte wie aus Pferdefilmen wie »Der Pferdeflüsterer« und »Secretariat«.

Schließlich erreicht man den rund 50 km² großen **Orange Lake**, den Sportangler wegen seiner fetten Barsche schätzen.

Zentrum der Vollblutzucht

Natur-Themenpark um eine artesische Quelle

Wenige Meilen östlich von Ocala erreicht man einen der attraktivsten Orte der Region. Bereits im 19. und frühen 20. Jh., als noch Raddampfer auf dem Silver River verkehrten, zog dieser **Quelltopf** mit seinem etwa 23 °C warmen Wasser Besucher an. Mit bis zu 23 m³/sec. Schüttung gehört er zu den stärksten artesischen Brunnen der Erde. (Mit dieser Menge könnte die gesamte Stadt New York problemlos versorgt werden.) Auf dem Quellteich bzw. auf dem von insgesamt 17 Quellen gespeisten Silver River verkehren **Glasbodenboote**, von denen aus man die exotische Unterwasserwelt betrachten kann. Schon mehrfach waren die Silver Springs Kulisse für Spielfilme. Hier wurden bis 1942 mehrere Tarzan-Filme mit Johnny Weissmuller gedreht und 1982/1983 auch die Tauchszenen für den James-Bond-Film »Sag' niemals nie« aufgenommen.

Um die Silver Springs ist inzwischen ein Vergnügungspark mit vielerlei Attraktionen entstanden. Während einer »**Fort King River Cruise**« oder Wanderung auf dem **Wilderness Trail** lernt man ein Stück ursprüngliches Florida kennen. Es gibt hier auch eine Alligatoren- und Schlangenschau, einen Botanischen Garten und diverse Fahrgeschäfte. Und wer noch nicht genug Trubel gehabt hat, kann sich im benachbarten Erlebnisbad **Silver Springs Wild Waters** austoben.

1425 NE 58th Ave., Ocala | tgl. 8 Uhr bis Sonnenuntergang | Fußgänger 2 $, Pkw 8 $ | www.floridastateparks.org/park/Silver-Springs

★ **Silver Springs State Park**

Das grüne Herz Zentralfloridas

Östlich von Silver Springs liegt der 1330 km² große, 1908 gegründete Ocala National Forest. Hier ist noch ein Stück der für Zentralflorida einst typischen Waldlandschaft erhalten. Charakteristisch sind Pinienbestände auf sandigen Standorten, die wie Inseln aus dem »**Big Scrub**« genannten dichten Buschland herausragen. In den Niederungen dominieren Sumpfzypressen. Hartholz-Bauminseln (Hammocks) mit Magnolien, Eichen, Lorbeerbäumen und Palmen setzen ansehnliche

★★ **Ocala National Forest**

Akzente. Der Wald ist auch Rückzugsgebiet für viele Tierarten: Außer Schlangen, Alligatoren und Waschbären streifen hier noch Schwarzbären und **Florida-Pumas** umher. Natürlich gibt es auch Federvieh, mitunter kann man **Weißkopfseeadler** beobachten.

Wegen seiner zahlreichen Seen, Quelltöpfe und ziemlich langsam dahin mäandernden Flüsse ist das Waldgebiet ein Paradies für Camper, Paddler, Taucher und andere Outdoor-Enthusiasten geworden. Fitte Wanderer, die mit Floridas Wildtieren vertraut sind, kommen auf dem 62 mi/100 km langen **Ocala Hiking Trail** auf ihre Kosten. Wunderschöne Flecken sind **Juniper Springs**, **Alexander Springs** und **Salt Springs**. Hier gibt es Campingplätze, Kanuverleih, Lehrpfade und andere touristische Einrichtungen.

Ocala National Forest: tgl. 8 Uhr bis Sonnenuntergang
mehrere Informationszentren (s. Website) | www.fs.usda.gov/ocala

★★ ORLANDO

Region: Central | **Höhe:** 32 m ü. d. M. | **Einwohnerzahl:** 238 000
(Metropolitan Area: über 2 Mio.)

○ 5/6

Über 68 Mio. Besucher jährlich, gut 500 Hotels, zirka 120 000 Gästezimmer, Tendenz weiter steigend. Endlose Schlangen vor den Attraktionen, telefonbuchdicke Anzeigenbroschüren mit »Special Offers«. Den Neuankömmling kann Orlando durchaus überwältigen. Doch selbst wer gegen Mäuse allergisch ist, sollte die Welthauptstadt des Vergnügens zumindest gesehen haben.

Orlando ist ein durch und durch amerikanisches Märchen. Selbst wer auf der I-4 einfach nur durchfährt, weiß schnell, worum es darin geht. Büro-, Apartment- und Hoteltürme in allen Farben säumen den vielspurigen Asphaltstreifen. Digitale Werbeflächen werben für Disney, Burger King und Zahnarztpraxen. Nur knappe vier Jahrzente brauchte die Stadt, um sich von einem verschlafenen Nest im Herzen Floridas in eine Milliarden Dollar im Jahr erwirtschaftende Geldmaschine zu verwandeln. Und ein Ende des Booms ist nicht abzusehen. Selbst das Hurrikan-Jahr 2004, als Orlando den Wirbelstürmen im Weg war, und das 49 Menschenleben fordernde Massaker im »Pulse«-Nachtklub im Juni 2016 vermochten den Betrieb nicht aufzuhalten.

Amerikanisches Märchen

Eine Milliarden-Dollar-Geldmaschine

Die Anfänge Wurde Orlando etwa nach dem Hollywood-Schönling Orlando Bloom benannt? Möglich wäre es, schließlich wohnt hier die berühmteste

Wie aus der Zuckerbäckerei oder direkt aus einem Kleinmädchentraum:
das Café Montmartre in den Universal Studios (▶ S. 217)

Maus der Welt. In diesem Fall jedoch verhält es sich doch etwas anders. Einer der vielen Theorien zufolge wurde die Stadt nach Orlando
Reeves benannt. Der Fähnrich wurde hier 1836 von Seminolen getötet, als er seine Kameraden mit einem Warnschuss weckte. 1843 bauten die Brüder Aaron und Isaac Jernigan am Lake Holden eine **Ranch**
und einen **Handelsposten**, der weitere Siedler anzog. In den 1860er-
Jahren war die Gegend bereits von Ranches und Baumwollplantagen
bedeckt.

Ein gewisser William Holden legte 1875 den ersten **Orangenhain**
an. 1880 kam die Eisenbahn – und mit ihr die ersten **Touristen**, die in
feinen Hotels an der Orange Avenue abstiegen und sich an den 54
Seen innerhalb der Stadtgrenzen erholten. 1929 ließ eine Fruchtflie-
genplage die Zitrusindustrie zusammenbrechen.

Dann kam die Depression. Der Zweite Weltkrieg half, die bisherige
Monokultur zu diversifizieren, und bis Anfang der 1960er-Jahre hatte
sich – angeschoben von Kaltem Krieg und Weltraumindustrie im nahen ▶ Cape Canaveral – die **Luftfahrtindustrie** samt Zubringern in
Orlando angesiedelt. Mitte der 1960er-Jahre erlebte Orlando die
wichtigste Transaktion seiner Geschichte: **Walt Disney**, der »Vater«
von Mick(e)y Maus und Donald Duck (▶ Baedeker Wissen, S. 296),
ließ südwestlich der Stadt Land für sein geplantes Mega-Resort aufkaufen. Kaum wurde die Transaktion öffentlich, schossen die Immobilienpreise in astronomische Höhen.

Entertainment-Hauptstadt der Welt

Rasant ins
nächste Jahr-
tausend

Orlando erlebte einen noch nicht dagewesenen Landboom. Am 1. Oktober 1971 eröffnete ▶ **Walt Disney World's** Magic Kingdom seine Pforten. Dieser Vergnügungspark setzte neue Maßstäbe in der Vergnügungsindustrie und machte Orlando in den nächsten Jahrzehnten zur Entertainment-Hauptstadt nicht nur der USA, sondern der Welt. Weitere Themenparks kamen hinzu, allen voran die **Universal Studios** (▶ S. 217) und **SeaWorld Orlando** (▶ S. 216), Disneys härteste Konkurrenten. Das rasante Tempo infizierte die Stadt selbst. Zu Beginn des 3. Jahrtausends zählte Orlando zu den am schnellsten wachsenden Metropolen der USA. Für einen vorübergehenden Einbruch sorgte die seit 2007 schwelende Finanzkrise. Doch auch sonst ist die Stadt in aller Munde: Als Hightech-Standort und als Heimat des erfolgreichen NBA-Basketball-Teams »**Orlando Magic**«. Die Vorliebe für Grünflächen hat sie sich bei allem Wandel indessen bewahrt. 47 Stadtparks mit alten Eichen und schönen Seen schützen das Nervenkostüm der der Einwohner – und auch das so mancher Besucher.

▌ Spaß total: Die Themenparks

Die »Nabelschnur« der Themenparks

International
Drive

Der 18 km lange International Drive südwestlich von Downtown ist die Nabelschnur, an der fast alle Themenparks hängen. Den Beinamen »Orlando's Most Dynamic Destination« trägt er zu Recht. Weit über 100 zum Teil **spektakuläre Hotels** säumen die ihn begleitenden Straßen, Fuß- und Radwege, hinzu kommen drei Mega-Themenparks sowie eine Unmenge kleinerer Vergnügungseinrichtungen, gut 150 Restaurants, rund 500 Designerläden, Kaufhäuser und Factory Outlets und mehrere Entertainment-Komplexe. Wer die Wahl hat, hat die Qual!
www.internationaldriveorlando.com

Der wohl exklusivste Wasserpark

Discovery
Cove

Zu den ungewöhnlichsten Attraktionen gehört zweifellos das Resort Discovery Cove, ein SeaWorld-Tochterunternehmen. Drei Dutzend **Delfine** tummeln sich in einer weitläufigen, von tropischem Wald umgebenen **Lagune**. Gegen Aufpreis darf man mit ihnen schwimmen. Das Gästelimit von nur 1300 Besuchern pro Tag garantiert, dass man die Begegnung mit den Delfinen in aller Ruhe genießen kann. Weitere Attraktionen, darunter Schnorcheln an einem **Korallenriff** und in einem tropischen Fluss, beide von Schwärmen bunter Fische bewohnt, sind im hohen Eintrittspreis miteingeschlossen.
6000 Discovery Cove Way | tgl. 9–17 Uhr | verschiedene Angebote, Tagestickets (inkl. Mahlzeiten, Getränke) 244–488 $, Einlass nur mit Reservierung (mind. 30 Tage vorher) Tel. 1-407-513-4600 | www.discoverycove.com

ORLANDO ERLEBEN

ORLANDO OFFICIAL VISITOR CENTER
8102 International Dr., Orlando, FL 32819 | Tel. 1-407-363-5872
tgl. 8–21 Uhr
www.visitorlando.com

ORLANDO INTERNATIONAL AIRPORT
Der Flughafen liegt ein paar Meilen östlich vom Stadtzentrum. Alle Vergnügungsparks und Hotels können problemlos mit **Shuttlebussen** erreicht werden. **Linienbusse** verkehren den ganzen Tag über in kurzen Intervallen zwischen Flughafen und Downtown Orlando.
www.orlandoairports.net

PARKS UND PREISE
Ein Besuch der Vergnügungsparks ist nicht gerade billig. Andererseits schließen die Preise die Benutzung bzw. den Besuch aller Achterbahnen, Shows und sonstigen Attraktionen ein. Einige Preisvorstellungen: Tagestickets für SeaWorld kosten ab 80 $ (Erw.) und für Universal Studios 124 $ (Erw.). Preiswerter wird es, wenn man einen **Mehrtagespass** kauft.

Der Raum Orlando verfügt über das effiziente **Busliniennetz LYNX**, das auch die großen Vergnügungsparks miteinschließt. Darüber hinaus bieten Taxi-, Kleinbus- bzw. Van- und Limousinen-Unternehmen ihre Dienste an.
www.transcityguide.com/orlando/lynx.php

Wie es sich für ein Touristenziel dieser Größe gehört, gibt es in Orlando jede Menge Outlets. Hier eine Auswahl:

INTERNATIONAL PREMIUM OUTLETS
4951 International Dr. | 10–23 Uhr
www.premiumoutlets.com/outlet/orlando-international/stores

VINELAND PREMIUM OUTLETS
8200 Vineland Ave. | 10–23 Uhr
www.premiumoutlets.com/outlet/orlando-vineland

THE FLORIDA MALL
Rund 260 Spezialgeschäfte und einer der besten Food Courts weit und breit.
8001 S Blossom Trail | 10–22 Uhr
www.simon.com/mall/the-florida-mall

ORLANDO FASHION SQUARE
3201 E Colonial Dr.
Mo.–Sa. 10–21, So. 11–18 Uhr
www.orlandofashionsquare.com

❶ CHRISTINI'S RISTORANTE ITALIANO €€€€
Chris Christini hat fast vier Jahrzehnte jeden Gast persönlich begrüßt. Wer also gute alte Gastlichkeit schätzt – und traditionelle italienische Rezepte in konservativem Ambiente – ist hier genau richtig.
7600 Dr. Phillips Blvd. | Tel. 1-407-545-6867 | www.christinis.com

❷ CAFÉ TU TU TANGO €€
Steinofen-Pizza, Fisch, Meeresfrüchte und auch Vegetarisches.
8625 International Dr.
Tel. 1-407-248-2222
http://cafetututango.com

❸ DEXTERS OF THORNTON PARK €€

Draußen sitzen ist obligatorisch in diesem schönen Bistro-Restaurant unweit des Lake Eola. Leute-Gucken, dazu Tortillas, frische Pasta und tolle Sandwiches, lässt die Zeit noch schneller vergehen.
Thornton Park, 808 E Washington St. | Tel. 1-407-648-2777
www.dextersorlando.com

❹ BRIARPATCH €

Seit fast 40 Jahren gibt es hier solides Frühstück und Mittagessen. Sehr empfehlenswert: Eggs Benedict und die selbst gemachte Eiscreme!
Winter Park, 252 Park Ave. N
Tel. 1-407-628-8651 | www.the briarpatchrestaurant.com

❺ NUMERO UNO €

Dunkles Gestühl, weiße Tischdecken und historische Fotos, und die aktive Klimaanlage spielt dazu: In diesem kubanischen Restaurant ist die Zeit irgendwann in den 1950er-Jahren stehen geblieben. Kubas traditionelle »Moros y Cristianos« (Schwarze Bohnen mit Reis) schmecken da umso besser.
Downtown, 2499 S Orange Ave.
Tel. 1-866-495-7187 | http://numero-uno-restaurant.com

❶ EO INN & URBAN SPA €€€

In dem modernen Boutique-Hotel am Lake Eola fühlt man sich sofort wohl. Der schöne Wellness-Bereich hilft dabei; außerdem kann man einen hübschen Blick auf den Lake Eola genießen.
Thornton Park, 227 N Eola Dr.
Tel. 1-407-481-8485
www.eoinn.com

❷ THE COURTYARD AT LAKE LUCERNE €€€

Wie eine stille Oase im Großstadt-trubel: Das am Lake Lucerne liegende Courtyard bietet viktorianisch einge-richtete Zimmer, eine Veranda mit Schaukelstühlen und einen wunder-baren, oft für Hochzeiten genutzten Garten.
211 N Lucerne Circle E
Tel. 1-407-648-5188
www.orlandohistoricinn.com

❸ BEST WESTERN ORLANDO GATEWAY €€

Nur Minuten zum totalen Fun: Die Nähe zu den Themenparks ist das eine Plus dieser für Orlando preis-werten Herberge. das andere sind die modernen, funktional einge-richteten Zimmer und der Pool im Innenhof.
7299 Universal Blvd. (östl. des International Dr.) | Tel. 1-407-351-5009 | www.bestwestern.com

❹ QUALITY INN & SUITES €€–€

In Amerika wird solch ein Hotel »crash site« genannt. Auch dieses ist sauber, gesichtslos-modern und eignet sich vor allem zum Ausruhen vom Trubel bei Micky & Co.
7495 Canada Ave. (Nähe Inter-national Dr.) | Tel. 1-407-351-7000
www.choicehotels.com/florida/orlando

🍴🍷		🏠
❶ Christini's Ristorante Italiano	❸ Dexters of Thornton Park	❶ Eo Inn & Urban Spa
❷ Café Tu Tu Tango	❹ Briarpatch	❷ The Courtyard at Lake Lucerne
	❺ Numero Uno	❸ Best Western Orlando Gateway
		❹ Quality Inn & Suites

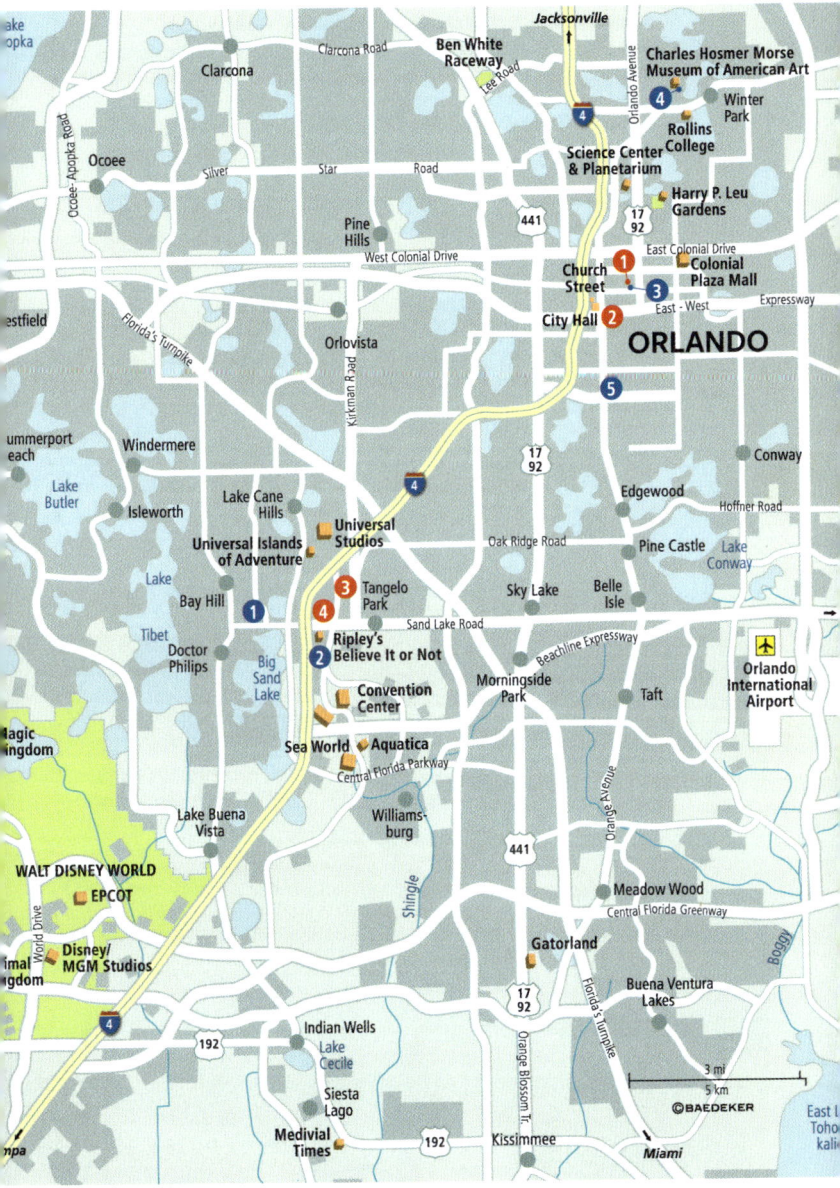

Spektakuläre Schiffshavarie im Spiegel Hollywoods

Titanic – The Experience

Von der berühmten Freitreppe, auf der Leonardo DiCaprio alias Jack Dawson im legendären Kino-Hit wandelte, bis zu originalem Deckgestühl und vergilbten Originalfotos: Hier können sich Hardcore-Fans nicht nur an **Hollywood-Memorabilien**, sondern vor allem auch an echten, aus der düsteren Tiefe des Nordatlantiks geborgenen Titanic-Teilen berauschen.

7324 International Dr., tgl. 10–18 Uhr | Tel. 1-407-248-1166 | 22 $
www.titanictheexperience.com

Ultimativer Wasserspaß am Fuß eines »Vulkans«

Volcano Bay

Nachts fließt Lava, tagsüber rauschen Wasserfälle: Im Mittelpunkt dieses im Frühjahr 2017 von Universal eröffneten Wasser-Themenparks steht ein 61 m hoher Vulkan namens Krakatau. Gäste können u. a. auf einer **Krakatau Water Coaster** genannten Wasserrutsche durch das Herz des Vulkans rasen und sich, wenn sie besonders mutig sind, die 38 m hohe, fast senkrechte Rutsche **Ko'okiri Body Plunge** hinabstürzen.

6000 Universal Blvd. | variabel, tgl. 8/10–18/20 Uhr, Tageskarte: 70 $
www.universalorlando.com/web/en/us/theme-parks/volcano-bay/index.html

Wie im Paradies fühlen kann man sich im Volcano Bay um den bizarren Vulkan Krakatau – die Lava ist nur Wasser.

Atemberaubende Rutschpartien

Ein Superlativ in der feuchtfröhlichen Welt der Wasservergnügungs-parks, made by SeaWorld 2008: 36 Wasserrutschen, künstliche Flüsse und Lagunen, und alle zu dem einen Zweck, ihre Gäste so richtig nass zu machen! **The Dolphin Plunge** ist die beliebteste Attraktion, mit zwei parallelen transparenten Röhren, in denen man durch eine Lagune flitzt, vorbei an vier Commerson-Delfinen, die mit ihrer hell-dunklen Zeichnung Orcas, den Wappentieren von SeaWorld, ähneln.

⭐ Aquatica

5800 Water Play Way | variabel, tgl. 9/10–18/22 Uhr | 40 $
www.aquaticabyseaworld.com

Ein in jeder Hinsicht »schräges« Museum

Schrumpfköpfe, ein echtes Besteck zum Töten von Vampiren und (wirklich funktionierende!) Fruchtbarkeitsstatuen: Orlandos bizarrste Ausstellung hält, was das – im wahrsten Sinne des Wortes – schräge Gebäude verspricht!

Ripley's Believe it or Not!

8201 International Dr. | tgl. 9.30–24 Uhr | 20 $
www.ripleys.com/orlando/

▌ Wohin in Downtown Orlando?

Bummeln und Shopping vor eindrucksvoller Skyline

Orlandos schachbrettartig gegliedertes Stadtzentrum bestand lange aus der für amerikanische Großstädte üblichen Versammlung moder-ner Bürotürme. In den letzten Jahren hat sich die Innenstadt deutlich belebt. Restaurants, Cafés, verkehrsberuhigte Straßen und kulturelle Angebote haben das einst verödete Zentrum attraktiver gemacht. Dabei ist nicht ganz unwichtig, dass Orlando mit über 100 000 Studen-ten und vielen jungen Beschäftigten im Dienstleistungs- und Hightech-Bereich eine fast junge Stadt geworden ist.

Attraktives Stadt-zentrum

Hauptgeschäftsstraße ist die **Orange Avenue**. Hier setzen einige Gebäude Akzente, darunter die postmoderne, 1992 eingeweihte **City Hall**.

www.downtownorlando.com

Vor und nach der Micky Mouse

Einen zweiten Blick lohnen die im säulenbewehrten **County Court-house** (ehem. Bezirksgericht) untergebrachten Ausstellungen des Orange County Regional History Center. Unterhaltsam inszeniert, be-handeln sie die Regionalgeschichte. Beachtenswert sind die Dokumen-tation über die afro-amerikanische Geschichte in Zentralflorida sowie die Ausstellung »**Walt Disney World**«, die sich mit den Veränderun-gen seit dem Erscheinen von Walt Disney in der Region beschäftigt.

Orange County Regional History Center

65 E Central Blvd. | Mo.–Sa. 10–17, So. ab 12 Uhr | 8 $
www.thehistorycenter.org

Wohin in Loch Haven Park?

Kontrapunkt zum Trubel auf der anderen Seite

Drei Seen, drei Museen

Wie stark Orlandos Image als Entertainment-Hauptstadt ist, erkennt man auch daran, dass ein Ort wie **Loch Haven Park** überrascht, ja irrititiert. Auf der I-4 gelangt man in wenigen Minuten dorthin. Denn mit seinen drei Seen, seinen weitläufigen Anlagen sowie drei Museen und dem **Orlando Repertory Theater** (1001 Princetown St.; www.orlandorep.com) ist Loch Haven nicht nur ein kulturelles Zentrum der Region, sondern ein stiller Kontrapunkt zum Trubel auf der anderen Seite der Stadt.

www.cityoforlando.net/parks/loch-haven-park

Amerikanische Kunst und Exponate zum Anfassen

Orlando Museum of Art

So viel Grün entspannt und macht den Besuch des schönen **Orlando Museum of Art**, das sich vor allem auf amerikanisches Kunstschaffen seit dem 19. Jh. sowie auf afrikanische Kunst konzentriert, zu einem ganz besonderen Vergnügen.

Keine Probleme damit, die unterschiedlichsten Themenbereiche unter einem Dach zu vereinen, hat das unterhaltsame **Orlando Science Center**. In interaktiven, aufwendig inszenierten Ausstellungen, bei denen Besucher jeden Alters selbst planen und bauen können, geht es um Dinosaurier und Marskanäle, den menschlichen Körper und die Landschaftsformen Floridas.

Orlando Museum of Art: 2416 N Mills Ave. | Di.–Fr. 10–16, Sa., So. ab 12 Uhr | 15 $ | www.omart.org
Orlando Science Center: 777 E Princeton St. | Do.–Di. 10–17 Uhr 21 $ | www.osc.org

Blütenpracht von Rosen, Kamelien und Orchideen

Harry P. Leu Gardens

Wer hingegen Kultur Kultur sein lässt und geradewegs die Harry P. Leu Gardens ansteuert, braucht sich dessen nicht zu genieren. Dieser wirklich märchenhafte Rosengarten zeigt über 1000 verschiedene, das ganze Jahr über blühende Arten. Ferner gibt es hier die **größte Kameliensammlung der USA** sowie schöne, schwer duftende Magnolien-, Orchideen- und Azaleen-Pflanzungen. Eine besondere Attraktion ist der **Butterfly Garden**, in dem man bunte Schmetterlinge aus aller Welt beobachten kann.

Das **Leu House Museum**, einst Wohnhaus der Leus, beschäftigt sich mit dem Namensgeber. Harry P. Leu, mit dem Vertrieb von Industriemaschinen reich geworden, pflegte sein Geld in Reisen zu stecken – und Pflanzen und Saatgut aus aller Welt für seinen Garten daheim in Orlando mitzubringen.

Harry P. Leu Gardens: 1920 N Forest Ave. | tgl. 9–17
Leu House Museum: Führungen (halbstdl.) tgl. 10–15.30 Uhr 10 $ | www.leugardens.org

Wohin in Winter Park?

Entspanntes Leben im vornehmsten Viertel der Stadt

Auch **Winter Park** liegt im Schatten der Maus. Doch die nordöstlich zwischen Maitland und Orlando liegende Gemeinde floriert nicht schlecht. Sie wurde 1885 von reichen Geschäftsleuten aus Neuengland, die sich zur Winter Park Company zusammenschlossen, auf dem Reißbrett entworfen. Sie war der erste geplante Ferienort Floridas, ihre Hauptstraßen säumen Galerien, Museen, Golfplätze und zahlreiche Einrichtungen, die zum Freizeitvergügen und zur Erholung ihrer Einwohner dienen.

Dank dem berühmten **Rollins College**, der ältesten Universität Floridas, gibt es hier eine kleine aber feine kulinarische Szene, verträumte Alleen zum Lustwandeln und nette Straßencafés, die ebenso gut auch in San Francisco sein könnten.

Winter Park wirkt wohlhabend, aber nicht in kaltem Luxus erstarrt wie Palm Beach. Der Ort ist fußgängerfreundlich. Da bleiben die Luxuskarossen zuhause, und man begegnet einander entspannt im Hier und Jetzt.

Verträumte Alleen, nette Cafés

Künstlerresidenz und Azaleengarten

Ein schöner Rahmen also für Kunstgenuss. So zeigen die Albin Polasek Museum & Sculpture Gardens in lichtdurchfluteten Hallen und palmenbestandenem Garten das Lebenswerk des tschechischstämmigen Künstlers **Albin Polasek** (1879–1965), der in den USA eine steile Karriere als Bildhauer machte und in diesem Haus seine letzten Lebensjahre verbrachte.

Nicht minder inspirierend: ein Spaziergang durch die **Kraft Azalea Gardens** (1365 Alabama Dr.) am **Lake Maitland**, wo Tausende Azaleen und verschiedenen Palmenarten gedeihen.

Albin Polasek Museum & Sculpture Gardens

Albin Polasek Museum & Sculpture Gardens: 633 Osceola Ave. Di.-Sa. 10–16, So. ab 13 Uhr | 5 $ | www.polasek.org

Größte Sammlung bunter Tiffany-Glaskunst

Das an der Flanierstraße von Winter Park liegende Museum beherbergt die weltweit umfangreichste Sammlung von Arbeiten des Künstlers und Designers **Louis Comfort Tiffany** (1848–1933). Seine Werke zählen zu den originellsten Schöpfungen des Jugendstils. Zahlreiche Gemälde, Glasfenster, Lampen u. Ä. stammen aus dem früheren Wohnhaus des Künstlers in New York City.

Auch andere wichtige Jugendstil-Künstler sind vertreten, darunter der französische Kunsthandwerker **Emile Gallé**, der amerikanische Maler und Schriftsteller **John LaFarge** und der Architekt **Frank Lloyd Wright**.

★ *Charles Hosmer Morse Museum of American Art*

445 Park Ave. N | Di.-Sa. 9.30–16, So. ab 13, Nov.-April Fr. bis 20 Uhr 6 $ | www.morsemuseum.org

Mitten im Meer zwischen Korallen und Haien und doch ganz trocken: im Acryglas-Tunnel im SeaWorld

⭐⭐ SeaWorld Orlando

Wasser-Themenpark der Superlative

Aquarium,
Turtle Trek,
Shamu
Stadium und
»Thrill
Rides«

Via International Drive erreicht man diesen 10 mi/16 km südwestlich von Downtown Orlando liegenden, großartigen Themenpark. Ständig verbessert und erweitert, umfasst er ein imposantes **Meerwasseraquarium**, ein künstliches **Riff** mit Schwärmen bunter Korallenbewohner, Becken für **Stachelrochen**, ein **Delfinarium**, Anlagen für Pinguine, Robben und Otter sowie einen **Flamingogarten**.

Seit Jahren die Publikumsrenner sind Vorführungen mit dressierten **Delfinen und Schwertwalen** (Orkas, »Killer-Wale«), die allerdings nach erfolgreichen Protesten von Tierschützern 2019 eingestellt werden sollen. Das Schöne an diesem Park ist der Verzicht auf Reizüberflutung.

Im Bereich **Turtle Trek** lassen sich neben Schildkröten auch Seekühe aus der Nähe beobachten. Für die meisten Florida-Reisenden ist dies eine gute Gelegenheit, diese bedrohten Tiere in aller Ruhe zu betrachten.

Das **Manta Aquarium** ist atemberaubend: Besucher können in einem Acrylglas-Tunnel hindurch spazieren und **Rochen**, **Barrakudas** und andere Meereslebewesen an sich vorbeiziehen lassen.

Dies wäre nicht Orlando, gäbe es nicht auch Achterbahnen und allerlei andere »Thrill Rides«, allen voran den **Mako**, die derzeit höchsten und schnellste Achterbahn in Orlando!

7007 SeaWorld Dr. (Anreise via I-4, Exit 72)
(variabel) tgl. 9–19/22 Uhr | ab 80 $ | www.seaworld.com

★★ Universal Orlando

Aufstieg zum schärfsten Disney-Konkurrenten

Alles kracht, explodiert, fliegt in die Luft. Universal Orlando, ein Ableger der Universal Studios in Hollywood, setzt voll auf »Action«. Der Park bietet einige der besten Hightech-Attraktionen überhaupt. 1990 begann Universal in Orlando mit den **Universal Studios** (▶ unten). Nach holperigen Anfängen erkämpfte sich der auf Hollywood-Themen spezialisierte Park seinen Platz neben der ▶ Walt Disney World.

Voll auf »Action«

Mit Hilfe kreativer, von den Disney-MGM Studios zu Universal Orlando übergelaufener Köpfe wurde wenige Jahre später ein zweiter Themenpark konzipiert und umgesetzt. 1999 eröffneten **Universal Islands of Adventure** (▶ S. 218), eine auf Jugendliche und Erwachsene zielende, ebenfalls von Hollywoods Blockbustern inspirierte Tour de Force der haarsträubendsten Achterbahnen und verrücktesten technischen Effekte.

Mit dem Universal **City Walk**, einer im gleichen Jahr eröffneten, beide Parks verbindenden Unterhaltungszone für Erwachsene mit Kinos, Shows, Bars und Restaurants, profilierte sich Universal auch als Ziel für ältere Besuchergruppen.

6000 Universal Blvd. | (variabel) tgl. 9–19/22 Uhr, zu besonderen Anlässen auch bis 24 Uhr | Tagesticket ab 110 $
www.universalorlando.com

»Ride the Movies« – Kinofilme hautnah erleben

Das kennt man doch? Beim Bummel über das Gelände begegnen einem berühmte Filmkulissen. Hier wurden Szenen von »**Ghostbusters**« gedreht, dort die Außenaufnahmen von »**Blues Brothers**« und diverser Mafia-Filme. Insgesamt sind die Kulissen von über drei Dutzend Filmproduktionen hier aufgebaut, darunter auch das aus dem Hitchcock-Klassiker »**Psycho**« bekannte Norman-Bates-Haus. Neueste Digitaltechnik, Hightech-Simulatoren, Geruchsdüsen und im Eselsgalopp auf und ab ruckelnde Sitze produzieren in »**Shrek 4-D**« ein Event, bei dem man Shrek, Prinzessin Fiona und Donkey auf neue

Universal Studios

Abenteuer begleitet. »**Revenge of the Mummy**«, stürzt den Besucher zunächst in tiefste Finsternis, um ihn dann – mit Hilfe allerneuester, teils eigens entwickelter Technologien und jeder Menge sprechender Mumien und krabbelnder Skarabäen – auf die schrecklichste Reise seines Lebens zu schicken.

»Thrill Rides« – Mekka für Adrenalin-Junkies

Universal Islands of Adventure

Achterbahnen brettern, Menschen schreien und quieken, und auch hier kracht und rummst es, als gäbe es kein Morgen: Willkommen in Islands of Adventure, dem Mekka für Adrenalin-Junkies! Der Park, an dessen Gestaltung kein Geringerer als der legendäre Steven Spielberg mitgewirkt hat, weckt in inzwischen acht Themenbereichen u. a. Dinosaurier, King Kong und die Welt von Harry Potter & Co. zum Leben und bietet mit Respekt einflößenden Achterbahnen, die auf Amerikanisch viel treffender »Thrill Rides« heißen, nahezu jährlich das Allerneueste in Sachen Unterhaltungstechnologie.
Diese kann man vor allem in den Themenbereichen »**Marvel Super Hero Island**« und »**The Lost Continent**« ausprobieren. Beispielsweise rast der »**Incredible Hulk Coaster**« mit bis zu 90 km/h durch magenumdrehende Schleifen und Loopings. Die Hängebahn-Konstruktion »**Dragon Challenge**« besteht aus zwei ineinander gewundenen Spiralen, in denen die Hänger immer wieder aufeinander zu und nur wenige Zentimeter aneinander vorbei rasen. Nichts für schwache Nerven und Mägen ist auch »**Doctor Doom's Fearfall**«: Wie bei einem Raketenstart wird man in einem Schacht fast 60 m nach oben »geschossen«, um kurz darauf – praktisch im freien Fall – zum Ausgangspunkt zurückzukehren.
Ein absoluter Leckerbissen für Achterbahn-Fans ist »**The Amazing Adventures of Spider-Man**«. Mit 3-D-Brille auf der Nase erlebt der Besucher, wie sein Wagen zunächst durchgeschüttelt wird, um dann mittels computergesteuerter Bewegungseffekte und dreidimensionaler Video-Projektionen fast 100 m tief in eine New Yorker Häuserschlucht zu stürzen. Spider-Mann ist jedoch rechtzeitig zur Stelle!
Für Familien – vor allem die Kinder verlangen nach Dinos – ist der Themenbereich »**Jurassic Park**« der Höhepunkt eines Besuches. Hier begegnen sie jenen Dinosauriern, denen Spielberg in seinen erfolgreichen Filmen das Laufen beigebracht hat. Nicht minder bei den Teenagern beliebt ist die »**Harry Potter World**« mit Hogwarts Castle, dem Dorf Hogsmeade und dem verbotenen Wald. Natürlich kann in Spezialrestaurants auch zauberhaft gegessen und in entsprechenden Läden mirakulös eingekauft werden.

Wo bitte geht es zum Gleis 9 3/4? In der »Harry Potter World« können auch Muggel in den Hogwarts Express steigen.

Renaturierung des ursprünglichen Ökosystems

Disney Wilderness Preserve

Bei so viel flächendeckendem Rummel mag sich der eine oder andere fragen, wie es in der Umgebung von Orlando vor der Ankunft der Unterhaltungsindustrie ausgesehen haben mag. Eine Antwort bietet dieses vom Disney-Konzern gesponserte Restaurierungsprojekt unweit ▶ Kissimmee im Süden von Orlando. Auf 46 km² wird hier seit den frühen 1990er-Jahren ein Fragment des ursprünglichen **Everglades-Ökosystems** gesund gepflegt. So erfolgreich waren die Bemühungen, dass dieses Schutzgebiet mit seinen rund 1000 einheimischen Pflanzen- und Tierarten heute als Lehrbeispiel für ähnliche Projekte in anderen Teilen der USA gilt.

2700 Scrub Jay Trail, Kissimmee | tgl., April–Okt. Mo.–Fr. 9–16.30 Uhr frei | www.nature.org/ourinitiatives/

❙ Rund um Orlando

Weihnachtsgrüße aus dem Fort

Fort Christmas Historical Park

Auf der FL-50 Richtung Osten erreicht man nach 25 mi/40 km Christmas mit einem rekonstruierten **Fort aus der Zeit der Seminolenkriege**. Dokumente, Waffen und Gebrauchsgegenstände der ersten Siedler sowie Bilder der Seminolenführer erinnern an die Zeit der gewaltsamen Landnahme durch die Weißen. Übrigens: Viele Besucher geben ihre Weihnachtsgrüße im **Christmas Post Office** auf.

1300 Fort Christmas Rd., Christmas | Di.–So. 9–16 Uhr | frei www.nbbd.com/godo/FortChristmas

Feine Weine im »Sunshine State«

Lakeridge Winery & Vineyards

Etwa 7 mi/10 km nördlich von **Clermont** (im Westen Orlandos) liegen am US-27 die Lakeridge Winery & Vineyards. Das größte Premium-Weingut im »Sunshine State« gilt als Pionier beim Anbau einheimischer Rebsorten wie Noble und Carlis sowie bekannterer wie Pinot Grigio und Cabernet Sauvignon. Die täglich angebotenen Weingut-touren und -proben informieren über den Leistungsstand der Weinproduktion in Florida. Achtung: Pass notwendig!

19239 US-27 N, Clermont | Mo.–Sa. 10–17, So. 11–17 Uhr www.lakeridgewinery.com

Tor nach Südflorida

Sanford

Etwa 20 mi/32 km nördlich von Orlando, auf dem Weg nach ▶ Daytona Beach, erreicht man die am idyllischen **Lake Monroe** gelegene 54 000-Einwohner-Stadt. Sie ging aus einem 1837 gegründeten Handelsposten hervor und war vor wenigen Jahren Zentrum eines größeren Obst- und Gemüseanbaugebiets. Bis heute hat sie Bedeutung als »Tor nach Südflorida«, vor allem für jene Touristen, die mit dem Autozug in den »Sunshine State« kommen.

Vom **Monroe Harbor** aus kann man erholsame **Bootsausflüge** auf dem See selbst (u. a. mit einem Raddampfer) sowie auf dem **St. Johns River** unternehmen.

Bewaldete Hügel, funkelnde Seen und grüne Matten

Mount Dora

Wird der Rummel um Disney & Co. zuviel? Kaum 45 Autominuten nordwestlich von Orlando findet man Abhilfe: Bewaldete Hügel tauchen vor der Motorhaube auf, in der Sonne funkelnde Seen und grünen Matten mit Kühen und Pferden. Ist das alles echt? Nach den aufregenden Themenparks ist diese Frage durchaus berechtigt, doch keine Sorge: Mount Dora wurde bereits 1880 gegründet und war lange Zentrum eines Orangenanbaugebietes. Er wurde nach einer gewissen **Dora Ann Drawdy** benannt, die hier mit ihrem Mann wohnte. 1930 verbrachte US-Präsident Calvin Coolidge den Winter im hiesigen Lakeside Inn. Danach versank der Ort in einem Dornröschenschlaf. Erst in jüngerer Zeit haben gestresste Großstädter das 12 000-Einwohner-Städtchen als Wochenendrefugium entdeckt. Mount Dora, am **Lake Dora** liegend, ist ganz einfach schön. Es gibt schöne alte Häuser aus der Zeit um 1900, viele Antiquitätengeschäfte zum Stöbern und den gut 600 m langen **Palm Island Boardwalk** durch eine tolkiensche Sumpflandschaft zu erholsamen Blicken auf den See.

Mount Dora Chamber of Commerce: 341 Alexander St. Tel. 1-352-383-2165 | Mo.–Fr. 9–17 Uhr https://mountdora.com, www.whattodoinmtdora.com

★★ PALM BEACH

Region: Southeast | **Höhe:** 0–5 m ü. d. M. | **Einwohnerzahl:** 8700

Ist Palm Beach die wohlhabendste Stadt der Welt oder doch eher das kalifornische Malibu? Unzweifelhaft ist, dass die Stadtväter mit Argusaugen über ihre Milliardäre wachen. Diese scheuen sich nicht, selbst dem prominentesten Mitbürger ihre Meinung zu sagen. Seit Donald Trump US-Präsident ist und sein Wohnsitz »Mar-a-Lago« ein zweites Weißes Haus, haben Verkehr und Lärmbelästigung im sonst eher ruhigen Palm Beach deutlich zugenommen.

Der Normalverbraucher, der in einem Jahr so viel verdient wie die Dame am Nebentisch während eines Wohltätigkeitsballs spendet, reibt sich die Augen. Teenager in Rolls-Royce-Cabrios, Power-Shopping und ein Stadtgesetz, das Wäscheleinen verbietet: Das auf einer Palmeninsel vor der Gold Coast liegende Palm Beach ist mit seinen grandiosen

Villen und den Tiffany-, Armani und Gucci-Schaufenstern das Winterdomizil der »Rich and Famous«. »Man« trifft sich von November bis
April im Palm Beach Polo & Country Club oder im Ballsaal des »Mar-
a-Lago«-Estate am Ocean Boulevard, wo der Milliardär und US-Prä-
sident gern Weltstars wie Céline Dion und Gloria Estefan (▶ S. 344)
vor kleinem Freundeskreis auftreten lässt und Politiker empfängt.
Betrieb herrscht auch auf der noblen **Worth Avenue**, der Architekt
Addison Mizner (▶ S. 348) mit mediterranen Häusern, schattigen
Arkaden und romantischen Innenhöfen seinen Stempel aufdrückte.
Und dann sind da natürlich auch noch die vielen edlen Gourmet-
Restaurants und Nobelhotels direkt am Strand – falls es das Budget
denn zulässt.

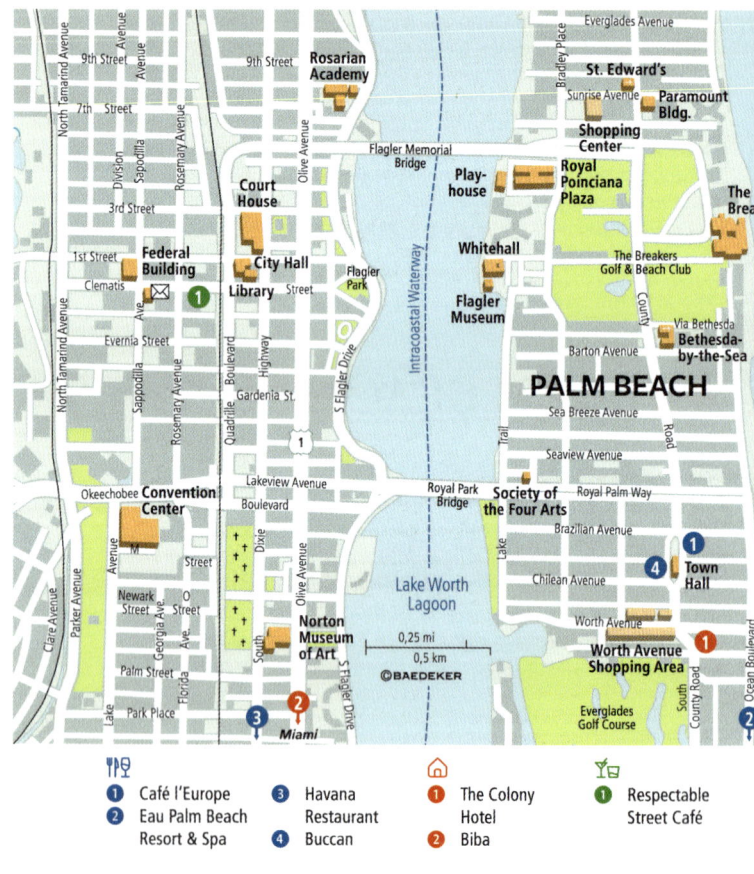

PALM BEACH ERLEBEN

THE PALM BEACHES
2195 Southern Blvd., Suite 400, West Palm Beach | Tel. 1-800-554-7256 | www.thepalmbeaches.com

Die schönsten Strandabschnitte sind zwar in Privatbesitz und nicht zugänglich, doch auf den Sprung ins kühle Nass braucht man nicht zu verzichten. »**Midtown Beach**« am Ostende der Worth Ave. ist öffentlich zugänglich. Ruhiger ist es weiter südlich im **Phipps Ocean Park**.
Die beste Art, Palm Beach mit seinen Menschen, Hunden und Autos zu erleben, ist eine **Fahrradtour** auf dem **Lake Trail**. Unterwegs passiert man einige der schönsten Villen (wie die der Kosmetik-Königin Estee Lauder; ▶ S. 226) und Jachten
Palm Beach Bicycle Trail Shop: 223 Sunrise Ave.
Tel. 1-561-659-4583
http://palmbeachbicycle.com

Selbst für gehobene Ansprüche ist die **Worth Avenue** (▶ S. 226) in Palm Beach ein Non-plus-ultra, was Shopping betrifft. Alle Nobelmarken sind vertreten. Allerdings benötigt man auch eine entsprechend große Geldbörse. Kaum zu glauben, aber wahr: In der Stadt der Milliardäre gibt es auch Second-Hand-Läden! Wer für einen Tuxedo nicht vierstellige Beträge ausgeben möchte, sollte es einmal bei »**Fashionista Palm Beach**« (298 S County Rd.) probieren oder im »**Paradise Lost**« (214 Sunset Ave.; www.paradiselostpalmbeach.com).

Nach Sonnenuntergang bleibt Palm Beach lieber für sich: Nachtleben findet meist im Rahmen privater Parties, Bälle und Wohltätigkeitsveranstaltungen statt. Zum Abtanzen fährt man am besten hinüber nach **West Palm Beach**, wo rund um die Clematis Street Bars, Restaurants und Musikkneipen bis morgens um vier geöffnet haben.

❶ RESPECTABLE STREET CAFÉ
Die Bands heißen »Authority Zero« oder »Yung Tarzan«, die Musik ist gut und laut: Das »Respectable« ist seit mehr als zwei Jahrzehnten einer der besten Orte für Livemusik im »Sunshine State«.
518 Clematis St., West Palm Beach
Tel. 1-561-832-9999
www.respectablestreet.com

❶ CAFÉ L'EUROPE €€€€
Die Reichen und Schönen und ihre Freunde aus Kultur, Politik und aus Europa: In diesem eleganten französischen Restaurant trifft sich »tout« Palm Beach bei »Hot Soup du Jour« und Filet Mignon an organischen Karotten. Die Preise sind gepfeffert, doch dafür entschädigt die promigeschwängerte Atmosphäre reichlich.
331 S County Rd., Palm Beach
Tel. 1-561-655-4020
www.cafeleurope.com

❹ BUCCAN €€€€–€€€
Im Bistro-Restaurant »Boo-Cahn« gibt sich das sonst eher zugeknöpfte Palm Beach hip und weltoffen. Angesagt ist progressive amerikanische, global inspirierte Küche aus frischen Zutaten auf kleinen Tellern.

Ein absoluter Genuss: Oktopus-Tabouleh mit Chili, Minze und Petersilie.
350 S County Rd. | Tel. 1-561-833-3450 | www.buccan palmbeach.com

❷ EAU PALM BEACH RESORT & SPA €€€

Im ehem. Ritz Carlton buhlen vier hervorragende Restaurants um Gäste. Das Angle lockt mit saisonaler, regionaler Cuisine. Im lässigen Temple Orange Mediterranean Bistro gibt es ganztägig Frühstück und Brunch mit Meerblick, im Breeze Ocean Kitchen die typische Florida Cuisine. Das Stir Bar & Terrace schließlich bietet leichte Gerichte und nach Sonnenuntergang die besten Cocktails der Stadt – mit Seeblick auf der Terrasse natürlich.
100 S Ocean Blvd.
Tel. 1-561-533-6000
www.eaupalmbeach.com

❸ HAVANA RESTAURANT €€

In diesem kubanischen Familienrestaurant gibt es von Reis mit Huhn bis zu geschnetzeltem, langsam geschmortem Rind alle Klassiker der reichen kubanischen Küche.
6801 S Dixie Hwy., West Palm Beach | Tel. 1-561-547-9799 www.havanacubanfood.com

❶ THE COLONY HOTEL €€€

Der Plüsch vergangener Tage: Das pinkfarbene Luxushotel zehrt zwar ein wenig vom Glanz der guten alten Zeit, ist dabei jedoch unwiderstehlich »charming«.
Palm Beach, 155 Hammon Ave. Tel. 1-561-655-5430 | www.the colonypalmbeach.com

❷ BIBA €€€–€€

Unter Palmen: Das schicke, kolonial-spanisch anmutende Boutiquehotel bietet neben 43 durchdesignten Suiten und Zimmern Pool und Sake-Bar.
West Palm Beach, 320 Belvedere Rd. | Tel. 1-561-832-0094 www.hotelbiba.com

---

Palmenbestandenes Eiland im tiefblauen Atlantik

Eisenbahn und Hotels locken eine illustre Klientel

Palm Beach war schon immer reich. Alles begann, als 1878 der spanische Frachter »Providentia« mit Kokosnüssen aus der Karibik vor der nur einen knappen Kilometer breiten Sandinsel auf Grund lief. Eisenbahnmagnat **Henry M. Flagler** (▶ S. 345), der während der frühen 1890er-Jahre das Terrain sondierte, erkannte das Potenzial des inzwischen palmenbestandenen Eilandes im tiefblauen, ins Türkis übergehenden Atlantik sofort. 1894 ließ er seine Florida East Coast Railway bis nach Lake Worth verlängern und auf Palm Beach das legendäre »Royal Poinciana Hotel« bauen. Ein Jahr später kam das »Palm Beach Inn« hinzu, das spätere »The Breakers« (▶ rechts).
Erwartungsgemäß lockten die Edelherbergen eine illustre Klientel an. John D. Rockefeller stieg hier ab, der Zeitungszar William Randolph Hearst und US-Präsident Warren G. Harding logierten hier. 1918 stieg **Addison Mizner** aus dem Zug und schenkte der Stadt ihr mediterranes Antlitz. Derweil lebte das Dienstpersonal jenseits vom Lake Worth in West Palm Beach auf dem Festland. Inzwischen hat sich die einstige Vorstadt zum Zentrum des Palm Beach County entwickelt. Elektronikfirmen haben sich angesiedelt sowie Steuerberater und Immobilienhändler, die von hier aus ihr Territorium in Palm Beach kontrollieren.

Wohin in Palm Beach?

Wahrzeichen und schönste Visitenkarte

Seit 1926 ist dieser Palast das Wahrzeichen von Palm Beach und seine schönste Visitenkarte! Das einem italienischen Palazzo ähnliche 540-Zimmer-Luxushotel direkt am Wasser wirkt trotz seiner Größe nicht pompös. Bis heute ist es ein Treffpunkt des alten und neuen Geldadels der Stadt. Es verfügt über eine für Hotels dieser Klasse angemessene Zahl von Golfplätzen, Fitnessclubs und Schönheitssalons. Mit dem **Flagler Club** in den oberen beiden der insgesamt sieben Etagen beherbergt es darüber hinaus ein noch edleres »Hotel im Hotel«: Auf die Gäste der 28 Suiten warten ebenso viele Butler, um das Wörtchen »Service« neu zu definieren.

★
The Breakers

Winterdomizil eines Eisenbahnmagnaten

An der Westseite der Insel ließ Eisenbahn-Magnat Henry M. Flagler einen 55-Zimmer-Palast mit dorischen Säulen und dem klangvollen Namen »**Whitehall**« als Hochzeitsgeschenk für seine dritte Frau erbauen. Die Flaglers residierten hier jeden Winter ab 1902 bis zu Flaglers Tod im Jahr 1913 und hoben damit die »High Society« aus der Taufe. Wie während des »Gilded Age« um 1900 üblich, wurde jeder Raum nach einem anderen historischen Thema verschwenderisch dekoriert. So gibt es u. a. einen **Louis-XV-Ballsaal**, einen **Schweizer Billard-Salon** und einen **Louis-XIV-Konzertsaal**. Nach dem Tode Flaglers wechselte Whitehall mehrmals den Besitzer und stand 1959 kurz vor dem Abriss. Heute steht das Gebäude unter Denkmalschutz und vermittelt dem Besucher ein Bild von seinem rastlosen Erbauer.

In einem von der Straße durch einen schönen schmiedeeisernen Zaun getrennten Garten steht der neu errichtete **Flagler Kenan Pavilion** (▶ Abb. S. 227), in dem »**The Rambler**«, Flaglers privater Eisenbahnwaggon, ausgestellt ist, mit dem er 1912 auch die erste Fahrt nach ▶ Key West unternommen hatte.

Flagler Museum: 1 Whitehall Way | Di.–Sa. 10–17, So. 12–17 Uhr 18 $ | www.flaglermuseum.us

★★
Whitehall
(Flagler
Museum)

Viel Kultur und ein stimmungsvoller Park

Wenige Gehminuten weiter südlich, am Intracoastal Waterway entlang, liegen – in subtropisches Dickicht gebettet – die stuckverzierten Gebäude dieser gemeinnützigen Gesellschaft. 1936 von wohlhabenden, kunstsinnigen Bürgern gegründet, um die kulturellen Bedürfnisse der Gemeinde zu befriedigen, beherbergt die von **Addison Mizner** (▶ S. 348) entworfene Anlage eine sehenswerte **Bibliothek**, interessante **Wechselausstellungen** und schöne **Skulpturengärten** mit in Südflorida gedeihenden Pflanzenarten.

Society of
the Four Arts

2 Four Arts Plaza | tgl. 10–17 Uhr, im Winter kürzer | 5 $
www.fourarts.org

Eleganteste Einkaufsmeile mit mediterranem Flair

Worth Avenue

»It's worth it!« – so buhlen die rund 200 Nobelläden an dieser höchst eleganten Einkaufsmeile um ihre wohlhabende Kundschaft. Und da sie wissen, dass gerade auch Milliardäre sich besonders über Sonderangebote freuen, winken sie mit verbilligten Parkplätzen – »No matter if you spend one or a hundred thousand dollars ...«. Alle Marken von Rang und Namen sind hier vertreten: Tiffany's, Armani, Hermès, Louis Vuitton ... Dazwischen gemogelt haben sich einige neuere Trendmarken wie Jimmy Choo und Juicy Couture.

Feine Restaurants und ein mediterranes Flair, für das einmal mehr **Addison Mizner** verantwortlich zeichnet, machen den Bummel über diese sündhaft teure Shopping-Meile, von der aus immer wieder kleine Abstecher in stille Hinterhöfe führen, zu einem fast dekadenten Vergnügen.

Schlossähnliche Paläste am South Ocean Boulevard

Luxusvillen

Auch einige der prächtigsten während der 1920er-Jahre gebauten Luxusvillen tragen die Handschrift des Stararchitekten Addison Mizner. Besonders schöne Beispiele säumen den South Ocean Boulevard, darunter die **Villa der Kosmetik-Königin Estée Lauder** (Nr. 126), ein 1919 erbautes Domizil, in dem sich Jahrzehnte später der Ex-Beatle John Lennon entspannen sollte (Nr. 720), und nicht zuletzt die schlossähnliche **Villa** »**Mar-a-lago**« (Nr. 1100), die, einst von der Cornflakes-Erbin Marjorie Merriweather Post in Auftrag gegeben, 1985 zum »Schnäppchenpreis« von 8 Mio. Dollar an den Milliardär und US-Präsidenten Donald Trump ging.

▌ Wohin in West Palm Beach?

Wichtigster Spielort darstellender Kunst in Süd-Florida

Raymond F. Kravis Center for the Performing Arts

Mittelpunkt des alten Kerns von West Palm Beach ist das 1992 fertiggestellte Raymond F. Kravis Center for the Performing Art mit seinem großzügig proportionierten **Theater- und Konzertsaal**. Das architektonisch sehr ansprechende Kulturzentrum entwarf der Deutschkanadier **Eberhard Zeidler**. Regelmäßig werden hier Konzerte der **Palm Beach Symphony** und des Philharmonic Orchestra of Florida aufgeführt.

701 Okeechobee Blvd. | Tickets: Tel. 1-561-832-7469
www.kravis.org

Französische Impressionisten und amerikanische Moderne

Norton Museum of Art

Im Jahr 1941 von einer Industriellenfamilie aus Chicago gegründet, gilt das »Norton« unter Kunstfreunden als erste Adresse. In dem neoklassizistischen Bau mit Art-Deco-Elementen sind unter anderem einige wichtige Werke französischer Impressionisten zu sehen,

OBEN: Prunkvoll und pompös zeigt sich die »Whitehall« (Flagler Museum), der opulente Sommersitz des Eisenbahnmagnaten. Hier eines der Gesellschaftszimmer im Erdgeschoss

UNTEN: Eine Erfrischung gibt es dann im dazugehörigen Flagler Kenan Pavilion, der eine Zeitreise in die Bahnhofshallen der Jahrhundertwende verspricht.

darunter Bilder von Gauguin, Matisse und Monet. Die amerikanische Sammlung präsentiert Schwergewichte wie Edward Hopper, Jackson Pollock, Georgia O'Keeffe und Andy Warhol.

1451 S Olive Ave. | Di.–So. 10–17, Do. 10–21 Uhr | frei
www.norton.org

Naturwissenschafts- und Technologieausstellungen

South Florida Science Museum, Planetarium & Aquarium

In dem Museum im hübsch hergerichteten **Dreher Park** kann man technische und naturwissenschaftliche Phänomene untersuchen. Im **Native Plant Center** sind fast alle heimischen Pflanzen vertreten, und im **Aquarium** sieht man in Florida vorkommende Wasserlebewesen (Fütterung Di., Do., Sa. 13 Uhr). Wer gerne einen Blick ins Universum werfen möchte, der besucht das Planetarium bzw. das **Observatorium** mit seinem großen Teleskop.

4801 Dreher Trail N | Mo.–Fr. 10–17, Sa., So. 10–18 Uhr | 17 $
www.sfsciencecenter.org

▌ Rund um Palm Beach

Baden und Wandern auf schattigen Naturpfaden

Singer Island

Nördlich von Palm Beach verlässt man endgültig das Einzugsgebiet von Miami. Der folgende, 130 km lange Abschnitt ist auch als »**Treasure Coast**« bekannt und etwas weniger bebaut als die »Gold Coast« genannte Strecke zwischen Palm Beach und Miami.

Singer Island, benannt nach dem Nähmaschinen-Magnaten Paris Singer, verleitet mit seinen märchenhaften, insgesamt 7 km langen Stränden zu einem Sprung in den Atlantik. Oder zu einer spontanen Änderung der Reisepläne: Der von Dünen umgebene **John D. MacArthur Beach State Park** bietet nämlich sowohl gute Bade- und Wandermöglichkeiten als auch ein hervorragendes Nature Center, das über die ökologisch empfindliche Umwelt informiert.

10900 Jack Nicklas Dr. | N Palm Beach
tgl. 8 Uhr bis Sonnenuntergang | Fußgänger 2 $, Pkw 5 $
www.floridastateparks.org/park/MacArthur-Beach

Alles über Meeresschildkröten

Loggerhead Marinelife Center

Das Seebad **Juno Beach** (3500 Einw.) ist ein typisches Seniorendomizil: Während der Wintermonate verdreifacht sich hier die Einwohnerzahl. Die Siedlung mit dem schönen Badestrand wurde damals von Flaglers Eisenbahn umgangen, weil der Magnat nicht mit den Betreibern der hiesigen Bahnlinie handelseinig wurde. Juno Beach verpasste so seine Entwicklung zur Millionärsenklave.

Zwischen Mai und September veranstaltet das hervorragende Loggerhead Marinelife Center im **Loggerhead Park** Turtle Walks – Führungen zu Nistplätzen der Unechten Karettschildkröte. Die urweltlichen Tiere gehen im Juni und Juli hier an Land, um ihre bis zu 100 Eier in tiefen Sandgruben zu verscharren.

Loggerhead Marinelife Center: 14200 US-1, Juno Beach
tgl. 10–17 Uhr | frei | www.marinelife.org
Turtle Walks: Juni/Juli Mi.–Sa. 22 Uhr
Voranmeldung: Tel. 1-561-627-8280 | 17 $

Parforceritt durch die Geschichte

7 mi/11 km weiter nördlich liegt Jupiter (64 000 Einwohner). Fotogenes Wahrzeichen des Seebads ist das weithin sichtbare, aus roten
Ziegeln errichtete **Jupiter Inlet Lighthouse**. Es stammt noch aus
dem Jahre 1860 und gilt als Keimzelle der Stadt.

Der historische Leuchtturm beherbergt zudem das **Jupiter Inlet
Historical Museum** der Loxahatchee River Historical Society, das
in einer gekonnt komprimierten Ausstellung den Bogen von der vor-
europäischen Zeit über die Seminolen und ersten weißen Siedler bis
zur Gegenwart schlägt.

Jupiter Inlet Lighthouse & Historical Museum: 500 Capt. Armour's
Way | Jan.–April tgl., sonst Di.–So. 10–17 Uhr | 12 $ | www.jupiter-
lighthouse.org

Jupiter

Naturschauspiel aus porösen Kalkfelsen

Eine Felsenküste in Florida? Jenseits des Jupiter Inlet bietet sich auf
der Barriere-Insel Jupiter Island ein für den »Sunshine State« untypi-
sches Bild. Im **Blowing Rocks Preserve** besteht die Küste aus porö-
sem Korallenkalk. Die Flut oder hoher Seegang pressen Meerwasser
durch Löcher und Röhren im Gestein und erzeugen bis zu 15 m hoch
spritzende Fontänen.

574 S Beach Rd. | tgl. 9–16.30 Uhr | 2 $ | www.nature.org

Jupiter Island

Strand, Dünen und Salzmarschen

Ca. 7 mi/11 km weiter nördlich liegt das sehenswerte Naturschutzgebiet. Hier gibt es außer einem herrlichen Strand und einer imposanten Dünenlandschaft auch mehrere Quadratkilometer Salzwas-
sermarsch im Urzustand. Auch in diesem Schutzgebiet kommen
alljährlich im Sommer noch viele Meeresschildkröten an Land, um im
Sand ihre Eier abzulegen.

Hobe Sound Nature Center: 13640 US Hwy. 1 | Mo.–Sa. 9–15 Uhr
frei, http://hobesoundnaturecenter.com

Hobe Sound National Wildlife Refuge

Mangroven- und Zypressensümpfe am unberührten Fluss

Wenige Meilen landeinwärts bietet der Jonathan Dickinson State
Park ein gänzlich anderes Bild. Vom **Hobe Mountain**, einer gewaltigen Sanddüne, schweift der Blick über ein wahrlich undurchdringliches Dickicht aus Kiefern- und Palmettogebüsch. Den Lauf des **Loxahatchee River** begleiten Mangrovenwälder und Zypressensümpfe.

Jonathan Dickinson State Park

Das Schutzgebiet bietet zahlreichen gefährdeten Tierarten Unter-
schlupf, allen voran **Seekühen** und **Unechten Karettschildkröten**.
Diese urig-harmlosen Geschöpfe beobachtet man am besten vom
Kanu aus (Kanu-Verleih im Park).

16450 SE Federal Hwy., Hobe Sound | 8 Uhr bis Sonnenuntergang
Fußgänger 2 $, Pkw 6 $ | www.floridastateparks.org/park/
Jonathan-Dickinson

Lake Okeechobee

Paradies für Angler und Sportenthusiasten

Clewiston Szenenwechsel! Gut 100 km landeinwärts, vom feinen Palm Beach
auf der I-98 in gut anderthalb Stunden zu erreichen, liegt der Lake
Okeechobee. Der mit 1900 km² größte See im »Sunshine State« gilt
dank seiner reichen Barschbestände als Anglerparadies, entsprechend
hemdsärmelig geht es bei den zahllosen Bootsvermietern und Angel-
ausrüstern zu.

Touristische Hotspots sind die Städtchen Clewiston und **South
Bay**, nüchterne Service-Zentren in der flachen Endlosigkeit, allerdings nicht ohne charmante Einsprengsel. In Clewiston etwa erinnert
das historische, 1938 von der United States Sugar Company errichtete **Clewiston Inn** (www.clewistoninn.com) an das sonst kaum
noch existierende »Old Florida«.

Ansonsten sind jedoch die Aktivitäten am und im Wasser der Hauptgrund für den Abstecher hierher. Angeboten werden u. a. **Airboat-
Touren** zu Alligatoren, Adlern und Pelikanen, **Tandem-Fallschirm-
springen** und Radtouren jeder Länge auf dem **Lake Okeechobee
Scenic Trail** (LOST). Die 176 km lange, unbefestigte Piste führt auf
dem 11 m hohen Herbert-Hoover-Deich durch die Orte Belle Glade
und Pahokee und bietet immer wieder schöne Gelegenheiten zur
Vogelbeobachtung.

Roland & Mary Ann Martin Marina & Resort:
920 E Del Monte Ave., Clewiston | Tel. 1-863-983-3151
www.rolandmartinmarina.com
Skydive Spaceland Florida: 1090 Airglades Blvd., Clewiston
Tel. 1-863-983-6151 | www.skydivefl.com

»Ein Ort zum Lernen, ein Ort des Erinnerns«

Ah-Tah-Thi-
Ki Museum

Wo sich heute Zuckerrohrfelder bis zum Horizont reichen, war einst
die Heimat der Seminolen. Erinnerungen an ihre traditionelle Kultur
bewahren die Stammesmitglieder im schönen Ah-Tah-Thi-Ki Museum
in der **Big Cypress Seminole Indian Reservation** etwas südlich
von Clewiston.

34725 West Boundary Rd., Clewiston | Tel. 1-877-902-1113
tgl. 9–17 Uhr, 10 $ | www.ahtahthiki.com

★ PANAMA CITY · PANAMA CITY BEACH

Region: Northwest | **Höhe:** 0–9 m ü. d. M. | **Einwohnerzahl:** 38 000

Wer sich hier nach Museen und Galerien erkundigt, kann unter Umständen zunächst mit irritierten Blicken rechnen. In Panama City Beach, dem Zentrum der 30 km langen »Redneck Riviera«, dreht sich nämlich alles darum, wieviel Spaß man mehr oder weniger angezogen im und am Wasser haben kann. Entsprechend unverhohlen signalisieren endlose Reihen gesichtsloser Hotelkästen ihren einzigen Daseinsgrund. Dabei gibt es selbst hier ein paar Highlights, die mit Festefeiern nicht das Geringste zu tun haben.

Eines jedoch muss man Panama City Beach zugute halten: Die Stadt hat auch nie versucht, etwas Besseres zu sein. Mit ihrer Schwesterstadt Panama City jenseits der St. Andrews Bay ist sie Ziel Millionen Erholungssuchender aus Alabama, Mississippi und Georgia. Lange Zeit nannte man den Ort deshalb »Baja Georgia« oder gar »Redneck

Redneck Riviera

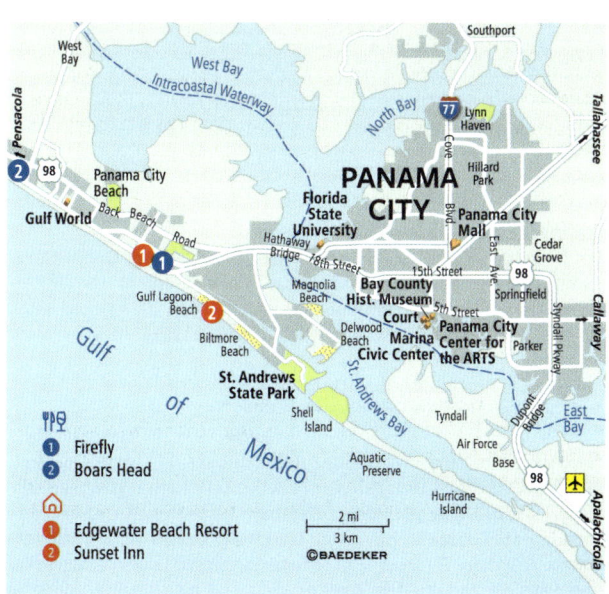

Riviera«. Jeden Frühling fallen Abertausende College-Studentinnen und -Studenten ein, um hier »die Puppen tanzen« zu lassen. Die ausgelassenen **Strandparties** werden von Musiksendern in ganz Nordamerika übertragen.

Wo sich alles abspielt ...

Panama City Beach

Panama City Beach ist ein Sammelsurium aus Sport-Bars mit Dutzenden Bildschirmen und altmodischen Motels, Go-Cart-Bahnen, Minigolf-Anlagen und hastig hochgezogenen Hotelkästen. Der Highway US-98, der innerhalb der Stadtgrenzen **Front Beach Road** heißt, ist die Tag und Nacht belebte Magistrale, an der sich alles abspielt.

Wohin in Panama City & Beach?

Feuchtes Vergnügen oder »Sunset Celebration«?

Miracle Strip

Action rund um die Uhr: Auf dem mit Kneipen, Diskos, billigen Motels und Fastfoodkantinen gespickten Miracle Strip von Panama City Beach geht es vor allem nach Sonnenuntergang hoch her. Während des »Spring Break« treffen sich hier Abertausende junger Leute aus dem Hinterland zu ausgelassenen Parties.

Gleich mehrere Vergnügungsparks, wie das Spaßbad **Shipwreck Island Water Park**, lassen auch Familienväter die Kreditkarte zücken. Wer von Riesenwasserrutschen, Bungee Jumping und Achterbahnen genug hat, kann auf der langen **City Pier** oder von den in den Sanddünen verlaufenden Plankenwegen aus die spektakulären Sonnenuntergänge über dem Golf von Mexiko genießen.

Shipwreck Island Water Park: 12201 Hutchinson Blvd. variabel, Mai–Anf. Sept. tgl. 10.30–16.30 Uhr | 36 $ www.shipwreckisland.com

Delfine, Seelöwen, Seeotter und Haie ...

Gulf World Marine Park

Der als subtropischer Garten angelegte Aquapark zeigt Delfine, Seelöwen, Seeotter und Haie in ihrem natürlichen Element. Die **Delfin-Shows** ziehen immer viel Publikum an. Wer will, darf gegen einen Aufpreis zu den possierlich-verspielten Meeressäugern ins Wasser steigen.

15412 Front Beach Rd. | Sommer tgl. 9.30–16.30 Uhr | 29 $ www.gulfworldmarinepark.com

Tauchsport historisch und hautnah erleben

Museum of Man in the Sea

Wie das Nervenkostüm früherer Taucher beschaffen gewesen sein muss, darüber mag man beim Bummel durch dieses interessante Museum spekulieren! Von alten **Taucherglocken** über **Taucherhelme** aus dem 18. Jh. bis zu klaustrophobisch engen Tauheranzügen aus der Zeit vor dem Zweiten Weltkrieg dokumentiert die vom

6X

TYPISCH

Dafur fahrt man nach Florida

1.
VORBEREITET

Amerikaner mögen's bequem: Events wie Feuerwerk und Freiluftkonzerte genießen sie sitzend. Die Floridians setzen noch einen drauf: Zur »**Sunset Celebration**« ziehen sie mit Klappstühlen, Kühlbox und Beistelltischchen an den Strand. Gewusst wie! (▶ S. 232)

2.
BOOT MIETEN

Wer in Florida mit dem Motorboot aufs Wasser will, braucht dazu keinen Bootsführerschein. Der **deutsche Führerschein** reicht aus. Allerdings muss man vor dem 1. Jan. 1988 geboren sein.

3.
STRÄNDE, VIERFARBIG

Strandbesucher werden durch **farbige Flaggen** über die **Wasserbedingungen** informiert. Grün: ruhiges Meer, doch Vorsicht. Gelb: leichte Gefahr und/oder Strömungen. Rot: hoher Wellengang, gefährliche Unterströmungen. Lila: gefährliche Meerestiere (wie Quallen und Haie).

4.
EINFACHE FREUDEN

»**Old Florida**« bezeichnet im »Sunshine State« alles vor Ankunft von Micky Maus & Co. Dazu zählt der **Bummel durch alte Städtchen**, die von Themenparks verschont geblieben sind, ebenso wie der laue Abend auf dem Pier.

5.
EINHEIMISCHE VERSTEHEN

Floridians haben ihre eigenen **Sprach-Codes**. »Down South« z. B. bedeutet Key West, »Panhandling« nach Pensacola fahren, und »Winter« bezeichnet jährlich vierwöchige Perioden unter 65° Fahrenheit bzw. 18° Celsius!

6.
MY PUBLIX

Publix startete 1930 in Winter Haven und unterhält allein in Florida fast 800-Filialen. Vier Generationen von Floridians sind mit der Supermarktkette aufgewachsen. Und mit dem »**Chicken-Tender-Sub**«, dem ikonischen Hühnchen-Sandwich, das jeder aus dem Deli »seines« Publix kennt.

Institute of Diving geführte Ausstellung die unstillbare Neugierde des Menschen, zu sehen, was es unterhalb der Meeresoberfläche zu entdecken gab.

17314 Panama City Beach Pkwy. | Di.–Sa. 10–17 Uhr | 7 $
www.maninthesea.org

Einer der schönsten Badestrände Floridas

St. Andrews State Park Das am Ostende des Panama City Beach liegende Naturschutzgebiet besitzt die schönsten 4 km Sand der »Redneck Riviera«. 1951 gegründet, war das Gelände zunächst militärisches Sperrgebiet. Heute kann man hier nachvollziehen, wie dieser Küstenabschnitt vor dem Aufkommen des Massentourismus ausgesehen hat. Spaziergänger können den durch Dünen und Salzwassermarschen führenden **Heron Pond Trail** begehen und dabei Kraniche oder Ibisse beobachten.

4607 State Park Lane | tgl. 8 Uhr bis Sonnenuntergang | Fußgänger 2 $, Pkw 8 $ | www.floridastateparks.org/park/St-Andrews

PANAMA CITY ERLEBEN

PANAMA CITY BEACH CVB
17001 Panama City Beach Pkwy., Panama City Beach, FL 32413
Tel. 1-850-233-5070 | www.visit panamacitybeach.com

❶ FIREFLY €€€
Das romantische »Firefly« steht für vor Ort im Golf gefangenes Seafood, saftige Steaks und frisches Wildbret aus dem Hinterland, leckeres Sushi und Steinofen-Pizza.
535 Richard Jackson Blvd.
Tel. 1-850-249-3359
http://fireflypcb.com

❷ BOARS HEAD €€€
Wegen seines altmodischen Dekors wird das »Boars Head« oft belächelt: Die Uhr ist hier, indeed, irgendwann im England der 1950er-Jahre stehengeblieben. Die Steaks und Prime Ribs sind jedoch die besten der Stadt. Und der Hummer ist auch nicht übel.

17290 Front Beach Rd.
Tel. 1-850-234-6628
http://boarsheadrestaurant.com

❶ EDGEWATER BEACH & GOLF RESORT €€€€
Theoretisch bräuchte man das einzige Full-Service-Resort der Stadt gar nicht zu verlassen. Hier gibt es 11 Pools, sechs Tennisplätze, ein 9-Loch-Green und zig weitere Freizeitmöglichkeiten. Also bloß nicht den feinen Sandstrand vergessen!
11212 Front Beach Rd.
Tel. 1-800-874-8686
www.resortcollection.com/ edgewater-beach-resort

❷ SUNSET INN €€
Die freundliche Unterkunft ist eines der letzten Hotels der Stadt in Familienbesitz und liegt direkt am Strand. Und in wohltuender Entfernung vom Getümmel.
8109 Surf Dr. | Tel. 1-850-234-7370
http://sunsetinnfl.com

★★ PENSACOLA

Region: Northwest | **Höhe:** 0–12 m ü. d. M. | **Einwohnerzahl:** 54 000

Weiße Strände und eine gastfreundliche Südstaaten-Atmosphäre waren bis zur Ölpest im Jahre 2010 die Trümpfe dieser Stadt am äußersten Westzipfel des Florida Panhandle. Doch seit sie ihre historische Altstadt restauriert und den Wert von Wochenmärkten und öffentlicher Kunst entdeckt hat, registrieren auch Besucher von weither, dass Pensacola mehr ist als ein von schönen Stränden umgebener Luftwaffenstützpunkt.

B 2

Um Haaresbreite wäre Pensacola – und nicht ▶ St. Augustine oder Jamestown (Virginia) – als älteste Stadt der USA in die amerikanischen Geschichtsbücher eingegangen. **Spanische Konquistadoren** wussten im 16. Jh. den Naturhafen in der Pensacola Bay zu schätzen. 1559 ging Don Tristan de Luna mit Soldaten und Kolonisten an Land. Drei Jahre später vernichtete ein Hurrikan die Siedlung, die nicht wieder aufgebaut wurde.

Eine der ältesten Städte Amerikas

Vom historischen Fort zum Urlaubsparadies

Ernst mit der Kolonisierung wurde es zu Beginn des 18. Jhs., als die Spanier das **Castillo San Carlos de Austria** anlegten. Während des Spanisch-Französischen Kriegs wechselte Pensacola mehrmals den Besitzer. 1763, am Ende des Siebenjährigen Kriegs, kam es an die Briten, doch schon 1781 kehrten die Spanier zurück. In der Folgezeit wurde Pensacola ein sicherer Hafen für Piraten, geflohene Sklaven und vertriebene Indianer. 1821 spürte es kurz den Hauch der Geschichte, als Florida hier an die USA übergeben wurde. Wegen des häufigen Machtwechsels wehten fünf verschiedene Flaggen über Pensacola, weshalb die Stadt auch als »City of Five Flags« bekannt ist. Insgesamt wechselte die Flagge dreizehn Mal!

»City of Five Flags«

Während des Bürgerkriegs spielte das von Unionstruppen gehaltene **Fort** eine wichtige Rolle bei der Blockade der Südstaaten. Den Wiederaufbau nach dem Krieg erleichterte ein Holzboom, der allerdings schon um 1900 wieder vorüber war. Die kommerzielle Fischerei schob sich nun vorübergehend in den Vordergrund, bis das Militär mit seinem neuen **Stützpunkt für Marineflieger** die Weichen für die moderne Entwicklung der Stadt stellten.

Heute ist Pensacola das **wirtschaftliche Zentrum** der Region und dank Lage bzw. kulturellem Erbe ein beliebtes Urlauberziel. Dabei profitiert die Stadt von ihrer Nähe zum Nationalpark der **Gulf Islands National Seashore** (▶ S. 239) mit ihren tollen Stränden, die allerdings 2010 sehr unter den Folgen der Deepwater-Horizon-Ölpest zu leiden hatten.

235

PENSACOLA ERLEBEN

PENSACOLA VISITOR INFORMATION CENTER

1401 E Gregory Street, Pensacola,
FL 32502 | Tel. 1-800-874-1234
www.visitpensacola.com

Warum Pensacola oft auch die »City
of Five Flags« genannt wird, erfährt
man während einer Fahrt mit dem
vom Visitor Center aus startenden
Trolleybus durch alle touristisch
interessanten Quartiere.
Tgl. 13 Uhr | 16 $
www.historicpensacola.org

FIESTA OF FIVE FLAGS

Alljährlich Ende Mai/Anfang Juni
wird im alten Stadtzentrum kräftig
gefeiert. Höhepunkt der Festlich-
keiten ist die Landung des Stadtgründers Don Tristán de Luna
am weißen Sandstrand von Pensacola Beach und seine Begrüßung
durch den Indianerhäuptling
Mayoki.
www.fiestaoffiveflags.org

JACKSON'S STEAK-HOUSE €€€€

Das derzeit feinste Restaurant vor
Ort residiert in einem schönen
Steinhaus aus den 1860er-Jahren –
genau an jenem Platz, an dem der
amerikanische Präsident Andrew
Jackson (▶ S. 347) einst die Übernahme Floridas durch die USA
unterzeichnete. Die Qualität der
auf innovative Southern Cuisine
setzenden Küche – wie Steaks,

Seafood, Crabcakes und Squash aus
Butternusskürbis – wird diesem wichtigen Anlass mehr als gerecht.
400 S Palafox Street
Tel. 1-850-469-9898
http://jacksonsrestaurant.com

DHARMA BLUE €€€

Was verzaubert einen hier mehr?
Die Leichtigkeit des Seins oder
der Charme des Alten Südens?
Oder ist es die kreative, Gerichte
wie marinierte Gänsebrust und
kurz angebrateten Wels produzie-
rende Küche? Die besten Tische
sind die auf der Terrasse am Seville
Square.
300 S Alcaniz Street
Tel. 1-850-433-1275
www.dharmablue.com

FLOUNDER'S CHOWDER HOUSE €€

Hier kommt alles fangfrisch aus dem
Meer. Den Sonnenuntergang draußen
auf der Terrasse gibt es gratis.
800 Quietwater Beach Rd.
Tel. 1-850-932-2003 | http://flounder
schowderhouse.com

PORTOFINO ISLAND RESORT €€€€

Die 150 mit allem Komfort ausgestatteten Wohneinheiten verteilen
sich auf mehrere Hochhäuser am
Strand. Auf dem mehr als 100 ha
großen zugehörigen Gelände mit
Gartenanlagen gibt es Sportstätten,
Restaurants und Cafés.
10 Portofino Dr., Pensacola
Beach | Tel. 1-877-484-3405
www.portofinoisland.com

PENSACOLA GRAND HOTEL €€€€–€€€

Das historische Grand Hotel liegt
mitten im Zentrum. Altes Holz,
dunkles Leder und ein Hauch
von Geschichte prägen die be-

eindruckende Lobby. Die über
200 Zimmer und Suiten verbinden
Tradition gekonnt mit dem WLAN-
Zeitalter.
200 E Gregory Street
Tel. 1-850-433-3336
www.pensacolagrandhotel.com

SOLÉ INN & SUITES €€€–€€
Schlichter Hotelkomplex, jedoch mit
überraschend elegant eingerichteten
Zimmern in Downtown Pensacola.
200 N Palafox Street
Tel. 1-850-470-9298
www.soleinnandsuites.com

▌ Wohin in Pensacola?

Wo sich die ersten Siedler trafen

Was für ein Menschenmix! Als Pensacola Ende des 17. Jhs. den Kin-
derschuhen entwuchs, war es Treffpunkt von Indianern, schwarzen
Ex-Sklaven, weißen Siedlern unterschiedlichster Herkunft und See-
fahrer-Volk aus der Karibik. An den Hafenmolen des Seville District
östlich der Palafox Street gingen sie ihrem Gewerbe nach. Die Erfolgreichsten hinterließen in dem von Government Street, Adams Street,
Tarragona Street und Alcanz Street begrenzten Viertel zum Teil prächtige Residenzen.

*Seville
District*

Spanisch-kreolisch-kolonialbritisches Ensemble

Etwa zwei Dutzend teilweise frei zugängliche restaurierte Häuser bil-
den als Historic Pensacola Village die größte Attraktion der Stadt.
Spanische, kreolische und kolonialbritische Architektur prägen das
Ensemble. So ist das 1871 erbaute **Dorr House** (311 Adams St.) ein
seltenes Beispiel für den Greek Revival Style in Florida. Das **Lavalle
House** (205 E Church St.) wurde 1805 von Carlos Lavalle im French
Creole Style errichtet und enthält Mobiliar aus dieser Zeit. Das **Julee
Cottage** (210 E Zaragoza St.), ein unscheinbares und etwas wind-
schiefes Holzhaus, stammt von 1804 und gehörte Julee Panton, einer
freigelassenen schwarzen Sklavin.

*Historic
Pensacola
Village*

Als Ticket Office und Museums-Store dient das **Tivoli High House**
(205 E Zaragoza St.). Ein paar Meter weiter widmet sich das in einem
alten Eisenbahnwaggon untergebrachte **Museum of Industry** (200
E Zaragoza St.) der Entwicklung des Gewerbes in diesem Teil von
Florida. Gleich daneben zeigt in einem um 1890 errichteten Lagerhaus das **Museum of Commerce** (201 Zaragoza St.) die Entwicklung
des Transportwesens anhand einer rekonstruierten Straßenszene um
1890. Ebenfalls benachbart ist das zweistöckige **Lear/Rocheblave
House** (214 E Zaragoza St.) von 1890, ein schönes viktorianisches
Gebäude mit umlaufenden Veranden.

Das **T. T. Wentworth Jr. Florida State Museum** (330 S Jefferson St.)
im dreistöckigen Neorenaissance-Gebäude der ehem. City Hall von
1907 dokumentiert die Geschichte des Florida Panhandle anhand
von historischen Objekten. Und für die sich inzwischen langweilen-

den lieben Kleinen gibt es ein unterhaltsames **Children's Museum**
(115 Zaragoza St.).
Alle Museen: Di.–Sa. 10–16 Uhr, einige auch So. 12–16 Uhr
Gemeinschafts-Ticket 8 $, Kinder 4 $ | verschiedene Themen-
Rundgänge +15/20 $ | www.historicpensacola.org

Wie in New Orleans

Palafox
Historic
Business
District

Das historische Geschäftsviertel von Pensacola reicht vom Hafen
bis zur Wright Street landeinwärts. Viele Häuser erinnern an New
Orleans: Schmiedeeiserne Balkone zieren die Straßenseiten, Passanten wandeln unter Schatten spendenden Arkaden. Spanische Neo-
renaissance und mediterraner Stil herrschen vor, vor allem am **Palafox Square**, dem Herzen des alten Stadtzentrums. Hier verdient
das 1925 eröffnete **Saenger Theatre** einen zweiten Blick. Mit seiner
opulenten Terrakotta-Ornamentik ist es ein schönes Beispiel des spanischen Neobarocks. Drinnen jedoch lassen Musiker und Künstler aus
allen Ecken der USA die Puppen tanzen: Geboten wird von Musicals
über Symphonieorchester bis hin zu Rock 'n' Roll-Kapellen alles, was
gut und laut ist.
Saenger Theatre: 118 S Palafox St. | Tickets: Tel. 1-850-595-3880
www.pensacolasaenger.com

Im Historischen Business-Viertel Palafox: Zeit für ein Tässchen Kaffee

Rund um Pensacola

Ein Jahrhundert US-Marinefliegerei

Man kommt nicht umhin, beeindruckt zu sein: Dies ist eines der größten und interessantesten Luft- und Raumfahrtmuseen der Welt. Auf dem Gelände der Naval Air Station (NAS) wenige Meilen südwestlich des Stadtzentrums stehen und hängen in Hallen und Hangars über 100 Flugzeuge aus fast 100 Jahren amerikanischer Marinefliegerei. Die Palette reicht vom uralten Doppeldecker aus dem Ersten Weltkrieg bis zu Hornet-Jägern, die noch vor wenigen Jahren im Nahen Osten im Einsatz waren. Flugboote, der Kommandoturm eines Flugzeugträgers, die tiefblauen Jets der berühmten **Kunstflugstaffel** »**Blue Angels**« sowie die Kommandokapsel des Raumlabors »Skylab« sind Highlights der Ausstellungen. Ein visueller Leckerbissen ist auch das IMAX-Kino, in dem man unter manch anderem den aufregenden Flugalltag eines Jetpiloten miterleben kann.

National Museum of Naval Aviation

1750 Radford Blvd. | 9–17 Uhr | frei | www.navalaviationmuseum.org

Auf alten Fundamenten – Historische Festung

So wichtig war den Herren Pensacolas der Naturhafen, dass sie vier Festungen bauten, um ihn zu schützen. Fort Barrancas, auf einer Klippe am Hafeneingang, wurde 1834–1844 von US-Truppen auf den Fundamenten englischer und spanischer Befestigungen errichtet und blickt hinüber nach Perdido Key und Santa Rosa Island. Heute ist es als Teil der Gulf Islands National Seashore (▶ unten) allgemein zugänglich und kann im Anschluss an einen Besuch des National Museum of Naval Aviation (▶ oben) besichtigt werden.

Fort Barrancas

März–Okt. 9.30–16.45, Nov.–Feb. 8.30–16.15 Uhr | frei
www.nps.gov/guis/

Ins Schutzgebiet Gulf Islands National Seashore

Vor Pensacola erstreckt sich feiner, ursprünglich herrlich weiß bis silbern schimmernder Sand zweier Barriere-Inseln – **Perdido Key** und das nur wenige hundert Meter breite, dafür jedoch rund 50 mi/ 80 km lange, bis nach ▶ Fort Walton reichende **Santa Rosa Island**. Abschnitte besonderen ökologischen oder historischen Interesses sind als Gulf Islands National Seashore geschützt. Die Strände waren 2010 durch die Deepwater-Horizon-Ölpest stark betroffen, sind inzwischen aber wieder zugänglich.

Santa Rosa Island, Perdido Key

Fußgänger 10 $, PKW 20 $ (für 1 Woche) | www.nps.gov/guis/

Trutziges Fort mit prominentem Häftling

Am Westende von Santa Rosa Island wacht das trutzige, auf weißem Sand erbaute Fort Pickens. Die 1834 vollendete **Festung** bewachte mit dem gegenüber auf Perdido Island liegenden Fort McRee und Fort Barrancas (▶ oben) auf dem Festland den Eingang zum Hafen. Ihre

Fort Pickens

auch heute noch gewaltigen Ruinen, vor allem die finstersten Gänge und Höfe, verdienen einen näheren Blick. Sie erinnern an den berühmtesten Häftling von Fort Pickens: Von 1886 bis 1888 war hier der **Apachen-Häuptling Geronimo** mit siebzehn seiner Krieger eingekerkert.

Ft. Pickens Rd. | 7 Uhr bis Sonnenuntergang | frei | www.nps.gov/guis

Mit Kanu und Kajak ins Schutzgebiet

Blackwater River State Park

Das nur 20 Autominuten nordöstlich von Pensacola liegende Waldgebiet durchziehen die Flüsse Juniper Creek, Sweetwater Creek, Coldwater River und Blackwater River. Diese Lage machte sich **Milton** am Südrand des Parks zunutze und ernannte sich zur »**Kanu-Hauptstadt Floridas**«. Paddeltouren auf den durch unberührte Mischwälder mäandrierenden Flüssen sind ein Genuss. Veranstalter in Milton vermieten Kanus und Kajaks und bieten geführte Touren an.

Black River State Park: 7720 Deaton Bridge Rd., Holt
tgl. 8 Uhr bis Sonnenuntergang | Fußgänger 2 $, Pkw 4 $
www.floridastateparks.org/park/Blackwater-River
Kanu- und Kajaks: Adventures Unlimited, 8974 Tomahawk
Landing Rd., Milton | www.adventuresunlimited.com

BAEDEKER MAGISCHE MOMENTE

SUNSET MIT MANTAS UND DELFINEN

So klingt der Tag am schönsten aus: Während die Sonne spektakulär im Golf von Mexiko versinkt, spielen Delfine und Mantas im Meer: Dieses Schauspiel lässt sich am besten am **Pensacola Beach Pier** erleben
(41 Ft. Pickens Rd., Pensacola Beach).

 PERRY

Region: North Central | **Höhe:** 13 m ü. d. M. | **Einwohnerzahl:** 7 000

Auf dem Weg in den Panhandle liegt ein Stück altes Florida. Ausnahmsweise waren es einmal nicht Eisenbahnbarone und ihre reichen Freunde, die hier das Land erschlossen, sondern kleine Farmer und Tagelöhner, die sog. »Florida Crackers«.

Als »Crackers« bezeichnete man im 19. Jh. die ersten weißen Siedler in Florida. Der Begriff rührt wohl vom Peitschenknallen her, mit dem die Pioniere einst ihr Vieh und ihre Ochsengespanne angetrieben haben.

J2

Ein altes Stück Florida

»Tree Capital of the South«

Passanten überqueren achtlos die Straßen, wer mit dem Auto fährt, parkt geradewegs vor dem angesteuerten Geschäft. In Perry schlagen die Uhren langsamer, ▶ Miami liegt auf einem anderen Stern. In Perry ist so wenig los, dass die Stadtväter im Geschichtsbuch blättern mussten, um einen Eindruck machenden Beinamen für ihre Stadt zu finden. Sie wurden fündig – und nennen Perry unbescheiden »Tree Capital of the South«. Damit erinnern sie an die bedeutende Rolle Perrys während des **Holzbooms um 1900**. Ende des 19. Jhs. hatte man den Holzreichtum der Region erkannt, die 1857 gegründete Siedlung war Zentrum der Holzverarbeitung geworden. Ein anderes bedeutendes Waldgewerbe war seinerzeit die Terpentingewinnung.

Doch schon Ende der 1930er-Jahre waren die Wälder abgeholzt. Sägewerke und Papierfabriken mussten schließen, viele Einwohner wanderten ab. Heute hält die US-98 den Ort am Leben: Mit seinen schönen altmodischen Motels am Highway ist Perry für Touristen auf dem Weg nach Süden ein willkommenes Etappenziel.

Zentrum der Holzverarbeitung

▌ Wohin in Perry und Umgebung?

Forstwirtschaft und »Cracker«-Siedlung

Das 1973 in einem Waldpark am Südrand der Stadt eröffnete Museum erklärt die Entwicklung der Forstwirtschaft und der Holzindustrie Floridas. Neben dem Museum steht eine **rekonstruierte** »**Cracker Homestead**« samt windschiefen Nebenbauten. Das Hauptgebäude, ein einfaches Blockhaus, wie sie in den 1860er-Jahren üblich waren, besitzt die für den amerikanischen Süden typische Veranda und einen Küchenanbau. Das gesamte Anwesen ist von einer Holzpalisade umgeben.

204 Forest Park Dr., US-19/27A/98, Do.–Mo. 9–17 Uhr | 2 $
www.floridastateparks.org/park/Forest-Capital

Forest Capital State Museum & Cracker Homestead

**Keaton
Beach**

Ausflug an die kaum erschlossene »Lost Coast«

Ein reizvoller Abstecher führt über die CR-361 südwärts an die hier noch kaum erschlossene Golfküste, die deshalb als »Lost Coast« (»Vergessene Küste«) bezeichnet wird. Nach rund 20 mi/36 km erreicht man den schönen Keaton Beach mit einem sehr beliebten Ausflugslokal.

Nach weiteren 20 mi/36 km gelangt man in den von Investoren noch weitgehend verschonten Krabbenfischerhafen **Steinhatchee** (1000 Einw.) an der Mündung des gleichnamigen Flusses, der ein **Dorado für Sportangler** ist. Steinhatchee entstand in den 1870er-Jahren, als erste Siedler die im Hinterland geschlagenen Zedernstämme zusammenbanden und dann an der Küste entlang nach ▶ Cedar Key flößten. Weil es hier keinen Sandstrand gibt, fasst der Tourismus nur langsam Fuß.

PERRY ERLEBEN

PERRY-TAYLOR COUNTY CHAMBER OF COMMERCE

428 N Jefferson Street, Perry, FL 32347 | Tel. 1-850-584-5366
www.taylorcountychamber.com

FLORIDA FOREST FESTIVAL

Jeden 4. Sa. im Oktober findet im Forest Capital State Park dieses Happening rund um die Holzindustrie in Taylor County statt – mit diversen Darbietungen zum Thema Wald (u. a. Wett-Sägen), Ausstellungen und Musik.
www.floridaforestfestival.org

ROY'S RESTAURANT €€

Das rustikale Seafood-Restaurant im 40 Minuten entfernten Krabbenfängerhafen Steinhatchee rühmt sich der besten Austern und Schollen sowie der schönsten Sonnenuntergänge am Golf von Mexiko.

100 1st Ave SW, Steinhatchee
Tel. 1-352-498-5000
www.roys-restaurant.com

STEINHATCHEE LANDING RESORT €€€€–€€€

Die urgemütlichen, im traditionellen »Cracker«-Stil gebauten Cottages liegen einen Steinwurf vom Golf von Mexiko entfernt am Steinhatchee River in einer subtropischen Idylle aus Palmen und Cottonwood-Bäumen. Sie sind mit allen modernen Annehmlichkeiten ausgerüstet, auch ein Pool gehört dazu.
203 Ryland Circle, Steinhatchee, FL 32359 | Tel. 1-352-498-3513
www.steinhatcheelanding.com

HOLIDAY INN EXPRESS €€

Keine bösen Überraschungen bei diesem Mitglied der bekannten Mittelklassemarke: Die Zimmer sind geräumig, haben Kitchenettes und freies WLAN.
601 Everett Way, Perry
Tel. 1-850-584-3200
www.ihg.com

★★ ST. AUGUSTINE

Region: Northeast | **Höhe:** 0–10 m ü. d. M. | **Einwohnerzahl:** 14 000

O 3

Die Straßen heißen »Calle« und »Avenidas«, die Plätze »Plaza«, und die Festung ist ein »Castillo«: Nein, man ist nicht in Mexiko gelandet, sondern in der ältesten Stadt der USA!

Enge und gewundene Gassen, spanische Häuser mit gusseisernen Toren, durch die man in schattige Innenhöfe tritt, romantische Balkone und weitläufige, mit Palmetto und moosbehängten Bäumen bestandene Plazas: St. Augustine lädt zu einer Zeitreise ein. Die beginnt bereits im Jahre 1513 mit **Juan Ponce de León** (▶ S. 349). Damals ging der spanische Seefahrer – angeblich, denn Beweise gibt es nicht – hier am Ostersonntag (»pascua florida«) an Land, nahm es für seinen König in Besitz und nannte es »Florida«. Doch erst als sich französische Hugenotten weiter nördlich bei ▶ Jacksonville niederließen, erinnerten sich die Spanier ihrer Erwerbung. Mit dem Auftrag, alle Protestanten in der Neuen Welt zu töten, ging General **Don Pedro Menéndez de Avíles** 1565 mit 600 Soldaten hier an Land. Nachdem er das Castillo de San Augustín gegründet hatte, zog er nach Norden, brannte das französische Fort Caroline (▶ S. 137) nieder und löschte dessen gesamte Besatzung aus.

Die älteste Stadt der USA

Vom spanischen Verwaltungssitz zur Tourismus-Hochburg

In der Folgezeit entwickelte sich St. Augustine zum Verwaltungssitz der etwa dreißig spanischen Stützpunkte auf der Halbinsel Florida. Wiederholt geriet die Siedlung ins Visier beutelustiger Seeräuber. **Sir Francis Drake** plünderte die Kolonialstadt 1586 (heute Anlass der Feier »Drake's Raid 1586« im Juni; ▶ S. 368). Als die Engländer im 17. Jh. von Virginia aus nach Süden vordrangen, antworteten die Spanier in St. Augustine mit der Errichtung des **Castillo de San Marcos**. Die trutzige Festung wehrte mehrere Belagerungen der Engländer ab.

Seeräuber, Engländer und Flaglers Eisenbahn

Im Jahre 1763 wurde Florida vorübergehend britisch, fiel aber 1783 wieder an die Spanier zurück. 1821 wurde es amerikanisch und ▶ Tallahassee neue Hauptstadt.

Erst die Ankunft der »Florida East Coast Railway« des Eisenbahn-Magnaten **Henry M. Flagler** (▶ S. 345) weckte die Stadt aus ihrem Dornröschenschlaf. 1883 erkannte Flagler ihr touristisches Potenzial sofort: Wenig später erreichte seine Bahn St. Augustine. Luxushotels schossen aus dem Boden, Strände auf Anastasia Island wurden erschlossen. Die Weichen für die touristische Zukunft waren gestellt. Heute ist der Fremdenverkehr die wichtigste Einnahmequelle und die Erhaltung des spanischen Erbes wichtigstes Anliegen der Stadt.

ST. AUGUSTINE ERLEBEN

ST. JOHNS CVB
29 Old Mission Ave., St. Augustine, FL 32084 | Tel. 1-904-829-1711 www.floridashistoriccoast.com

ST. AUGUSTINE VISITOR CENTER
10 W Castillo Dr. | Tel. 1-904-825-1000 | tgl. 8.30–17.30 Uhr www.visitstaugustine.com

PARKEN
Parkplätze sind rar. Man sollte sein Fahrzeug in dem von kolonialspanischer Architektur inspirierten Großparkhaus am Nordrand der Altstadt abstellen (6 S Castillo Dr.).

Die »Old Town« genannte Altstadt ist gut zu Fuß zu erkunden. Das Visitor Center (▶ oben) am großen Parkplatz am Nordrand der Altstadt bzw. beim Castillo de San Marcos hält Stadtpläne bereit. Dort starten auch »**Sightseeing Trains**« und **Pferdedroschken**.

❶ O. C. WHITE'S €€€
Der beliebte Nachbarschaftstreff blickt auf die Matanzas Bay jenseits der Straße und bietet Seafood- und Fleischklassiker nach Rezepten aus allen Teilen der USA. Relaxte Atmosphäre, vor allem im schönen Garten!
118 Ave. Menendez | Tel. 1-904-824-0808 | www.ocwhites restaurant.com

❷ CREEKSIDE DINERY €€€–€€
Das hübsche Restaurant mit der weitläufigen Terrasse liegt am Gonzales Creek im Süden der Altstadt und bietet Seafood, Pasta, Huhn und Rind in großzügigen Portionen. Joviale Atmosphäre, dynamischer Service.
160 Nix Boat Yard Rd.
Tel. 1-904-829-6113 | www.creek sidedinery.com

❸ HARRY'S SEAFOOD BAR & GRILL €€
Deftige und gut gewürzte Spezialitäten der Südstaaten-Küche und wundervolle Fischgerichte – inklusive Lobster, Gumbo und Shrimps – werden hier serviert.
46 Ave. Menendez | Tel. 1-904-824-7765 | http://hookedonharrys. com/location/st-augustine

❹ SPANISH BAKERY & CAFÉ €
Hier gibt es leckere Snacks wie »Empanadas« und »Picadillos« und auch ein gutes Mittagessen.
42½ St. George Sts., St. Augustine Beach | Tel. 1-904-471-3046 www.spanishbakerycafe.com

❶ CASA MONICA RESORT & SPA €€€€
Die schlossähnliche Herberge wurde 1888 errichtet und vor einigen Jahren renoviert. Kolonialspanisch ist das Ambiente, erstklassig der Service.
95 Cordova Street
Tel. 1-904-827-1888
www.casamonica.com

❷ BEST WESTERN SPANISH QUARTERS INN €€
Die angenehme Unterkunft (40 Zimmer und Suiten) liegt in der Nähe des Castillo de San Marcos. Die Altstadt ist zu Fuß erreichbar.
6 W Castillo Dr. | Tel. 1-904-824-44 57 | www.bestwestern.com

ST. AUGUSTINE

Jacksonville

Grove Avenue

W. Castillo Drive

2

i

St. Augustine † †
Foundation

Orange Street

Oldest
Wooden
† † Schoolhouse

Casa de Ribera

Spanish Quarter
Museum

Sanchez de
Ortigosa House

City
Gate

Casa de
Gallegos

Castillo
de San Marcos

Pirate
Museum

4 De Hita/ Gonzales Houses
De Mesa/ Sánchez Site

Cuna Street

Cordova Street

Spanish Street

St. George Street

Charlotte Street

Hypolita Street

Avienda Menendez

Treasury Street

Flagler
College

Government
House

Peña-Peck
House

Matanzas

Daytona

2

Villa
Zorayda

Lightner
Museum

King Street

1

City
Hall

Cordova Street

Cathedral Street

Plaza de la
Constitucion

Artillery Lane

St. George Street

Cathedral

Market

3

Spanish
Hospital

Ximenez-Fatio
House

Ames Street

1

Bridge of Lions

City Yacht
Pier

Avienda Menendez

Charlotte Street

Anastasia Island

River

Bridge Street

0,1 mi
100 m

©BAEDEKER

Lake
Maria
Sanchez

St. Francis Street

Tovar
House

Gonzales-Alvarez
House

St. Francis
Barracks

N

🍴 🍷
1 O.C. White's
2 Creekside Dinery
3 Harry's Seafood
   Bar & Grill
4 Spanish
   Bakery & Café

⌂
1 Casa Monica
2 BW Spanish
   Quarters Inn

❙ Wohin in Old Town St. Augustine?

Der Blick über die Kanonen hinweg auf die Matanzas Bay lässt Segel am Horizont auftauchen und verwegene Gestalten an Land springen: Die Besatzung der 1672 zum Schutz der Stadt und nach Spanien heimkehrenden Gold-Flotten angelegten **Festung** sah jede Menge »Action«. Mit ihren 4 m dicken, aus Coquina-Kalkstein errichteten Mauern und vier massiven Bastionen widerstand die Feste Piraten und Armeen. Über zwei Zugbrücken erreicht man das Haupttor, das in einen geräumigen **Innenhof** führt (▶ Baedeker Wissen, S. 246). Von hier aus gelangt man in die Quartiere und Vorratsräume, deren massive Gewölbe diverse Kanonaden überstanden. Heute sind hier kleine Ausstellungen zur spannenden Geschichte des Castillo zu sehen.

1 S Castillo Dr. | Tel. 1-904-829-6506 | Führungen tgl. 8.45–17.15 Uhr
10 $ | www.nps.gov/casa

★★
Castillo de
San Marcos

CASTILLO DE SAN MARCOS

Seit mehr als 300 Jahren wacht das mächtige Festungsbauwerk über die älteste kontinuierlich besiedelte Stadt der USA. Es wurde 1672 bis 1695 von den Spaniern zum Schutz der Siedlung und zur Sicherung der aus Westindien nach Spanien zurückkehrenden Gold- und Silberschiffe errichtet. Mit seinen bis zu 4 m dicken Mauern aus widerstandsfähigem hiesigem Coquina-Kalkstein sowie mit den Kanonen und Mörserdecks bot es guten Schutz vor angreifenden Seeräubern und vor Beschuss anrückender feindlicher Truppen.

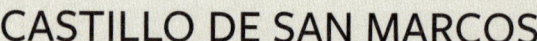

Informationen ▶ S. 245

❶ Kaimauer
An der Hafeneinfahrt (Matanzas River).

❷ Ravelin
Dreieckiges Vorwerk, das den Eingangs-
bereich schützte.

❸ Graben
War normalerweise trocken, konnte aber
bei Gefahr geflutet werden.

❹ Äußere Zugbrücke
Sie bildete den Zugang zum Vorwerk und
wurde jeden Abend geschlossen.

❺ Innere Zugbrücke
Einziger Zugang zur Festung, mit Fallgitter.

❻ Südwestbastion
(San Pedro Bastion) mit Wachtürmchen und
Kanonendeck.

❼ Südostbastion
(San Agustin Bastion) mit Wachtürmchen,
Flaggenmast und Kanonendeck.

❽ Kanonen- und Mörserdeck
Hier standen schwere, aus Bronze und Eisen
gefertigte Kanonen und Mörser.

❾ Nordostbastion
(San Carlos Bastion) mit hohem Wach- und
Glockenturm.

❿ Plaza de Armas
Der Innenhof diente als Waffen- und Exer-
zierplatz.

⓫ Kapelle
An diese schließt westlich der »British
Room« an.

⓬ Pulverlager
Es wurde später auch als Warenlager und
Gefängnis benutzt.

Die verwinkelte Altstadt

Colonial Quarter

Die verwinkelte Altstadt von St. Augustine konzentriert sich rund um die alte **Calle Real** bzw. die heutige **St. George Street** und reicht vom nördlichen **Stadttor** in Sichtweite des Castillo de San Marcos bis zur **Plaza de la Constitución**. An der als Fußgängerzone ausgewiesenen St. George Street liegen Dutzende restaurierter Häuser aus kolonialspanischer Zeit. Gleich hinter dem Stadttor liegt das **Oldest Wooden Schoolhouse in the USA**, einer Filmkulisse ähnlicher als der ältesten Schule des Landes. Vor 1716 aus dem Holz der Rotzeder gebaut, wird es von Holznägeln zusammen- und einem schweren Anker, an den 1937 besorgte Bürger das windschiefe Haus ketteten, bei Stürmen am Boden gehalten. Der nächste Hurrikan kommt bestimmt! Etwas südlich, an der Ecke George und Cuna Street, entführt das aus neun Gebäuden bestehende **Colonial Quarter Museum** (29 St. George St.) in den Alltag um 1740: »Echte« Schmiede stehen an der Esse, Handwerker zimmern Möbel, Kerzendreher bieten ihre Erzeugnisse feil. Sehenswert ist vor allem das **DeMesa Sanchez House** von 1740, das einzige noch original erhaltene Gebäude des Colonial Quarter. Das **Peña Peck House** wurde vor 1690 für den spanischen Kämmerer Juan de Peña erbaut und war während der britischen Periode Residenz des englischen Gouverneurs. Die Einrichtung stammt aus dem frühen 19. Jh.

Das Oldest Wooden Schoolhouse gilt als ältestes Schulgebäude der USA.

Am nordöstlichen Altstadtrand (gegenüber dem Castillo) lockt das **Pirate & Treasure Museum** Besucher an, die sich für die wildromantische Geschichte der Seeräuberei an Floridas Küsten interessieren. Auch namhafte Piraten wie Sir Francis Drake, Blackbeard und Andrew Ranson werden in Wort und Bild vorgestellt.

Oldest Wooden Schoolhouse: 14 George St. | Tel. 1-888-653-7245 tgl. 9–17 Uhr, Fr., Sa. bis 20 Uhr | 4,50 $
http://oldestwoodenschoolhouse.com
Colonial Quarter Museum: 33 St. George St. | Führungen 10–17 Uhr 13 $ | www.colonialquarter.com
Peña Peck House: 143 St. George St. | Führungen 10.30/12.30–16 Uhr frei, Spende erbeten | http://penapeckhouse.com
Pirate & Treasure Museum: 12 S Castillo Dr. | tgl. 10–21 Uhr | 14 $ www.thepiratemuseum.com

Zentraler Platz der spanischen Kolonialregierung

Zuletzt mündet die St. George Street in die Plaza de la Constitución. Auf dem zur Bay hin offenen Platz mit seinen alten Bäumen ruht man gern aus. 1598 angelegt, bildet er den zentralen Platz, um den herum die Stadt angelegt wurde. Das Denkmal in der Mitte wurde erst im Jahre 1813 enthüllt. Die Westseite wird beherrscht vom **Government House**. Der einstige Palast der spanischen Kolonialregierung zeigt im Erdgeschoss Ausstellungen zur Stadtgeschichte und der verschiedenen Restaurationsphasen.

Plaza de la Constitución

48 King St. | 10–17 Uhr | frei | http://staugustine.ufl.edu/govHouse.html

Älteste katholische Diözese Nordamerikas

Mehrmals erneuert und umgestaltet wurde auch die Bischofskirche. Das schöne, 1797 im spanisch-maurischen Stil errichtete Gotteshaus nimmt die Nordseite der Plaza de la Constitución ein.

Cathedral Basilica of St. Augustine

38 Cathedral Place | 7–17 Uhr | frei, Spende | www.thefirstparish.org

Mächtige Zugbrücke nach Anastasia Island

Von der Kathedrale aus sieht man schon die beiden steinernen Löwen, die die Auffahrt zur fotogenen Bridge of Lions bewachen. Die im spanisch-maurischen Stil erbaute Zugbrücke über die Bay verbindet seit 1927 die Altstadt mit den Stränden auf Anastasia Island (▶ S. 252).

Bridge of Lions

Medizinischer Alltag in einem Militärkrankenhaus

Südlich der Plaza warten weitere Attraktionen auf Besucher. Nichts für Zartbesaitete ist jedoch das Spanish Military Hospital. Anekdotenfeste Guides führen durch das aus der zweiten spanischen Kolonialperiode stammende Militärkrankenhaus und wissen zu den chirurgischen Instrumenten schaurige Geschichten zu erzählen.

Spanish Military Hospital

3 Avîles St. | tgl. 10–18 Uhr | 10 $
www.spanishmilitaryhospitalmuseum.com

Etwas näher hingehen und man entdeckt die Tiffany-Fenster am Flagler College.

Wo die koloniale Besiedlung begann ...

Oldest
House Muse-
um Complex

Das »Oldest House« von St. Augustine ist leicht zu erkennen an seinen draußen hängenden **vier Flaggen**, die während der letzten 400 Jahre über der Stadt wehten. Der aus mehreren Gebäuden bestehende Komplex mit zwei Museen und Garten umfasst auch die nach zwei Besitzern benannte **Casa González-Alvarez**, die ins Jahr 1702 zurückreicht und damit das älteste Kolonialhaus Floridas darstellt.

The Oldest House Museum Complex: 14 St. Francis St. | Führungen 10–17 Uhr alle 30 Min. | 8 $ | www.staugustinehistoricalsociety.org

Interessantes Sammelsurium im ehemaligen Nobelhotel

Lightner
Museum

Vom Südrand der Plaza de la Constitución führt die King Street aus dem kolonialspanischen Kern von St. Augustine hinaus nach Westen. Nur wenige Gehminuten hinter dem Government House liegt das Lightner Museum, untergebracht im prachtvollen Ambiente der vom Eisenbahnmagnaten Henry M. Flagler (► S. 345) erbauten und während der Depression der 1930er-Jahre pleite gegangenen Nobelherberge »**Alcazar Hotel**«.

In dem repräsentativen Gebäudekomplex sind auf mehreren, lichtdurchfluteten Etagen die Sammlungen des Chicagoer Verlegers **Otto Lightner** ausgestellt, der das leer stehende Hotel 1948 erwarb: ein für den Geschmack der Milliardäre damals typisches, nicht uninteressantes

Sammelsurium aus ägyptischen Mumien, seltenen Vögeln, historischen Dampfmaschinen und automatischen Musikinstrumenten.

75 King St. | tgl. 9–17 Uhr | 10 $ | www.lightnermuseum.org

»Renaissance«-Hochschule mit exklusiver Ausstattung

Einmal hier, sollte man sich nicht die kunstvoll bemalten **Tiffany-Fenster** des von einigen Türmchen bekrönten Flagler College im Stil der spanischen Renaissance schräg gegenüber entgehen lassen. Dieses Gebäude war einstmals das legendäre »**Ponce de León Hotel**« des Eisenbahnmagnaten Henry M. Flagler.

Flagler College

Antiquitätensammlung in Mini-Alhambra-Ambiente

Schräg gegenüber auf der Südseite der King Street wurde 1883 ein großer Palast im maurischen Stil erbaut. Vorbild war die Alhambra in Granada. Auch hier sind allerlei Altertümer ausgestellt, darunter ein über 2000 Jahre alter ägyptischer Teppich, der ein Katzenmotiv zeigt.

Villa Zorayda

83 King St. | Mo.–Sa. 10–17, So. 11–16 Uhr | 10 $
www.villazorayda.com

Außerhalb des Zentrums

»Jungbrunnen« und Indianerdorf

Im Jahre 1513 – so wollen es Mythos und Werbefachleute – ging **Juan Ponce de León** (▶ S. 349) hier, also nördlich des heutigen Castillo, an Land, um den sagenumwobenen Brunnen der Ewigen Jugend zu suchen. Die Quelle fand er zwar nicht, doch immerhin gruben Archäologen hier ein präkolumbisches **Dorf der Timucuan-Indianer** aus. Bei einer Führung bekommt man Gärten, Ausgrabungsorte und auch jenen Brunnen zu sehen, dessen Geschichte zu gut war, um ihn nicht zu rekonstruieren. Dementsprechend weist dieser Ort alle Merkmale einer Touristenfalle auf, ist aber bei allem Kitsch doch von rührendem Charme.

Fountain of Youth Archeo-logical Park

11 Magnolia Ave. | tgl. 9–18 Uhr | 15 $
www.fountainofyouthflorida.com

Erste Missionsstation der kontinentalen USA

Das Gelände der ersten Missionsstation auf dem Gebiet der heutigen Vereinigten Staaten schaut auf den Intracoastal Waterway und ist ein schöner Ort zum Ausspannen. 1565 soll Pedro de Menéndez de Avíles hier an Land gegangen sein und mit seinen Priestern den ersten Gottesdienst der USA gefeiert haben. Neben einer Kirche und einem 63 m hohen Kreuz verdient die kleine Kapelle **Our Lady of La Leche** Beachtung. Sie ist wohl das älteste Marienheiligtum der USA.

Mission of Nombre de Dios

27 Ocean Ave. | Mo.–Sa. 9–17, So. 12–16 Uhr | frei, Spende erbeten
www.missionandshrine.org

Ausnahmsweise gut versteckt ist hier der Leuchtturm von St. Augustine.

▌ Rund um St. Augustine

Barriere-Insel mit Muschelstrand vom Feinsten

Anastasia Island

Von St. Augustine führt der Highway A1A über die fotogene Bridge of Lions (▶ S. 249) auf die schmale Barriere-Insel. Der schönste der hiesigen Strände ist der **St. Augustine Beach** bzw. der nördlich anschließende **Anastasia State Park**. Zwar sind inzwischen weite Bereiche des Dünengürtels mit Ferienvillen verbaut, doch gibt es in regelmäßigen Abständen Durchgänge zum öffentlichen Strand.

300 Anastasia Park Rd., St. Augustine | tgl. 8 Uhr bis Sonnenuntergang | Fußgänger 2 $, Pkw 8 $ | www.floridastateparks.org/park/anastasia

Faszinierende Reptilien mit Schuppenpanzer

St. Augustine Alligator Farm & Zoological Park

Wenige Meilen nach der Brücke erreicht man eine interessante Alligatoren-Farm. Hier werden seit 1893 **Großechsen** gezüchtet. Unangefochtener Star ist »Maximo«, ein über 6 m langes australisches Krokodil. Ferner gibt es hier eine Handvoll Albino-Alligatoren aus Louisiana. In Sümpfen und Teichen staksen, schwimmen und posieren bunte Watvögel, Gänse, Schwäne und Kraniche.

999 Anastasia Blvd. | tgl. 9–17, Sommer bis 18 Uhr | 25 $ www.alligatorfarm.com

Leuchtturm mit tollem Rundblick

Achtung, Leuchtturm-Fans! Nicht weit von der Alligatorenfarm ist **St. Augustine** dieser 50 m hohe **Leuchtturm** mit schwarz-weißem Spiralmuster ein **Lighthouse** beliebtes Fotomotiv. 1874 auf den Fundamenten eines spanischen **& Museum** Vorgängerbaus errichtet, bietet er von seiner Aussichtsplattform einen tollen Rundblick. Doch Vorsicht: Die 219 Stufen haben es in sich! Im hübsch restaurierten **Leuchtturmwärterhäuschen** erzählt eine kleine Ausstellung vom Alltag der Turmbesatzungen.

81 Lighthouse Ave. | 9–18 Uhr | 13 $ | www.staugustinelighthouse.com

Mekka für Golffans

Ca. 12 mi/20 km nördlich von St. Augustine residiert gleich neben der I-95 das Mekka aller Golfsportler. Den Kern der **World Golf Village** genannten Anlage mit zwei 18-Loch Golfplätzen bilden ein Luxushotel und die Golf Hall of Fame mit Museum und IMAX-Kino. Hier wird mit der Verve wahrer Golfbegeisterter an die berühmtesten Golfer aller Zeiten erinnert und die Entwicklung des Spiels mit der weißen Kugel aufwendig und in allen Facetten und Details aufgezeigt.

World Golf Hall of Fame

Mo.–Sa. 10–18, So. 12–18 Uhr | 21 $ | www.worldgolfhalloffame.org

★★ ST. PETERSBURG

Region: Central West | **Höhe:** 0–14 m ü. d. M.
Einwohnerzahl: 261 000

Juan Ponce de León würde sich wohl im Grab umdrehen: Der Jungbrunnen, den er vergebens suchte, steht in St. Petersburg. In Floridas bekanntestem Senioren-Domizil? Jawohl, denn die Einwohner sind während der letzten drei Jahrzehnte zehn Jahre jünger geworden und jetzt durchschnittlich 39 Jahre alt.

Natürlich hat St. Petersburg dabei etwas gemogelt. In Ermangelung von Ewige Jugend verheißendem Quellwasser zog es seit den 1990er-Jahren verstärkt Hightech-Unternehmen an. Die jungen Hard- und Software-Entwickler mischten das Nachtleben der bis dahin ruhigen Rentner-Hochburg auf. Neue Trend-Hotels, Gourmet-Restaurants und Bistros beschleunigten die Verjüngungskur. Auch die Skyline des Seebades wurde voluminöser. Seit 1998 hat die Stadt gut 2,5 Mrd. $ in Apartment- und Bürotürme gesteckt. Hinzu kamen neue Konzert-Arenen, ein aufpolierter Veranstaltungskalender mit hochkarätigen Events und ein Dutzend neuer Kunstgalerien. Heute genießen Senioren »**St. Pete**« ebenso wie Punks mit gefärbter Irokesenbürste.

Gelungene Verjüngungskur

Resortstadt mit ganz eigenem Charme

Palmen, Pier und Pelikane

Seinen Charme hat St. Petersburg dabei behalten: Die Downtown mit ihren palmengesäumten Straßen verströmt die parfümierte Aura einer alten Resortstadt. Am Pier und in den Yachthäfen sitzen Pelikane, Segelboote liegen vor Anker, Delfine spielen in den Fluten.

Der Weg zur Touristenhochburg mit Sonnenrekorden

Geschichte

1875 kaufte General John Williams auf der Pinellas-Halbinsel ein 700 ha großes Gelände, um eine Ferienstadt mit Parks und breiten Alleen zu errichten. 13 Jahre später erhielt seine Vision mit der Ankunft der »Orange Belt Railway« des Unternehmers **Peter Demens** Auftrieb. Der Russe benannte den Ort nach seiner Heimatstadt: St. Petersburg. Die Erfindung der Klimaanlage in den 1950er-Jahren bescherte der Stadt einen verstärkten Zustrom von Senioren, sie galt als Rentnerstadt. Seit den 1990er-Jahren hat die Stadt erfolgreich am Imagewechsel gearbeitet. Das Wetter leistete dabei Schützenhilfe. Die Sonne scheint hier fast jeden Tag, ein Umstand, der St. Petersburg sogar einen Eintrag ins Guinness-Buch der Rekorde eingebracht hat.

ST. PETERSBURG ERLEBEN

ST. PETERSBURG/CLEARWATER AREA CONVENTION & VISITORS BUREAU

8200 Bryan Dairy Rd., Suite 200, Largo, FL 33777 | Tel. 1-727-464-72 00 | www.visitstpeteclearwater. com/de

DELFINBEOBACHTUNG

Die besten Delfin Beobachtungs touren weit und breit veranstaltet **Hubbard's Marina**, dazu weitere Aktivitäten über und unter Wasser! 170 Board Walk PI E, Madeira Beach | Tel. 1-727-393-1947 www.hubbardsmarina.com

❶ BAYWALK

Mit dem **BayWalk Entertainment Center** hat die bis dahin recht ruhige Innenstadt von St. Petersburg vor ein paar Jahren die dringend benötigte Vitaminspritze erhalten. Das im kalifornischen Mission Style errichtete Einkaufszentrum bietet außer Trend-Boutiquen auch Restaurants, Bars und Kinos sowie schöne Innenhöfe zum Ausruhen. Abends und nachts ist der **BayWalk** mit seinen Restaurants, Bars und Kinos wirklich eine gute Adresse.
Gleich um die Ecke liegt übrigens **Sundial St. Pete**, das Einkaufsviertel von Downtown St. Petersburg.
153 2nd Ave. N
www.sundialstpete.com

❷ JANNUS LIVE

In der Arena von St. Petersburg treten das ganze Jahr über berühmte Musiker auf.
200 1st Ave. N | Tel. 1-727-565-0550 www.jannuslive.com

❸ THE COLISEUM

In dem herrlich altmodischen Ballsaal von 1924 tanzen Senioren und rocken die Jungen.
535 4th Ave. | Tel. 1-727-892-5202 www.stpete.org/attractions/ coliseum.php

❶ MARCHAND'S GRILL €€€€

Das gute alte »Marchand's« wacht seit vielen Jahren über den Jachthafen in Downtown St. Pete. Die Speisekarte, längst dem nach Gesundheit lechzenden Zeitgeist angepasst, bietet organische, kreativ inszenierte Fleisch- und Seafoodgerichte.
501 5th Ave. NE (im »The Vinoy Renaissance«), St. Petersburg
Tel. 1-727-824-8072
www.marriott.com

❷ BIRCH & VINE €€€

Wie in den meisten Restaurants im Land ist auch hier die Zeit der schweren Küche vorbei. Saisonale Gerichte, zubereitet mit globalem Touch, heißt das Motto. Sehr, sehr lecker!
340 Beach Dr. NE (im Hotel »Birchwood«) | Tel. 1-727-828-9940 www.thebirchwood.com/ birchandvine

---

🍽️		🏠		🛍️	
❶	Marchand's Grill	❶	The Don CeSar	❶	BayWalk
❷	Birch & Vine	❷	The Vinoy Renaissance	❷	Jannus Live
❸	Cassis American Brasserie	❸	Hotel Indigo	❸	The
❹	PJ's Oyster Bar	❹	Beach Heaven		Coliseum

❸ CASSIS AMERICAN BRASSERIE €€

Eher ein französisches Bistro mit amerikanischer Relaxtheit. Serviert werden amerikanische Klassiker mit französischem Einschlag, wie Enten-Confit »Cassis Poutine« und Tartar mit handgeschnittenen Pommes.
170 Beach Dr. NE | Tel. 1-727-827-2927 | www.cassisab.com

❹ PJ'S OYSTER BAR €

Austern, Muscheln, Langusten und frittierte Fische, gut und günstig. Filiale in Indian Rocks Beach.
7490 Gulf Blvd., St. Petersburg Beach | Tel. 1-727-367-3309

❶ THE DON CESAR €€€€

350 Zimmer und Suiten mit Meerblick, Marmorböden und Stuckdecken: Das Wahrzeichen von »St. Pete« Beach bietet Luxus pur mit viel Kultur.
3400 Gulf Blvd., St. Petersburg Beach | Tel. 1-727-360-1881
www.doncesar.com

❷ THE VINOY RENAISSANCE ST. PETERSBURG €€€€

360 Zimmer und Suiten. Die beste Herberge von Downtown besticht mit mediterran inspirierter Eleganz. Viele VIPs waren hier schon zu Gast.
501 5th Ave. NE, St. Petersburg Tel. 1-727-894-1000
www.marriott.com

❸ HOTEL INDIGO €€

80 Zimmer. Das frühere »Martha Washington Hotel« hat seinen altmodischen Charme bis heute bewahren können.
234 3rd Ave. N, St. Petersburg Tel. 1-727-822-4814
www.hotelindigo.com

❹ BEACH HAVEN €€–€

Durchweg in Pink und Türkis gehaltene Art-Deco-Herberge am Strand mit 18 hübsch eingerichteten Zimmern und Suiten.
4980 Gulf Blvd., St. Petersburg Beach | Tel. 1-727-367-8642
www.beachhavenvillas.com

Wohin in St. Petersburg?

Geschichte und Kunst am Wahrzeichen von »St. Pete«

The Pier Das Wahrzeichen von St. Petersburg – und der beste Ort fürs »Leute-Gucken« – ragt 730 m weit in die Tampa Bay hinein. Wie alt – und doch so jung – die Stadt ist, erfährt man im **Geschichtsmuseum** am Beginn der **Seebrücke** in einer permanenten und diversen ansprechend inszenierten Wechselausstellungen. Alle, die »St. Pete« gemacht haben, passieren hier Revue: die ersten Zitruspflanzer, die wütend hinter dem hoch verschuldeten Peter Demens her jagende Meute der Gläubiger, das Wasserflugzeug, das 1914 von hier aus die kommerzielle Luftfahrt eröffnete …

Pier: www.newstpetepier.com
St. Petersburg Museum of History: 335 2nd Ave. Mo.–Sa. 10–17, So. 12–17 Uhr | 15 $ | www.spmoh.org

Von präkolumbischer Kunst bis Georgia O'Keeffe

Museum of Fine Arts Einen Block nördlich des Pier steht die neoklassizistische Villa, die eine exquisite Kunstsammlung beherbergt. Die Palette reicht von

Kunstwerken der Antike über Schöpfungen aus dem präkolumbischen Amerika sowie fernöstliche Kunst bis zu namhaften französischen Impressionisten und modernen amerikanischen Künstlern wie Georgia O'Keeffe.

Museum of Fine Arts: 255 Beach Dr. NE | Mo.–Sa. 10–17, Do. 10–18, So. 12–17 Uhr | 17 $ | http://mfastpete.org

Größte Dalí-Werksammlung außerhalb Europas

Südlich von Downtown widmet sich seit 1982 eine großartige, moderne Galerie in einem auffälligen Gebäude aus Glaselementen und Beton, das dem eigenwilligen katalanischen Surrealisten **Salvador Dalí** (1904–1989) sicherlich gefallen hätte (▶ Abb. S. 258), dessen Werk. Die Ausstellung zeigt 95 Ölgemälde, über 100 Zeichnungen und Aquarelle, Druckgrafik und Plastiken, die Dalí von 1914 bis 1980 schuf, darunter auch einige seiner größten Meisterwerke wie »Selbstbildnis (Figueres)« oder »Die Beständigkeit der Erinnerung« (»Schmelzende Uhren«). Angeschlossen ist eine umfangreiche **Bibliothek** mit Publikationen über Dalí und den Surrealismus.

The Dali Museum

1 Dali Blvd. | tgl. 10–17.30, Do. 10–20 Uhr | 24 $ | http://thedali.org

Schräge Boutiquen, Galerien und eine verrückte Tierparade

Die kleine Gemeinde im Süden der St. Pete/Clearwater-Halbinsel hat sich in den letzten Jahren unter Kennern und Liebhabern schräger Boutiquen und Offbeat-Galerien einen Namen gemacht. Am besten fühlt man die Vibes von Gulfport am ersten Samstag im September beim **GeckoFest**, wenn die Einwohner mit schrillen Kostümen und selbst produzierter Musik das Ende des Sommers feiern.

Gulfport

Zahlreiche kleine Galerien zeigen Kunst, die nicht zuerst an den Mainstreamgeschmack denkt, Restaurants und Treffpunkte wie die **Low Tide Kava Bar** (2902 Beach Blvd. S), die nicht Kaffee, sondern das berauschende, aus Ozeanien stammende Getränk Kava ausschenken, sind gute Orte, um mit Einheimischen ins Gespräch zu kommen.

www.geckofest.com | www.gulfportflorida.us

▌Wohin an Pinellas Suncoast?

361 Sonnentage und schneeweiße Endlos-Strände

St. Petersburg Beaches, Pinellas County Beaches, Holiday Islands: Wer fragt, hört verschiedenste Namen für die insgesamt rund 50 km langen, der Golfküste der Pinellas-Halbinsel vorgelagerten Barriere-Inseln. Mit 361 Sonnentagen im Jahr und schneeweißen Endlos-Stränden war ihr Weg vorbestimmt: Die Freizeitindustrie hat sie mit Hotels, Restaurants, Marinas, Tauch-, Angel- und anderen Wassersportangeboten derart zugebaut, dass man einzelne Gemeinden kaum mehr zu unterscheiden vermag. Zielgruppen der hiesigen Tourismus-

Urlauber-paradies

industrie sind amerikanische Großfamilien, die die Nähe zu Floridas Top-Vergnügungsparks schätzen, und europäische Pauschalreisende. Entsprechend laut und hemdsärmelig geht es zu. Viele Strandabschnitte sind vor allem in den Wintermonaten so überlaufen, dass man landeinwärts oft nur im Schritttempo vorankommt. Es gibt aber auch ruhigere (und weniger gepflegte) Abschnitte.

Im Seebad von St. Pete fing alles an

Schon vor hundert Jahren planschten hier Touristen im badewannenwarmen Wasser des Golfs von Mexiko. Gleich mehrere Dammstraßen führen über die **Boca de Ciega Bay** zu den knapp 10 km langen Traumstränden des traditionsreichen Erholungsortes. Hier hat man nur die Qual der Wahl der Wassersportart: Alles geht! Wahrzeichen ist das pinkfarben auf dem Strand thronende, von Palmen umrahmte Resort »**The Don CeSar**« (▶ S. 256). Die mit maurischen Stilelementen und schlanken Türmchen verzierte Nobelherberge wurde vor einigen Jahren mit Millionenaufwand restauriert und lässt die Atmosphäre der 1920er-Jahre wieder aufleben.

St. Pete Beach

Unmittelbar südlich schließt das auf einer schmalen Landzunge gelegene **Pass-a-Grille** an. Der Strand des 1911 von französischen Fischern gegründeten Ortes ist etwas ruhiger und bietet unverstellte Blicke auf die Inselchen in der Tampa Bay.

Schutzgebiet auf fünf verschlungenen Keys

Südlich von Pass-a-Grille erreicht man zuletzt **Mullet Key**, eine den Eingang zur Tampa Bay bewachende Insel. Namensgeber des Naturschutzgebietes für Vögel und Pflanzen ist das wuchtige **Fort DeSoto**, das 1898 anlässlich des Amerikanisch-Spanischen Krieges errichtet worden war. Die Feuerprobe blieb ihm jedoch erspart, da der Krieg noch vor der Fertigstellung der Festung zu Ende war.

★ Fort De Soto Park

Die **Strände** des Parks sind ein Traum. Je weiter man sich von den Parkplätzen entfernt, desto ruhiger und schöner werden sie. Das gilt vor allem für den fast weißen und mit jadegrünem Badewasser gesegneten North Beach (▶ Abb. S. 309).

3500 Pinellas Bayway S, Tierra Verde | frei, Parken 5 $
www.fortdesoto.com | www.pinellascounty.org

Sonnenbaden, Bootsausflüge und ein Vogel-»Reha-Zentrum«

Nördlich von St. Pete Beach schließt **Treasure Island** an, eine 6 km lange, von zwei Brücken mit dem Festland verbundene Barriere-Insel. Der Name erinnert an frühere Zeiten, als sich hier Piraten versteckten, und daran, dass Siedler fast die gesamte Insel auf der Suche nach Seeräuberschätzen umgruben. Hier wie auf dem nördlich

★ Von St. Pete Beach nach Sand Key

The Dalí Museum: Das extrovertierte Gebäude aus Beton und Glas hätte dem katalanischen Surrealisten sicherlich gefallen.

anschließenden Madeira Beach wird – natürlich – Badetourismus groß geschrieben. **Madeira Beach** wartet zudem mit dem **St. John's Pass Village** auf, einem im Stil der Jahrhundertwende nachgebauten Fischerdorf, wo man auf einem Plankenweg zu hübschen Geschäften, gemütlichen Fischrestaurants und Bars kommt. Auch Bootsausflüge und Delfin-Beobachtungsfahrten kann man von hier aus unternehmen.

Ausgesprochene Familienziele sind die nördlich anschließenden Strände von **Reddington Beach**, North Reddington Beach und Reddington Shores.

Abwechslung vom Sonnenbaden verspricht das 1971 in **Indian Shores** gegründete **Seaside Seabird Sanctuary**. Es ist das größte »Reha-Zentrum« für verletztes wildes Federvieh in den Vereinigten Staaten, darunter Kraniche, Pelikane oder Ibisse. Die meisten Verletzungen rühren direkt oder indirekt vom Kontakt mit Menschen her: Umweltverschmutzung, Motorboote und Angelschnüre sind die häufigsten Übeltäter.

Ganz im Norden schließlich bildet **Sand Key** die längste der Barriere-Inseln dieses Küstenabschnitts, wo der **Sand Key Park** (1060 Gulf Blvd.) zu einem Sprung in die Fluten verlockt, ein traumhaft schöner, von Palmenhainen umrahmter Sandstrand.

Seaside Seabird Sanctuary: 18328 Gulf Blvd., Indian Shores
tgl. 9 Uhr bis Sonnenuntergang | frei | www.seabirdsanctuary.com

Sonnenanbeter, Sunset und Delfine

Clearwater Beach

Vom Sand Key Park aus blickt man Richtung Norden hinüber nach Clearwater Beach, die nächste von Kopf bis Fuß auf Sonnenanbeter eingestellte Ferieninsel. Etliche Kilometer **feinster Sandstrand** warten hier, gesäumt von Hotels, Motels, Restaurants und Anbietern zahlloser Fun-Sportarten. Der Badeort gleichen Namens, auf einen schmalen Sandstreifen zwischen Golf und Clearwater Harbor gestellt, wirkt mit seinen ruhigen Seitenstraßen viel entspannter als die vorherigen Ortschaften. Jeden Abend versammeln sich die Menschen zwei Stunden vor Sonnenuntergang im **Pier 60 Park**, um die Farborgie des Sonnenuntergangs zu feiern. Flotte Musik vom Pier 60 Pavillon und Straßenkünstler helfen die Zeit vertreiben.

Sehenswert ist das **Clearwater Marine Aquarium**. Hier werden verletzte **Delfine** (darunter das berühmte Delfinmädchen »Winter« mit Schwanzprothese), **Seelöwen** und **Seeotter** gesund gepflegt. Während eines Törn mit dem Katamaran »Nicholas' Journey« in der Clearwater Bay kann man sich über das Delfin-Forschungsprogramm des Aquariums informieren und die eleganten Schwimmer in der Bay beobachten.

Pier 60 Park: www.sunsetsatpier60.com
Aquarium: 249 Windward Passage | tgl. 9–18 Uhr | 23 $
www.seewinter.com

Naturschwämme aus dem Meer gibt es in Tarpon Springs.

Wie die Barriere-Inseln vor 120 Jahren aussahen

In Clearwater Beach ist das Inselhüpfen zu Ende. Über den **Memorial Causeway** geht es zurück aufs Festland und an der Küste entlang weiter nach Norden. Kurz vor Dunedin lockt ein ungewohntes Bild: Unbebaute, naturbelassene Eilande! 1921 wurden die Caladesi und Honeymoon Islands von einem Hurrikan auseinander gerissen und danach zu State Parks erklärt. Sie zeigen, wie die Barriere-Inseln noch vor 120 Jahren aussahen. **Honeymoon Island**, über den mautpflichtigen Causeway Boulevard erreichbar, bietet **herrliche Strände** mit Duschen und Umkleidekabinen. Ein Fährboot (Gebühr) bringt Interessierte hinüber nach **Caladesi Island**. Die Insel gehört auch zu den Plätzen in Florida, wo an den Stränden **Meeresschildkröten** in Sommernächten ihre Eier ablegen.

www.floridastateparks.org/park/Honeymoon-Island
www.floridastateparks.org/park/Caladesi-Island

★
Caladesi & Honeymoon Islands

»Little Hellas« mit Schwammtaucher-Know-how

Mit seinem griechischen Flair ist Tarpon Springs am Nordende der Pinellas Suncoast das ungewöhnlichste Ziel der Sonnenküste. Durch das 24 000-Einwohner-Städtchen winden sich »**Bayous**« genannte Kanäle. Restaurants und Bäckereien tragen griechische Namen, aus dunklen Kafenions dringt Musik der alten Heimat. Ein Drittel der Einwohner sind griechischer Abstammung, Nachkommen der um 1900 von Key West aus hierher gekommenen griechischen **Schwammtaucher**.

★
Tarpon Springs

Die begannen damals, mit dem aus der Ägäis mitgebrachten »Gewusst-wie«, im großen Stil die Naturschwämme von den Schwammriffen zu »ernten«. Doch 1940 setzten Bakterien den Riffen zu und zudem untergrub die Produktion synthetischer Schwämme den Handel. Erst in neuerer Zeit hat die Nachfrage nach Naturschwämmen wieder zugenommen. Reizvoll ist ein Bummel auf dem **Dodecanese Boulevard**. In den alten **Sponge Docks** kann man Naturschwämme kaufen. Die **Spongeorama's Sponge Factory** informiert ausführlich über Schwämme und die griechische Einwanderung, und natürlich gibt es deren Produkte zu kaufen. In Ausflugsbooten der **St. Nicholas Boat Line** erfährt man während einer halbstündigen Tour alles über die hiesige Schwammindustrie.

Im **Konger Tarpon Springs Sea Aquarium** kann man Tauchern beim Füttern von Haien zuschauen. Einen Abstecher in die Innenstadt wert ist die im Jahr 1943 geweihte **St. Nicholas Orthodox Cathedral** (36 N Pinellas Ave; 10–16 Uhr), die der Hagia Sophia nachempfunden ist. Sie ist mit Ikonen und griechischem Marmor ausgestattet.

St. Nicholas Boat Line: 693 Dodecanese Blvd. | tgl. 10–16.30 Uhr Tel. 1-727-942-6425 | Tickets je nach Tour www.stnicholasboatline.com

Spongeorama's Sponge Factory: 510 Dodecanes Blvd. | variable Öffnungszeiten | frei | www.spongeorama.com

Konger Tarpon Springs Sea Aquarium: 850 Dodecanese Blvd. Mo.–Sa. 10–17, So. ab 12 Uhr | 8 $ | www.tarponspringsaquarium.com

Vom Angelpier der alten Brücke hat man einen hervorragenden Blick auf ein Meisterwerk der Ingenieurskunst, die Möwen interessiert die Sunshine Skyway Bridge wenig.

Am Südende der Pinellas-Halbinsel

Sunshine Skyway

Am südlichen Ausläufer der Halbinsel schwingt sich ein Meisterwerk der Ingenieurskunst als etwa 12,5 mi/20 km langer **Highway auf Stelzen** (I-275/US-19; Überfahrt mautpflichtig) elegant über den Eingang der Tampa Bay. Kernstück des Verkehrsbauwerks ist eine 7 km lange **Hochbrücke**, deren Mittelteil von zwei riesigen Pylonen gehalten wird. Sie ist so hoch, dass auch größte Ozeanriesen passieren können. Die **alte Brücke** wurde 1980 von einem Frachter gerammt und brach teilweise ein. Bei diesem Unglück stürzten mehrere Fahrzeuge ins Wasser, über 30 Menschen kamen ums Leben. Teile der alten Brücke dienen heute als **Angelpier** für leiden schaftliche Rutenfischer.

★★ SANIBEL & CAPTIVA ISLANDS

Region: Southwest | **Höhe:** 0–2 m ü. d. M. | **Einwohnerzahl:** 6 000

Blau, grün, gelb und in allen Zwischentönen leuchten Strände und Meer dieser beiden kleinen Inseln im Golf. Kein Haus ist höher als die Palmen. Angesichts der an allen Stränden des Sunshine State lauernden Investoren lässt dies auf streitbare Insulaner schließen. Tatsächlich gibt es hier keine Hotelkästen, keine Apartmentblocks, sondern nur lächelnde, meist wohlhabende Menschen. Und jede Menge Strände.

M 9/10

Auch Hurrikan »Charley«, der im August 2004 die meisten Kiefern am Periwinkle Way, der Vorzeigestraße auf Sanibel Island, ausriss und die restlichen gewaltsam stutzte, vermochte die natürliche Schönheit der beiden Inseln nicht dauerhaft zu entstellen. Kein Schilderwald stört die beiden durch eine Bücke miteinander verbundenen Eilande, keine Neonreklame fügt dem Auge Schmerzen zu. **Ruhe und Frieden** sind die beiden Worte, um die sich alles dreht auf diesen südlichen Barriere-Inseln an der Golfküste. Und da braucht es nicht zu verwundern, dass die Insulaner mitunter mürrisch auf Besucher reagieren. Insbesondere während der Wintermonate ist ihr Paradies nämlich zum Platzen voll.

Insel-Schön-heiten

Entdecker, Piraten und »Florida Crackers«

Geschichte

Die beiden durch den schmalen Blind Pass getrennten Inseln waren schon früh entdeckt. Angeblich nannte Juan Ponce de León (▶ S. 349) Sanibel, die größere der beiden, nach seiner Königin Isabella »San

Ybel«. Auch woher der Name der Nachbarinsel stammt, weiß niemand genau. Allerdings waren diese Gewässer einstmals ein beliebter Unterschlupf für **Piraten**. Es heißt, José Gaspár, gen. Gasparilla, der Gefürchtetste von ihnen, habe auf Captiva Island entführte Frauen gefangen gehalten. Gegen Ende des 19. Jhs. siedelten sich einige »Florida Crackers« auf den Inseln an und bauten erfolglos Limonen und Kokosnüsse an. Danach versuchten sie es mit Tourismus: 1938 öffnete die erste Ferienanlage.

Traumstrände und Muschelsucher-Paradiese

Strände

Auf Sanibel Island gibt es vier öffentliche, alle auf der Golfseite liegende Strände – fünf, zieht man die durchaus annehmbaren Causeway Beaches an der Brücke hinzu. Der **Lighthouse Beach** liegt am Ostende der Insel und besitzt zudem einen begehbaren Leuchtturm von 1884, eine hübsche Pier und einen Plankenweg durch das angrenzende Feuchtgebiet. Der **Gulfside City Park**, erreichbar über Algiers Lane, bietet außer herrlich feinem Sand schöne Picknick-Tische im Schatten knorriger Kiefern. **Tarpon Bay Beach** am Ende der Tarpon Bay Road liegt einen kurzen Spaziergang vom Parkplatz entfernt. **Bowman's Beach**, der ruhigste der vier, ist über die Bowman's Beach Rd. zu erreichen und der einzige Strand mit Grillgelegenheiten.

SANIBEL UND CAPTIVA ERLEBEN

SANIBEL & CAPTIVA ISLANDS CHAMBER OF COMMERCE
1159 Causeway Rd., Sanibel Island, FL 33957 | Tel. 1-239-472-1080 | www.sanibel-captiva.org

LEE COUNTY CVB
2201 2nd St., Suite 600, Fort Myers, FL 33907 | Tel. 1-239-338-3500 | www.leevcb.com

PARKEN
Auf den beiden Inseln sind Parkplätze rar, vor allem in der Hochsaison.

RADFAHREN
Das wohl beste Fortbewegungsmittel auf beiden Inseln ist das Fahrrad.

Allein auf Sanibel gibt es rund 20 mi/32 km Radwege. Alle Attraktionen lassen sich per Rad vom Periwinkle Way (Hauptstraße der Insel) aus erkunden.

MUSCHELN SAMMELN
Das Zauberwort auf den beiden Inseln heißt »Shelling«: Jede Flut spült neue Muscheln bzw. Muschelschalen an die Strände von Sanibel und Captiva. Und es gibt sie hier in allen Formen und Farben. Leere Muschelschalen darf man ohne Einschränkung sammeln, die Mitnahme von lebenden Muscheln ist allerdings streng verboten und wird ggf. mit empfindlichen Geldstrafen geahndet. Übrigens: Die beste Zeit, um Muscheln zu sammeln, sind die Monate Februar bis April.

BOOTSAUSFLÜGE

Vom Dock des South Seas Island Resort fahren **Ausflugsboote** zu den benachbarten einsamen, ja geradezu paradiesischen Inselchen **Cabbage Key** (▶ S. 267), **Useppa Island**, **Boca Grande** und **Cayo Costa**. Während einer solchen Bootstour kann man meistens einige Delfine beobachten, die das Schiff begleiten.

MAD HATTER €€€

Dass dieses romantische, kurz vor der Brücke nach Captiva auf dem Strand sitzende Restaurant so viele Stammgäste hat, ist kein Zufall: Die neue amerikanische, international inspirierte Küche arbeitet verlässlich, die grandiosen Sonnenuntergänge über dem Golf von Mexiko ebenso.
Sanibel Island, 6467 Sanibel-Captiva Rd. | Tel. 1-239-472-0033
www.madhatterrestaurant.com

MUCKY DUCK €€

Dieser englische Pub wirkt auf dem palmenbestandenen Strand zwar wie ein Anachronismus, ist aber so populär, dass man entweder früher kommt oder aber sein Bier im Stehen konsumiert und danach draußen Sterne zählen geht.
Captiva Island, 11546 Andy Rosse Lane | Tel. 1-239-472-3434
www.muckyduck.com

ROSIE'S CAFÉ & GRILL €€

Einheimische essen hier, und kundige Besucher. Das Seafood vom Grill kommt liebevoll mit exotischen Zutaten veredelt, und selbst Hamburger und Pasta werden karibisch fotogen präsentiert.
Sanibel Island, 2330 Palm Ridge Rd. | tgl. 8–21 Uhr
Tel. 1-239-579-0807
https://rosiescafesanibel.com

CASA YBEL RESORT €€€€

Die paradiesische, schon etwas ältere Ferienanlage (114 Suiten) direkt am Strand verfügt über ein ausgezeichnetes Restaurant und gehört mit zu den Besten ihrer Art im »Sunshine State«.
Sanibel Island, 2255 W Gulf Dr.
Tel. 1-239-472-3145
www.casaybelresort.com

SOUTH SEAS ISLAND RESORT €€€€

Die über 130 Hektar große Anlage mit 106 Zimmer und 365 Suiten ist von drei Seiten von Wasser umgeben. Den 4 km langen Sandstrand säumt eine Dünenlandschaft, mit kleinen Wäldchen und Mangroven. In der Marina liegen schicke Boote, ein Ausflugsschiff steuert vorgelagerte Inseln an. Ein kleiner Zoo, Fitness Center, Leihfahrräder, Segelschule, Tennisplätze – das Freizeitangebot ist nahezu unerschöpflich.
5400 Plantation Rd., Captiva Island | Tel. 1-239-472-5111
www.southseas.com

WEST WIND INN €€€

Schöne Ferienanlage am Strand; von vielen der 103 Zimmer hat man einen zauberhaften Blick aufs Meer, nette Pool Bar.
Sanibel Island, 3345 West Gulf Dr.
Tel. 1-239-472-1541 | www.west windinn.com

KONA KAI MOTEL €€

Die kleinen Cottages liegen in einem hawaiianisch inspirierten Palmengarten. Schöne Plankenwege und der größte Pool der Insel versüßen den Aufenthalt noch etwas mehr.
Sanibel Island, 1539 Periwinkle Way | Tel. 1-239-472-1001
www.konakaimotel.com

▌ Wohin auf Sanibel Island?

Muschelschalen aus aller Welt

Bailey-
Matthews
National
Shell
Museum

Für Naturfreunde hochinteressant ist diese Ausstellung. Über 30 000 Muscheln aus aller Welt und alle auf die hiesigen Strände gespülten Arten sind ausgestellt. Auch Kunsthandwerk aus Muscheln ist zu sehen, darunter aus Barbados und Mexiko. Muschelsammler-Novizen können hier ihre Funde bestimmen lassen.

3075 Sanibel-Captiva Rd. | 10–17 Uhr | 15 $ | www.shellmuseum.org

Historischer Inselalltag im Museumsdorf

Sanibel
Historical
Village &
Museum

Wie der Alltag auf der Insel zu Zeiten der Calusa-Indianer, Spanier und amerikanischen Pioniere ausgesehen hat, zeigt dieses aus einem Dutzend Gebäude bestehende Hausmuseum. Der Bummel über das palmenbestandene Gelände führt zum **Rutland Home**, dem 1913 erbauten Holzhaus eines Siedlers, zu **Bailey's General Store** mit einer alten Tanksäule und zu **Miss Charlotta's Tea Room**.

950 Dunlop Rd. | Di.–Sa. 10–16 Uhr | 10 $ | www.sanibelmuseum.org

Mangroven-, Marsch- und Sumpflandschaft

J. N. »Ding«
Darling Na-
tional Wild-
life Refuge

Das nach dem beliebten Karikaturisten J. N. »Ding« Darling benannte Wildnisgebiet schützt 2000 ha unberührter Mangroven-, Marsch- und Sumpflandschaft auf der dem Festland zugewandten Inselseite. Auf dem 5 mi/8 km langen **Wildlife Drive** können Autotouristen im Winter zahllose Zugvögel und im Sommer **Ibisse, Rosalöffler, Graureiher** sowie die fast ausgerotteten **Silberreiher** beobachten. Ein 3,5 km langer Plankenweg führt zu Beobachtungspunkten, von denen aus **Alligatoren** und **Seeotter** zu sehen sind. Im **Visitor Center** erfährt man Wissenswerte über das Schutzgebiet. Ein authentisches Florida-Erlebnis hat man bei einer Paddeltour durch die vorgelagerte, von Manatees (▶ rechts), Wat- und Seevögel bewohnte Mangrovenwildnis.

Variable Öffnungszeiten, Do–Sa. 7/7.30–17.30/20 Uhr | Fußgänger 1 $, Pkw 5 $ | www.fws.gov/refuge/jn_ding_darling

▌ Wohin auf Captiva Island?

Luxuriöse Insel auf der Insel

South Seas
Island Resort

Fünf Meilen bzw. 8 km lang und kaum 1 km breit, präsentiert sich Captiva als die kleinere Schwester von Sanibel. Die wenigen Inselbewohner leben meist vom Tourismus. Der **Turner Beach** an der Südspitze am Blind Pass ist für Tagesgäste der Hauptgrund für einen Besuch: Viele kommen allein wegen der spektakulären Sonnenuntergänge hierher. Die Nordspitze der Insel nimmt das luxuriöse **South Seas Island Resort** ein mit Pools, Strandbars und Golfplatz. Auf dem Gelände einer ehemaligen Kopra-Plantage angelegt und von Mangro-

MEET THE MANATEES

Da drüben! Ist das ein Baumstamm? Oder … Jetzt bewegt er sich, er rollt nach rechts! Die erste Begegnung mit Floridas Seekühen ist zunächst eine etwas mulmige Angelegenheit. Doch dann legt sich die Nervosität, man lässt sich treiben und lauscht. Und hört und sieht die bis zu 600 kg schweren Kolosse im »Ding« **Darling National Wildlife Refuge** auf Sanibel Island schnaufen, mampfen und ganz einfach das Leben genießen – ein Schauspiel so friedlich und harmonisch, dass es einem ein Lächeln ins Gesicht zaubert (Infos im Nationalpark, ► S. 266)

venwäldern dicht umschlossen, gilt es dank seiner schönen Courts als eines der besten Reiseziele für Tennis spielende Urlauber in Florida.
Infos: ► S. 265

Bootsausflug nach Cabbage Key

Vom South Seas Island Resort fahren Boote zum nördlich benachbarten Cabbage Key, wo es weder Straßen noch Autos gibt, sondern nur eine Pier und das **Cabbage Key Inn** (6 Zimmer, 7 Cottages, Restaurant). Der hier zubereitete Burger soll **Jimmy Buffett** (► S. 343) zu seinem – in Florida – legendären Hit »Cheeseburger in Paradise« inspiriert haben. Außerdem hat das Pubrestaurant die teuerste Tapete der Welt zu bieten: Wenigstens drei Gäste-Generationen, die hier aßen, haben einen Geldschein an die Wand geheftet. Angeblich hängen unter der Decke 25 000 Dollar!
https://cabbagekey.com

Cabbage Key

# ★★ SARASOTA

Region: Central West | **Höhe:** 0–9 m ü. d. M.
Einwohnerzahl: 57 000

John Ringling würde sich freuen: Nicht nur, dass seine Residenz und das nach ihm benannte Kunstmuseum heute die größten Sehenswürdigkeiten der Stadt sind. Auch sonst ist die Saat des Zirkusmagnaten aufgegangen: Kunst und Kultur blühen hier am Golf von Mexiko, und ein paar der schönsten Strände Floridas liegen gleich vor der Haustür.

Refugium der Wohlhabenden

Die Strände auf den vorgelagerten Inseln Lido Key, Siesta Key und Longboat Key, ein ganzjährig mildes Klima und ausgezeichnete Freizeitmöglichkeiten, ziehen bis heute eine kontinuierlich wachsende Zahl von Erholungsuchenden und Pensionären an. 1842 ließ sich hier der erste weiße Siedler nieder, aber noch 1910 war Sarasota ein verträumtes Fischerdorf.
Unter den Einwanderern der 1880er-Jahre war auch ein gewisser **John Hamilton Gillespie**, der in Sarasota einen ersten **Golfplatz** anlegte und so diese Sportart in Florida und in den gesamten USA populär machte. Wenig später entdeckte der reiche Ostküstenadel die Sarasota Bay.

»Stadt der Künste«

Bildende Kunst, Theater

Den Beinamen »Stadt der Künste« verdankt Sarasota dem Zirkusmagnaten und Kunstsammler **John Ringling** und seiner Frau Mable. Ihre Kollektion ist eine der Hauptsehenswürdigkeiten Floridas (▶ S. 270). Seit 1959 hat Sarasota eine Oper mit eigenem ständigem Ensemble sowie ein eigenes Orchester. Das **Asolo Repertory Theater** hat sich weit über Florida hinaus einen Namen gemacht, ebenso die Oper (▶ unten), und in der **Van Wezel Performing Arts Hall** treten häufig namhafte Interpreten moderner, aber auch klassischer Musik auf.
www.asolorep.org | www.vanwezel.org

▌ Wohin in Sarasota?

Flanieren, Shopping, Kunst und Oper

Downtown

Das in den 1920er-Jahren im mediterranen Stil erbaute Stadtzentrum wurde nach einer Phase des Niedergangs erfolgreich wiederbelebt. Teure Schmuck-, Antiquitätengeschäfte und Kunstgalerien findet man in der noblen **Palm Avenue**. Heimstatt der Sarasota Opera Association ist das restaurierte **Sarasota Opera House** (Pinapple Ave./ First Street).

Im Osten der Downtown empfängt der **Towles Court Arts District** Besucher. Die Künstlerkolonie, ein buntes, tropisch begrüntes Ensemble aus Bungalows aus »Old Florida«-Tagen, zeigt in kleinen Galerien, Studios und Cafés eine immense, von Realismus bis zur Abstraktion reichende Palette lokalen Kunstschaffens. Dazu gibt es Kunsthandwerksläden, in denen man den Künstlern beim Töpfern, Schnitzen und Entwerfen von Schmuck zusehen kann.

Sarasota Opera House: 61 N. Pineapple Ave., Ticket Office:
Mo.-Fr. 10–17 Uhr | www.sarasotaopera.org
Towles Court Arts District: 1938 Adams Lane
www.towlescourt.com

SARASOTA ERLEBEN

SARASOTA COUNTY VISITOR INFORMATION CENTER
1945 Fruitville Rd., Sarasota,
FL 34236 | Tel. 1-941-706-1253
www.visitsarasota.com

SARASOTA MUSIC FESTIVAL
Im Mai bzw. Juni findet dieses hochkarätig besetzte dreiwöchige Musikfestival statt.
www.sarasotaorchestra.org/festival

DRY DOCK WATERFRONT GRILL €€€
Der Blick auf die Sarasota Bay, auf die tauchenden Pelikane und Manatees, dazu eine immer verlässliche Auswahl an Seafood, Steaks und Salaten: Das Restaurant in der Boathouse Marina am Südende von Lingboat Key ist für Genießer.
412 Gulf of Mexico Dr.
Tel. 1-941-383-0102
http://geckosgrill.com/dry-dock-waterfront-grill

BIJOU CAFÉ €€
Im beliebten Lokal von J. P. Knagg in Downtown Sarasota gibt es fein zubereitetes Geflügel, Fisch, Lamm und Rind. Man fühlt sich ein wenig wie in Frankreich.
1287 1st Street | Tel. 1-941-366-8111
www.bijoucafe.net

HYATT REGENCY SARASOTA €€€
Mit hellen Pastellfarben und gestyltem Interieur die Florida-Ausgabe der sonst eher hochgeschlossenen Nobelmarke, lockt dieses Hyatt auch noch mit einem lagunenähnlichen Swimmingpool.
1000 Blvd. of the Arts
Tel. 1-941-953-1234 | https://sarasota.regency.hyatt.com

GOLDEN HOST RESORT €€
Zentral gelegene Herberge mit 80 Zimmern und Suiten sowie einem Pool inmitten duftender Gärten. Hier fühlen sich Familien mit Kindern wohl.
4675 N Tamiami Trail
Tel. 1-941-355-5141
www.goldenhostresort.com

Zoo mit Papageien, Reptilien und Flamingos

Sarasota Jungle Gardens

Im Süden der Stadt kann man die lieben Kleinen von der Leine nehmen. In diesem kleinen, aber feinen Zoo gibt es einen **Kiddy Jungle** mit Streichelzoo und lustige Vorführungen mit **Papageien**. Erwachsene können sich derweil die aufregende **Reptilien-Show** mit Schlangen und Alligatoren anschauen.

3701 Bayshore Rd. | tgl. 10–17 Uhr | 18 $
www.sarasotajunglegardens.com

Die Flora des »Sunshine State« in aller Ruhe genießen

Marie Selby Botanical Gardens

Dieser wunderschöne Botanische Garden im Süden der Stadt an der Little Sarasota Bay gehört zu den Top-Attraktionen der Stadt. Ein Drittel der weit über 20 000 Pflanzenarten sind **Orchideen**. Hübsche Spaziergänge führen durch Bambus- und geheimnisvolle Banyanwälder, und wer noch keinen **Mangrovenwald** aus der Nähe gesehen hat, kann dies hier an der Bay nachholen. In dem Botanischen Garten stehen auch zwei Musterbeispiele eleganter Südstaaten-Architektur: das ehemalige Wohnhaus der Familie Selby sowie die Christy Payne Mansion, die das **Museum of Botany & Art** beherbergt.

811 S Palm Ave. | tgl. 10–17 Uhr | 20 $ | www.selby.org

Meeresforschung zum Anfassen

Mote Marine Laboratory & Aquarium

Wo sonst kann man eine echte maritime Forschungsstation besuchen, die nicht wissenschaftlich-trocken, sondern unterhaltsam und leicht verständlich über ihre Arbeit berichtet? Die Experten lassen sich bei der Arbeit zusehen, dazu gibt es ein Hai-Habitat, diverse schöne Aquarien mit tropischen Fischen sowie Manatees und Seeschildkröten.

1600 Ken Thompson Pkwy. | tgl. 10–17 Uhr | 22 $ | www.mote.org

 The Ringling

Bedeutende Kunstsammlung eines Zirkuskönigs

Museum of Art

Hauptattraktion von Sarasota ist das Museum des Zirkuskönigs John Ringling, das zirka 3 mi/5 km nördlich des Stadtzentrums an der Bayshore Road liegt. Ringling hatte es 1936 dem Staat Florida vermacht. Der 1927 bis 1930 im Neorenaissancestil errichtete Gebäudekomplex steht inmitten manikürter Gartenanlagen, von denen aus man herrliche Blicke auf die Sarasota Bay hat. Das Kunstmuseum beherbergt nicht nur eine bedeutende **Kollektion antiker zypriotischer Kunst**, sondern auch eine hervorragende Sammlung europäischer Meister der **Renaissance** und des **Barock**, darunter bekannte Werke von Lukas Cranach, Peter Paul Rubens oder Anthonis van Dyck. John Ringling, seinerzeit nicht nur einer der reichsten Männer Amerikas, sondern auch ein rastloser Reisender, brachte sie von seinen Touren durch Europa mit. Den Innenhof zieren Repliken berühmter Statuen, wie Michelangelos »David«. Im Museumsanbau sind Wechselausstellungen zeitgenössischer Kunst zu sehen

5401 Bay Shore Rd. | tgl. 10–17, Do. bis 20 Uhr | 25 $ (mit Circus-Museum), Kunstmuseum Mo. frei | www.ringling.org

Die große Zeit des guten, alten Zirkus

Zirkusfans werden hier feuchte Augen bekommen. Hier können Dreh- **Circus** orgeln gespielt, Drahtseile begangen und Spaßautos bestiegen wer- **Museum** den. Diese kunterbunte Ausstellung erinnert mit alten Zirkuswagen, Kostümen, Plakaten und einem unwiderstehlichen Miniaturzirkus an die große Zeit des guten, alten Zirkus. Sonderausstellungen beschäftigen sich mit berühmten Artisten und Clowns.

Eintritt mit Museum of Art (▶ oben)

»American Dream« und »Roaring Twenties«

Direkt an der Sarasota Bay liegt Ca' d' Zan, die feudale **Winterresidenz** Ca' d' Zan des Ehepaares John und Mable Ringling. »Johns Haus«, eine luxuriöse 30-Zimmer-Villa, bei deren Bau der Namensgeber keine Unkosten scheute, wurde 1926 als venezianischer Renaissance-Palast errichtet.

Im Innenhof des Museum of Arts sind Repliken berühmter antiker Statuen ausgestellt.

Extra aus Barcelona kamen die alten Ziegel für das Dach und den ca. 30 m hohen Turm. Die Fenster sind aus venezianischem Glas gefertigt. Von der Terrasse führen Marmorstufen hinab zum Wasser, wo einst die venezianische Gondel von Mable Ringling lag.

»Get your motor runnin' ...«

Classic Car Museum
Liebhaber alter Schlitten und Luxuskarossen kommen in dem zweitältesten **Automuseum** der USA (gegenüber Ringling-Areal jenseits des Tamiami Trail) garantiert auf ihre Kosten. Blitzblank polierte Oldtimer, darunter der Mini-Cooper von Paul McCartney, der Mercedes Roadster von John Lennon und ein Dragster aus der Werkstatt von Don Garlit sind neben gut 100 weiteren Fahrzeugen zu bestaunen.
5500 N Tamiami Trail/US-41 | tgl. 9–18 Uhr | 13 $
www.sarasotacarmuseum.org

▌ Rund um Sarasota

Traumstrände mit Puderzucker

St. Armands Key, Siesta Key
Der **Ringling Causeway** verbindet St. Armands Key und Lido Key mit dem Festland. **St. Armands Key** wurde in den 1920er-Jahren vom Zirkusmagnaten John Ringling aufgekauft. Heute ist St. Armands für seine exquisiten Geschäfte und Restaurants bekannt. Der 1988 angelegte **Circus Ring of Fame** erinnert an berühmte Zirkusartisten. Der kilometerlange, mit einigen Picknick- und Spielplätzen ausgestattete **Lido Beach** ist der beliebteste Strand Sarasotas.
Der weiße Sandstrand von **Crescent Beach** gilt als einer der schönsten Floridas. Große Teile von **Siesta Key** sind heute mit Villenkolonien bebaut. Etliche in üppigen Gärten versteckte ältere Häuser sind im typischen »Sarasota Style« erbaut, den die Architekten Ralph Twitchell und Paul Rudolph in den 1920er-Jahren kreierten.

Fotogene Landschaft im Urzustand

Myakka River State Park
Das Schutzgebiet liegt knapp 19 mi/30 km südöstlich von Sarasota an der FL 72 und zeigt, wie große Teile des Landesinnern vor der Ankunft der Europäer ausgesehen haben. Das Ökosystem am Myakka River ist noch weitgehend intakt. Offenes Land, weite Wasserflächen, Sumpfgebiete mit Hammocks (Bauminseln), größere Kiefernbestände und Palmettoprärie sorgen für eine ungemein fotogene, im Urzustand befindliche Landschaft. Das Gebiet ist bekannt für seinen Reichtum an Rehen, wilden Truthähnen, Alligatoren und Wasservögeln. Häufig kann man Seeadler, Reiher und Sandkraniche beobachten. Am Parkeingang informiert ein Visitor Center über das Gebiet. Park Ranger bieten Vogelführungen und Lagerfeuer-Programme an. Wanderwege, darunter der herrliche **Myakka Trail**, und Kanurouten erschließen den State Park. Beim Visitor Center des Myakka River State Park

startet ein **Airboat** zu Wildnistouren ins Schutzgebiet. Unterwegs bekommt man u. a. wilde Truthähne und Alligatoren zu Gesicht

13208 State Rd. 72 | tgl. 8 Uhr bis Sonnenuntergang | Fußgänger 2 $, Pkw 6 $ | www.floridastateparks.org/park/Myakka-River | Airboat Touren: Tel. 1-941-365-0100 | 15 $ | www.myakkawildlifetours.com

Natur, Regionalkultur und Angelsport

Die 1878 von Dr. Joseph Braden gegründete Siedlung (50 000 Einw.) **Bradenton** liegt nördlich von Sarasota am Mündungstrichter des Manatee River. Sie ist Gewerbestandort und Ausgangspunkt für Angler, die im Golf oder im **Manatee River** fischen wollen. Badeurlauber steuern den **Bradenton Beach** an. Im Osten der Stadt sieht man noch die Ruinen des festungsartigen Hauses des Stadtgründers (Braden Castle Drive), der frühen Einwanderern als Zuflucht vor Überfällen der Indianer gedient hat. Das **Manatee Village**, zwischen 6th Ave. E und 15th St. E und heute ein Freilichtmuseum, umfasst die alte Kirche von 1887, das alte Gerichtsgebäude von 1860, den 1903 eingerichteten Wiggins Store, das 1908 erbaute alte Schulhaus sowie Stephens House, das im Jahre 1912 in der für die damalige Zeit typischen Holzbauweise der »Florida Crackers« errichtet worden ist.

Im **South Florida Museum** wird die Natur- und Kulturgeschichte der Region erläutert. Indianische Kulturzeugnisse sind ebenso ausgestellt wie Relikte aus der spanischen Kolonialzeit. Eine Sonderschau beschäftigt sich mit den Manatees.

Manatee Village Historical Park: 1404 Manatee Ave. E, Mo.–Fr., 2., 4. Sa. im Monat 9–16 Uhr | frei | www.manateevillage.org
South Florida Museum: 201 10th St. W, Di.–Sa. 10–17, So. ab 12 Uhr 19 $ | www.southfloridamuseum.org

Erster systematischer Erforscher Floridas

Nordwestlich außerhalb von Bradenton, an der Mündung des Manatee **De Soto** River in die Tampa Bay, wird an den spanischen Konquistadoren **Her-** **National** **nando de Soto** (▶ S. 349) erinnert, der hier im Mai 1539 oder in der **Memorial** Nähe mit einer 700 Mann starken Streitmacht an Land gegangen sein **Park** soll. Während der nächsten zwei Jahre führte der Spanier seine Truppe bis nach North Carolina, dann nach Westen und den Mississippi entlang nach Louisiana und Mexiko. Die Hälfte seiner Männer kam nie dort an, de Soto selbst erlag 1542 dem Fieber.

Muschelstrände, Golf und Tennis

Westlich von Bradenton liegen die beiden Inseln Longboat Key und  Anna Maria Island. Hier draußen gibt es wunderschöne Muschel- sandstrände, an denen die modernen Feriensiedlungen **Bradenton** **Longboat** **Beach**, **Holmes Beach** und **Anna Maria** herangewachsen sind. Die **Key, Anna** bekanntesten Adressen sind der Longboat Key Club mit seinen Meis- **Maria Island** terschaftsgolfplätzen sowie das Colony Beach & Tennis Resort.

★★ TALLAHASSEE

Region: North Central | **Höhe:** 58 m ü. d. M. | **Einwohnerzahl:** 181 000

H 2

Obwohl 40 % seiner Einwohner Studenten sind, ist Floridas Hauptstadt überraschend gemächlich. Tatsächlich ist Tallahassee dem Alten Süden näher als dem lebensfrohen ▶ Miami. Residenzen aus dem 19. Jh. und alte Eichen säumen die Straßen, und Gentlemen halten Ladies die Türe auf. Die Starbucks Cafés wirken da fast exotisch. Viele Studenten vergleichen das Tempo in Tallahassee sogar mit Melasse. So langsam gehe es im Alltag zu.

Blättert man in der Stadtgeschichte, kommt man leicht zu dem Schluss, dass in diesem hügeligen Terrain früher mehr los war. Denn schon vor Ankunft der Europäer bestand hier eine florierende Siedlung von Ackerbau betreibenden Indianern. 1528 durchstreiften erste Spanier die Region, elf Jahre später überwinterte hier der von Indianerüberfällen geplagte Konquistador **Hernando de Soto** (▶ S. 349). Später gründeten Franziskaner die **Mission San Luis** (▶ S. 279), die zeitweise der Verwaltungssitz der spanisch kontrollierten Apalachee-Region war.

Haupt-stadt mit Südstaaten-Flair

Konflikte zwischen den Kolonialmächten Spanien, Frankreich und Großbritannien führten zu Beginn des 18. Jhs. zu Angriffen der Engländer. Viele Siedlungen wurden zerstört und die ansässigen **Apalachee-Indianer** vertrieben. In dem entvölkerten Gebiet ließen sich andere Indianerstämme nieder, die aber in den Seminolenkriegen wieder vertrieben wurden. Weiße Siedler rückten nach und legten Baumwoll- und Zuckerrohrplantagen an. 1824 wurde Tallahassee zur **Hauptstadt Floridas** erhoben. Erst seit den 1940er-Jahren liegt Tallahassee, wenn auch bei Weitem nicht so stark, im Visier der Zuwanderer aus dem Norden.

▌ Wohin in Tallahassee?

Unter dichtem Blätterdach

Canopy Roads

Fast kann man Rhett Butler und Scarlett O'Hara vor sich sehen. Das Liebespaar aus dem epischen Hollywoodschinken »Vom Winde verweht« müsste statt in einer Pferdedroschke nur im offenen Kabrio durch diese romantischen grünen Tunnels kurven. Tallahassees »Canopy Roads« genannte Alleen mit dem namengebenden dichten Blätterdach sind die mit Abstand fotogenste Attraktion der Stadt. Die erste von ihnen, die **Old St. Augustine Road**, wurde bereits im 16. Jh. angelegt und verband die Mission San Luis (▶ S. 279) mit der damaligen Hauptstadt ▶ St. Augustine. Weitere hübsche Canopy Roads

Weiß, groß, prächtig und wohlhabend: So sieht ein typisches Südstaatenhaus wie aus dem Bilderbuch aus.

sind die Miccosukee, Centerville und die Meridian Old Bainbridge Roads. Abends, wenn die untergehende Sonne bernsteinfarbene Lichtspeere durch das Geäst treibt, ist es hier am schönsten.

Wo einst die Staatsregierung Floridas residierte

Auf dem höchsten Hügel der modernen, von einer übersichtlichen Zahl von Bürotürmen geprägten Downtown steht das 1839 erbaute alte Kapitol von Florida mit seiner blendend hellen Fassade und auffallend rot-weiß gestreiften Markisen vor den Fenstern. Das **Gouverneurszimmer** sowie die **Sitzungssäle** des Obersten Gerichts, des Senats und des Repräsentantenhauses können besichtigt werden. Eine staubtrockene, für Geschichtsfans jedoch nicht uninteressante Angelegenheit: An dieser Stelle tagten Floridas Politiker zunächst in einer Blockhütte mitten in Indianerland, und 1861 erklärte Florida hier seine Sezession von der Union.

Old State
Capitol

Florida Historic Capitol Museum: 400 S Monroe St./Apalachee Pkwy. Mo.–Fr. 9–16.30, Sa. ab 10, So. ab 12 Uhr | frei
http://flhistoriccapitol.gov/

Bausünde oder Aufbruchsstimmung?

New State Capitol

1978 wurde das neue Kapitol mit seinen 22 Stockwerken eingeweiht. Seitdem scheiden sich die Geister: Für die einen steht das monumentale Rechteck für Aufbruchsstimmung und die dynamische Entwicklung des »Sunshine State«, andere sehen in ihm nichts anderes als eine Bausünde im stalinistischen Stil. Sei es, wie es sei: In der Lobby befindet sich das große Bronzesiegel des Staates Florida. Und von der **Aussichtsgalerie** des Hochhauses bietet sich ein toller Rundblick.

S. Duval St. | Führungen Mo.–Fr. 8–17 Uhr | frei

Ein Stück des alten Tallahassee

Adam's Street Commons

Nördlich der beiden Parlamentsgebäude hat man zwei Häuserblocks des alten Tallahassee restauriert. Pflasterstraßen, Restaurants, Bars, Boutiquen und **Gallie's Hall**, die Ende des 19. Jhs. Stadttheater war, machen Adam's Street Commons zum beliebten Treffpunkt.

TALLAHASSEE ERLEBEN

VISIT TALLAHASSEE
106 E Jefferson St., Tallahasse,
FL 32301 | Tel. 1-850-606-2305
www.visittallahassee.com

MARKET DAYS
Viel besuchte Markttage (1. Dez.-Wochenende) mit wunderschönem Kunsthandwerk.
North Florida Fairgrounds,
441 Paul Russell Rd. | 6 $
https://tallahasseemuseum.org/marketdays

❶ ANDREW'S CAPITAL GRILL & BAR €€
Seit 40 Jahren füttert Andy Reiss die Hauptstädter mit »all-American food«. Riesigen Portionen und gute Qualität.
228 S Adams St. | Tel. 1-850-222-3444 | http://andrews downtown.com

❶ DOUBLETREE HOTEL BY HILTON TALLAHASSEE €€€
Das moderne Hotel im Herzen von Downtown verfügt über zeitgemäß ausgestattete 240 Zimmer und Suiten, ein Restaurant und eine Bar. Übrigens: Hier hatten sich viele Korrespondenten eingemietet, die im Jahre 2000 über die Unregelmäßigkeiten bei der Präsidentschaftswahl von George W. Bush berichtet haben.
101 S Adam Street
Tel. 1-850-224-5000
www.doubletree3.hilton.com

❷ BEST WESTERN TALLAHASSEE DOWNTOWN INN & SUITES €€
Hier gibt es freundlich ausgestattete Gästezimmer, einen kleinen Fitness-Raum und auch einen Pool. Der Frühstücks-Snack ist gratis.
2016 Apalachee Pkwy.
Tel. 1-850-656-6312
http://bestwesternflorida.com

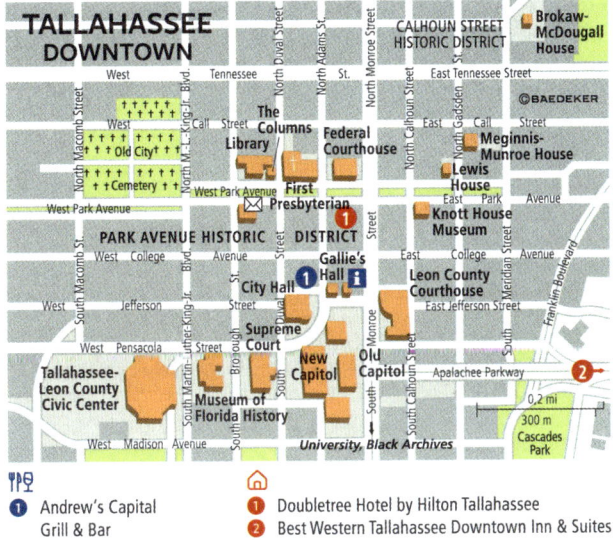

🍴🍷
1 Andrew's Capital Grill & Bar

🏠
1 Doubletree Hotel by Hilton Tallahassee
2 Best Western Tallahassee Downtown Inn & Suites

Schlüsselereignisse der Geschichte

Zwei Häuserblocks westlich unterhalb des Kapitols beherbergt das 1976 errichtete R. A. Gray Building das **Staatsarchiv**, eine Bibliothek und vor allem die ausgezeichnete **landeskundliche Ausstellung**. Diese ist nicht nur an heißen Tagen einen Blick wert: Als offizielles Geschichtsmuseum Floridas konzentriert man sich hier auf Epochen und Schlüsselereignisse, die für die Entwicklung des »Sunshine State« von Bedeutung waren, und legt auch Wert auf gesellschaftliche und politische Zusammenhänge. Eindrucksvoll ist das fast 3 m hohe Skelett eines in Florida gefundenen Mastodon.

⭐
Museum of Florida History

500 S Bronough St. | Mo.–Fr. 9–16.30, Sa. ab 10, So. ab 12 Uhr | frei | www.museumoffloridahistory.com

Architektur des Alten Südens

Wenn man vom Museum aus der Bronough Street nach Norden folgt, erreicht man die Park Avenue und ein Stück altes Tallahassee. Der schläfrige Charme des Alten Südens lässt die modernen Bürotürme im Rücken vergessen. Zugleich erinnert dieses Viertel an die düstere Realität hinter dem schönen Schein: Auch Tallahassees älteste Residenzen entstanden durch Sklavenarbeit.

Park Avenue Historic District

An der Ecke Bronough St./Park Ave. fällt der vornehme Säulenbau **The Columns** auf. Er ist eines der ältesten noch erhaltenen Gebäude der Stadt und wurde 1830 im Auftrag des damaligen Präsidenten der

Bank of Florida errichtet. Heute ist er Sitz der Tallahassee Chamber of Commerce. Nur wenige Schritte weiter oben steht die **First Presbyterian Church**, die älteste Kirche der Stadt. In dem 1838 in neoklassizistischem Stil errichteten Ziegelbau suchte die Bevölkerung während der Überfälle der Seminolen 1838/39 Schutz. Bis zum Bürgerkrieg war die Galerie den Sklaven vorbehalten.

Jenseits der **Monroe Street**, die Tallahassee von Nord nach Süd als Magistrale durchzieht, kommt man in den hübschen **Lewis Park**. Hier gibt es einige beachtenswerte, meist schon vor dem Bürgerkrieg errichtete Villen mit den für die Südstaaten typischen Veranden und Säulenvorbauten. Ein besonders eindrucksvolles Beispiel der Südstaaten-Architektur ist das **Lewis House**, das von 1850 bis 1993 einer wohlhabenden Bankiersfamilie gehörte (316 E Park Ave.).

Gegenüber lädt das **Knott House** zu einem Besuch ein. Die im Jahre 1843 errichtete komfortable Residenz des Unionsgenerals Edward McCook wurde 1928 von William Knott erworben, dem damaligen Kämmerer des Bundesstaates Florida. Er ließ den imposanten Portikus anbauen und stattete das Haus mit wertvollem viktorianischem Mobiliar aus.

The Knott House Museum: 301 E Park Ave. | Führungen Mi.–Fr. 13, 14, 15, Sa. 10–15 Uhr (zur vollen Std.) | frei, Spende erbeten www.museumoffloridahistory.com/about/sites/

Kreative Insel – Tallahassees »Klein-Soho«

Railroad Square Art Park

Ein völlig anderes Tallahassee-Gefühl wartet dagegen gut 15 Gehminuten südwestlich des Museum of Florida History. Livemusik, Trommelgruppen, Second-Hand-Läden, Imbissbuden, Craft-Bier-Theken und in alten Lagerhäusern gut 70 kleine Galerien, Studios und Kunsthandwerkläden, die für heitere Wochenmarkt-Atmosphäre sorgen. Der auf halbem Weg zwischen Downtown und den beiden Universitäten liegende Railroad Square Art Park ist eine kreative Insel und so etwas wie Tallahassees Klein-Soho. Hinzu kommen Yoga- und Martial-Arts-Kurse, ein Kletterpark, ein voller Veranstaltungskalender und der populäre »**First Friday Gallery Hop**«. Bei diesem jeden ersten Freitag im Monat stattfindenden Event lassen sich die Künstler in ihren Studios und Galerien bei der Arbeit über die Schulter schauen.

602 McDonnell Dr. | www.railroadsquare.com

▌ Wohin in den Außenbezirken?

Die faszinierende Vielfalt blühender Pflanzen

Alfred B. Maclay Gardens State Park

Ca. 5 mi/8 km nördlich des Stadtzentrums stehen wundervolle Gärten zur Besichtigung offen, die ein New Yorker Financier 1923 anlegen ließ und die seine Witwe dem Bundesstaat Florida vermachte. Wunderschön ist es hier im Winter, wenn die **Kamelien** blühen, aber auch im Frühling, wenn **Azaleen** und **Magnolien** ihre Pracht entfalten und Spanisch-Moos wie Lametta schwer von den Eichen hängt. Darüber hinaus lohnt auch ein Blick ins 1905 erbaute Maclay House.

3540 Thomasville Rd. | tgl. 8 Uhr bis Sonnenuntergang
Fußgänger 2 $, Pkw 6 $ | Jan.–April für die blühenden Gärten: +6 $
www.floridastateparks.org/park/Maclay-Gardens

Forschung zur Geschichte der Afro-Amerikaner

Auf dem Campus der **Florida Agricultural & Mechanical University** (FAMU) am südlichen Stadtrand beschäftigt man sich mit der Geschichte der afrikanischen Sklaven und Afro-Amerikaner in Tallahassee. Die hier sowohl ausgestellten als auch zugänglichen Dokumente reflektieren den von Unrecht und Gewalt geprägten Alltag der Sklaven und ihrer Nachkommen und analysieren die Bedeutung ihrer Beiträge für die Entwicklung Floridas.

Meek Eton Black Archives Research Center & Museum

445 Gamble St., Tallahassee, FAMU University Campus
Mo.–Fr. 9–17 Uhr | frei | http://famu.edu/index.cfm?MEBA

Eine Zeitreise in die spanische Missionsphase

Zeitreise! Fast 500 Jahre ist es her, dass sich hier die ersten Spanier auf der Suche nach dem sagenhaften El Dorado mühsam durch die Wälder quälten. Ihnen folgten die Missionare und Siedler. Deren Spuren kann man heute auf einem Hügel im Westen von Tallahassee folgen. Auf dem Gelände wurden die Reste einer Siedlung der Apalachee-Indianer, der 1656 gegründeten **Missionsstation** San Luis der Franziskaner und eines spanischen Forts gefunden. In der Glanzzeit der Siedlung (um 1670) lebten hier 1400 Menschen – Indianer und Spanier – zusammen. Nach Angriffen der Engländer wurde der Ort aufgegeben. Im **Freilichtmuseum** sieht man Nachbauten der Missionskirche und des Franziskaner-Priorats, eines indianischen Versammlungshauses und der Wohnung des Apalachee-Häuptlings. Auch das spanische Fort ist rekonstruiert. Das Visitor Center logiert in einem typischen Südstaatenhaus der 1930er-Jahre.

Mission San Luis

2100 Mission Rd. | Di.–So. 10–16 Uhr | 5 $ | www.missionsanluis.org

Rund um Tallahassee

»City of Southern Charme« mit interessanten Parks

In Miami Beach ist oft zu hören, der Alte Süden beginne in Nord-Florida. Damit meinen die munteren Partygänger jeglicher Hautfarbe, politischen und sexuellen Orientierung natürlich nicht nur die schönen alten Häuser und schwülwarmen Nächte im Schaukelstuhl auf der Veranda. Immerhin gibt es Letztere in ungewöhnlich hoher Dichte im hübschen Ort Marianna rund 100 km nordwestlich von Tallahassee. Das Städtchen, das sich stolz »City of Southern Charme« nennt, wurde

Marianna

Den Wakulla Springs State Park erkundet mit dem Glasbodenboot
auf dem Wakulla River

1829, kurz nachdem Florida den USA zugeschlagen worden war, von
Ranchern und Viehzüchtern aus Georgia gegründet.
Mariannas Attraktionen legen jedoch etwas außerhalb. Man kann an
Führungen durch die nur teilweise erforschten Tropfsteinhöhlen des
Florida Caverns State Park teilnehmen, im kristallklaren Wasser
der **Blue Springs Recreational Area** baden, tauchen oder paddeln
oder aber auf schönen Wegen die an tolkiensche Fantasiewelten er-
innernde **Falling Waters State Park** mit dem höchsten Wasserfall
Floridas und einem weiteren Höhlensystem erkunden.
Florida Caverns State Park: 3345 Caverns Rd., Marianna
tgl. 8 Uhr bis Sonnenuntergang | Fußgänger 2 $, Pkw 5 $
www.floridastateparks.org/park/Florida-Caverns
Blue Springs Recreational Area: 5461 Blue Springs Rd., Marianna
tgl. 9.30–18 Uhr | 4 $ | www.jacksoncountyfl.net/parks-and-
recycling/blue-springs
Falling Waters State Park: 1130 State Park Rd., Chipley
tgl. 8 Uhr bis Sonnenuntergang | Fußgänger 2 $, Pkw 5 $
www.floridastateparks.org/park/Falling-Waters

**Wakulla
Springs**

Wo »Tarzan« seine Bahnen zog …

Hier schwamm schon Johnny Weissmuller! Wem dieser Name nichts
sagt, der kennt vielleicht den unverkennbaren Tarzanruf? Weissmuller war nicht nur Schwimmweltmeister und erfolgreicher Olympioni-

ke, sondern auch Hollywoods beliebtester Tarzandarsteller. Was das alles mit Wakulla Springs zu tun hat? Hollywood ließ ihn hier seine Bahnen ziehen, weil das Ambiente so aussah, wie man sich einen afrikanischen Dschungel vorstellte: Mit kristallklarem Wasser, üppiger Vegetation und exotischen Tieren wie Alligatoren, Wasserschildkröten und »Anhingas« genannten Schlangenhalsvögeln.

Und so sehen die inzwischen teilweise unter Schutz gestellten Wakulla Springs 26 km südlich von Tallahassee bis heute aus. Die stärksten **Karstquellen** Floridas, die gelegentlich über 54 000 l/sec schütten, treten in einem Quellteich aus einem weit verzweigten Höhlensystem aus. Heute ist der Quellteich ein beliebtes Naherholungsziel. Man kann hier baden und interessante Ausflüge mit Glasbodenbooten unternehmen.

Am Ufer steht die 1937 erbaute **Wakulla Springs Lodge**, in deren Eingangshalle der ausgestopfte »Old Joe« alle Blicke auf sich zieht. Der Alligator, der ein Alter von 200 Jahren erreichte, lebte früher im Wakulla-Quellteich, bis er 1966 leider von einem Unbekannten erschossen wurde (www.wakullaspringslodge.com).

Edward Ball Wakulla Springs State Park: 465 Wakulla Park Dr., Wakulla Springs | tgl. 8 Uhr bis Sonnenuntergang | Fußgänger 2 $, Pkw 6 $ | www.floridastateparks.org/park/Wakulla-Springs

Festung unter vielen Flaggen

26 mi/42 km südlich von Tallahassee, an der Apalachee Bay, errichteten die Spanier 1679 eine **Festung**, die in der Folgezeit heftig umkämpft war. Im Mai 1800 wurde das Fort von W. A. Bowles, einem entlassenen britischen Offizier und Abenteurer, 400 Indianern und entflohenen Sklaven besetzt. Bowles rief sich selbst zum König von Florida aus. Seine Regierungszeit dauerte jedoch nur ein paar Wochen, dann wurde die Feste wieder von den Spaniern eingenommen. 1818 nahm General Andrew Jackson (▶ S. 347) das Fort ein. Nach dem Anschluss Floridas an die USA wurde die Festung aufgegeben. Von 1861 bis 1865 hielten die Konföderierten das Fort besetzt, um die Mündung des St. Marks River zu blockieren. Ein kleines **Museum** berichtet von dieser stürmischen Zeit.

San Marcos de Apalache Historic State Park

148 Old Fort Rd., St. Marks | Do.–Mo. 9–17 Uhr | frei | Museum: 2 $ | www.floridastateparks.org/park/San-Marcos

Tierbeobachtung in den Bayous an der Apalachee Bay

Das sieht man in Florida eher selten: Am Highway warnt ein Schild mit einem Schwarzbären darauf vor dem vielleicht die Straße überquerenden Meister Petz. Und später informieren Hinweisschilder des Parks über weitere, recht große Bewohner, wie Alligatoren, Luchse, Kojoten, Waschbären und Füchse. Das den Mündungsbereich des St. Marks River schützende, 280 km² große St. Marks National Wildlife Refuge an der Küste des Golfs von Mexiko wurde schon 1931

St. Marks National Wildlife Refuge

gegründet und ist damit eines der ältesten Schutzgebiete dieser Art in den USA. Die Marsch- und Sumpflandschaft an der Apalachee Bay ist geprägt von sumpfigen **Bayous** (Flussarmen), **Hammocks** (Hartholzinseln), Eichen- und Kiefernwäldchen. Hier leben zahlreiche Wasservögel und Alligatoren. Auch Weißkopf-Seeadler und Fischadler kann man beobachten. Ca. 3 mi/5 km südlich der Abzweigung der FL 267 vom US-98 liegt das **Nature Center**.

Ein Sträßchen führt durch das Schutzgebiet bis zum 1831 errichteten **St. Marks Lighthouse**, dem Leuchtturm von St. Marks. Von der Aussichtsplattform und von mehreren **Trails**, die durch das Gelände führen, kann man die artenreiche Tierwelt beobachten.

St. Marks NWR: Visitor Center, 1255 Lighthouse Rd. | Mo.–Fr. 8–16, Sa., So. 10–17 Uhr | Pkw 5 $ | www.fws.gov/refuge/st_marks/

★★ TAMPA

Region: Central West | **Höhe:** 0–17 m ü. d. M.
Einwohnerzahl: 377 000 (Tampa Bay Area: 3,4 Mio.)

L/M 6/7

Uferloser Siedlungsbrei, x-spurige Freeways in alle Himmelsrichtungen: Tampa kann abschrecken. Dabei hat die boomende Metropole an der gleichnamigen Bay so viel Kultur und Lifestyle zu bieten, dass Reisejournalisten ihr den Hip-Faktor zugestehen.

Jung und dynamisch

Unglaublich, dass diese rasant wachsende Hafen- und Industriestadt kaum älter als 100 Jahre ist. Spanische Konquistadoren waren zwar die ersten Weißen in der Bay, doch erst 300 Jahre später begann die systematische Erschließung dieser Gegend.

Indianerfort, Tiefseehafen und kubanische Zigarren

Geschichte

1824 errichteten die US-Amerikaner an der Mündung des Hillsborough River das **Fort Brooke**, um die Seminolen besser kontrollieren zu können. Im Schatten dieser Festung entwickelte sich Tampa. Das Fischernest blieb bedeutungslos, bis die »South Florida Railroad« des Eisenbahnmagnaten **Henry B. Plant** (▶ S. 332) 1885 den Ort erreichte und die Mündung des Hillsborough River zum Tiefseehafen ausgebaut wurde. Danach ging es Schlag auf Schlag. 1886 verlagerte der spanische Zigarrenhersteller **Vicente Martínez Ybor** seine Produktion von Kuba und ▶ Key West nach Tampa. Tausende kubanischer Arbeiter folgten. Nach der Eröffnung des feinen »Tampa Bay Hotel« (▶ S. 285) im Jahre 1891 kam Tampa als Winterdomizil in Mode. Der Phosphatbergbau im Hinterland der Stadt stimulierte zusätzlich seine Entwicklung.

TAMPA ERLEBEN

TAMPA BAY VISITOR CENTER
201 N Franklin St., Tampa,
FL 33602 | Tel. 1-813-223-2752
www.visittampabay.com

Im Stadtgebiet verkehren Busse
von **Hillsborough Area Transit**
(HART). Zwischen dem Cruise
Ship Terminal und Ybor City pen-
deln nostalgische Wagen der
TECO Line.

FLUGHAFEN
Der internationale Flughafen
liegt 5 mi/8 km nordwestlich von
Downtown an der Tampa Bay.
Mit Bussen und Taxis kommt man
in die Stadt.
Tel. 1-813-870-8700
www.tampaairport.com

GASPARILLA PIRATE FEST
Ende Jan. erinnert man mit einem
Umzug und einem bunten Festival
an den legendären Piraten José
Gaspár, der im 18. Jh. die Siedler
an Floridas Golfküste in Angst und
Schrecken versetzte.
http://gasparillapiratefest.com

Behaglich einkaufen – ohne Stress
und Trubel – kann man im **Old Hyde
Park Village** (www.hydeparkvillage.
com) südlich von Downtown im
Bereich von Swan Street und Dakota
Street. In diesem Quartier haben
sich mehrere Dutzend gute Geschäf-
te angesiedelt, die meist hübsche
Textilien und sonstige hochwertige
Waren feilbieten.

Beste Zigarren gibt es in Ybor City bei
»**Gonzalez Habano Cigar Corp.**«
(2911 N Nevada Ave.; www.cigars
oftampa.com) sowie bei »**King
Corona Cigars**« (1523 E 7th Ave.;
http://kingcoronacigars.com).

❶ BERN'S STEAKHOUSE €€€€
Steak vom Feinsten: In kitschig-
überladenem Ambiente werden
hier seit vier Jahrzehnten mit die
besten Steaks am Golf von Mexiko
gegrillt.
Hyde Park District, 1208 S
Howard Ave. | Tel. 1-813-251-2421
www.bernssteakhouse.com

❷ COLUMBIA €€€
In diesem 1905 eröffneten Restaurant
warten die Gaumenfreuden einer
lang bewährten spanisch-kubanischen
Zusammenarbeit: »Paella a la Valen-
ciana« und »La Completa Cubana«
(mit Schweinefleisch, Pataten und
schwarzen Bohnen). Übrigens: Fast
jeden Abend wird hier eine tolle
Flamenco-Show geboten.
Ybor City, 2117 E 7th Ave.
Tel. 1-813-248-4961
www.columbiarestaurant.com

❸ TAJ INDIAN CUISINE €€
Wirklich köstlich schmeckt hier das
Geflügel, besonders das »Chicken
Tikka«.
2734 E Fowler Ave.
Tel. 1-813-971-8483 | http://
tajtampaindiancuisine.com

❶ SHERATON TAMPA
RIVERWALK HOTEL €€€
Das bestens geführte Haus der
Nobelkette bietet 282 einnehmende

Zimmer und Suiten mit Blick auf den Hillsborough River. Ein weiteres Plus: Zum River Walk ist es nur ein Katzensprung!
200 N Ashley Dr. | Tel. 1-813-223-2222 | www.sheraton tampariverwalk.com

❷ GRAM'S PLACE €

»Gram's Place« ist ein originelles Mittelding zwischen Hostel und B&B. Es gibt fünf einfache Zimmer und drei Schlafsäle, alle nach Musikrichtungen benannt. Musik ist der Leitfaden des Hauses: Gründer Gram

Parsons sah sie als internationale, die Menschen zusammenbringende Sprache an.
3109 N Ola Ave.
Tel. 1-813-221-0596
www.grams-inn-tampa.com

❸ LA QUINTA INN €

Die bestens ausgestattete Mittelklasse-Unterkunft verfügt über Pool und Fitness Center und liegt in der Nähe der Bush Gardens.
3701 E Fowler Ave.
Tel. 1-813-910-7500
www.laquintatampabayusf.com

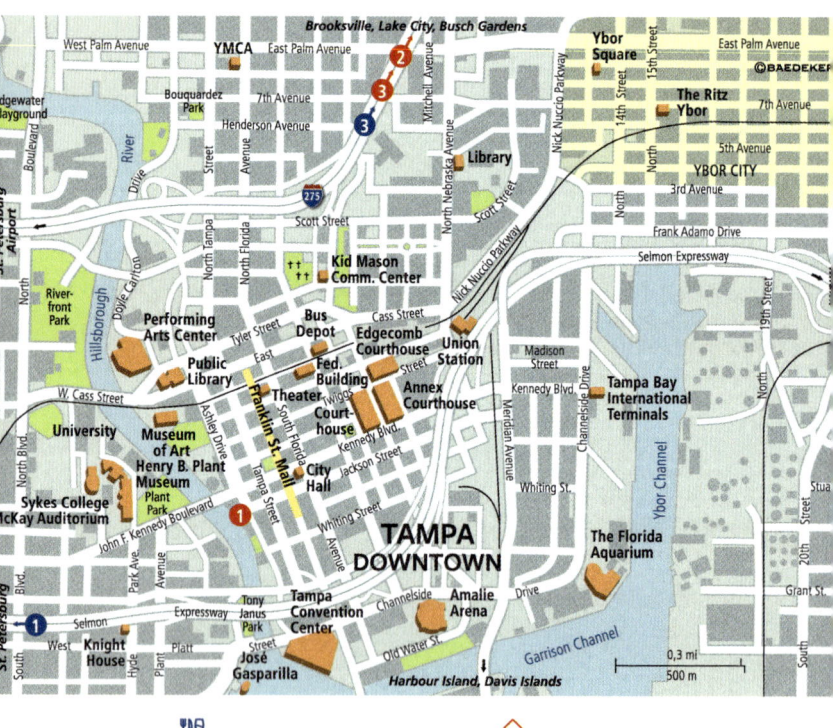

❶ Bern's Steakhouse
❷ Columbia
❸ Taj Indian Cuisine
❶ Sheraton Tampa Riverwalk Hotel
❷ Gram's Palace
❸ La Quinta Inn

Wohin in Tampa?

Downtown Tampa – Kompakt und übersichtlich

Stürmisch gewachsen, dabei überraschend kompakt und übersicht- **Innenstadt**
lich, ist das Stadtzentrum von Tampa vor allem auf Business einge- **im Wandel**
stellt und nach Feierabend so gut wie ausgestorben. Tagsüber jedoch
ist die **Franklin Street Mall**, eine begrünte Fußgängerzone zwischen
schimmernden Bürotürmen, die mit Abstand munterste Meile der
Innenstadt.

Sehenswert ist hier das opulente **Tampa Theatre** von 1926, einst
das modernste Kino der Vereinigten Staaten und heute sicher noch
eines der schönsten. Mittwochs, samstags und sonntags werden
Backstage-Touren hinter die Kulissen dieses andalusisch anmutenden
Palastes angeboten, wobei auch die riesige Wurlitzer-Theaterorgel
eingeschaltet wird.

Tampa Theatre: 711 Franklin St.
http://tampatheatre.org

Antike und zeitgenössische Kunst, modern präsentiert

Ein langer, silbergrauer Metallkasten, der auf einem kleineren Glas-
kasten sitzt: Das klingt nüchtern, doch sobald die metallisch schimmernden Außenwände des 2010 eröffneten Kunstmuseum nachts **Tampa**
bunt erleuchtet werden, schwelgt man in Superlativen. Drinnen hält **Museum**
der preisgekrönte Bau des Tampa Museum of Art am Hillsborough **of Art**
River, was er außen verspricht: Die großartigen Sammlungen der
griechisch-römischen Antike sind zeitgemäß interpretiert, die Ausstellungen zeitgenössischer amerikanischer Kreativer mutig und inspirierend. Überraschend auftretende Anfälle von Museumsmüdigkeit
lassen sich im lichtdurchfluteten, leichte Mahlzeiten servierenden
Sono Café bekämpfen.

120 Gasparilla Plaza | Mo.-Do. 11–19, Fr. bis 20, Sa., So. bis 17 Uhr
15 $ | www.tampamuseum.org

Maurischer Luxusbau mit historischem Museum

Gegenüber, am Westufer des Hillsborough River, stechen die **mina-** **Ehemaliges**
rett-artigen Türme des ehemaligen »Tampa Bay Hotel« ins Auge. **»Tampa Bay**
Diesen maurischen Prachtbau ließ der Eisenbahn-Magnat Henry B. **Hotel«**
Plant (▶ S. 332) 1891 errichten. Mit 511 Zimmern war er seinerzeit
der luxuriöse Rückzugsort der »Haute Volée« aus dem nasskalten
Nordosten der USA. Heute dient der sonderbare Palazzo als Hauptgebäude der renommierten **University of Tampa**.

Der noch original ausgestattete Südflügel des Gebäudekomplexes ist
heute als **Henry B. Plant Museum** zugänglich, in dem an Leben und
Werk des Eisenbahn-Tycoons erinnert wird.

Henry B. Plant Museum: 401 W Kennedy Blvd. | Di.-Sa. 10–17,
So. 12–17 Uhr | 10 $ | www.plantmuseum.com

▌ Wohin in Channelside?

Hafenfront am Garrison Channel

Moderne
Glaspaläste

Die »Wasserseite« von Downtown Tampa hat ihr Gesicht in den letzten Jahren total verändert. An der Nordseite des Garrison Channel entstanden moderne Beton- und Glaspaläste, darunter das **Tampa Convention Center**, das **Tampa Bay Times Forum**, das multifunktionale **Garrison Seaport Center** und auch die Top-Touristen-Attraktion der Stadt, das Florida Aquarium.

Schaufenster der regionalen Wasser-Welt

Florida
Aquarium

Unter einer markanten grünen Glaskuppel warten bemerkenswerte Superlative. Rund 20 000 Pflanzen- und Tierarten aus Florida und dem Rest der Welt beherbergt das 23 000 km² große Gebäude. Haie, Alligatoren, Delfine und Pinguine sind die Publikumslieblinge, doch sind es erst die hier stattfindenden Bildungs- und Forschungsprogramme, die das Florida Aquarium zu einer ebenso beliebten wie anspruchsvollen Weltklasse erheben. Die Anlage ist in mehrere Ökosysteme gegliedert. In den zypressenbestandenen »Wetlands« sieht man nicht nur Ibisse und Eulen, sondern auch Schlangen und andere Reptilien. Die Stars in der Abteilung »Bays & Beaches« sind die Stachelrochen. Absoluter Höhepunkt der Schau aber ist das von farbenprächtigen Fischen bewohnte künstliche **Korallenriff**, das täglich von einem Taucher in allen Einzelheiten erklärt wird. Im Bereich »Ocean Commotion« schwimmen einige **Haie**, begleitet von anderen mehr oder weniger bekannten Bewohner unserer Weltmeere.

701 Channelside Dr. | tgl. 9.30–17 Uhr | 27 $ | www.flaquarium.org

▌ Wohin in Ybor City?

»Klein-Kuba« in den USA

Historisches
Industrie-
quartier

1886 gründete der **Zigarren-König Don Vicente Martínez Ybor** das rechtwinklige, jeweils elf Blocks umfassende Quartier im Norden von Downtown Tampa. Ganze vier Jahrzehnte lang befand sich hier die beste Adresse für handgedrehte Zigarren in den USA (► Baedeker Wissen, S. 290). Das Viertel hat alle erdenklichen Höhen und Tiefen durchgemacht und ist heute noch überwiegend lateinamerikanisch geprägt. Die Nachkommen der damals nach Tampa übersiedelten Kubaner verkaufen noch immer Zigarren, führen Restaurants, Musikläden und Hotels. Depression und Massenproduktion machten den handgedrehten Zigarren den Garaus, doch seit den 1990er-Jahren erlebt Ybor City eine echte Renaissance und ist dank seiner **Restaurants und Bars** angesagtes Ziel für Nachtschwärmer.

5x
ERSTAUNLICHES

Überraschen Sie Ihre Reisebegleitung: Hätten Sie das gewusst?

1.
FISCH GEGEN PAPARAZZI

Vorsicht beim Füttern der Tarpune! Die meterlangen Power-Schwimmer dabei unter Wasser zu fotografieren, ist keine gute Idee. Nicht nur, weil sich die Kollision mit dem Selfie Stick anfühlt wie ein Auffahrunfall, meist ist auch die GoPro futsch! (▶ **S. 100**)

2.
KEIN WUNDER!

Key West hat mit 25 °C die wärmsten Durchschnittstemperaturen der USA. Dass deshalb in Miami 1944 der **Sunblocker** erfunden wurde, war die fast unvermeidliche Ehe von karibischer Lebensfreude und Yankee-Erfindungsgeist.

3.
KEIN MAUER-BLÜMCHEN

Die Bewohner von Ybor City, Tampa, sind stolz auf ihr **Adamo Drive Mural** »An American Journey«, das ihre oft dramatische Einwanderergeschichte zeigt: Mit 115 m² ist es auch noch das **größte Wandgemälde** seiner Art in Florida (http://yborartproject.com)! (▶ **S. 288**)

4.
KÜRZESTER KRIEG

Die Ausrufung der »**Conch Republic**« war nicht nur Schildbürgerstreich, sondern auch Kritik an staatlichen Institutionen. Seelenverwandte können sich bis heute »einbürgern« lassen! (▶ **S. 20**)

5.
WARUM NICHT MAL SÜNDIGEN?

Der **größte McDonalds der Welt** in Orlando (Ecke International Drive/Sand Lake Road) bietet auf 1740 m² elektronische Action en masse und individuell zusammenstellbare **Hamburger**!

TAUCH' MIT DEN HAIEN

Publikumsrenner im **Florida Aquarium** ist das Programm »Dive with the Sharks«. Dabei können interessierte und vor allem mutige Besucher in Begleitung erfahrener Taucher zu Haien aus allen Weltmeeren in die Fluten steigen. Allerdings sollte man einen Tauchschein vorweisen können (ab 15 Jahre; tgl. 9 Uhr; Infos im Aquarium).

Tagsüber sollte man sich das **Ybor City State Museum** ansehen. Hier kann man sich über die Geschichten der hiesigen Tabakindustrie und auch über die Historie des Baseball informieren.

Ybor City State Museum: 1818 9th Ave. | Mi.–So. 9–17 Uhr | 4 $ | www.ybormuseum.org

Herz des Kubanerviertels

Ybor Square Der Platz ist das Herz des kubanischen Viertels. Freundliche Geschäfte und Boutiquen laden zum Shopping ein, und in den netten Lokalen verweilt man gern. Nördlich befindet sich der geschichtsträchtige, 1917 eröffnete **Cuban Club**. Gegründet zu dem Zweck, alle Kubaner Tampas in Brüderlichkeit zu vereinen, traf man sich hier in Wohltätigkeitsvereinen – und diskutierte wohl auch die politische Lage drüben in Kuba.

Cuban Club: 2010 14th Ave. (Av. Republica de Cuba) Tel. 1-813-248-2954 | http://cubanclubybor.com

Ein Bummel auf der Hauptstraße

La Setima Keinesfalls versäumen sollte man einen Bummel über die Hauptstraße des historischen Bezirks, die einst lebhafte Geschäftsstraße »La Setima« (so heißt hier die 7th Avenue). Sie erinnert ein wenig an das French Quarter in New Orleans: Alte Holz- und Ziegelbauten prägen das Straßenbild, von schmiedeeisernen Balkonen wird der Verkehr beobachtet, Passanten bummeln unter **Arkaden**, aus dunklen Straßencafés dringen Son und Salsa.

Hier stehen noch das im Jahr 1917 eröffnete **Ritz Theater**, dessen Lobby prächtige Art-Deco-Motive zieren (noch immer als Event-Arena genutzt), sowie diverse »**Social Clubs**«. Seinerzeit waren die verschiedenen Bevölkerungsgruppen dieses Viertels in vereinsähnlichen Interessenvertretungen organisiert.

The Ritz Ybor: 1503 East 7th Ave. | http://theritzybor.com

▌ Wohin in North Tampa?

»Afrika«-Tier- und Abenteuerpark der Extraklasse

Durch den »Kongo« streifen Tiger, in einem afrikanischen Dorf hausen
Orang-Utans, doch wen stören die kleinen Ungenauigkeiten schon?
Der Themenpark der Mega-Brauerei Anheuser-Busch im Norden von
Tampa gehört zu den beliebtesten Floridas und präsentiert sich als in
dieser Art einmalige Kombination aus **Tier-, Abenteuer- und Vergnügungspark**. Dass die Busch Gardens mit zu den größten zoologi-
schen Gärten Amerikas gehören und dass sie sich um die Erhaltung
bedrohter Tierarten verdient gemacht haben, fällt angesichts der
zahlreichen, unüberhörbar talwärts bretternden Achterbahnen und
sonstigen Attraktionen meist unter den Tisch. So hat man beispielsweise beträchtliche Zuchterfolge bei den seltenen **Schwarzen Nas-
hörnern**, bei **Koalas** und **Panda-Bären**. Das durchgängige Thema
des Parks ist Afrika. Tausende Tiere vom »Dunklen Kontinent« leben
hier in artgerechten Gehegen. Dazu gehört auch eine nachempfundene Savanne, in der sich Zebras, Giraffen und Gnus ebenso wohlfühlen
wie in ihrer früheren Heimat.

★★

Busch
Gardens

Busch Gardens ist in acht Bereiche gegliedert. Jeder präsentiert ein
anderes Stück Afrika, wobei weniger auf »correctness« Wert gelegt
wurde als auf den Unterhaltungswert. So treten in »**Morocco**«
hinter hohen Festungsmauern nicht nur Schlangenbeschwörer und
Feuerschlucker auf, sondern dort gibt es auch eine Eisrevue zu sehen.
In »**Egypt**« steht das nachgebildete Grabmal des Pharao Tut-ench-
Amun Amateur-Schatzgräbern offen und wartet die »Montu«-Ach-
terbahn mit haarsträubenden Loopings auf Leichtsinnige. In den Bereichen »Congo«, »Timbuktu« und »Stanleyville« gibt es weitere
magenumdrehende Achterbahnen. In »**Edge of Africa**« stößt man
auf ein nachgebautes Massai-Dorf und ein Safari-Camp. Hier nimmt
man an »Wildlife Tours« mit fachkundiger Begleitung teil. Im Parkbereich »**Nairobi**« ist ein Stück Regenwald namens »Myombe Re-
serve« angelegt. Dort leben Schimpansen und Gorillas und fühlen
sich offensichtlich wohl.

Die »**Sesame Street Safari of Fun**« richtet sich mit Karussels und
einem schönen Baumhaus an die kleinsten Besucher.

»**SheiKra**« heißt eine der steilsten Achterbahnen der Welt mit ei-
nem nach dem deutschen Kampfflieger Max Immelmann benannten
Loop: Zweimal stürzen die Passagiere praktisch im freien Fall in die
Tiefe, um dann noch eine rasante Kehrtwende zu vollziehen. Die
zuletzt eröffneten Attraktionen waren 2014 der höchste Freifall-
Turm Nordamerikas mit dem sinnigen Namen »**Falcon's Fury**« und
»**Cobra's Curse**«, eine Achterbahn, deren Wagen sich während der
Fahrt um 360 Grad drehen.

10165 McKinley Dr. | tgl. 10–18, im Sommer teils bis 22 Uhr
90 $ (ab 3 Jahre) | https://buschgardens.com/tampa

ZIGARREN MADE IN FLORIDA

Auf einer geführten Tour durch Ybor City (▶ S. 288) erfährt man interessante Details und spannende Episoden aus dem einstigen kubanischen Viertel von Tampa.

Tampa galt lange Zeit als **Zigarrenmetropole** Nordamerikas, in der bis zu 40 000 Arbeiter Zigarren, die »Clear Havanas«, für einen halben Kontinent rollten. Die besten **Torcedores** (Zigarrenroller) stellten bis zu 200 Zigarren am Tag her. Die spezialisierten Facharbeiter verdienten gutes Geld, besaßen eine Krankenversicherung und wurden in den Fertigungshallen von einem angestellten Zeitungsvorleser über Tagesereignisse und gesellschaftliche Zusammenhänge informiert.

Die große Zeit der Zigarren ist längst vorbei, auch die ihr folgende Zigarette hat den Zenit deutlich überschritten. Doch ausgestorben ist die Kunst, eine gute Zigarre zu drehen, noch lange nicht. In ▶ Miami mit seiner großen kubanischstämmigen Bevölkerung, in Tampa und einigen anderen Städten Floridas lassen sich auch heute beste Handgedrehte in **Manufakturen** und **Cigar Shops** erstehen:

JC THE CUBAN ROLLER
Bei Julio Cordero, Exil-Kubaner und gelernter »Cuban Roller«, wird jede Zigarre von Hand gerollt. Seit 2007 betreibt er seinen Laden in **St. Augustine**.
162 St. George St., St. Augustine
Tel. 1-904-808-1523 | tgl. 11–17 Uhr
(oder länger) | www.jccubanroller.com

Hier werden die Zigarren noch von Hand gedreht ...

Im Herzen von Ybor findet man La Herencia de Ybor (1817 E 7th Ave). Dort kann man nicht nur handgedrehte Zigarren, sondern auch Getränke bei angesagter Musik genießen.

HAND ROLLED CIGARS
Seit mehr als zwei Jahrzehnten werden beste Tabake aus der Dominikanischen Republik in **Oldsmar** zwischen Tampa und Dunedin zu Jose-de-Valle-Zigarren handgerollt. Daneben sind weitere Marken und Accessoires im Verkauf.
4058 Tampa Rd., Suite 2, Oldsmar
Tel. 1-813-818-7175 | Mo.–Sa. 10–23,
So. 1–21 Uhr | http://tampa-cigar.com

LITTLE HAVANA CIGAR FACTORY
Laden mit warmer Holztäfelung und überwältigendem Angebot an Zigarren unterschiedlicher Qualitätsmarken. In einer Lounge mit schweren Ledersesseln kann man die Toros und Torpedos genussvoll rauchen. Eine kleine Tour zeigt, wie die El Credito's La Gloria Cubana und andere »Stogies« gefertigt werden.
1501 SW 8th St., Miami
Tel. 1-305-541-1103 | Mo., So. 10–18,
Di.–Sa. 10–20 Uhr
www.littlehavanacigarstore.com

EL TITAN DE BRONZE
Benannt ist der feine Zigarrenladen nach einem General des kubanischen Unabhängigkeitskriegs. Zigarrenneulinge erhalten hier gute Beratung. Die eigene Produktion umfasst fünf unterschiedliche Zigarren.
1071 SW 8th St., Miami
Tel. 1-305-860-1412 | Mo.–Sa. 9–17 Uhr
https://eltitancigars.com

CUBAN CRAFTERS
Hier gibt es alles zu Zigarren und Genuss: Zigarren aus eigener Produktion und andere Qualitätsmarken, Aschenbecher, Zigarrenschneider, Feuerzeuge, zu Zigarren passende Weine. Wer will, kann sich während des Zigarrenrauchens sogar die Schuhe putzen lassen.
3604 NW 7th St., Miami
Tel. 1-305-573-0222 | Mo.–Sa. 9–21 Uhr
www.cubancrafters.com

CIGARS & TOBACCO SHOPPING
Handgerollte Zigarren aus kubanischem Tabak, genauer Tabak aus den Samen kubanischer Tabakpflanzen, der in Nicaragua, Honduras und der Dominikanischen Republik angebaut wird. »La Liga« heißt die eigene Marke, die in fünf Varianten verkauft oder verschickt wird.
310 Duval St., Key West
Tel. 1-305-295-9283 | www.cigars-tobacco-shopping.com

Ein ziemlich feuchtes Vergnügen

Adventure Island Waterpark

Von den Abenteuern in der Savanne erholt man sich am besten in diesem Spaßbad gleich gegenüber von Busch Gardens. **Mega-Wasserrutschen** mit viel versprechenden Namen wie »Runaway Rapids« und »Key West Rapids« und **Wellenbecken** verheißen ein feuchtfröhliches Vergnügen.

10001 Malcolm McKinley Dr. | variable Öffnungszeiten, Ende März bis Aug. tgl. 10 bis mind. 17 Uhr, Sept./Okt. nur Sa., So.
55 $ (ab 3 Jahre) | http://adventureisland.com

Technik und Naturwissenschaften zum Anfassen

Museum of Science & Industry (MOSI)

Wer schon immer einmal auf einem Drahtseil in zehn Metern luftiger Höhe radfahren oder sich einem tropischen Wirbelsturm (Hurrikan) aussetzen wollte, ist hier richtig. Das Museum im Norden von Tampa bietet Technik und Naturwissenschaften zum Anfassen und Begreifen. Nicht entgehen lassen sollte man sich auch die eingängige Darstellung von Klima und Wetter in Florida, die auch Folgen des globalen Klimawandels thematisiert.

4801 E Fowler Ave. | tgl. 10–17 Uhr | 12,95 $ (3–12 Jahre: 7,95), Planetarium: 5 $ | www.mosi.org

★★ WALT DISNEY WORLD

Region: Central | **Höhe:** 28 m ü. d. M.

Rund 40 Mio. Besucher jährlich! Die Walt-Disney-Erlebniswelt mit ihren inzwischen vier großen Teilbereichen ist die »Mutter aller Mega-Themenparks«. Und das scheint erst der Anfang zu sein: Denn nur gut ein Viertel der von der Walt Disney Company bei Orlando gekauften Fläche ist bislang bebaut.

Das Ziel aller – kindlichen – Träume liegt nur eine halbe Autostunde südwestlich von ▶ Orlando am Lake Buena Vista. Hier fand **Walt Disney** (▶ Baedeker Wissen, S. 296) 1963 ein Gelände, auf dem er seine Vision realisieren konnte: unbebautes Land, nicht zu weit entfernt von den boomenden Ferienorten an Atlantik- und Golfküste, mit guten Verkehrsverbindungen und ganzjährig angenehmem Klima. 1971 eröffnete das »Magic Kingdom«. Was als riesiger, aber noch überschaubarer Vergnügungspark begann, ist mittlerweile zu einer gigantischen Freizeitmaschine herangewachsen, die über 100 km² Fläche bedeckt.

Perfekte Freizeitlandschaft

WALT DISNEY WORLD ERLEBEN

WALT DISNEY WORLD
Lake Buena Vista, FL 32830
Tel. 1-407-939-6244 | https://
disneyworld.disney.go.com

ÖFFNUNGSZEITEN
Die Öffnungszeiten variieren, liegen
in der Regel jedoch meist zwischen
9 und 19 Uhr. Während der Haupt-
reisezeiten sowie an Wochenenden
und Feiertagen werden sie dem An-
drang entsprechend verlängert. Es ist
empfehlenswert, schon sehr früh an
den Eingängen zu sein, da sich rasch
lange Schlangen bilden. Auch in den
Parks selbst muss man mit Schlangen
rechnen. Vor besonders populären
Achterbahnen können die Wartezeiten mehr als 2 Std. betragen.

PREISE
Derzeit kostet ein **Tagesticket**
(ohne Steuern!) für jeden einzelnen
der vier Themenparks, saisonabhängig, zwischen 99 und 119 $ (Erw.).
Hinzu kommen Parkgebühren in
Höhe von 20 $, gebührenpflichtige
Shuttlefahrten zwischen den verschiedenen Vergnügungsparks sowie Aus-
gaben für Speis' und Trank.
Relativ günstig fährt, wer sich mehrere Tage Zeit für die Walt Disney
World nimmt. Denn ein **4-Tage-Pass**
(Four-Day Park Hopper Pass), der
über diese Zeitspanne unbegrenzten
Zutritt zu den Attraktionen in allen
vier Parks gewährt, kostet derzeit
316 $ (Erw.), 296 $ (Kind 3–9 Jahre).
Wer in einem der vielen Disney-
Hotels absteigt, kommt in den Ge-
nuss zusätzlicher Vergünstigungen.
Einige deutsche Reiseveranstalter
bieten preisgünstige Pakete an, die
Flug, Übernachtung und den Besuch
der Walt Disney World umfassen.

Die Walt Disney World erreicht man
mit dem Auto von Orlando aus am
schnellsten über den Irlo Bronson
Highway (US-192) sowie die Interstate I-4, die Tampa mit Orlando
verbindet. Aus dem Raum ▶ Miami/
▶ Fort Lauderdale kommt man am
schnellsten auf dem mautpflichtigen
Highway »Florida's Turnpike« nach
Orlando.
Die beiden nächstgelegenen internationalen **Flughäfen** liegen in ▶ Orlando und ▶ Tampa. **Shuttlebusse**
verbinden beide Airports mit der
Walt Disney World. Auch vom
internationalen Flughafen in ▶ Miami
fahren Shuttlebusse dorthin.

A DREAM COME TRUE PARADE
Tgl. um 15 Uhr treten Micky Maus,
Goofy und Konsorten zur Parade im
»Magic Kingdom« an. Von der »Main
Street« bis ins »Frontierland« tanzen
sie auf den Straßen und winken ihrer
vieltausendköpfigen Fan-Gemeinde
zu. Am Schluss wird vor »Cinderella's
Castle« ein farbenprächtiges Show-
Spektakel abgespult. Spät abends
treten die Stars dann nochmals zur
Parade an. Sozusagen zum Abschluss
des Tages wird dann noch ein Brilliant-
Feuerwerk abgebrannt.

ILLUMINATIONS
Das **Laser- und Licht-Spektakel** mit
Feuerwerk kann man im Parkbereich
»EPCOT« an der »World Showcase
Lagoon« in vollen Zügen genießen.

❶ CORAL REEF €€€–€€
Schmackhaft zubereitete Fische,
Lobster und sonstige Meeresfrüchte,

ferner gegrillte Würstchen aus Alligatorenfleisch werden hier serviert. Dazu gibt es kostenlos einen tollen Blick ins »Living Seas Aquarium«.
EPCOT, The Living Sea
Tel. 1-407-939-3463

❷ HOUSE OF BLUES €€

Leckere »Cajun Cuisine« und kreolische Spezialitäten werden mit musikalischer Begleitung serviert. Beliebt ist auch der »Sunday Gospel Brunch«.
Downtown Disney West Side
Tel. 1-407-934-2583

❸ LES CHEFS DE FRANCE €€

Nicht zu verkennen: die Handschrift der drei französischen Küchenpäpste Paul Bocuse, Gaston Lenôtre und Roger Vergé. Das Lokal ist wohl das beste in der Walt Disney World.
EPCOT, France Pavilion
Tel. 1-407-939-3463

❶ DISNEY'S GRAND FLORIDIAN RESORT & SPA €€€€

Der Sandstrand am Ufer der Seven Seas Lagoon macht das im viktorianischen Stil erbaute Hotel zum Strandresort. Wer seinen »Afternoon Tea« in der von einer Buntglaskuppel überwölbten Lobby einnimmt, lauscht den Klängen eines Pianospielers. Luxuriös ausgestattete Zimmer, mehrere Pools und eine eigene Bootspier gehören zur gediegenen Ausstattung.
4401 Floridian Way, Magic Kingdom Resort Area, Lake Buena Vista
Tel. 1-407-824-3000 | http://disney world.disney.go.com/resorts/ grand-floridian-resort-and-spa

❷ DISNEY'S POLYNESIAN RESORT €€€€

847 Zimmer und Suiten. Hier kommt man sich tatsächlich vor wie in der Südsee: Wasserfälle rauschen, Palmen und Bananenstauden wiegen sich im Wind, Orchideen zeigen sich in ihrer ganzen Pracht. Dazu gehören zwei Pools, ein Health Club und diverse Sportprogramme.
Magic Kingdom, 1600 Seven Seas Dr. | Tel. 1-407-824-2000

❸ DISNEY'S PORT ORLEANS RESORT €€€

Diese 1008 Zimmer zählende Unterkunft ist dem Hafenviertel von New Orleans um 1900 nachempfunden. Hier gibt es zwei Restaurants, mehrere Geschäfte und sechs Pools.
Lake Buenavista, 2201 Orleans Dr.
Tel. 1-407-934-7639

❹ WALT DISNEY WORLD'S DOLPHIN RESORT €€€

Nicht weniger als 1509 Zimmer und Suiten, 17 Restaurants, fünf Pools, zwei Health Clubs, Tennis und Golf hat diese Luxusherberge zu bieten, die zudem auch noch ein Highlight moderner Architektur ist.
1500 Epcot Resorts Blvd. (via Buena Vista Dr.)
Tel. 1-407-934-4000

❺ DISNEY'S POP CENTURY RESORT €€–€

Recht poppig bemalt und mit Symbolen der Pop-Kultur dekoriert, ist dieses ständig erweiterte Disney-Hotel mit seinen mehr als 2800 Zimmern eine preiswerte Alternative.
1050 Century Dr. (via Osceola Pkwy.) | Tel. 1-407-934-4000

Ein autonomer kleiner Staat

Auf dem Gelände, auf dem die Walt Disney Company praktisch schalten und walten kann wie eine souveräne Regierung, sind heute nicht weniger als **vier Themenparks**, Dutzende »kleinerer« Attraktionen, Fernsehstudios, ein Sportzentrum mit Ferienakademie, mehr als zwei Dutzend Hotels und Resorts sowie ein komplettes Dorf mit Einkaufsmöglichkeiten und Nachtleben angesiedelt. Mehr als 50 000 Angestellte sorgen Tag für Tag für reibungslose Aufführungen und vor allem auch für Sauberkeit, denn das Imperium der Maus zählt an Spitzentagen bis zu 150 000 Besucher!

Themen-
parks und
Attraktionen

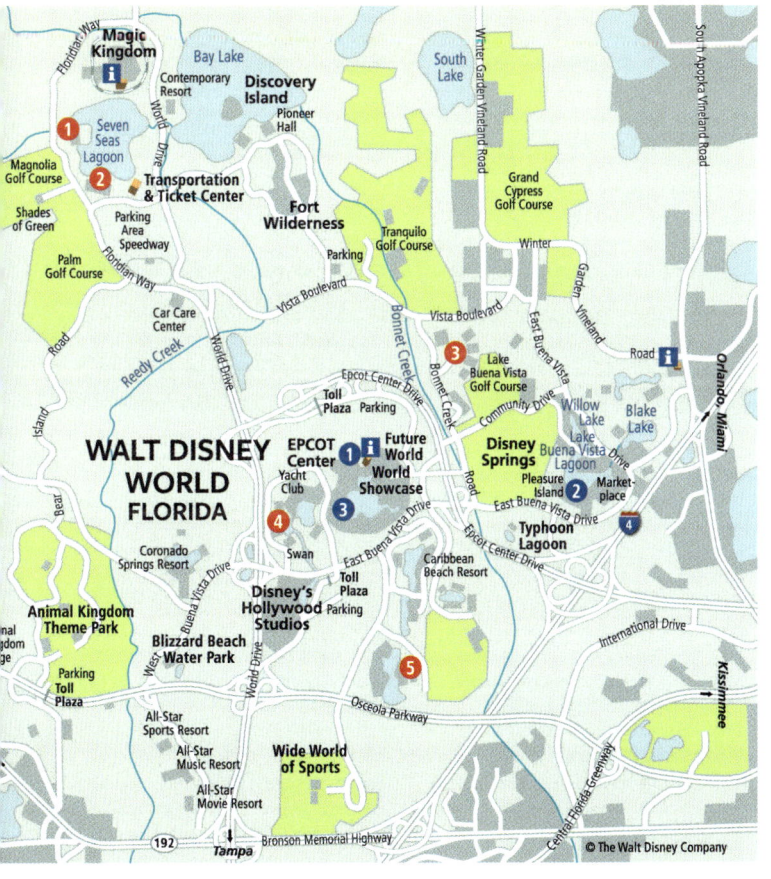

DER VATER DER MAUS

Der Werbezeichner Walt Disney machte aus einer Maus einen Giganten, einen internationalen Star, der seit über 70 Jahren erfolgreich gegen das Böse kämpft und seinen Schöpfer zum Milliardär werden ließ.

Walter Elias Disney, 1901 in Chicago geboren, begann mit 18 als Reklamezeichner. Zunächst konnte er von seinem Verdienst kaum leben. Auch eine Anstellung als **Trickfilmzeichner** brachte keinen Durchbruch, obwohl er ein neues Verfahren entwickelt hatte: Statt Figuren mit beweglichen Gliedern zu skizzieren und in unterschiedlichen Positionen abzufotografieren, zeichnete er seine Darsteller in jeder einzelnen Bewegungsphase neu. Dadurch wirkten die Bewegungen lebendiger. 1922 machte sich Disney selbstständig und begann, mit seinem Bruder Roy Werbefilme zu produzieren.

Die Maus wird geboren

Den Durchbruch schaffte Disney **1927**, als er eine vorwitzige Maus mit Riesenohren namens »Mortimer« zeichnete. Auf Vorschlag seiner Frau wurde die Maus umbenannt und machte als »**Mickey Mouse**« rasch Karriere. Schon 1933 hatte Walt Disney mit Mickey und seinen Freunden etwa 5 Mio. $ verdient. Zwei Jahre später spielte sein erster abendfüllender Zeichentrickfilm »**Schneewittchen**« 45 Mio. $ ein. Weitere Kassenfüller wie »Pinocchio« (1938) und »Bambi« (1942) folgten. Mit Abenteuerfilmen wie »Die Schatzinsel« und **Dokumentarfilmen** wie »Die Wüste lebt« (1953) war Disney auch auf anderem Terrain erfolgreich. »Walt Disneys wunderbare Farbenwelt« war 1961 die erste in Farbe gedrehte Fernsehserie.

Zu neuen Ufern

Schon **1955** hatte Disney im kalifornischen Anaheim seinen ersten **Vergnügungspark** eröffnet. Mickey, Goofy und Donald überlebensgroß und zum Anfassen – das Konzept kam an. Doch bald wurde »Disneyland« seinem Schöpfer zu klein. Disney schickte Mitarbeiter aus, um nach geeignetem Terrain zur Verwirklichung seines Traums zu suchen.
In Florida würden sie fündig. Bei **Orlando** sollte ein noch größerer Vergnügungspark entstehen, in dem Disney die **Utopie einer Modellstadt** ohne wirtschaftliche und soziale Probleme verwirklichen wollte. In aller Stille ließ er das Gelände von Scheinfirmen zu Billigstpreisen aufkaufen und kam so nach und nach in den Besitz von 113 km² Land.

Ein Königreich entsteht

Das **400-Mio.-$-Projekt** wurde vom Staat Florida tatkräftig unterstützt. Angesichts des erwarteten Nutzens für die Region brauchte Disney keinerlei Land- und Bauvorschriften zu befolgen und konnte eigene Straßen, Hotels usw. bauen lassen. Die Eröffnung des **Magic Kingdom** (▶ S. 298) 1971 erlebte er nicht mehr mit. Walt Disney war bereits 1966 verstorben. Sein Lebenswerk gedieh dennoch prächtig.
Schon in den ersten 15 Jahren strömten über 240 Mio. Besucher in Disneys neue Wunderwelt. Der Disney-Konzern

Walt Disney (1901–1966) in seinem Arbeitszimmer, 1948

selbst wurde vom Erfolg überrascht und expandierte unaufhaltsam weiter zum **größten Unterhaltungskonzern der Welt**. Zur Walt Disney Company (WDC) gehören heute u.a. die American Broadcasting Company (ABC), die Walt Disney Studios, drei Trickfilmkanäle, Beteiligungen an etlichen Fernsehsendern (u. a. dem europäischen Fernsehsender Super RTL). Die angesichts der digitalen Konkurrenz verfügte Schließung der Zeichentricksparte und die Entlassung von mehreren Hundert Zeichnern sorgte vor einigen Jahren für viel Aufregung.

Enorme Wirtschaftskraft

Walt Disneys Wunderwelt – heute die Entertainment-Kapitale der Welt – erwies sich für den Bundesstaat Florida und besonders für den Raum Orlando als kraftvoller **Entwicklungsmotor**. Weitere Vergnügungsparks und Hotels – ja ganze Siedlungen – schossen wie Pilze aus dem Boden, neue Highways durchschnitten die Landschaft, Zehntausende suchten und fanden hier Arbeit. Der Erfolg der Disney World ließ die Einwohnerzahlen im Raum Orlando explodieren. Leicht zu verstehen, denn allein die Walt Disney Company schuf in Florida über **50 000 Arbeitsplätze**. Vorwürfe von Umweltschützern, die WDC betreibe geradezu unverantwortlichen Landschaftsverbrauch, kontert der Konzern vehement mit dem Hinweis auf seine Umweltpolitik. So benötige man auf dem gesamten Gelände praktisch kein Benzin, die verbrauchte Energie werde aus dem von den Besuchern hinterlassenen Abfall gewonnen, und Abwässer würden biologisch gereinigt.

Bei der »Mission: Space« kann man bei einem simulierten Raketenflug dabei sein.

Magic Kingdom

Märchenland der Fantasie für Kinder jeden Alters

Sechs »Länder-reiche« um ein Schloss

Sein Wahrzeichen ist das dem bayerischen Schloss Neuschwanstein nachempfundene Märchenschloss **Cinderella's Castle** im Zentrum des »Magischen Königreichs«. Sechs »Länder« mit rund 60 Attraktionen sowie Fast-Food-Restaurants und Eisständen gruppieren sich darum herum. Auf der »**Main Street USA**« geht es hinein ins Vergnügen. Auf dieser amerikanischen Hauptstraße aus der Zeit um 1900 verkehren Pferdedroschken und Autobus-Oldtimer. Dann überquert man die Brücke nach »**Adventureland**«. Hier kann man während einer »**Jungle Cruise**« durch den Dschungel die Urwälder Zentralafrikas und Amazoniens sehen, an den ägyptischen Pyramiden vorbeischippern und sich von Captain Jack Sparrow und anderen Piraten der Karibik erschrecken lassen.

In »**Frontierland**« rast die »**Big Thunder Mountain Railroad**« über Berg und Tal und durch finstere Tunnels. Höhepunkt dieses als Wilder Westen hergerichteten Bereichs ist »**Splash Mountain**«, wo man auf Flößen durch Bayous und Sümpfe zischt und feucht-fröhlich einen Wasserfall hinunterschießt.

Auf dem »**Liberty Square**« wird man in die Kolonialzeit zurückversetzt, und in der »**Hall of Presidents**« werden alle Präsidenten der Vereinigten Staaten vorgestellt. Gleich daneben, in der verwunschenen

»**Haunted Mansion**«, gehen Gespenster um, dazu spielen unheimliche Musikanten.

In »**Fantasyland**« treffen besonders die kleinsten Disney-World-Besucher viele alte Bekannte wieder. **Peter Pan** und Käpt'n Hook schütteln die vielen Händchen, **Schneewittchen** scherzt mit den Sieben Zwergen und **Dumbo**, der fliegende Elefant, stolpert über seine Segelohren. Auf »**Mickey's Toontown Fair**« ist die Welt auf Kindergröße zusammen geschrumpft. Hier begegnen die Kleinen ihren Helden aus dem Fernsehen, allen voran **Micky Maus**, **Donald** und **Goofy**.

Im »**Tomorrowland**« (»Land von morgen«) geht es nüchtern zu: Mit **Buzz Lightyear** und HighTech rettet man das Universum. Mit dem »**Space Mountain**«, einer rasanten Achterbahn, schießt man hinauf in die Umlaufbahn.

Mit der funkensprühenden Show »**Wishes**« geht der Abend im Magic Kingdom schließlich zu Ende, außerhalb der Hochsaison allerdings nur an bestimmten Tagen. In der Show »**Monsters, Inc. Laugh Floor**« unterhalten Mike und Roz, die Stars aus dem Pixar-Film.

1180 Seven Seas Dr., Lake Buena Vista | https://disneyworld.disney.go.com/destinations/magic-kingdom/

 EPCOT

»Wissenschaftliches« Pendant zum »Magic Kingdom«

Die **Experimental Prototype Community of Tomorrow** (EPCOT) ist sozusagen das wissenschaftliche Pendant zum »Magic Kingdom«. Dem Traum Walt Disneys vom makellosen Paradies entsprungen, öffnete es 1982 als zweiter Themenpark seine Pforten. Das interaktive Begreifen und Erlernen wissenschaftlicher Zusammenhänge und neuester Technologien wird hier zum Vergnügen. EPCOT besteht aus den beiden Bereichen »**Future World**« und »**World Showcase**«.

Interaktives Technik-Paradies

Innovationen der Technologie

Wahrzeichen der »Welt der Zukunft« ist das »**Spaceship Earth**«, eine riesige, silbrig glänzende Erdkugel, die einem riesigen Golfball ähnelt. Rund um diesen Globus präsentieren global operierende US-Unternehmen – darunter AT&T und General Motors – die neuesten Errungenschaften aus Forschung und Technik.

Future World

Auf dem »**Test Track**« rast man in einem offenen Wagen mit atemberaubender Geschwindigkeit durch Steilkurven und haarscharf an diversen Katastrophen vorbei. Nichts für schwache Nerven! »**Mission: Space**« heißt eine der beliebtesten und zugleich umstrittensten Attraktionen der gesamten Walt Disney World. Hier wird ein Raketenflug zum Mond und zum Mars simuliert, bei dem Kräfte bis zum Zweifachen der Erdanziehung wirken.

Für gesundheitlich labile Besucher gibt es eine zahmere Version. »**Honey I shrunk the audience**« ist die interaktive Version des (fast) gleichnamigen Kinoerfolgs: Mittels raffinierter Spezialeffekte und optischer Tricks erscheinen Hunde auf der Leinwand riesengroß und springen ins Publikum, ebenso wie Mäuse und ein rauflustiger Fünfjähriger. Der Pavillon »**The Land**« bietet einen simulierten Flug mit einem Hängegleiter über Kalifornien. »**The Seas**« mit Captain Nemo und seinen Freunden entführt Besucher in die Geheimnisse der Tiefsee.

»Weltausstellung« der Nationen

World Showcase

An einer künstlichen Lagune im Süden des Parks präsentiert eine Weltausstellung **elf Länder** der Erde sozusagen mit deren typischen Merkmalen, was hier jedoch oft »Klischees satt!« bedeutet. So ist beispielsweise »Germany« ein naives Ensemble aus Lederhosen, Bierhumpen und mittelalterlichem Fachwerk. Frankreich und Italien ergeht es nicht viel besser.
Empfehlenswert ist die Darstellung Kanadas: In einem Rundkino wird »**Oh Canada**« mit herrlichen Filmaufnahmen vom Pazifik über die Rocky Mountains bis zu den Leuchttürmen am Atlantik vorgeführt.
200 Epcot Center Dr., Orlando | https://disneyworld.disney.go.com/destinations/epcot/

Aus Mickys Zauberhut am Eingang der Hollywood Studios kommen zwar keine weißen Kaninchen, aber magisch ist er schon.

Disney's Hollywood Studios

Einblick in die Arbeitsweise der »Traumfabrik«

Im Jahre 1990 eröffnet, ist dieser Themenpark (früher Disney MGM Studios), dessen Wahrzeichen Mickys Zauberhut und ein Wasserturm sind, eine rasante Kombination aus realen Filmkulissen, Vergnügungseinrichtungen, Bühnen-Shows und nervenaufreibenden Fahrten. Berühmte Filmthemen benutzend, sausen »Thrill Rides« durch bekannte Filmkulissen, während nebenan tatsächlich Filme gedreht und regelmäßig besonders in den USA populäre »Game Shows« produziert werden.

Filmkulissen, »Thrills Rides« und Shows

Die »**Toy Story Mania**« erweist sich als ziemlich rasantes 3D-Abenteuer, bei dem die Zuschauer auf Spielzeug-Größe geschrumpft erscheinen.

Die Bühnen-Show »**The World of East High**« bringt Songs aus dem Disney-Film »High School Musical«. Die Show »**American Idol**« ist das Pendant zu »Deutschland sucht den Superstar«, ein weiteres Highlight »**Lights, Motors, Action**«, bei dem scheinbar lebensmüde Stuntmen Nerven zerfetzende Stunts vorführen. Toll ist auch der »**Rock 'n' Roller Coaster**«, der seine Fahrgäste in 2,8 Sekunden von 0 auf 100 beschleunigt und in fünf kurvigen Schikanen malträtiert, begleitet von Gitarrenriffs der Rock 'n' Roll-Band »Aerosmith«.

»**The Twilight Zone Tower of Terror**« ist das Nonplusultra eines Gruselkabinetts. Unter Zuhilfenahme allerneuester Computer-Entwicklungen werden Effekte erzeugt, die selbst hartgesottenen Zeitgenossen die Haare zu Berge stehen lassen können. Beispiel: Wer immer schon einmal wissen wollte, wie man sich als Passagier eines abstürzenden Fahrstuhls fühlt, kann dies hier erleben.

351 S Studio Dr., Lake Buena Vista | https://disneyworld.disney.go.com/destinations/hollywood-studios

 ## Disney's Animal Kingdom

Im Fokus: Das Erleben und Beobachten von Tieren

Wahrlich ein Königreich der Tiere: So groß sind die Freigehege, dass man nach manchen Tieren regelrecht suchen muss. Hier wurde ein Lebensraum geschaffen, der dem ursprünglichen der meist in Afrika beheimateten Tiere sehr nahe kommt. Das »Animal Kingdom« wurde im Jahr 1998 eröffnet und besteht aus **sechs Bereichen** (»Oasis«, wo man den Park betritt; »Discovery Island«, »Africa«, »Asia«, »DinoLand USA« und »Pandora – The World of Avatar«). Die einzelnen Übergänge zwischen künstlicher Freizeitwelt und »echter« Wildnis mit lebenden Kreaturen sind oft so fließend, dass man bald selbst hinter dem Getränkeautomaten einen afrikanischen Springbock vermutet.

Der beste Park für Tierfreunde

Wahrzeichen von »**Discovery Island**« ist der »**Tree of Life**« (Baum des Lebens). In Stamm und Äste des 44 m hohen Gebildes sind über 300 Reliefs verschiedener Tiere geschnitzt. Hier sind – in Anlehnung an den Kinoerfolg »The Lion King« – auch alle Tiere zu sehen, die in dem Song »The Circle of Life« vorkommen. Bei den Kindern überaus beliebt ist der 3D-Film »**It's Tough to be a Bug**«, der im Wurzel-bereich des Lebensbaums läuft. Darin bekommen es die Kleinen mit Flüssigkeiten absondernden Termiten, übel riechenden Mistkäfern und vielerlei anderem Krabbelvieh zu tun.

In »**Africa**« nimmt man an der »**Kilimanjaro Safari**« teil. Man fährt stilgerecht in einem offenen Safari-Truck durch eine gekonnt nachge-baute Savanne. Bei diesem »Game Drive« sieht man allseits bekannte Vertreter der afrikanischen Tierwelt, allen voran Giraffen, Antilopen, Gnus, Zebras, Nashörner und Elefanten. Besonders spannend ist der »**Pangani Forest Exploration Trail**«, auf dem man Flusspferde und Gorillas beobachten kann.

Bengalische Tiger und viele andere Tiere bevölkern den Parkbereich »**Asia**«. Auf dem »**Maharajah Jungle Trek**« kann man die vom Aus-

Wie in Afrika! Die Falmingos in Disney's Animal Kingdom sind echt.

sterben bedrohten Raubkatzen in einem ihrem nordindischen Lebensraum nachempfundenen Ambiente bewundern. Feuchtes Vergnügen wird hier auch geboten: Die »**Kali River Rapids**« bieten eine Floßfahrt durch das schäumende Inferno eines reißenden Flusses – an einem heißen Tag sicher eine willkommene Erfrischung.

»**DinoLand USA**« ist nach wie vor ein Knüller. Im »**Fossil Preparation Lab**« ist das Skelett des Tyrannosaurus Rex »**Dino Sue**« aufgebaut. Auf dem »**Cretaceous Trail**« kann man Pflanzen- und Tierarten studieren, die eine Katastrophe überlebt haben, die vor rund 65 Mio. Jahren zum Aussterben der Dinosaurier führte. In »**Dinosaur**« kann man zudem mit dem »**Time Rover**« eine virtuelle Zeitreise zurück in die Kreidezeit unternehmen. Dabei muss man es mit unheimlichen Urweltgeschöpfen aufnehmen. Ein »Thrill Ride« der Sonderklasse ist »**Primeval Whirl**«, bei dem man durch enge Kurven rast, bis es einem schwarz vor den Augen wird.

Neueste Attraktion (seit Mai 2017) ist »**Pandora – The World of Avatar**«, inspiriert vom – erfolgreichsten – Film des Regisseurs James Cameron. Die über 500 Mio. $ teure Attraktion führt auf den Mond Pandora 25 Jahre nach den Avatar-Filmen und konzentriert sich um zwei Hauptattraktionen. »**Avatar Flight of Passage**« ist ein absolut verrückter 3D-Flugsimulator, in dem man über die fantastischen Landschaften von Pandora fliegt. Die »**Na'vi River Journey**« dagegen, eine Flussfahrt auf dem Kasvapan River, zeigt die fantasievolle, aus dem Film bekannte Tier- und Pflanzenwelt von Pandora.

2901 Osceola Pkwy., Orlando | https://disneyworld.disney.go.com/destinations/animal-kingdom/

▍ Typhoon Lagoon & Blizzard Beach

Wellenbäder und Wasserrutschen in der Südsee

Die beiden Disney-Spaßbäder sind – selbst Skeptiker geben es zu – eine absolute Wucht! Wellenbäder und Wasserrutschen wie der »**Crush 'n' Gusher**« in einer wunderschön angelegten Südsee-Welt, die vom 30 m hohen »**Mount Mayday**« überragt wird, machen den besonderen Charme der »**Typhoon Lagoon**« aus. Dieses Bad ist eher etwas für Familien. »**Blizzard Beach**« hingegen wendet sich an Jugendliche und sportliche Erwachsene. Die wahrlich atemberaubenden Wasserrutschen warten mit allen erdenklichen Schikanen auf. Absoluter Höhepunkt ist der »**Summit Plummet**«: Ganz Mutige rutschen in rasendem Tempo aus 40 m Höhe hinab und platschen mit knapp 90 km/h in ein Auffangbecken.

Wasserspaß der Extraklasse

Disney's Typhoon Lagoon WP: 1145 E Buena Vista Blvd., Orlando
https://disneyworld.disney.go.com/destinations/typhoon-lagoon
Disney's Blizzard Beach WP: 1534 Blizzard Beach Dr., Orlando
https://disneyworld.disney.go.com/destinations/blizzard-beach

H
HINTER-GRUND

Direkt, erstaunlich, fundiert

Unsere Hintergrundinformationen
beantworten (fast) alle Ihre
Fragen zu Florida.

Schlangenhalsvögel (Anhingas) bekommt man
in den Everglades häufiger zu sehen. ▶

DAS LAND UND SEINE MENSCHEN

*Doch, es gibt mehr als nur Strände und Micky Maus in Florida!
Viel mehr. Das muss gesagt werden, denn diese stehlen den Flüssen,
Wäldern und vor Tieren wimmelnden Sümpfen die Schau. Auch
deshalb ist oft zu hören, dass Florida in Wahrheit zu den am
wenigsten verstandenen Gegenden der USA gehört.*

▌ Flach wie ein Brett

**Lage und
Ausdehnung**
Der Bundesstaat in der Südostecke der USA ist etwa doppelt so groß
wie Österreich – und kommt im Klub seiner 49 Kollegen doch nur auf
Platz 22. Und er ist weitgehend flach. Die höchsten »Berge« sind der
gerade 100 m hohe Iron Mountain bei Lake Wales und das 113 m über
dem Meeresspiegel liegende Lakewood bei De-Funiak Springs im Nordwesten. Nur der Panhandle im Nordwesten ist hügelig, mit einer von
ausgedehnten Sumpfgebieten zerfaserten Golfküste. Die flache Atlantikküste im Osten mit ihren Buchten und Lagunen wird von vorgelagerten Sandbänken und Inseln, den sog. Barrier Islands, geschützt.
Landeinwärts sprenkeln fast 8000 Seen die Oberfläche.

Die Florida Keys sind traumhaft schön mit blauem Wasser, Palmen und Sandstrand.

306

Der Norden

Nahezu die Hälfte Floridas, vor allem nördlich der Linie ▶ Tampa– ▶ Orlando, ist mit Wäldern und Sümpfen bedeckt und dünn besiedelt. Im Schatten der Mega-Themenparks in und um Orlando bieten vor allem die vier National Forests Floridas, Apalachicola (▶ S. 53), Choctawhatchee, Ocala (▶ S. 205) und Osceola (▶ S. 156), ein etwas anderes Florida-Erlebnis.

Wälder und Feuchtgebiete

Kanutouren durch **Zypressensümpfe**, Wandertouren durch kaum berührte subtropische Urwälder, Schwimmen in glasklaren Quellteichen und Übernachtungen in zünftigen Hütten oder auf herrlich gelegenen Campingplätzen können Strand, Sand und Micky Maus durchaus vergessen machen. Auch die wichtigsten der 34 meist ziemlich kurzen Flüsse Floridas fließen hier.

Urwälder und Quellteiche

Manche der **Flussmündungen an der Golfküste** sind letzte Refugien der vom Aussterben bedrohten Seekühe (▶ S. 12): Im sumpfigen Delta des Crystal River fühlen sich die Manatees besonders wohl.

Flussdeltas

Im ländlichen Innern Nordfloridas führen alle Wege nach ▶ Gainesville. Die Hälfte der über 80 000 Einwohner sind Studenten der hiesigen University of Florida, was ein reges Nachtleben garantiert. Doch besuchenswerter ist der nahe Paynes Prairie Preserve State Park (▶ S. 132), dessen **Mischwälder in sumpfigen Marschen** daran erinnern, wie große Teile des Landesinnern aussahen, bevor sie trocken gelegt wurden. Auch »The Ridge«, die von Lee im Norden längs durch Zentralflorida bis Sebring im Süden verlaufende, bis zu 100 m hohe Hügelkette wurde landwirtschaftlich genutzt: Bis heute ist dies das größte Zitrusfruchtanbaugebiet der Welt.

Trockenlegung und Landwirtschaft

Dass Natur, Fortschritt und Entertainment koexistieren können, demonstriert Nordflorida an der Atlantikküste: Hier heben von der **Canaveral Peninsula** nicht nur Raketen ins Weltall ab. Dort leben auch, geschützt in den Naturschutzgebieten Canaveral National Seashore (▶ S. 64) und Merritt Island National Wildlife Refuge (▶ S. 65), Zug- und Watvogelarten sowie Wildkatzen, diverse Schildkrötenarten sowie viele andere seltene Tiere.

Naturschutz und Entertainment

Der Süden

Vor allem südlich dieser Linie werden einige Florida-Klischees Wirklichkeit. Wahr werden die Träume vom Hängemattenurlaub im bis zu 90 km tief ins Land reichenden Küstentiefland, den so genannten **Coastal Lowlands**.

Subtropisches Paradies

**Ballungs-
zentren an
der Küste**

Während die weiten nördlichen Ebenen land- und weidewirtschaftlich genutzt werden, scheint die einzige Daseinsberechtigung der Ballungszentren an der Küste der **Tourismus** zu sein: Jeder Ort mit Pier, Aussichtsrestaurant und wenigstens einem Motel. Wo der feste Küstenstreifen zu schmal war, wurden, wie in ▶ Naples, Sumpfgebiete trocken gelegt. Der einstige Fischerort wuchs innerhalb von Jahrzehnten zum touristischen Zentrum der Südwestküste heran. Am dichtesten besiedelt ist die Südostküste. Im Ballungsgebiet ▶ Miami und ▶ Fort Lauderdale leben über 4 Mio. Einwohner. Allerdings macht die Südostküste den stellenweise argen Rummel mit sagenhaften Stränden und hervorragendem Kulturangebot mehr als wett.

**Subtropische
Feucht-
gebiete**

Wie stark sich das Leben in Süd-Florida auf die Küsten konzentriert, zeigt ▶ Naples. Gleich hinter der Stadtgrenze beginnen die ausgedehnten Sumpfgebiete des **Big Cypress National Preserve** (▶ S. 91) und der **Everglades**. Siedlungen gibt es in dieser urweltlichen Landschaft im Südzipfel der Halbinsel nicht.

**Everglades:
Empfind-
liches Öko-
system**

Die nur wenige Dezimeter über dem Meeresspiegel liegenden Everglades sind eine Abfolge von **Süßwassermarschen, Sumpfzonen und Grasland**, hin und wieder durchsetzt von **Hammocks** (Hartholz-Bauminseln). Dass dies eigentlich ein 80 km breiter, aber nur 15 cm tiefer Fluss ist, ist mit bloßem Auge nicht erkennbar. Dieser »**Fluss aus Gras**« ist das größte subtropische Feuchtgebiet Nordamerikas. Hunderten von Tierarten bietet es Lebensraum, darunter vor allem den berühmten Alligatoren, den »Maskottchen der Everglades«, und Pelikanen, Reiherarten und Ibissen. Ihre Zukunft ist alles andere als gesichert (▶ Baedeker Wissen, S. 316). Ihr hochempfindliches Ökosystem wird von vielerlei Gefahren bedroht, unter anderem von Trockenperioden und Wirbelstürmen.

**Trocken-
legung vs.
Schutzzonen**

Die größte Gefahr geht vom Menschen aus. Er legt immer größere Teile trocken, um Farmland zu gewinnen oder zweigt Wasser zur Bewässerung ab. Ob die von Regierungen und privaten Gruppen initiierten Rettungsprojekte greifen, wird man sehen. Bis dahin bewahren der ▶ **Everglades National Park**, das als Pufferzone eingerichtete **Big Cypress National Preserve** (▶ S. 91) und weitere Naturschutzgebiete den Rest dieser einzigartigen Sumpflandschaft.

**Rücken eines
Korallenriffs**

Last but not least: die ▶ **Florida Keys**. Die Inselkette ragt wie ein Haken in den Golf von Mexiko und beschreibt einen 220 km langen Bogen, der eine halbe Autostunde südlich von ▶ Miami beginnt und auf den Dry Tortugas (▶ S. 151) im Golf von Mexiko versinkt. Die winzigen Inseln – manche kleiner als ein Fußballfeld – sind Rücken des drittgrößten Korallenriffs der Erde, das, während der letzten 150 000 Jahre entstanden, heute Schnorchler und Taucher aus aller Welt anzieht.

Wie im Paradies fühlt man sich am North Beach im Fort DeSoto Park bei St. Petersburg.

▮ Klima

Florida liegt im Einflussbereich zweier Klimaregime. Während der **Norden** in der subtropisch- bzw. **warm-gemäßigten Zone** liegt, gehört der **Süden** bereits zu den **Subtropen**. In den ▶ Florida Keys im äußersten Süden können Sie schon vormittags ins Schwitzen kommen.

Klimazonen

Im Norden lassen sich vier Jahreszeiten unterscheiden. Auch muss man hier das ganze Jahr über mit Regenfällen rechnen. Ganz anders ist die Situation im Süden Floridas, wo es praktisch nur zwei Jahreszeiten gibt. Die warmen Gewässer, die hohe **Luftfeuchtigkeit** und hohe Verdunstungsraten tragen zu einer mitunter als drückend empfundenen **Schwüle** bei, die vor allem von Mai bis Oktober als belastend erlebt wird. Dagegen zeichnet sich die von November bis April dauernde »kühle« Jahreszeit durch drei bis fünf regenarme Monate aus.

Jahreszeiten

Von **Juni bis September** ist es auf der gesamten Halbinsel ziemlich heiß. Die höchsten Temperaturen werden im Bereich der Florida Keys sowie in den trockeneren Gegenden im Landesinnern gemessen, wobei mehrere Wochen dauernde **Hitzeperioden** mit Tagestemperaturen über 40 °C keine Seltenheit sind. Als relativ normal gelten Temperaturen bis 35 °C. Im Sommer kann es jeden Tag heftig gewittern, gelegentlich mit Hagel und gefährlichen Tornados.

Temperaturen und Niederschläge

HURÁKAN

Die Indianer Westindiens nannten ein solch katastrophales Wetter-ereignis Hurakán, die spanischen Eroberer übernahmen diesen Begriff und auch die Engländer hielten sich an die indianische Terminologie: Die Rede ist von Hurrikanen, tropischen Wirbelstürmen, die alljährlich zwischen Juni und Oktober über die Halbinsel Florida hinwegfegen.

Okeechobee 1928

FLORIDA

• New Orleans

Jacksonville •

Anzahl an Hurrikane in den letzten 100 Jahren

	0 – 9
	10 – 19
	20 – 32

Labor-Day 1935

Golf von Mexiko

Wilma 2005

• Tampa

Andrew 1992

Katrina 2005

• Miami

Hurrikaneskala
Windstärke in km/h

5 ab 250
4 210 – 249
3 178 – 209
2 154 – 177
1 119 – 153

Donna 1960

• Havana   KUBA

▶ **So entstehen Hurrikane**

Hurrikane entstehen über mindestens 26 °C warmen äquatornahen Wasseroberflächen des Atlantiks, wo schon besonders hoch reichende Gewitterwolken stehen.

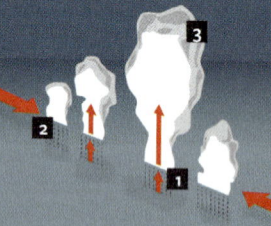

1 Aufsteigende Luft

2 Regen

3 Gewitterwolken bilden sich.

4 Tiefdruckzone entsteht.

5 Aufsteigende Luft baut das Sturmsystem auf..

6 Durch die Erdrotation beginnt sich das Sturmsystem zu drehen.

ie schlimmsten Hurrikane in Florida

nmer wieder wird Florida von Hurrikanen heimgesucht. Durch
erbesserte Warnsysteme kommen inzwischen zwar weniger
Menschen ums Leben – die Sachschäden steigen jedoch enorm.
er Jahrhundertsturm Katrina (2005) war besonders schadenträchtig.

Okeechobee	6. Sep. 1928
pitzen-geschwindigkeit	**260 km/h**
chäden	**100 Mio.$**

🧍🧍🧍🧍🧍🧍🧍🧍🧍🧍🧍🧍🧍🧍🧍
🧍🧍🧍🧍🧍🧍🧍🧍🧍🧍🧍🧍🧍🧍🧍
🧍🧍🧍🧍🧍🧍🧍🧍🧍🧍🧍🧍🧍🧍🧍
🧍🧍🧍🧍🧍🧍🧍🧍🧍🧍🧍🧍🧍🧍🧍

000 Tote

Labor-Day	29. Aug. 1935
Spitzen-geschwindigkeit	**260 km/h**
Schäden	**6 Mio.$**

🧍🧍🧍🧍🧍🧍🧍🧍🧍

500 Tote

Donna	29. Aug. 1960
Spitzen-geschwindigkeit	**260 km/h**
Schäden	**3 Mrd.$**

🧍🧍🧍🧍🧍🧍🧍

360 Tote

Andrew	16. Aug. 1992
pitzen-geschwindigkeit	**280 km/h**
chäden	**26 Mrd.$**

26 Tote

Katrina	23. Aug. 2005
Spitzen-geschwindigkeit	**280 km/h**
Schäden	**100 Mrd.$**

🧍🧍🧍🧍🧍🧍🧍🧍🧍🧍🧍🧍🧍🧍🧍🧍🧍🧍
🧍🧍🧍🧍🧍🧍🧍🧍🧍🧍🧍🧍🧍🧍🧍🧍🧍🧍

1800 Tote

Wilma	15. Okt. 2005
Spitzen-geschwindigkeit	**295 km/h**
Schäden	**29 Mrd.$**

🧍🧍

70 Tote

Geschwindigkeiten

Hurrikane bewegen sich mit einer
Geschwindigkeit zwischen 15 und
40 km/h. Im Sturmfeld selbst
können Windgeschwindigkeiten
von mehr als 250 km/h entstehen.

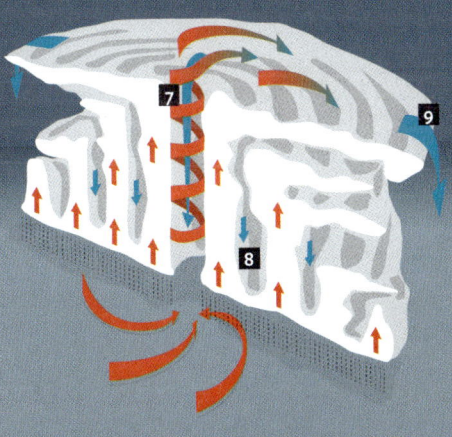

7   Wolkenloses Auge des Sturms:
    Windstill, kalte und trockene Luft

8   Erreicht die Luft die Stratosphäre,
    wird sie in das Auge und zwischen
    Wolkenbänder zurückgedrängt.

9   Restliche Luft wandert nach
    außen und wird dort abgedrängt.

Recht angenehm sind die Monate **März**, **April** und **Mai** sowie **Oktober** und **November**. Die Temperaturen erreichen bei zumeist strahlendem Sonnenschein sommerliche Werte.

Von **Dezember bis Februar** kann es in Nord- und Zentralflorida empfindlich kühl werden. Bei heftigen Kaltluftvorstößen aus dem Norden kann es auch frieren, die Schäden für die Zitrus- und Gemüsekulturen sind dann beträchtlich. Lediglich die Südspitze Floridas gilt als frostfrei. Die winterlichen Durchschnittswerte sinken hier kaum unter + 6°C.

Die höchsten **Niederschlagsmengen** werden im Panhandle registriert, wo jährlich manchmal weit über 1500 mm fallen. Vergleichsweise trocken ist es dagegen auf den Keys, wo mit rund 1000 mm nur etwa zwei Drittel der im Norden gemessenen Niederschläge fallen.

Tropische Wirbelstürme
Jedes Jahr muss Florida mit dem Durch- oder Vorbeizug mehrerer tropischer Wirbelstürme rechnen, die meist in der Zeit von Juni bis September entstehen. Ein **Hurrikan** (▶ Baedeker Wissen, S. 310) kann nicht nur riesige Ausmaße erreichen, sondern auch ein gewaltiges Zerstörungspotenzial entwickeln. Noch in frischer Erinnerung ist der Hurrikan »Irma«, der im September 2017 zwar glimpflicher ablief als befürchtet, aber dennoch Menschenleben forderte und Schäden in Milliardenhöhe verursachte.

»Heizung« Floridas
Der Golfstrom ist eine wichtige Komponente in der zirkumplanetarischen Wetterküche und von besonderer Bedeutung für das Wetter in West- und Mitteleuropa. Aus dem Golf von Mexiko strömt warmes Oberflächenwasser als sog. Floridastrom durch die Floridastraße und vereinigt sich vor der Ostküste des »Sunshine State« mit dem ebenfalls warmen, aus dem Bereich der Westindischen Inseln heranziehenden Antillenstrom, um als 50 km breiter und bis zu 1000 m tiefer **Golfstrom** zunächst an der amerikanischen Ostküste entlang und später in Richtung Nordosten nach Westeuropa zu fließen. Dabei gelangen bis zu 55 Mio. Kubikmeter Meerwasser pro Sekunde nordostwärts. Der Golfstrom wurde anno 1513 erstmals vom spanischen Konquistador Juan Ponce de León (▶ S. 349) beschrieben. Die Spanier nutzten die warme Meeresströmung zur Rückfahrt mit ihren Schiffen aus Westindien in die Heimat.

▌ Pflanzen

Wälder
Zauberhaft lichte Kiefernstände im Norden, subtropische Üppigkeit im Süden: In Floridas Wäldern wird es nie langweilig. In Nord- und Zentralflorida gedeihen vielerlei Pinienarten. Fotogene **Sabalpalmen** bilden den Unterwuchs der **Kiefernwälder**. Von Nord nach Süd übernehmen zusehends **Palmen**, vor allem Kokos-, Dattel- und

Zwergpalmen. Auch majestätische Königspalmen treten hier und da in größerer Zahl auf. Imposant sind die immergrünen **Lebenseichen** (»live oaks«) mit dichtem Unterholz, von deren Ästen Bärte der Bromelienart **Spanisch Moos** wie Lametta herunterhängen. In den Feuchtgebieten treten **Zypressen** als typische Gewächse hervor.

Nach Süden gehen die Wälder in Grasland und Feuchtgebiete über, in denen tropische Pflanzen gedeihen. Charakteristisch sind Sumpfzypressen, eine Vielzahl von Gräsern, Aufsitzerpflanzen (Epiphyten), Farne, Lianen sowie allerlei Orchideen. In den eigentlichen Sumpfgebieten kann man viele Arten Schilf, Seggen, Riedgräser, Binsen, Seerosen und vor allem Wasserhyazinthen unterscheiden. Außerdem findet der Kundige hier weit über einhundert Orchideenarten.

Grasland und Feuchtgebiete

In den Feuchtgebieten Floridas setzen **Hammocks** genannte Hartholz-Bauminseln Akzente, mit Palmen, Mahagonibäumen, Eichen und Magnolien. Sabalpalmen, **Palmetto** und Schlingpflanzen bilden ein undurchdringliches Unterholz.

Hartholz-Bauminseln

In Südflorida gibt es noch ausgedehnte Mangrovenküsten. Vorherrschend ist die Rote Mangrove, deren Tannin das Wasser rot schimmern lässt. Daneben gibt es Weiße und Schwarze Mangroven. Stelz- und Luftwurzeln geben den Pflanzen Halt.

Mangrovenküsten

In den Hammocks bilden Hartholzgewächse ein fast undurchdringliches Unterholz.

Zitrus-
plantagen Florida ist weltberühmt für seine Zitrusfrüchte. Am Indian River, in Zentralflorida und an der Golfküste gibt es ausgedehnte Zitrusplantagen, wo vor allem Orangen geerntet werden. Besonderheit unter Floridas Zitrusfrüchten ist die **Key Lime**, eine grüne bis gelbe dünnschalige Frucht, deren säuerlicher Saft (Lime Juice) u. a. bei der Herstellung des berühmten »Key Lime Pie« (▶ S. 362) verwendet wird.

▌ Tiere

Trotz massiver Eingriffe des Menschen kann man in vielen Rückzuggebieten noch immer ahnen, wie artenreich die Fauna Floridas ursprünglich einmal gewesen sein muss.

Vögel Florida ist ein Dorado für Vogelbeobachter. Besonders im Bereich des Merritt Island National Wildlife Refuge (bei Cape Canaveral; ▶ S. 65) an der Atlantikküste, an den Mangrovenküsten Südwest- und Südfloridas, in den noch wenig berührten Marschen sowie in den versumpften Zonen nisten und brüten Hunderte Vogelarten, darunter Grau- und Blaureiher, **Silberreiher**, Seiden- und Mangrovenreiher sowie Weiße und **Braune Pelikane**. Auch Waldibisse, **Schlangen-**

Ein Schläfchen? Nein! Dieser Alligator ist hellwach und beobachtet seine Umgebung genau.

halsvögel (Anhingas), Rosalöffler, Spechte und Geier kann man beobachten. Recht häufig kann man den für Südflorida so typischen
Osprey sichten, der gelegentlich auch als Fischadler bezeichnet
wird. Auch einige Flamingos leben noch in freier Wildbahn.

Wohl fühlen sich ca. 1 Mio. **Alligatoren** in Wasserläufen und Sumpfgebieten. Man sieht sie in den Everglades ebenso wie in den Kanälen
um den Weltraumbahnhof Cape Canaveral. Mitunter tauchen sie
auch in den Grünanlagen großer Einkaufsmalls, auf Golfplätzen und
in Gärten auf, und in den Nachtstunden sieht man nicht selten einen
»Gator« über den Highway kriechen. Nur noch selten bekommt man
ein **Amerikanisches Krokodil** zu Gesicht. Es ist aufgrund extensiver
Jagd und Wilderei in seinem Bestand bedroht. Ein wichtiges Rückzugsgebiet dieser Reptilien sind die Everglades (► Everglades National Park) bzw. die Sumpfgebiete an der Biscayne Bay und der Florida
Bay, wo noch einige Dutzend Krokodile leben.

Reptilien

Vom Aussterben bedroht sind auch einige **Schildkrötenarten**, wie
die Florida-Weichschildkröte, die Schmuckschildkröte und eine Reihe
von Meeresschildkröten, deren sandige Eiablageplätze bisweilen von
hungrigen Alligatoren ausgestöbert oder aber von unachtsamen Touristen zerstört werden.

In den Hammocks sowie vielen anderen Biotopen halten sich gern
Schlangen auf, unter den zahlreichen harmlosen Arten auch einige
giftige, wie Diamantschlangen (»Diamond Snake«) und Zwergklap-
perschlangen (»Ground Rattler«). Tödliche Gefahren für den Menschen sind die Wassermokkassinschlange (»Cottonmouth«), die
Korallenschlange (»Coral Snake«) und die in Nordflorida heimische
Kupferkopfschlange (»Copperhead«). In jüngerer Zeit haben sich
eingeschleppte Riesenschlangen wie **Pythons** stark vermehrt und
bedrohen zunehmend die hiesige Tierwelt.

Häufig begegnet man Waschbären, Rotluchsen sowie **Weißwedel-
hirschen** und Rehen. Oft sieht man auch das **Opossum**, ein Beuteltier,
das Ähnlichkeit mit einer Ratte hat. Trotz strenger Schutzmaßnahmen
haben die **Florida-Panther** immer weniger Überlebenschancen. Nur
noch wenige dieser geschmeidigen Großkatzen leben zurückgezogen
im Süden Floridas im ► Everglades National Park und im Big Cypress
National Preserve (► S. 91).

Säugetiere

Ebenfalls in ihrem Bestand bedroht – auch wenn ihre Zahl letzten
Pressemeldungen zufolge wieder zugenommen hat – sind **Manatees**
(Seekühe; ► S. 12). Diese zwar massigen, aber dennoch possierlichen
Säugetiere leben in den flachen Küstengewässern und ernähren sich
von Wasserpflanzen. In der kalten Jahreszeit wandern sie aus kühleren
Gewässern landeinwärts zu den relativ warmen Quelltöpfen bzw. in
Kanäle, durch die erwärmte Abwässer von Kraftwerken und Indus-
trieanlagen abfließen.

BAEDEKER WISSEN

GEFÄHRDETE KREATUREN

Auch für Florida gilt: Wo sich der Mensch ausbreitet, wird es eng für die in der freien Wildbahn lebende Tierwelt. Von mehr als 100 gefährdeten Tierarten Floridas sind in den vergangenen Jahrzehnten über zwei Dutzend ausgestorben, darunter z.B. der Dusky Seaside Sparrow, die Karibische Mönchsrobbe und der Florida-Rotwolf.

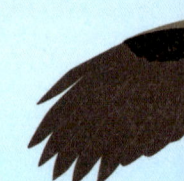

▶ **Tierart/ Rasse**
noch vorhande Exemplare,
wo zu besichtigen

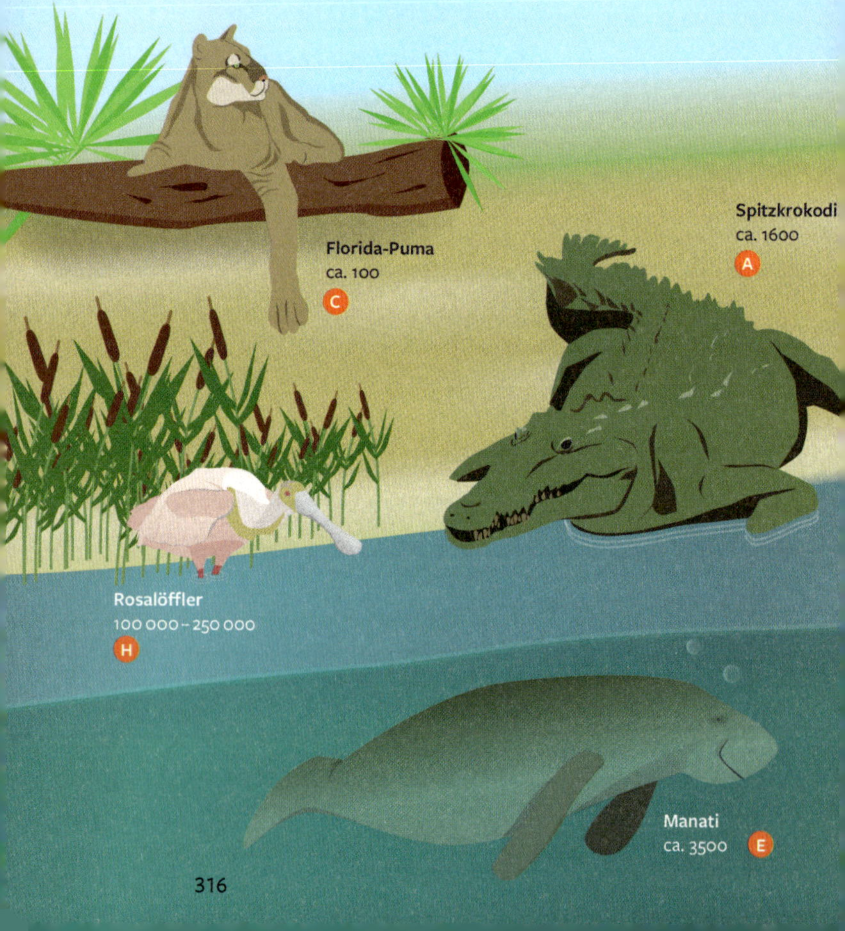
Florida-Puma
ca. 100
C
Spitzkrokodi
ca. 1600
A
Rosalöffler
100 000 – 250 000
H
Manati
ca. 3500
E

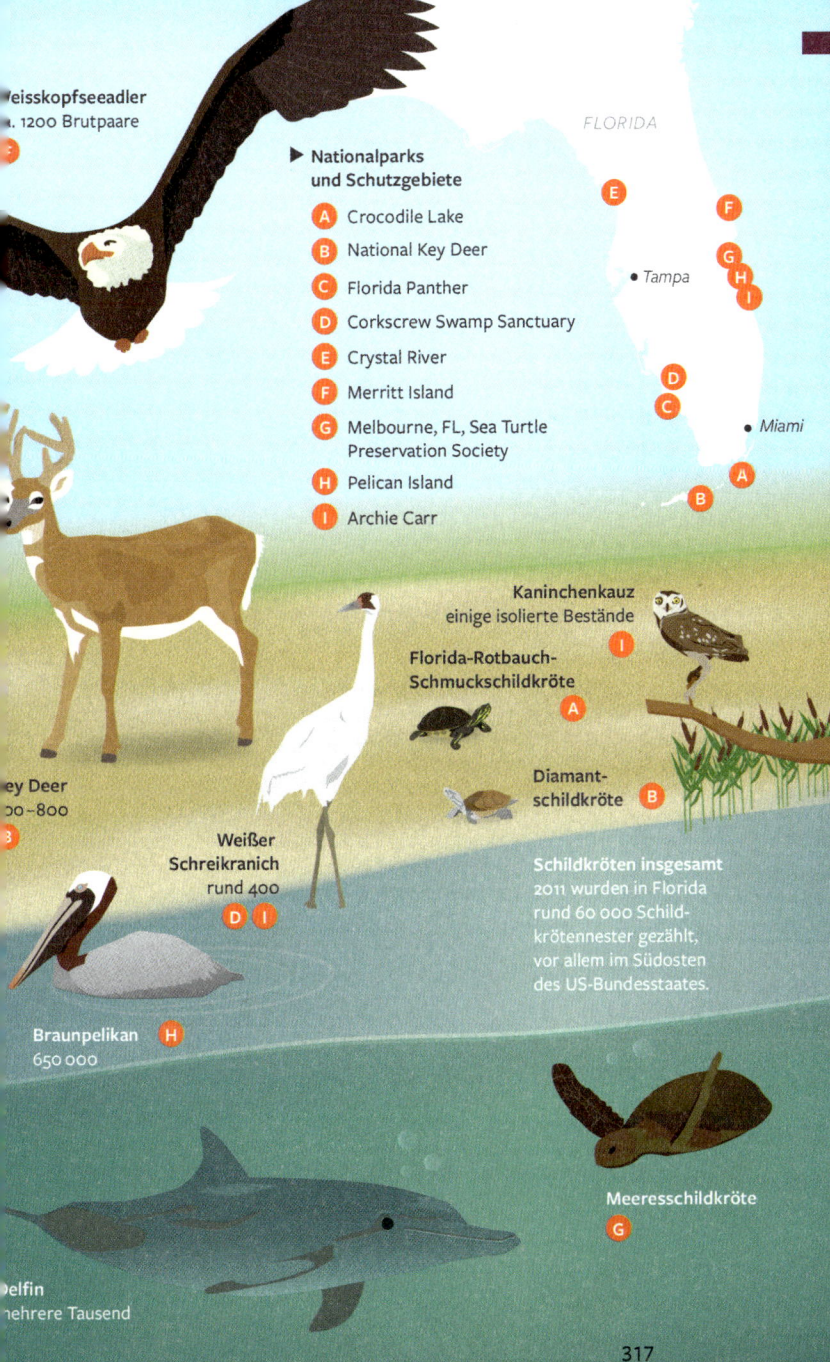

Weisskopfseeadler
ca. 1200 Brutpaare

FLORIDA

▶ **Nationalparks und Schutzgebiete**

- Ⓐ Crocodile Lake
- Ⓑ National Key Deer
- Ⓒ Florida Panther
- Ⓓ Corkscrew Swamp Sanctuary
- Ⓔ Crystal River
- Ⓕ Merritt Island
- Ⓖ Melbourne, FL, Sea Turtle Preservation Society
- Ⓗ Pelican Island
- Ⓘ Archie Carr

• *Tampa*

• *Miami*

Kaninchenkauz
einige isolierte Bestände Ⓘ

Florida-Rotbauch-Schmuckschildkröte Ⓐ

Diamant-schildkröte Ⓑ

Schildkröten insgesamt
2011 wurden in Florida rund 60 000 Schildkrötennester gezählt, vor allem im Südosten des US-Bundesstaates.

Key Deer
00–800

Weißer Schreikranich
rund 400 Ⓓ Ⓘ

Braunpelikan Ⓗ
650 000

Meeresschildkröte Ⓖ

Delfin
mehrere Tausend

Nicht nur in Gefangenschaft, sondern auch in freier Wildbahn kann man **Delfine** beobachten. Häufig sichtet man die eleganten Schwimmer in den küstennahen Gewässern Süd- und Südwestfloridas.

Fische In den Küstengewässern tummeln sich mehrere **Haiarten**, darunter Tigerhaie, Hammerhaie und riesige Walhaie. Eine Gefahr für Strandgänger und Schwimmer sind **Stachelrochen** (»Stingrays«). Diese wandern v. a. im Sommer in seichte Gewässer an Stränden und in Badebuchten, um ihre Jungen zur Welt zu bringen. Sie vergraben sich im Sand und Schlamm. Nur Augen und Schwanz bleiben frei. Wer auf einen solchen Fisch tritt, kann sich schlimme Verletzungen zuziehen.

Insekten Im schwül-heißen Sommer kann ein Aufenthalt in der Nähe stehender Gewässer leicht zur Tortur werden. Myriaden von **Stechmücken** (Moskitos) und Fliegen, die gefährliche Krankheiten wie Hirnhautentzündung übertragen können, sind in vielen Gegenden eine Plage für Mensch und Tier.

▎ Bevölkerung: Florida boomt

Ein irres
Tempo
Krise? Welche Krise? Florida boomt, als habe es die Finanz- und Immobilienkrise nie gegeben. Wo 1945 noch rund 2,7 Mio. Menschen lebten, wohnen 2017 über 21 Mio. Fast 90 % davon haben einen High-School-Abschluss. Eingefleischte Florida-Fans können ein Lied davon singen: Wo im Jahr zuvor noch das nette kleine Hotel stand, ragt jetzt ein 20-stöckiger Kondominium-Turm empor. Und wo man gleich nach der Ankunft am Miami International Airport die Abzweigung nach South Beach zu nehmen pflegte, befindet sich nun eine durchgehende Leitplanke, ist nicht mal mehr die Rampe zu sehen. Florida brummt. Der Sonnenschein-Staat wächst so schnell, dass manchmal selbst Navi und Verkehrsnachrichten nicht mehr mitkommen. Seit 1980 hat sich die Bevölkerung verdoppelt, im Jahr 2017 werden 1000 Neuankömmlinge täglich gezählt. Wachstumsimpulse lösen vor allem Fremdenverkehr und High-Tech-Sektor aus. Seit den 1960er-Jahren entstehen riesigen Themenparks, die zusätzliche Touristen ins Land bringen.

Rentner-
paradies mit
Potenzial
Ein Rentnerparadies ist Florida dagegen schon, seit die Ostküstenelite im 19. Jh. begann, hier zu überwintern. Der Hit sind »**Retirement Communities**«, nur Rentnern vorbehaltenen Siedlungen, die noch schneller wachsen als »normale« Städte. So ist dem am schnellsten wachsende Kommune der USA keineswegs eine Boomtown wie New York City, sondern ein pieksauberes, als »Gated Community« umzäuntes Gemeinwesen namens **The Villages** nordwestlich von Orlando. Hier leben rund 120 000 Menschen, und jeden Monat kommen weitere 200–300 Häuser dazu. Zugangsvoraussetzung: Man muss man

40 % aller Floridianer haben afroamerikanische oder hispanische Wurzeln.

über 55 Jahre alt sein, um in den Genuss von 40 Golfplätzen, 80 Swimmingpools und täglichen Animationsprogrammen zu kommen.

Ein Staat auf Steroiden

Vor allem der Süden brummt. Größter Ballungsraum ist die Miami Metropolitan Area, ein durchgehendes Siedlungsgebiet von 6,1 Mio. Menschen, das von Miami bis nach West Palm Beach reicht. Miami selbst ist Brennpunkt eines der finanzstärksten Wirtschaftsräume der USA und eine bedeutende Handels- und Verkehrsdrehscheibe zwischen Nord- und Südamerika einerseits und Europa andererseits. Nächstgrößter Ballungsraum ist die Tampa Bay Area mit Tampa, St. Petersburg und Clearwater. Hier leben gut 3 Mio. Menschen. Weitere Verdichtungsräume sind die Orlando, Kissimmee und Sanford umfassende Orlando Metropolitan Area mit 3 Mio. und Greater Jacksonville mit gut 1,5 Mio. Menschen.

Bienvenido a Miami

Im Bevölkerungsmosaik ist die Nähe zu Karibik und Lateinamerika unübersehbar. Die Hälfte aller Floridians hat afro-amerikanische oder hispanische Wurzeln, ein Drittel spricht zu Hause eine andere Sprache als Englisch. Allein im Raum Miami stellen **Hispanics** bzw. **Latinos** (darunter viele Exilkubaner) über 60 % der Bevölkerung. Heute ist Miami eine zweisprachige Stadt, mit Top 40 Radiosendern, deren Moderatoren mühelos zwischen Englisch und Spanisch wechseln, und Anzüge tragenden Managern, die morgens in Downtown »cafecito« und »huevos« bestellen, bevor sie in den Bürotürmen an der Brickell

San Francisco

3583 km

Washington

1150 km

Tallahassee

Golf von Mexiko

Atlantis...

Florida

Lage:
Südosten der USA

Fläche:
140 256 km²
Im Vergleich Deutschland:
357 031 km²

Einwohner: **20,6 Mio.**
6, 3 % der US-Bevölkerung

Bevölkerungsdichte:
121 Einwohner/km²
Im Vergleich Deutschland:
231 Einwohner/km²

▶ Ballungsräume

Miami/Ft.Lauderdale/Palm Beach:
6 Mio. Einw.

Raum Orlando:
3,1 Mio. Einw.

Tampa/St. Petersburg/Clearwater:
3 Mio. Einw.

Jacksonville:
1,63 Mio. Einw.

▶ Sprachen

Englisch und Spanisch

▶ Religion

Katholiken **21 %**
Protestanten **46 %**
Juden **3 %**
Sonstige **6 %**
Keine **24 %**

▶ Ethnien

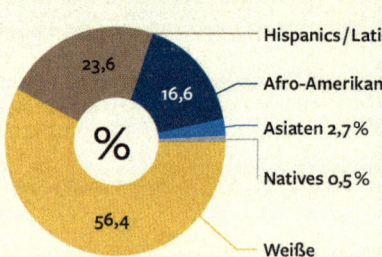

Hispanics / Latir
16,6

Afro-Amerikane

Asiaten **2,7 %**

Natives **0,5 %**

Weiße

23,6

56,4

%

▶ Verwaltung

Hauptstadt **Tallahassee**
67 Counties
Mehrere Indianerreservate

Wirtschaft

BIP pro-Kopf (2016) 2016
Florida: **ca. 45 000 US$**
Deutschland: **ca. 48 000 US$**
Armutsrate: **11,6%**

Landwirtschaft:
Zitrusfrüchte, Gemüse, Zucker,
Rinder- und Pferdezucht,
Milchwirtschaft

Industrie:
Lebensmittel, Luft- und Raumfahrt,
Elektronik,Elektrotechnik,
Maschinenbau, Druck, Medien

Dienstleistungen
Tourismus, Bank- und Ver-
sicherungswirtschaft, Transport

Tourismus: über 112 Mio. Gäste
pro Jahr, davon über 11 Mio.
Besucher aus Übersee,
davon ca. 0,5 Mio. aus dem
deutschsprachigen Raum

▶ Klimastation Miami

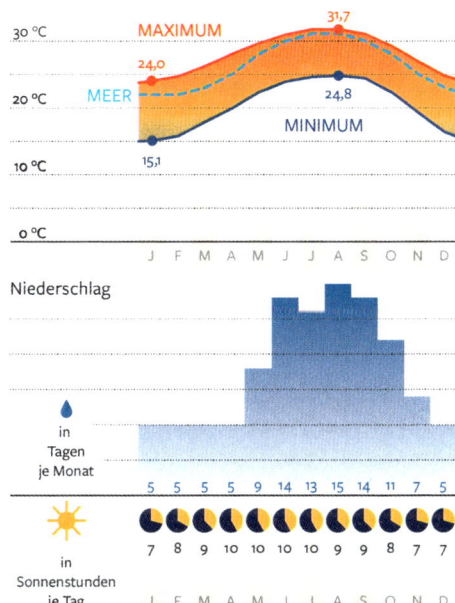

Florida – God's Waiting Room

Viele US-Rentner verbringen ihren Lebensabend im warmen Florida –
mit Folgen für die Demografie. Altersdurchschnitt der Städte mit
der ältesten Bevölkerung und im Vergleich die jüngste Stadt:

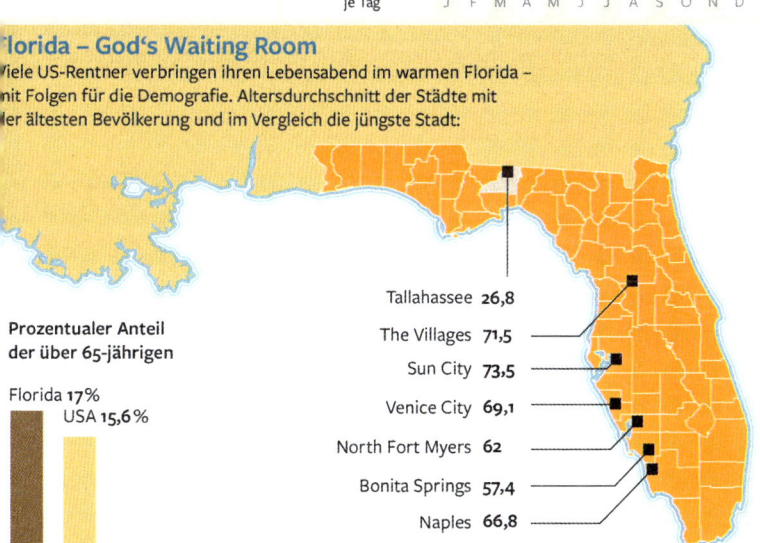

**Prozentualer Anteil
der über 65-jährigen**

Florida **17%**
USA **15,6%**

Tallahassee **26,8**
The Villages **71,5**
Sun City **73,5**
Venice City **69,1**
North Fort Myers **62**
Bonita Springs **57,4**
Naples **66,8**

Avenue verschwinden. Florida wird daher gern als funktionierende Multikulti-Gesellschaft gepriesen. Doch nicht alles ist rosig. Beispielsweise gibt es nicht genug Schulen, und die Zahl der Armen wird immer größer. Ein niedriger Steuersatz erschwert zugleich die Finanzierung öffentlicher Dienstleistungen. Eine hohe Kindersterblichkeit unter den Ärmsten und Straßenkriminalität sind die Folgen. Da braucht es nicht viel, um die mancherorts unter der Oberfläche gärenden ethnischen Spannungen aufbrechen zu lassen.

Staat und Gesellschaft

Bundesstaat Florida Mit nur 66 000 Einwohnern trat Florida 1845 den USA bei. An der Spitze des Staates steht ein Gouverneur. Wie auf Bundesebene gibt es einen **Kongress** aus **Senat** und **Repräsentantenhaus**. Beide Gremien amtieren im **Kapitol** in der **Hauptstadt ▶ Tallahassee**. Ein Veto des **Gouverneurs** gegen eine Entschließung des Kongresses kann durch einfachen Mehrheitsbeschluss aufgehoben werden. Bedeutsam ist z. B. seine Befugnis, bei Unruhen die Staatspolizei durch Einheiten der Nationalgarde verstärken zu lassen. Der politische Alltag wird vom Gerangel zwischen dem liberalen Südosten und dem konservativen Norden bestimmt, besonders wenn es um das Verteilen der Budgets geht. Wer durch Florida reist, dem wird die **Selbstständigkeit** des Bundesstaates an vielen Beispielen aus dem Alltagsleben bewusst: Florida greift regulierend in die Straßenverkehrsordnung ein (beispielsweise Höchstgeschwindigkeiten, Promillegrenze), bestimmt über den Ausschank von alkoholischen Getränken und ist zuständig für die Polizeiordnung, das Wahlrecht und die Schulgesetzgebung.

Wirtschaft und Handel

Wirtschaftswachstum Nach der Finanzkrise Anfang des Jahrtausends verfügte der Bundesstaat 2017 einmal mehr über einige der am schnellsten wachsenden Wirtschaftsräume des Landes. Der **Tourismus** ist dabei weiterhin einer der stärksten Motoren. 2015 überstieg die Zahl der Besucher erstmals die 100-Mio.-Marke und erreichte 2016 mit fast 113 Mio. einen neuen Traumrekord. Die Welthauptstadt des Entertainments bleibt Floridas größter Touristenmagnet: Orlando verzeichnete sage und schreibe 66 Mio. Touristen aus Nordamerika und aller Welt.

Handel und Häfen Auch der Handel floriert. Beispielsweise erreichte der Seehandel 2015 knapp 150 Mrd. $ und war damit landesweit Nummer 10 im Import und Nummer 6 im Export. In Floridas Häfen stechen zudem mit zwei Drittel aller Einschiffungen in den USA die meisten **Kreuzfahrttouristen**, nämlich 15,2 Mio., in See.

FLORIDA · VERWALTUNGSGLIEDERUNG

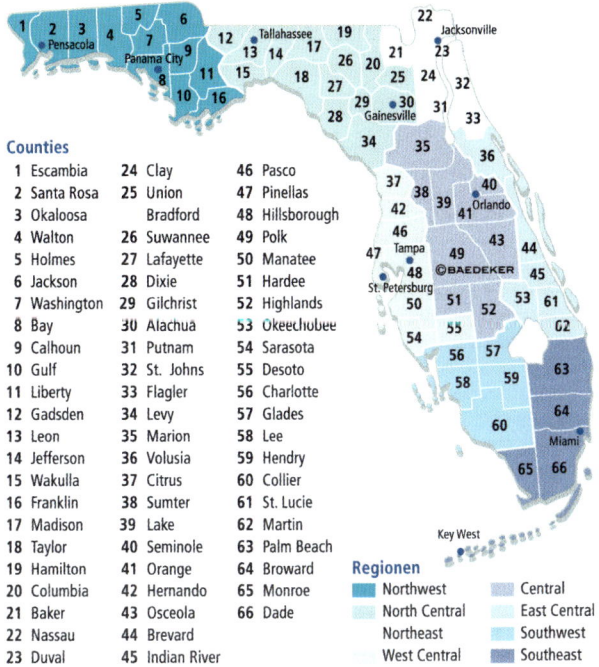

Counties

1 Escambia	24 Clay	46 Pasco
2 Santa Rosa	25 Union	47 Pinellas
3 Okaloosa	Bradford	48 Hillsborough
4 Walton	26 Suwannee	49 Polk
5 Holmes	27 Lafayette	50 Manatee
6 Jackson	28 Dixie	51 Hardee
7 Washington	29 Gilchrist	52 Highlands
8 Bay	30 Alachua	53 Okeechobee
9 Calhoun	31 Putnam	54 Sarasota
10 Gulf	32 St. Johns	55 Desoto
11 Liberty	33 Flagler	56 Charlotte
12 Gadsden	34 Levy	57 Glades
13 Leon	35 Marion	58 Lee
14 Jefferson	36 Volusia	59 Hendry
15 Wakulla	37 Citrus	60 Collier
16 Franklin	38 Sumter	61 St. Lucie
17 Madison	39 Lake	62 Martin
18 Taylor	40 Seminole	63 Palm Beach
19 Hamilton	41 Orange	64 Broward
20 Columbia	42 Hernando	65 Monroe
21 Baker	43 Osceola	66 Dade
22 Nassau	44 Brevard	
23 Duval	45 Indian River	

Regionen

Northwest	Central
North Central	East Central
Northeast	Southwest
West Central	Southeast

Insgesamt wird Floridas Wirtschaft immer vielseitiger. Gesundheit und **Biowissenschaften** schieben das Wachstum ebenso an wie **Logistik** oder **Luft- und Raumfahrt**. Letztere konzentriert sich an der »Space Coast« rund um Cape Canaveral, ständig werden neue Unternehmen gegründet, wie die private Luftfahrtgesellschaft Blue Origin von Amazon-Gründer Jeff Bezos. Als **Gateway nach Lateinamerika** genießt auch Miamis Finanzservice immer größere Bedeutung: Die glänzenden Fassaden der Bankpaläste an der Brickell Avenue unterstreichen das eindrucksvoll.

Vielseitige neue Branchen

Traditionelle Branchen bleiben indes wichtig. Der Anbau von **Zitrusfrüchten** (Orangen, Grapefruits, Zitronen) dominiert die Landwirtschaft, bei **Zuckerrohr** liegt Florida landesweit mit Louisiana und Hawaii an der Spitze. Wenig bekannt: Florida hat die älteste **Viehzucht** der USA. Bis heute werden im Norden rund 2 Mio. Stück Vieh gehalten. Nicht zu übersehen sind dort auch die riesigen Papier- und **Zellulosefabriken**, die heimisches Nadelholz verwerten.

Traditionelle Bereiche bleiben wichtig

323

GESCHICHTE

Für manche Zeitgenossen beginnt Floridas Geschichte erst mit Micky Maus und Walt Disney. Doch auf der sonnigen Halbinsel im Südosten der USA sind menschliche Spuren seit mindestens 12 000 Jahren nachweisbar.

▍ Frühe Besiedelung durch Paläoindianer

Mehrere Einwande-rungswellen
Forscher vermuten, dass die indianischen Ureinwohner in mehreren Schüben und in unterschiedlicher ethnischer Zusammensetzung am Ende der letzten Eiszeit (30 000–10 000 v. Chr.) von Sibirien aus über die seinerzeitige Bering-Landbrücke nach Nordamerika vordrangen. Vor zirka 12 000 bis 10 000 Jahren tauchten erste **Fischer**, **Jäger und Sammler** auf der Halbinsel Florida auf. Quellen, fischreiche Seen und Flüsse, seichte Lagunen, Buchten voller Muscheln und anderer Meerestiere, eine üppige Vegetation und ein reicher Wildbestand boten das ganze Jahr über günstige Lebensbedingungen.

Älteste Funde
Älteste menschliche Spuren hat man südlich von Sarasota bei Warm Mineral Springs entdeckt und auf ein Alter von 10 000 Jahren datiert. Bei Titusville ist ein ca. 8000 Jahre alter Lagerplatz nachgewiesen. Vor rund 9000 Jahren gründeten Paläoindianer an Quellen und Flussläufen erste Siedlungen. Tonscherben, Kupfer, Eisenerz und Maiskörner weisen auf Handelsbeziehungen mit Völkern am Mississippi und in Mexiko hin. Palisadenbewehrte Dörfer entstanden, die Stammesgesellschaften gliederten sich in Hierarchien. Ranghohe Tote wurden in bis zu 30 m hohen Erdhügeln bestattet, den sog. **Mounds**.

Indianische Kulturen
Als erste europäische Entdecker Anfang des 16. Jhs. Florida auskundschafteten, lebten zirka 100 000 Ureinwohner verschiedener Volksgruppen auf der Halbinsel. In Nordflorida wohnten **Apalachee** und **Timucuan** als Ackerbauern. Die Südwestküste war das Territorium der kriegerischen **Calusa**. Sie lebten vom Fischfang und von der Jagd. Mit ihren Kanus wagten sie sich bis nach Kuba. An der Südostküste lebten kleinere Stämme, darunter die **Tequesta**, **Mayaimi** und **Jeagas**, vom Fischen im Atlantik und der Jagd in den Sümpfen.

Vernichtung der Ur-einwohner
Im 16. und 17. Jh. wurde die indianische Bevölkerung vor allem durch die in die Neue Welt vordringenden Spanier, Franzosen und Engländer dezimiert. Viele Indianer fielen den von Europäern eingeschleppten Krankheiten (bes. Grippe) zum Opfer. Im 18. Jh. verließen letzte größere Gruppen der Timucuan und Apalachee Florida zusammen mit den sich nach Kuba zurückziehenden Spaniern.

EPOCHEN

PALÄOINDIANER ALS ERSTE SIEDLER

12.–10. Jt. v. Chr. Fischer, Jäger und Sammler kommen auf die Halbinsel Florida.

7. Jt. v. Chr Erste Siedlungen entstehen.

16. Jh. n. Chr. Zur Zeit der ersten europäischen Kontakte leben ca. 100 000 Indianer auf der Halbinsel Florida.

SPANIER, FRANZOSEN, BRITEN: KAMPF UM DIE NEUE WELT

1492 Kolumbus entdeckt Amerika.

1513 Juan Ponce de León nimmt die von ihm »La Florida« genannte Halbinsel für Spanien in Besitz.

1563/64 Französische Kolonisten unternehmen einen vergeblichen Siedlungsversuch.

1763 Im Frieden von Versailles fällt Florida an Spanien zurück.

1814–1818 Erster Seminolenkrieg

1821 Spanien tritt Florida an die USA ab.

INDIANERKRIEGE UND BÜRGERKRIEG

1835–1842 Zweiter Seminolenkrieg: Der Seminolenführer Osceola beginnt einen Guerillakrieg gegen Einheiten der US-Armee.

1845 Florida wird US-Bundesstaat.

1855–1858 Dritter Seminolenkrieg

1861 Florida schlägt sich im Amerikanischen Bürgerkrieg auf die Seite der Konföderierten.

1865 Ende des Bürgerkrieges, Sieg der Unionisten; Abschaffung der Sklaverei auch in Florida

PLANMÄSSIGE ERSCHLIESSUNG

1881 Nach Abschluss des Disston Purchase beginnt die planmäßige Erschließung Floridas.

1886 Flaglers Eisenbahn erreicht St. Augustine.

VOM LAND BOOM BIS DISNEY WORLD

Ab 1920 Florida Land Boom, namhafte Architekten lassen ihren Visionen freien Lauf.

1930er-Jahre Florida leidet unter den Folgen des Börsenkrachs von 1929.

1939–1945 Zweiter Weltkrieg: Florida ist Übungs- und Erholungsgelände der US-Streitkräfte.

1950 Beginn des Raketen-Testprogramms in Cape Canaveral

1969 »Apollo 11« startet zum Mond.

1971 Die »Walt Disney World« öffnet ihre Pforten.

DER SUNSHINE STATE IM 21. JAHRHUNDERT

11. Sept. 2001	Die Terroranschläge in New York und Washington beeinträchtigen den Florida-Tourismus.
Sommer 2004	Eine Serie von Hurrikanen richtet enorme Schäden an.
2007–2012	Die Immobilien- und Finanzkrise setzt Floridas Wirtschaft zu.
20. April 2010	Nach Explosion einer Bohrplattform strömen Unmengen Rohöl in den Golf von Mexiko und auch an Floridas Nordwestküste.
2011	Vorläufig letzter Start eines Space Shuttle

▌ Kampf um die Neue Welt

Kolumbus und die Folgen

Bald nach der Entdeckung der Neuen Welt durch **Kolumbus** im Jahr 1492 machte sich auch der im Dienste des englischen Königs Heinrich VIII. reisende **Giovanni Caboto** (**John Cabot**) auf den Weg nach Amerika. Man nimmt an, dass er die Halbinsel Florida noch Ende des 15. Jhs. zumindest sah und vielleicht auch kartografierte. Auf einer spanischen Karte von 1502 sind die Umrisse einer Florida ähnelnden Halbinsel zu erkennen. Der wohl erste Europäer an Floridas Stränden war der Spanier **Juan Ponce de León** (▶ S. 349). Am Ostersonntag 1513 sichtete er die Küste, sechs Tage später landete er bei ▶ St. Augustine und nahm das Land für die spanische Krone in Besitz. In Anlehnung an die spanische Bezeichnung für das Osterfest »Pascua Florida« nannte er das neue Land »La Florida«. Auf seiner zweiten Reise 1521 wurde er an der Golfküste von einem Indianerpfeil tödlich getroffen, doch da hatte er den Konquistadoren das Tor nach Florida bereits geöffnet.

Nun suchten diese auch in Florida nach Gold. 1528 landete **Pánfilo de Narváez** in der Tampa Bay und zog mordend und sengend, aber letztlich erfolglos mit seinen Soldaten nordwärts. 1539 folgte **Hernando de Soto** (▶ S. 349) mit tausend Soldaten zunächst Narváez' Route. 1542 erlag er am Mississippi dem Fieber, der Rest seiner von feindlichen Indianern nahezu aufgeriebenen Truppe schlug sich über Land bis nach Mexiko durch. Nach einer weiteren desaströsen Expedition unter **Tristán de Luna**, die 1559 in Pensacola eine Siedlung gründen sollte, doch im Sturm unterging, verlor die spanische Krone vorübergehend das Interesse an Florida.

Spanier gegen Franzosen

Strategisch blieb Florida gleichwohl bedeutsam. Spanische Festungen halfen von hier aus, die Goldtransporte aus Mexiko zu sichern. Deshalb mochte sich Madrid auch nicht mit den französischen Hugenotten abfinden, die 1564 unter **Jean Ribault** am St. Johns River das Fort Caroline (▶ S. 137) errichteten. Ein Jahr später zerstörte es eine spanische Expedition unter **Pedro Menéndez de Avíles**. Danach begann Menéndez, die Küsten mit einer Kette wehrhafter Forts, darunter

Im Castillo de San Marcos erlebt man eine Zeitreise hautnah zum Überfall von Sir Francis Drake auf die hier ansässigen Spanier. (▶ S. 368)

St. Augustine, zu sichern und entlang der Nordgrenze Missionsstationen anzulegen. Bereits 1570 war Florida eine Provinz Neuspaniens, doch im Vergleich zu den übrigen Provinzen, wie Mexiko und Venezuela, galt es als armer Hinterhof. Im Jahre 1586 brannte der berüchtigte Freibeuter **Sir Francis Drake** St. Augustine nieder, die Spanier antworteten mit dem Bau des trutzigen, noch heute stehenden Castillo de San Marcos (▶ Baedeker Wissen, S. 246). Erneute Unstimmigkeiten mit den Franzosen wurden ohne Blutvergießen beigelegt: Neuspanien erlaubte die französischen Siedlungen Mobile und New Orleans, im Gegenzug verpflichteten sich die Bourbonen, keine Kriegsschiffe in den Golf von Mexiko zu senden.

Obwohl die Spanier ihre Herrschaft über Florida mehr als zwei Jahrhunderte aufrechterhalten konnten, waren nur wenige Neusiedler bereit, sich außerhalb spanischer Militärstützpunkte oder Missionsstationen niederzulassen. Daher begannen die Spanier 1565 mit deren Bau. Eine Siedlungskette sollte sich von **St. Augustine** aus nordwärts durch das Siedlungsgebiet der Timucuan bis an die Nordgrenze der spanischen Einflusssphäre erstrecken, die andere von St. Augustine westwärts ins Gebiet der Apalache und bis **Pensacola**. Eine der wichtigsten Missionssiedlungen war **San Luis de Talimali**

Spanische Missionsstationen

(▶ S. 279), 1656 an der Peripherie der heutigen Hauptstadt Tallahassee angelegt. Hier und in anderen Missionen lebten heimische
Indianer und spanische Franziskanermönche und Militärs friedlich
zusammen, denn neben christlicher Kirche und Rathaus gab es auch
ein Indianerdorf mit Versammlungshalle und einem Feld für rituelle
Ballspiele.

**Britisches
Intermezzo**

Ernstere Rivalen waren die Briten. 1762 nahmen sie Havanna ein,
1763 diktierten sie im **Vertrag von Paris** den im Siebenjährigen
Krieg geschlagenen Franzosen ihre Bedingungen. Darin mussten sich
diese für immer aus Nordamerika verabschieden. Und Spanien musste zusehen, wie Florida britisch wurde. Zwar hielten auch die neuen
Herren die Kolonie nur kurz, doch agierten sie anders als die Spanier:
Zur Vereinfachung der Verwaltung teilten sie zunächst die Halbinsel
in Ostflorida (Hauptstadt: St. Augustine) und Westflorida (Hauptstadt: Pensacola), dann förderte der Gouverneur die Einwanderung
von Familien aus Europa und den 13 Kolonien im Norden. Entlang der
schiffbaren Flüsse entstanden **Plantagen** für **Baumwolle**, **Indigo**
und **Zuckerrohr**, die von **Sklaven** bewirtschaftet wurden. Tropische
Hölzer wurden nach South Carolina verschifft. Zum ersten Mal er-
wirtschaftete Florida einen bescheidenen Wohlstand.

**Zweite
spanische
Periode**

Umso schmerzhafter traf die britischen Siedler 20 Jahre später die
hohe Politik. Der englische König gab seine ihm während des Amerikanischen Unabhängigkeitskriegs treu ergebenen Untertanen 1783
im **Frieden von Versailles** nicht den jungen USA, sondern an Spani-
en zurück. Dieses hatte zwei Jahre zuvor bereits Pensacola zurücker-
obert. Die Spanier wurden ihres Erfolges jedoch nicht froh. Erst verließen die britischen Siedler Florida in Scharen. Dann überquerten
von den Amerikanern vertriebene **Seminolen** die Grenze und ließen
sich in Florida nieder. Die Praxis der Indianer, entlaufenen afrikanischen Sklaven Schutz zu gewähren, belastete bald das amerikanisch-
spanische Verhältnis. Hinzu kamen der umstrittene Grenzverlauf im
Norden und eine allgemeine Gesetzlosigkeit im Süden, die von der
schwachen Kolonialverwaltung nicht unterbunden wurde. So konnte
die amerikanische Regierung Teile Floridas beanspruchen, und amerikanische Sklavenbesitzer machten dort ungestraft Jagd auf ihren
»Besitz«.

**Erster
Seminolen-
krieg**

Die spanische Kolonialverwaltung geriet immer mehr unter Druck. 1814
begann der **Erste Seminolenkrieg**, als **General Andrew Jackson**
(▶ S. 347) zwischen Pensacola und Suwanee River zahlreiche indianische Dörfer zerstörte, ihre Bewohner tötete oder vertrieb und zuletzt auch spanische Siedlungen überfiel. General Jacksons Ziel war
klar: Demütigung Spaniens, Inbesitznahme Floridas. 1821 trat Spanien
Florida für 5 Mio. $ an die USA ab.

Indianerkriege und Bürgerkrieg

Im neuen US-Territorium fehlte es an Siedlern und Infrastruktur, überdies waren die **Seminolen** feindlich gesinnt. Washington beschloss eine Reihe von Steuern, um Floridas Kassen aufzufüllen. Zugleich ließen sich Pflanzer aus Georgia im fruchtbarsten Farmland nieder. Zwischen den Flüssen Suwannee und Apalachicola im Nordwesten gründeten sie riesige Baumwoll- und Indigo-**Plantagen**. Schon um 1840 war Florida Teil des Alten Südens, mit einer **feudal-agrarischen Oberschicht**. Der sandige Boden Zentralfloridas wurde dagegen von kleinen Farmern besetzt, »**Florida Crackers**«, ein Spitzname für arme Weiße. Echte Städte gab es kaum. Die spanischen Militärsiedlungen Pensacola, St. Augustine und Key West wurden bald von amerikanischen Gründungen wie Jacksonville und der neuen **Hauptstadt Tallahassee** überflügelt.

Bis zum Bürgerkrieg blieb Florida die am wenigsten industrialisierte Region des Südens: Der **Holzwirtschaft**, **Teer- und Terpentinerzeugung**, neben der **Plantagenwirtschaft** wichtigste Einnahmequellen, fehlte eine Eisenbahn, um ihre Erzeugnisse zu den Märkten im Norden zu schaffen.

»Cotton Barons« und »Florida Crackers«

Der Seminole Osceola widerspricht dem Vertrag von Fort Gibson (1832).

Weitere Seminolenkriege

Der Entwicklung Zentral- und Südfloridas standen auch 7000 **Seminolen** im Weg. Mehrere Versuche, sie in Reservate abzuschieben, scheiterten. Scharmützel mit Siedlern waren an der Tagesordnung. Als eine Gruppe Ältester sich 1832 ohne Absprache mit den Häuptlingen im **Vertrag von Fort Gibson** mit der Abschiebung des Stammes nach Oklahoma einverstanden erklärte, setzte sich der junge Seminole **Osceola** (▶ S. 348) an die Spitze des Widerstands.

1835 begann Osceola einen Guerillakrieg, der die amerikanische Armee jahrelang band und ihr zwischen Tampa und Ocala u. a. mit dem **Dade Massacre**, bei dem Major Francis Dade und 110 Soldaten während eines Hinterhalts getötet wurden, schwere Verluste beibrachte. Mit einer Reihe kleiner Festungen – Fort Lauderdale, Fort Myers, Fort Meade und Fort Pierce – zog die Regierung darauf den Ring um die Indianer immer enger. Kopfgelder wurden ausgesetzt, Seminolendörfer verbrannt.

Die Indianer geben auf

Im Jahre 1837 wurde Osceola mit falschen Versprechungen zu Friedensverhandlungen gelockt und verhaftet. Ein Jahr später starb er in Gefangenschaft. Die überlebenden Seminolen flüchteten in die Sümpfe. Doch selbst dort waren sie nicht sicher. Weiße Trapper und Fischer machten ihnen den Lebensunterhalt streitig, einmal mehr kam es zu Auseinandersetzungen. Während um 1840 in Nordflorida die Plantagenwirtschaft blühte, war der Süden Kriegsgebiet.

Als Florida 1845 US-Bundesstaat wurde, zog eine Spezialeinheit der US-Armee kreuz und quer durch die Sümpfe, auf Jagd nach Indianern. Ein Waffenstillstand mit dem Seminolen-Führer **Billy Bowlegs** hielt nicht lange. Der **Dritte Seminolen-Krieg** dauerte von 1855 bis 1858, wieder wurden Kopfgelder auf Männer, Frauen und Kinder ausgesetzt. Erst als auch Bowlegs Familie gefangen wurde, ergab sich der letzte Seminolenführer. Mit seinem Gefolge wurde er nach Oklahoma deportiert. Der Weg war frei für die Entwicklung des Südens.

Bürgerkrieg

Doch dann verzögerte der Bürgerkrieg den Sprung nach vorn. Die Plantagenbesitzer waren die Herren in Florida, gut die Hälfte der 140 000 Einwohner schwarze Sklaven: Anfang 1861 trat Florida den Konföderierten Staaten bei. In den folgenden Jahren wurden die konföderierten Armeen mit Fleisch aus Florida versorgt. Vom Kriegsgeschehen blieb die Halbinsel weitgehend verschont. Unionstruppen blockierten Häfen und Schifffahrtsrouten. Erst 1864 kam es zur größeren **Schlacht bei Olustee**. Bei dem Dorf östlich von Lake City (▶ S. 156) konnten die Konföderierten die Invasion der Unionstruppen aufhalten und die Nordstaatler nach ▶ Jacksonville zurückdrängen. 1865 endete der Bürgerkrieg jedoch mit dem Sieg der Union. Die von Präsident Lincoln 1863 proklamierte **Aufhebung der Sklaverei** wurde nun auch in Florida durchgesetzt. Von den 15 000 in den Krieg gezogenen Männern kam ein Drittel nicht zurück.

Sein Anwesen »Whitehall« in Palm Beach finanzierte Eisenbahn-Tycoon
Henry M. Flagler mit seiner Florida East Coast Railway.

Die planmäßige Erschließung Floridas

Nach Ende des Bürgerkriegs füllten sich die Städte mit Investoren aus dem Norden. Sie kurbelten die Wirtschaft Floridas an, sorgten aber auch für eine bis heute als schmerzhaft empfundene Umstrukturierung der Besitzverhältnisse. 1881 stellte **Hamilton Disston**, ein reicher Fabrikant aus Philadelphia, die Weichen für die Zukunft: Im sog. »**Disston Purchase**« erwarb er zwischen Kissimee Basin, Golfküste und Everglades 4 Mio. Acres Land, legte sie trocken und verkaufte das Land in Parzellen an Farmer, Investoren und die wohlhabende Ostküstenprominenz.

Quasi über Nacht entstanden neue Städte und landwirtschaftliche Regionen, darunter die Zitrusanbaugebiete. Bereits 1884 verbrachten mehrere Hundert Touristen, unter ihnen der berühmte Erfinder **Thomas A. Edison**, den Winter an der Golfküste (▶ S. 115; S. 344).

Der »Disston Purchase« rückte Florida ins Blickfeld der Eisenbahnbarone. **William D. Chipley** verband mit seiner **Pensacola & Atlantic Railroad** die Holzwirtschaft im Florida Panhandle mit den Märkten im Norden. Die **South Florida Railroad** von **Henry B. Plant** verband Sanford am St. Johns River mit der Golfküste und verwandelte das

Investoren aus dem Norden

Die Ära der Eisenbahnbarone

Fischernest Tampa über Nacht in eine Hafenstadt. Vom touristischen Potenzial Floridas überzeugt, baute Plant Hotels, allen voran das noble »Tampa Bay Hotel« (▶ S. 285), dessen Zimmer bereits vor mehr als 120 Jahren 100 $ die Nacht kosteten.

Henry M. Flagler, der schillerndste dieser »Railway Barons« (▶ S. 345), trieb seine **Florida East Coast Railway** 1886 von New York nach St. Augustine. Als der Ort zum touristischen Winterziel wurde, verlängerte Flagler seine Bahn nach Süden. 1894 erreichte sie Palm Beach, 1896 Miami. Von 1904 bis 1912 ließ er seine Bahn über die Florida Keys und das offene Meer nach Key West legen.

**Tabakmanu-
fakturen**

Seit dem 1868 ausgebrochenen Unabhängigkeitskrieg war Kuba nicht mehr zur Ruhe gekommen. Viele **kubanische Flüchtlinge** hatten sich in Tampa angesiedelt und die Tabakmanufaktur als profitablen Wirtschaftszweig mitgebracht (Baedeker Wissen, ▶ S. 290). Immer mehr Prominente bauten sich **luxuriöse Villen**, u. a. in Fort Myers, St. Petersburg und Palm Beach. Die ersten **Autotouristen** rollen auf nagelneuen Fernstraßen an. Der Erste Weltkrieg ließ Floridas Werften florieren.

**Bauboom
ohnegleichen**

Von 1920 an erlebte der Sonnenstaat den »**Florida Land Boom**«: Hunderttausende kamen, sahen und kauften. Namhafte Architekten, allen voran **Addison Mizner** (▶ S. 348), ließen Träume in Pink aus den Dünen wachsen. Visionäre schufen Inseln und Städte: **George Edgar Merrick** baute Coral Gables, **Carl Fisher** trieb einen Damm nach der vorgelagerten Düne. Kurz darauf war Miami Beach »das« Seebad Amerikas. Weniger begüterte Amerikaner kreierten eine neue Spezies, die »**Tin Canners**«. Diese frühen Autotouristen kampierten in Wohnwagensiedlungen, ebenfalls Sand, Strand und Sonne genießend.

**Wirtschafts-
krisen**

Im Jahre 1926 brach Floridas überdehnter **Immobilienmarkt** massiv ein. Der **Börsenkrach** von 1929 und der verheerende **Labor-Day-Hurrikan** von 1935, der Flaglers Eisenbahn über die Keys zerstörte, verschlimmerten das wirtschaftliche Chaos. Erst die mit dem **New Deal** durchgesetzten Reformen halfen dem Bundesstaat wieder auf die Beine.

**Zweiter
Weltkrieg**

Dann schob der Zweite Weltkrieg Floridas **Kriegsindustrie** an. Riesige **Ausbildungslager** – vor allem für die Luftwaffe – entstanden. An den Stränden von St. Petersburg und Daytona wurden die Invasionen in Italien und Frankreich geübt.

Die »Fifties«

Nach 1945 begannen Jahrzehnte ungebremsten Wachstums. Die **Entwicklung von Saftkonzentraten** führte zu einer Ausweitung der Anbaufläche für Orangen und Grapefruits. Das 1950 auf Cape

Canaveral gestartete **Raketen-Testprogramm** signalisierte den Beginn von Floridas Raumfahrt- und verwandten Zukunftsindustrien. Die Einführung des zweiwöchigen bezahlten Urlaubs brachte von nun an Millionen auf den Weg in den Süden. Vor allem die Südostküste erlebte einen beispiellosen **Bauboom**. Allein im Großraum Miami wurden bis Mitte der 1950er-Jahre mehr Hotels gebaut als in den übrigen Bundesstaaten zusammen. Gigantische Highway-Projekte, darunter die **Sunshine Skyway** über die Tampa Bay und der **Florida Turnpike**, ließen Florida zusammenwachsen.

Kuba-Krise

1959 kam Fidel Castro auf Kuba an die Macht. Tausende Kubaner verließen ihre Heimat und ließen sich in Florida nieder. In Miami wuchs **Little Havana** heran. 1961 entbrannte der sog. Zuckerkrieg zwischen den USA und Kuba, der im Abbruch der diplomatischen Beziehungen beider Staaten gipfelte. In einer neuerlichen Welle kamen wiederum viele Kubaner nach Florida. Fast zum Dritten Weltkrieg führte die **Kuba-Krise** (1962). Damals begann die mit Kuba verbündete Sowjetunion damit, auf der Zuckerinsel einen Marine- und Luftwaffenstützpunkt und Raketenabschussrampen zu bauen. Die USA empfanden dies als direkte Bedrohung und verhängten eine Luft- und Seeblockade gegen Kuba. Schließlich lenkten die Sowjets ein.

Folgen der Kuba-Krise

Bis heute bestehen Sanktionen der USA gegen den karibischen Inselstaat. Von 1965 bis 1973 wurden Tausende von Kubanern im Rahmen von **Freedom Flights** aus ihrer Heimat nach Florida ausgeflogen. In den 1980er-Jahren erlaubte die kubanische Regierung über 120 000 Menschen die Ausreise in die USA. Die meisten wählten den Großraum Miami als neue Heimat.

Weltraum-Bahnhof

Bereits 1961 wurde von Cape Canaveral aus **der erste bemannte US-Weltraumflug** gestartet. In der Folgezeit sollte es zum amerikanischen Weltraumbahnhof werden. Von hier starteten die erfolgreichen »Mercury«-, »Gemini-«, »Apollo«- und »Skylab«-Missionen. 1966 erfolgte die erste »weiche« Mondlandung eines in Cape Kennedy gestarteten Raumfahrzeugs.

Höhepunkte der Weltraumfahrt

Einen schweren Rückschlag erlebte die US-Weltraumfahrt 1967. Damals kamen drei Astronauten bei einem Feuerausbruch an Bord von »Apollo I« ums Leben. Am 21. Juli 1969 betraten die mit »**Apollo 11**« gestarteten Astronauten Neil Armstrong (▶ S. 342) und Edwin »Buzz« Aldrin als erste Menschen den Mond. 1986 ereignete sich die »**Challenger**«-**Katastrophe**: Alle sieben Astronauten starben an Bord der Raumfähre »Challenger«. Im Jahr 1988 bereitete man sich im Kennedy Space Center auf eine neue große Serie bemannter Raumflüge vor. Die Weltraumfähre »**Discovery**« wurde in eine Erdumlaufbahn geschossen.

Walt Disney World in Orlando zieht bis heute die Massen an.

Neue Maßstäbe Mit der 1971 erfolgten **Eröffnung der ▶ Walt Disney World** bei Orlando begann für Florida eine neue Zeitrechnung. Der Mega-Vergnügungspark setzte neue Maßstäbe in puncto Unterhaltung und Fremdenverkehr. Weitere ähnlich konzipierte Anlagen, so Universal Orlando, SeaWorld Orlando und Legoland, sollten folgen.

Strukturwandel Im Schatten der Tourismusindustrie blühten auch Floridas traditionelle Wirtschaftszweige wie Phosphatabbau, Fischerei, Gemüse- und Zitrusfrüchteanbau wieder auf. Neue Wirtschaftszweige wie Raumfahrt- und Militärtechnologie, Biotechnologie, Software-Entwicklung bewirkten einen andauernden Strukturwandel.

Migranten aus dem Süden Die Nähe zum karibischen Raum bzw. zu Mittelamerika und zum südamerikanischen Subkontinent macht Florida allerdings zum »gelobten Land« für Migranten aus dem Süden, v. a. für **Bootsflüchtlinge** von den Karibischen Inseln. Das Miteinander der verschiedensten Ethnien ist nicht immer friedlich: Bereits mehrfach hat sich der soziale Druck in den Städten gewaltsam Luft verschafft.

Im Jahr 2000 polarisierten skandalöse Vorgänge bei der Wahl des neuen US-Präsidenten. Im Raum Miami regte sich Protest gegen das Wahlergebnis. Zuvor hatte Staatssekretärin Harris das Nachzählen aller abgegebenen Stimmen abgebrochen und ihren republikanischen Parteifreund George W. Bush zum Sieger in Florida erklärt. Zu diesem Zeitpunkt hatte Bush mit weniger als 1000 Stimmen vor seinem demokratischen Kontrahenten Al Gore gelegen. Dies und die Anschuldigung, illegal von der Polizei errichtete Straßensperren hätten potenzielle Gore-Wähler – vor allem Afro-Amerikaner – von den Wahlurnen ferngehalten, tauchte die US-Politik in ein zweifelhaftes Licht.

Wirren an der Wahlurne

US-Präsident George W. Bush befand sich gerade in einer Schule in Sarasota, Florida, als er die Nachrichten von den Terroranschlägen in New York und Washington am 11. Sept. 2001 erfuhr. Auswirkungen dieser Ereignisse waren bald auch im »Sunshine State« spürbar. Stark betroffen war die Tourismusbranche, die einen **Rückgang des Besucheraufkommens** verkraften musste.

11. September 2001

Als eine Folge des Klimawandels wird Florida zunehmend von verheerenden **tropischen Wirbelstürmen** heimgesucht (▶ Baedeker Wissen, S. 310). Allein der Hurrikan »Andrew« (1992) forderte 55 Menschenleben und machte rund 300 000 Menschen obdachlos. Im Spätsommer 2004 richtete eine Serie von vier Hurrikanen einen Schaden von mindestens 30 Mrd. US-$ an.

Immer mehr Hurrikane

Von 2007 bis 2012 machte die Immobilien- und Finanzkrise Floridas Wirtschaft schwer zu schaffen. Auch der Tourismus blieb nicht davon verschont.

Immobilien- und Finanzkrise

Nach der Explosion der Bohrplattform **Deepwater Horizon** strömte monatelang Öl in den Golf von Mexiko. Die Gewässer vor Floridas Nordwestküste wurden verseucht und Strände verschmutzt.

Ölpest 2010

Mit der letzten Mission der Weltraumfähre »Endeavour« im Juli 2011 endete das Shuttle-Programm. Wie es mit der bemannten US-Raumfahrt weitergehen soll, ist ungewiss. Am 6. Februar 2018 startete eine Falcon Heavy des Raumfahrtunternehmens SpaceX. Ziel der zur Zeit leistungsstärksten Rakete ist eine Marsmission im Jahr 2022.

Ende des Shuttle-Programms

Als Vorbote eines größeren wirtschaftlichen Aufschwungs im Sunshine State eilt die Tourismusindustrie von Höhepunkt zu Höhepunkt. Erstmals in einem Jahr zählte man 2016 **über 112 Mio. Touristen**, darunter über 11 Mio. Besucher aus dem Ausland, davon mehr als 500 000 Deutsche. Allein 56,4 Mio. Florida-Touristen statteten den Mega-Vergnügungsparks im Raum Orlando einen Besuch ab.

Neue Tourismusrekorde

KUNST UND KULTUR

Florida kann nicht nur Strand, sondern auch Kunst. Seit der ersten
»Art Basel Miami Beach« ist Miami die coolste Kunstmetropole
der USA – und Florida ein aufregendes Geklecker aus erstklassigen
Kunstmuseen und lässigen Künstlerkolonien.

▌ Bildende Kunst: Landschaft, Fotos, Modern Art

Erste Grafik und Gemälde

Kunstsinnig im weiteren Sinn war Florida dabei eigentlich schon immer. Die frühesten Bilder stammen von dem Franzosen **Jacques le Moyne de Morgues** (1533–1588), der 1564 als Maler die französische Expedition von René Laudonnière begleitete und in botanischen Studien Pflanzen dokumentierte. Originalgemälde seiner Hand sind kaum überliefert. Im 19. und frühen 20. Jh. kamen, angezogen von den Everglades und der Kolonialromantik ▶ St. Augustines, die amerikanischen Landschaftsmaler und Fotografen, allen voran der Bostoner Maler **Winslow Homer** (1836–1910) und der Fotograf **Walker Evans** (1903–1975). Künstler wie der Impressionist **Hiram D. Williams** (1917–2003) aus ▶ Gainesville und die Bildhauerin und Umweltschützerin **Doris Leeper** (1929–2000) machten Floridas Kunstszene im Rest der USA bekannt.

Betuchte Sammler

Zugleich vertrieben sich betuchte Sammler aus dem Ostküstenadel während des Winters die Zeit mit der Gründung erstklassiger Kunstmuseen: Die Gallery of Fine Arts von **Ralph Hubbard Norton** (1875–1953) in West Palm Beach (heute Norton Museum of Arts; ▶ S. 226) und das Museum of Art von **John & Mable Ringling** in Sarasota (▶ S. 270) bereiteten das Terrain vor.

»Highwaymen«

Der Landschaftsmaler **A. E. »Beanie« Backus** (▶ S. 121) war Mentor der sog. »Highwaymen«: Diese Gruppe junger afro-amerikanischer Maler um **Alfred Hair** (1941–1970) verkaufte in den 1960er-Jahren ihre für die amerikanischen Wohnzimmer gemalten tropischen Landschaften an den Straßenrändern, da ihnen der Zugang zu »weißen« Galerien verboten war.

Zeitgenössische Fotografie

Auch die Arbeit zweier berühmter zeitgenössischer Fotografen kreist um Floridas Natur: Der detailbesessene **Clyde Butcher** (geb. 1942) aus Ochopee hält die bedrohten Everglades in starken Schwarz-Weiß-Bildern fest, der in Gainesville arbeitende **Jerry N. Uelsmann** (geb. 1934) fasziniert mit abstrakten, traumartigen Montagen.

Das Biltmore Hotel in Coral Gables ist ein Klassiker des »Mizner Style«.

Initial-
zündung für
den Kunst-
betrieb

Unterstützung erhielt Floridas Kunstbetrieb in den späten 1970er-Jahren vom obersten Kulturschützer des Staats. Innenminister **George Firestone** (1931–2012), der aus Florida einen »**State of the Arts**« machen wollte, erhöhte während seiner Amtszeit die Subventionen für junge Künstler um sagenhafte 3200 %. Richtig durchstarten konnte die Kunstszene jedoch erst seit 2002. In diesem Jahr fand die internationale Kunstmesse »Art Basel« zum ersten Mal auch in Miami statt. Seitdem hat sich die alljährlich Anfang Dezember stattfindende »**Art Basel Miami Beach**« (▶ S. 187) zur größten Messe zeitgenössischer Kunst der USA entwickelt und Miami in den Rang einer weltweit geschätzten, mit Museen und Galerien gespickten Kulturmetropole erhoben. Einheimische Statistiker belegen das u. a. mit typisch amerikanischen Hausnummern: Nicht nur fast 80 000 Besucher locke die »Art Basel Miami Beach« an, sondern auch mehr Privatjets als der Super Bowl, nämlich rund 800!

Wirtschafts-
motor Kunst

Doch nicht nur Miami hat von der »Art Basel« profitiert. Viele andere Städte, vor allem im Süden, tragen mit ausgezeichneten Museen und Festivals sowie vor Kreativität sprühenden **Künstlerkolonien** zum Kulturleben Floridas bei. Naples, St. Petersburg, West Palm Beach und Fort Lauderdale locken mit Kunsttempeln auf internationalem Niveau. Bradenton, New Smyrna, Fort Myers und Tallahassee wiederum beherbergen produktive **Künstlerkollektive**, deren Bewohner sich bei der Arbeit über die Schulter schauen lassen. Siehe auch »Platz für Künstlerkolonien«.

Ein fester Begriff ist der »Second Saturday«. Er bezeichnet die sog. »**Art Walks**«, die in vielen Städten am zweiten Samstag des Monats stattfinden. Sie sind als Tag der offenen Tür mit buntem Rahmenprogramm zu verstehen, wobei Galeristen und Künstler ihre Werke vorstellen und Besuchern Rede und Antworten stehen. Dahinter steht nicht nur die Absicht, möglichst viele Bilder zu verkaufen, sondern auch zur wirtschaftlichen Entwicklung der Gemeinde bzw. Nachbarschaft beizutragen. Den Erfolg dieser Formel – Kultur zieht Besucher an, Besucher locken Investoren an, und diese wiederum investieren in Kultur – kann man inzwischen in vielen Städten Floridas genießen.

┃ Architektur: »Mediterranean Revival«, Art Deco, (Post-)Moderne

Mediterrane
Einflüsse

Über 200 Jahre spanischer Kolonialzeit gingen nicht spurlos vorüber. Als »**Mediterranean Style**«, der spanische und italienische Einflüsse zusammenführt, trat das koloniale Erbe vom Ende des 19. Jhs. an als immer beliebtere Bauform neben den strengen viktorianischen Stil und ist heute – stark vereinfacht – im Wohnungsbau Floridas die vorherrschende Formsprache. Charakteristisch sind geschwungene

Art Deco im Überfluss am Ocean Drive in Miami Beach.

Bögen, Terrakotta-Ziegeldächer und sandfarbene Stuckwände, deren Mauerbehänge mit floridatypischen **Pastellfarben** gestrichen werden. An teureren Villen und repräsentativen Bauten sind italienische und spanische Einflüsse oft deutlich erkennbar.

Während italienisch inspirierte Häuser in ihrer Detailverliebtheit – elegant verzierte Balustraden, Türen und Fenster – femininer wirken und häufig Ziegelmauern verwenden, verzichten spanisch inspirierte Häuser auf zu viel Ornamentik und wirken deshalb eher maskuliner. Dieser Stil, auch als »Mizner Style« bekannt – nach dem Architekten **Addison Mizner** (▶ S. 348; Abb. S. 337) –, erlebte seine Blüte in den 1920er-Jahren. Eindrucksvolle Beispiele findet man nicht nur im Raum Miami (vor allem Coral Gables, Coconut Grove, Miami Beach), sondern auch in Palm Beach und Boca Raton.

»Mizner Style« der Palm Beach Society

In ▶ Miami Beach konnte sich der Baustil des sog. »Mediterranean Revival« ausbilden, eine Art südliche Variante des »Colonial Revival« in Neu-England. Hübsche Details mit Anklängen an spanische, italienische oder maurische Architekturformen schmücken seine Gebäude. Als Baustoff wählte man oft den hiesigen **Coquina-Kalkstein**. Dieser besteht hauptsächlich aus fossilen Muschelschalen und Korallenresten und ließ sich recht gut bearbeiten – Qualitäten, die schon die kolonialspanischen Baumeister zu schätzen wussten.

»Mediterranean Revival«

Da fehlt doch was! Oder ist das ein riesiges Guckloch? Das ist durchaus beabsichtigt vom Architekten des Atlantis-Apartmenthauses in Miami.

Art Deco: Stromlinien-Formen

In Miami Beach kommt man am **Art Deco Historic District** nicht vorbei (▶ S. 189; Baedeker Wissen, S. 190). Nirgendwo sonst gibt es so viele verschiedene Beispiele dieses eklektischen Baustils, der Formen und Motive aus allen Epochen und Kulturen stromlinienförmig vereinigt. Seit den 1970er-Jahren setzen sich namhafte Bürger für die Erhaltung der rund 600 Art-Deco-Bauten in Miami Beach ein. Hübsch renovierte Häuser sieht man vor allem entlang der Flaniermeilen, so etwa am Ocean Drive, an der Collins Avenue und am Española Way.

Stelzen-häuser

Eine andere Besonderheit begegnet Reisenden auf den Florida Keys: die dem subtropischen Klima angepassten »**Conch Houses**«. Zur besseren Ventilation auf Stelzen gebaut, reflektieren ihre geneigten Blechdächer die Hitze und leiten das Regenwasser in bereit stehende Wasserbehälter. Jalousienartige Fensterläden halten die Hitze draußen und bieten auch Windschutz. Balkone und umlaufende Veranden bieten Schatten und Schutz vor allzu großer Hitze. Besonders schöne alte Beispiele dieses Typs sind in Key West zu bewundern.

Architektur nach 1945

In den Boomjahren nach dem Zweiten Weltkrieg schossen vor allem an der Atlantikküste **Hotel- und Apartment-Hochhäuser** aus dem Boden. In Miami Beach drohten diese Bettenburgen lange die Art-Deco-Architektur zu überwuchern. Neben vielen unschönen »Kästen«

entstanden auch einige architektonisch interessante Objekte, wie das »**Fontainebleau Miami Beach**« (▶ S. 188), ein für die großspurige Architektur der 1960er-Jahre typischer Hotelkomplex. In jüngerer Zeit wurden im Raum Miami gigantische **postmoderne Hochbauten** errichtet, die einerseits alles Bisherige in den Schatten stellen, andererseits aber Architekturformen und Gestaltungselemente des Art Deco zitieren. In den 1970er- und 1990er-Jahren entwickelte sich Downtown Miami entlang der Biscayne Bay in atemberaubendem Tempo. Dass die Stadt heute das zweitwichtigste Finanz- und Dienstleistungszentrum der USA ist, zeigen die neue Skyline und vor allem die protzigen Bankpaläste an der Brickell Avenue recht eindrucksvoll. Eine Schöpfung der Architektengemeinschaft »Arquitectonica« ist das »**Atlantis**« (▶ Abb. links), das mit seinem Loch in der Fassade mit roter Treppe, Palme und Pool Furore machte.

In jüngster Zeit versucht man, sich verstärkt an Überliefertem zu orientieren, d. h. man zitiert Bauweisen der indianischen Ureinwohner und Stilelemente der spanischen Kolonialzeit. Architekturformen, die im karibischen Raum verbreitet sind, kann man ebenso wiedererkennen wie angloamerikanische Monumentalbauten. Die Wucht riesiger Hochbauten, wie sie von Banken, Versicherungen und sonstigen Großunternehmen realisiert werden, wird durch Einflüsse der Postmoderne gemildert. | *Zeitgenössische Architektur*

In Floridas Themenparks können sich Amerikas Architekten austoben. »**Entertainment Architecture**« soll inspirieren, die Fantasie anregen und Spaß machen. Ein klassisches Beispiel: das »Swan & Dolphin Hotel« in Walt Disney World. Die Dächer der 2500-Zimmer-Herberge zieren monumentale Statuen, verspielte Fisch- und Schwan-Skulpturen signalisieren Beschwingtheit und Sinn für Humor. Monumentale Wandgemälde mit tropischen Motiven und postmodern wirkendes Interieur in Pastellfarben sorgen für Entspannung.

Im Gegensatz zu vielen anderen Bundesstaaten hat Florida das letzte Jahrzehnt vergleichsweise gut überstanden: Die **Shopping Malls** des »Sunshine State« erfreuen sich nach wie vor großer Beliebtheit. Doch weil deren Ankergeschäfte, meist landesweit operierende Kaufhäuser wie Macy's und J. C. Penney, ums Überleben kämpfen und die übrigen Geschäfte der Malls mit sich zu ziehen drohen, suchen die Planer nun ihr Heil in der Verbreiterung und Umformatierung bereits existierender Einkaufsstraßen wie der Miracle Mile in Coral Gables, Sunset Drive und Worth Avenue in Palm Beach und der Lincoln Road Mall in Miami Beach. Zugleich werden bereits bestehende Einkaufszentren komplett erneuert und mit Einkaufsstraßen und öffentlichen Plazas versehen. Als Paradebeispiel für dieses neue Konzept gilt das noch im Planungsstadium befindliche **Miami Worldcenter** in Downtown Miami (http://miamiworldcenter.com). | *Die alte Mall ist tot*

INTERESSANTE MENSCHEN

▌ Mann auf dem Mond: Neil Alden Armstrong

1930–2012
Astronaut

Der aus Wapakoneta, Ohio, gebürtige Astronaut betrat am 21. Juli 1969 als erster Mensch den Mond im Rahmen der von Cape Canaveral aus gestarteten **Apollo-11-Mission**. Armstrong war im Koreakrieg Pilot bei der US-Marine gewesen. Später studierte er Flugingenieurwesen und arbeitete danach als Testpilot für die NASA, bevor er 1962 Astronaut wurde. 1966 startete er im Rahmen der »Gemini-8«-Mission zu seinem ersten Flug ins All. Als Kommandant leitete er das erste Kopplungsmanöver zweier Raumfahrzeuge. Von 1971 bis 1979 Dozent für Raumfahrt-Ingenieurwesen an der Universität von Cincinnati, war er danach in verschiedenen Gremien tätig. Zuletzt setzte er sich sehr massiv für neue Mond- und Mars-Missionen ein. Armstrong verstarb am 25. August 2012 in Cincinnati.

Schrecken der braven Bürger: Chef-Mafioso Al Capone

Vater der Vögel: John James Audubon

In Les Cayes (Haïti) wurde der berühmte Zeichner und Vogelkundler als Sohn eines Kaufmanns geboren. 1805 kam er in die USA und ließ sich bei Philadelphia nieder. Mit wenig Erfolg versuchte er sich zunächst als Geschäftsmann. Audubon war jedoch ein begnadeter Zeichner. Seine Stiche und Zeichnungen mit Darstellungen aus der Tier- und Pflanzenwelt brachten ihm großen Ruhm ein. Zwischen 1827 und 1838 schuf er den ornithologischen Prachtband »**Birds of America**«, von dem ein Exemplar 2010 bei Sotheby's für umgerechnet 8,7 Mio. € versteigert wurde. Viele Eindrücke sammelte er auf Forschungsreisen nach Florida, die ihn auch auf die Keys führten. Neben seiner zeichnerischen Tätigkeit verfasste er Artikel, in denen er Vögel Floridas vorstellte. Die 1905 ins Leben gerufene älteste Naturschutzorganisation der USA, die **National Audubon Society** (NAS), trägt den Namen des großen Zeichners.

*1785–1851
Ornithologe
und Zeichner*

»Margaritaville« im bunten Hemd: Jimmy Buffett

Die »Grateful Dead« haben die »Deadheads«, Jimmy Buffett die »**Parrot Heads**«: Seine stets in farbenfrohen Hawaiihemden erscheinenden Fans verwandeln jedes Buffett-Konzert in eine fröhliche Strandparty. Der muntere Barde besingt seit 30 Jahren nichts anderes als die Leichtigkeit des Seins unter Floridas Palmen – und wurde damit zum Kulturgut des Bundesstaats. Hits wie »Why don't we get drunk«, »Margaritaville« und »Come Monday« machten den bekanntesten Sohn von Key West berühmt. Jimmy Buffett gehört zu Florida wie die Beach Boys zu Kalifornien.

*Geb. 1946
Country-
und Pop-
Sänger*

Gefürchtete Unterweltgröße: Al (fonso) Capone

Alfonso Capone, aus der süditalienischen Großstadt Neapel gebürtig, wuchs in Brooklyn, New York, auf. Im Jahre 1920 kam er nach Chicago und wurde Boss des dortigen Mafia-Syndikats. Er kontrollierte **Glücksspiel**, **Alkoholschmuggel** und **Prostitution**. Ferner hatte er einen nicht unwesentlichen Einfluss auf die Arbeit der Polizei. Er brachte es zu einem riesigen Vermögen. Obwohl er als Initiator vieler brutaler Mordüberfälle verdächtigt wurde, wagte man aus Furcht vor Repressalien nicht, ihn vor Gericht zu bringen. Schließlich wurde er 1931 wegen Steuervergehen zu elf Jahren Freiheitsentzug verurteilt. Er verbüßte seine Strafe u. a. auf der berüchtigten Gefängnis-Insel Alcatraz bei San Francisco. Wegen seines angegriffenen Gesundheitszustandes wurde er vorzeitig entlassen. 1939 zog er sich nach Deerfield Beach in Florida zurück. 1947 verstarb er in Miami.

*1899–1947
Mafia-Boss*

▌ »Genius of Soul«: Ray Charles

1930–2004
Sänger und
Komponist

Zu seinem Tod schrieb eine Zeitung: »Heaven Gets Some Blues«. Ray Charles verbrachte seine ersten 18 Lebensjahre in Florida. Mit sieben Jahren erblindete, besuchte er zunächst die Florida School of the Deaf and Blind in St. Augustine. Hier lernte er die Blindenschrift – und das Klavierspiel. Mit 15 verdiente er sein erstes Geld in den Kneipen von Jacksonville, Tampa und Orlando, mit 18 ging er nach Seattle. Der Rest ist Geschichte. Mit Songs wie »Georgia on My Mind« und »What I'd Say« spielte er sich in die Herzen einer weltweiten Fangemeinde.

▌ Unternehmer im Winterquartier: Thomas A. Edison

1847–1931 Er-
finder

Als Edison begann, auf Anraten seines Arztes den Winter in Florida zu verbringen, war er schon ein berühmter Mann und hatte auch bereits die Glühbirne erfunden. Von 1901 an kam er jeden Winter zur Erholung nach **Fort Myers**, wo sein Anwesen heute besichtigt werden kann (▶ S. 115). Wirklich bahnbrechende Erfindungen machte er dort zwar nicht, doch zog die Kunde von dem genialen Einwohner weitere Prominente an, vor allem den Automobilfabrikanten **Henry Ford**. Für die Gastfreundschaft der einheimischen Floridians revanchierte sich Edison, indem er 2000 kubanische Palmen an der »**Palm Alley**« von Fort Myers (▶ S. 117) pflanzen ließ.

▌ Latino-Ikone im Musikgeschäft: Gloria Estefan

Geb. 1957
Sängerin

Seit mehr als zwei Jahrzehnten – und bis heute mit viel Rhythmus im Blut – mischt die Latino-Ikone Gloria Estefan im internationalen Musikgeschäft mit. Zuletzt hatte sie mit ihrem englischsprachigen Album »Unwrapped« auf sich aufmerksam gemacht. Sie setzt sich für Gefangene auf Kuba ein und unterstützt die »Ladies in White«, eine oppositionelle Frauengruppe in Castros Reich. Berühmt wurde die im kubanischen Havanna geborene und in Miami/Florida aufgewachsene spätere Sängerin der »Miami Sound Machine« mit ihren spanischsprachigen Liedern. Unvergessen sind ihre beiden Alben »Mi tierra« und »Alma Caribena«. Wie kaum ein anderer Star ihrer Zunft versteht sie es, eingängigen **Pop mit Salsa-Rhythmen und Soul-Elementen** zu kombinieren. Weltruhm erlangte sie, nachdem der Titel »Reach« aus ihrem 1996er-Album »Destiny« zum offiziellen Song der Olympischen Spiele in Atlanta erkoren wurde. Dass Gloria Estefan bis heute eine starke Ausstrahlung hat, beweisen nicht zuletzt ihre beiden viel jüngeren Kolleginnen Jennifer Lopez und Shakira, die sich von ihrem großen Vorbild Einiges abgeschaut haben.

Latino-Queen Gloria Estefan

▌ Tourismus-Pionier: Henry Morrison Flagler

Im »Sunshine State« machte der Mitbegründer von Standard Oil das Unmögliche möglich. 1878 kam Flagler wegen der Erkrankung seiner Frau auf die Halbinsel und erkannte deren touristisches Potenzial. Die Bahngesellschaften Floridas zur **Florida East Coast Railway** zusammenlegend, verband er die Ostküstenstädte des Nordens mit Miami und schließlich sogar mit den Florida Keys. 1912 erreichte seine Bahn auf gewagten Brücken Key West. Auch in der Hotellerie war Flagler unbescheiden: In St. Augustine baute er das **»Ponce de Léon Hotel«** (▶ S. 251) und in Palm Beach das **»Royal Poinciana Hotel«** (▶ S. 224). Das Ansinnen der Menschen in Biscayne Bay, ihre Stadt Flagler zu nennen, lehnte er jedoch ab. Stattdessen schlug er Miami vor.

1830–1913
Eisenbahn-
magnat
und Hotel-
Pionier

▌ Erfinder der »Klimaanlage«: John Gorrie

Naturwissenschaftler, Humanist, Politiker, Arzt: Der in der Karibik geborene Gorrie hatte viele Talente. Sein Denkmal in der National Statuary Hall in Washington (D. C.) jedoch verdankt er seinem Studium der tropischen Krankheiten. Bald nach der Ankunft in ▶ Apalachicola erkannte er, dass sich seine Patienten in gekühlten Räumen schneller

1803–1855
Arzt

vom Gelbfieber erholten – und erfand mit einer Maschine, die Kunst-eis produzierte und die Temperatur in den Krankensälen effektiv senkte, die Vorläuferin der Klimaanlage.

Legende von Key West: Ernest Hemingway

1899–1961
Schriftsteller

Als sich Ernest Hemingway im Jahre 1928 in Florida niederließ, da hat-te er bereits einen guten Namen als Schriftsteller. ▶ Key West, damals noch ein abgelegenes Nest, bewohnt von Schmugglern und Abenteu-rern, inspirierte ihn zu einigen seiner besten Werke. Dazu gehören in erster Linie »Tod am Nachmittag« und »Schnee am Kilimandscharo«. Zwölf Jahre lang lebte er zwischen seinen Reisen in seinem **Haus in der 907 Whitehead Street** (▶ S. 146, 148). Vormittags arbeitete er, die Nachmittage verbrachte er beim Hochseeangeln und abends be-suchte er die Bars. Heute gehört Hemingway zu Key West wie die Son-nenuntergänge am Mallory Square, und sein Gesicht lächelt von den T-Shirts im »**Sloppy Joe's**«, seiner Lieblingsbar (▶ S. 145).

Zwischen den Fronten: Zora Neale Hurston

1903 –1960
Schrift-
stellerin

Ihr wichtigster Roman vergrätzte beide Seiten: die Schwarzen, die ihr vorwarfen, finanzielle Unterstützung von Weißen angenommen zu haben, und die Weißen, weil sie nicht die seinerzeit gängigen Stereo-type vom schwarzen Amerikaner bediente. Dabei beschrieb Hurston, eine der bedeutendsten afro-amerikanischen Autorinnen, in »**Their Eyes Were Watching God**« (1937; dt. »Vor ihren Augen sahen sie Gott«) ihre schwarzen Mitbürger als ganz normale Menschen. Damit war sie ihrer Zunft weit voraus. In Eatonville bei Orlando aufgewach-sen, studierte sie zunächst Ethnologie und schloss sich in New York der als »Harlem Renaissance« berühmten Gruppe afro-amerikani-scher Künstler an. Später zog sie kreuz und quer durch Florida und Mississippi und sammelte alte afro-amerikanische Erzählungen. Nach ihrem Tod geriet ihr Werk in Vergessenheit. In den 1980er-Jahren wurde sie jedoch wiederentdeckt. Seitdem zählen ihre Bücher zur Pflichtlektüre an amerikanischen Universitäten.

Umstritten, aber angesehen: Andrew Jackson

1767–1845
Jurist,
Offizier,
US-Präsident

Der Anwalt und Plantagenbesitzer aus Waxhaw, South Carolina, wur-de 1798 Richter am Obersten Gericht des US-Bundesstaates Tennes-see. Ruhm verschaffte er sich in seiner Funktion als Generalmajor. Im Januar 1815 verteidigte er New Orleans gegen die Engländer. Danach unternahm er **Expeditionen gegen die Seminolen** (▶ S. 328) und gegen das damals noch spanische Florida. 1817/18 nahm er die Stadt Pensacola ein. Sein forsches Vorgehen führte zwar zu Spannungen mit England und Spanien. Die Seminolen nannten ihn »Teufel«. In der amerikanischen Regierung fand er Fürsprecher. Jackson wurde 1821 erster **Gouverneur** der beiden Territorien West- und Ostflorida. Drei Jahre später stellte er sich als Präsidentschaftskandidat zur Wahl und verlor zunächst, gewann aber dann die Wahlen von 1828 und 1832. Als US-Präsident vertrat er eher kleinbürgerliche Interessen, galt als liberal und antimonopolistisch eingestellt. Obwohl er mit der Zerschlagung der Nationalbank eine schwere Finanzkrise auslöste und trotz seiner kritisierten Indianer-Umsiedlungsmaßnahmen genoss er zeitlebens hohes Ansehen.

▌ Besessener Projektentwickler: George Edgar Merrick

Als kleiner Junge träumte Merrick von Burgen in Spanien. 1898 kam er mit seinen Eltern nach Florida. Von 1922 an goss der nun Erwachsene, inzwischen Rechtsanwalt und Immobilienhändler in Miami und ebenso Unternehmer wie Ästhet, seine Spanien-Träume in feste Formen. 1924 ließ er seine »**City Beautiful**« bauen, ein romantisches, ästhetisch geschlossenes Ensemble aus palmengesäumten Straßen, haciendaähnlichen Villen, fantasievollen Swimming Pools und Golfplätzen. Im selben Jahr wurde **Coral Gables** (▶ S. 178) zur schönsten Vorstadt Amerikas ausgerufen. Obwohl von finanziellen Krisen gebeutelt, blieb Merrick noch bis 1940 im Immobiliengeschäft.

1886–1942
Unternehmer, Stadtplaner

▌ Liebling der High Society: Addison Cairns Mizner

Mizner war **Floridas führender Architekt der 1920er-Jahre** und der Liebling der High Society. Beeinflusst von der spanischen und der Mittelmeerarchitektur, schuf er allein in Palm Beach für Kunden wie Irving Berlin, Oscar Hammerstein und die Vanderbilts über 50 herrschaftliche Residenzen mit verspielter Ornamentik – obgleich er nie eine Architektenausbildung genossen hatte und keine Entwürfe zeichnen konnte. Bereits sein erstes Haus in Palm Beach, »El Mirasol«, hatte 37 Zimmer, einen beleuchteten Pool und eine Tiefgarage für 40 Autos. Nichts hasste er mehr als seelenlose Häuser. Seinem Credo, ein Haus müsse aussehen, als habe es sich seinen Weg vom hässlichen Entlein zum stolzen Schwan erkämpft, half er auch nach, indem er seine Arbeiter Dachziegel zerbrechen ließ, damit sie älter aussahen. Die Depression verhinderte seine grandiosen Pläne für **Boca Raton** (▶ S. 54) und ruinierte ihn. Als Mizner in Armut starb, hatte der unkonventionelle »**Mizner Style**« jedoch Floridas Architektur bereits seinen Stempel aufgedrückt.

1872–1933
Architekt

▌ Charismatischer Indianer-Führer: Osceola

Um
1800–1838
Seminolen-
Anführer

Als Sohn eines weißen Siedlers und einer Indianerin wurde **Osceola Nickanochee** im Norden von Georgia geboren. Als er vier Jahre alt war, suchte seine Mutter mit ihm Zuflucht in Florida, um der Diskriminierung durch die Weißen zu entgehen. Osceola entwickelte sich zu einer Führungspersönlichkeit unter den Seminolen. Er kämpfte 1812 und 1818 gegen General Andrew Jackson und lehnte sämtliche Verträge mit den Weißen ab. Seine Attacken gegen weiße Siedler und Armeepatrouillen waren ein Grund für den Ausbruch des **Zweiten Seminolenkriegs** (▶ S. 325, 330). Die amerikanische Armee konnte gegen die Guerilla der Seminolen keine militärischen Erfolge erzielen. Man versuchte es mit Verhandlungen. Doch 1837 wurde Osceola mit seiner Familie und einigen Anhängern während Friedensgesprächen festgenommen, obwohl ihm zuvor freies Geleit versprochen worden war. Er starb ein Jahr später in Fort Moultrie, South Carolina, an Malaria. Sein Kopf wurde hernach als Zirkusattraktion vorgeführt.

▌ Suche nach dem Jungbrunnen: Juan Ponce de León

1460–1521
Konquistador

Juan Ponce de León war **der erste Europäer, der seinen Fuß auf nordamerikanischen Boden setzte**: am Ostermontag (span. »Pasqua de Flores«) des Jahres 1513. Der Konquistador gründete im Auftrag der spanischen Krone die **Kolonie** »**La Florida**«, die von den Sümpfen am Golf von Mexiko bis Labrador reichte. Er war es auch, der als Erster den Golfstrom erkannte, und begleitete Kolumbus auf dessen zweiter Amerika-Reise (1493). Von 1502 bis 1504 war er an der Eroberung von Higüey auf der Antilleninsel Hispaniola beteiligt. Von 1509 bis 1512 war er Gouverneur auf der Nachbarinsel Puerto Rico. 1513 brach er zur ersten belegten **Expedition** ins heutige Florida auf. Er landete beim heutigen Ponte Vedra Beach und glaubte, eine weitere größere Insel entdeckt zu haben. 1521 begann er eine weitere Florida-Expedition, zutiefst beseelt von dem Wunsch, die **Quelle der Ewigen Jugend** zu finden. Als er einen der zahlreichen Brunnen prüfte, traf ihn der vergiftete Pfeil eines Calusa-Indianers. Er starb auf dem Rückweg in die Karibik. Ponce de León wurde in der Kathedrale von San Juan auf Puerto Rico bestattet.

▌ Expedition nach Florida: Hernando de Soto

Um
1500–1542
Konquistador

Nach dem Besuch der Universität von Salamanca diente Hernando de Soto von 1519 bis 1532 in Zentralamerika. 1532/33 nahm er teil an der Eroberung Perus und an der Gefangennahme von Atahualpa, dem letzten Herrscher der Inka. Nach Auseinandersetzungen mit

Pizarro kehrte er 1535 als reicher Mann nach Spanien zurück. 1537 wurde er zum Gouverneur von Kuba und königlichen Beauftragten für Florida ernannt. Am 25. Mai 1539 landete er beim heutigen Charlotte Harbor (▶ S. 118). Die nächsten Monate verbrachte er mit der erfolglosen Suche nach den Reichtümern Floridas. Auf seinem **Marsch durch die Sümpfe** traf er auf den Spanier Ortíz, einen Überlebenden der gescheiterten Narváez-Expedition, der ihm von nun an als Dolmetscher diente. Mit seiner Hilfe erhielt De Soto wertvolle **Erkenntnisse über den Süden** der heutigen USA. Seine Späher kamen bis Carolina und Tennessee, er selbst wandte sich in Alabama zunächst nach Süden, wo er bei Mobile wieder den Golf von Mexiko erreichte. Hier wartete er vergeblich auf Versorgungsschiffe. Während seines Marsches nach Westen überschritt er 1541 den Mississippi und überwinterte 1541/42 im heutigen Arkansas. Im April 1542 kehrte er an den Mississippi zurück. Ständige Attacken der Indianer, Fieber und die Enttäuschung, keine Schätze gefunden zu haben, zermürbten De Soto. Er starb noch im selben Jahr.

▌ Der Erfinder des Reiseführers: Karl Baedeker

Als Buchhändler kam Karl Baedeker viel herum, und überall ärgerte er sich über die »Lohnbedienten«, die die Neuankömmlinge gegen Trinkgeld in den erstbesten Gasthof schleppten. Nur: Wie sollte man sonst wissen, wo man übernachten könnte und was es anzuschauen gäbe? In seiner Buchhandlung hatte er zwar Fahrpläne, Reiseberichte und gelehrte Abhandlungen über Kunstsammlungen. Aber wollte man das mit sich herumschleppen? Wie wäre es denn, wenn man all das zusammenfasste?

1801 – 1859
Verleger

Gedacht, getan: Zwar hatte er sein erstes Reisebuch, die 1832 erschienene »Rheinreise«, noch nicht einmal selbst geschrieben. Aber er entwickelte es von Auflage zu Auflage weiter. Mit der Einteilung in »Allgemein Wissenswertes«, »Praktisches« und »Beschreibung der Merk-(Sehens-)würdigkeiten« fand er die klassische Gliederung des Reiseführers, die bis heute ihre Gültigkeit hat. Bald waren immer mehr Menschen unterwegs mit seinen **»Handbüchlein für Reisende, die sich selbst leicht und schnell zurechtfinden wollen«**. Die Reisenden hatten sich befreit, und sie verdanken es bis heute Karl Baedeker. Florida beschreibt er zum ersten Mal in der 1893 erschienen 1. Auflage von »Baedeker's Nordamerika«.

>>

Fußtouren sind nicht zu empfehlen; ebenso sind die meisten Fahrwege für Spazierfahrten zu sandig.

<<

Baedeker's Nordamerika, 1. Auflage 1893

E
ERLEBEN & GENIESSEN

Überraschend, stimulierend, bereichernd

Mit unseren Ideen erleben und
genießen Sie Florida.

BEWEGEN UND ENTSPANNEN

Tauchen, Schnorcheln, Wandern, Radfahren, Tennis, Golf, Reiten, Nordic Walking ... Wer nur an einen Badeaufenthalt oder den Besuch der Vergnügungsparks bei Orlando denkt, liegt falsch. Bewegungsfanatiker finden im »Sunshine State« reichlich Auslauf.

Badeurlaub

Traumhafte Sand- und Muschelstrände
Rund 1300 km wunderbare Sandstrände locken! Egal, wo man sich in Florida aufhält, der nächste Strand ist in kurzer Zeit erreichbar. Doch die Sandstrände sind nicht alle gleich. Die **Barriere-Inseln** des Panhandle im Nordwesten bieten feine und oft leuchtend weiße Sandstrände. Muschelsammler finden an den Stränden von **Venice** an der Golfküste in der Umgebung ▶ Sarasotas versteinerte Haizähne, und auf ▶ **Sanibel Island** oder **Lovers Key** (▶ S. 117) weiter südlich Muscheln in allen erdenklichen Formen und Farben.

Für Kinder, Surfer, Partygänger
Eltern wird's freuen: Kinderfreundliche Strände, die langsam in flaches Wasser übergehen, gibt es nahezu überall, wie auf den Sarasota vorgelagerten Inseln (▶ S. 272), in ▶ **Ft. Myers Beach** oder auch auf **Anastasia Island** (▶ S. 252) bei St. Augustine.
Surfer finden ihre Hotspots auf **Siesta Key** (▶ S. 272) an der Golfküste oder an der Atlantikküste, bei **Cocoa Beach** (▶ S. 65), am **Sebastian Inlet** (▶ unten) oder bei **Dania Beach** (▶ S. 110) südlich von Ft. Lauderdale. Wer Parties und Remmidemmi bevorzugt, wird in ▶ **Panama City Beach** und ▶ **Daytona Beach** nicht enttäuscht.

Die schönsten Strände

Breiter Sandstrand
Am **South Beach** (**SoBe**) (▶ S. 188) in ▶ Miami Beach, zwischen 5th und 21st Street zählt nicht nur der breite Sandstrand, sondern auch das Sehen und Gesehen werden. Auf Höhe der 12th Street trifft sich die **Gay Community**. Gestylte Urlauber gleiten auf Roller Blades den Beach Boulevard entlang. Modefotografen nutzen den dekorativen Hintergrund der Art Deco Hotels und Bars gern für ihre Aufnahmen.

Surfer-Wellen
Der **Sebastian Inlet** südlich von Melbourne (▶ S. 122) zieht mit seinen gleichmäßig brechenden Wellen die Surfer an. Bei Monster Hole bietet die Dünung die besten Bedingungen für lange Wellenritte.

BARRIERE-INSEL IM URZUSTAND

Fühlen wie Robinson Crusoe am unberührten Karibik-
strand kann man sich auf **St. Vincent Island**, einem
Rückzugsort für Alligatoren, Seeadler, Wölfe und Meeres-
schildkröten. Das von Rangern betreute Inselchen ohne
Infrastruktur ist nur als Tagesausflug per Boot von
Apalachicola aus erreichbar (Boote über Apalachicola
Bay Chamber of Commerce; ▶ S. 50), Wasser und
Proviant muss man selbst mitbringen (Visitor Center:
96 5th St., Apalachicola | Tel. 1-850-653-8808 | Mo.–Fr.
8–16.30 Uhr | www.fws.gov/refuge/St_Vincent).

Die fast 40 km langen, einsamen Sandstrände der **Canaveral Natio-** **Einsame**
nal Seashore (▶ S. 64) liegen zwischen dem Kennedy Space Center **Sand-**
bei ▶ Cape Canaveral und ▶ Daytona Beach. Hier verstellen keine **strände**
Apartmentkomplexe die Sichts aufs Meer, nur gelegentlich sieht man
eine Rakete in den Himmel steigen. Im Juni und Juli ist Vorsicht angesagt, wenn die geschützten **Loggerhead-Meeresschildkröten** ihre
Eier ablegen.

Der **Bahia Honda State Park** (▶ S. 103) liegt 19 km südlich von **Türkises**
Marathon auf den Florida Keys. Hier gibt es einen wunderschönen **Wasser,**
Strand, türkisfarbenes Wasser und hinter dem Strand erholsame **Spazierwege**
Spazierwege. Die Reste einer Brücke der einstigen Bahnstrecke von
Miami nach Key West sind ein beliebtes Foto-Motiv.

Unberührte Strände am Golf

Der **Caladesi Island State Park** nördlich von Clearwater (▶ S. 261) nimmt das gesamte gleichnamige Eiland ein. Caladesi gehört zu den wenigen noch komplett unerschlossenen Inseln von Florida, mit Mangroven und Marschen an der dem Festland zugewandten Seite und ursprünglichen Sandstränden am Golf von Mexiko. Die Insel ist nur per Fähre von **Honeymoon Island** oder mit einem Privatboot zu erreichen.

Fünf verbundene Keys

Verführerische Strandidylle lockt auch im **Fort DeSoto Park** am südlichsten Zipfel der Pinellas-Halbinsel (▶ S. 259), nicht weit von ▶ St. Petersburg und seinen ebenfalls attraktiven Stränden. Die feinen Sandstrände der knapp 400 ha großen Gruppe von fünf miteinander verbundenen Inseln sind knapp 13 km lang. Auf **Mullet Key** bewacht das historische Fort De Soto den Eingang zur Tampa Bay.

Traumhafte Muschelstrände

Der **Lovers Key State Park** (▶ S. 117) liegt gleich südlich des geschäftigen ▶ Ft. Myers Beach. Seine traumhaften, gut 3 km langen Muschelstrände ziehen natürlich nicht nur Liebespaare an.

Zuckerweiß mit Seegras-Dünen

Der **St. Andrews State Park** (▶ S. 234) mit zuckerweißen Stränden und von Seegras bewachsenen Dünen liegt südlich von ▶ Panama City. In den lichten Wäldern dieses geschützten rund 400 ha großen Areals leben sogar Füchse und Rotwild. Kaum zu glauben, dass das turbulente ▶ Panama City Beach nur wenige Minuten entfernt ist.

Mancherorts liegen noch Schiffswracks auf dem Meeresgrund ...

Der **Siesta Key Beach** auf der gleichnamigen schmalen Insel vor Sarasota (▶ S. 272) bietet einen über 1 km langen öffentlich zugänglichen Strandabschnitt mit feinem Sand. Auch Surfer fühlen sich hier bei entsprechendem Wellengang zu Hause.

Feiner Sand und Surfer Spot

Sport unter, über und am Wasser

Die flachen Lagunen zwischen der Festlandküste und den vorgelagerten Barriere-Inseln eignen sich gut zum Schnorcheln und Tauchen. Hier findet man einen farbenprächtigen und artenreichen Mikrokosmos vor, in dem eine **artenreiche Meeresfauna und -flora** vorkommt. Das noch einigermaßen saubere Wasser bietet beste Voraussetzungen zum Beobachten, Fotografieren und Filmen. Mancherorts liegen noch **Schiffswracks** – darunter auch Silberschiffe der Spanier – auf dem Meeresgrund, ein Dorado für Wracktaucher.

Schnorcheln, Tauchen

Die besten Tauchreviere findet man in den ▶ Florida Keys. Neben dem **Biscayne National Park** (▶ S. 182) sind der als Key Largo Coral Reef Preserve gegründete heutige **John Pennekamp Coral Reef State Park** (▶ S. 96) sowie die Korallenkalkinselchen zwischen Marathon (▶ S. 102) und ▶ Key West von besonderem Interesse. Gut tauchen kann man auch vor der **Gulf Islands National Seashore** (▶ S. 239), also an der Golfküste des Florida Panhandle. Zum Tauchen laden auch die vielen **Quelltöpfe** im Landesinnern ein. Auch hier gibt es Tauchstationen (u. a. Live Oak; Kings Springs, ▶ S. 72).

Die besten Tauchreviere

Professionell ausgestattete Tauchstationen findet man in den Florida Keys auf Big Pine Key (▶ S. 104) und Cudjoe Key, in Islamorada (▶ S. 100), auf Key Largo, ▶ Key West und Looe Key sowie in Tavernier (▶ S. 100). Größere Tauchstationen gibt es auch in ▶ Fort Walton Beach und Destin, ▶ Panama City und ▶ Pensacola.

Tauchstationen

In den größeren Touristenzentren und Strandhotels kann man Segel- und Motorboote, Waterscooter, Wasserski, Jetski, Surfbretter, Wassersport- und Tauchausrüstungen ausleihen. Wassersportgeräte dürfen nur außerhalb der für Schwimmer ausgewiesenen Zonen benutzt werden. An der mittleren Ostküste und besonders rund um **Sebastian Inlet** (▶ S. 122) und **Cocoa Beach** (▶ S. 65) finden **Surfer** die landesweit besten natürlichen Voraussetzungen für ihren Sport.

Boote, Surfboards, Tauchausrüstung ...

Rund um Florida gibt es zahlreiche **Marinas**, in denen man Boote für Ausflüge mieten kann. Viele Segelboote tummeln sich zwischen Miami und den Bahamas, ferner bei den ▶ Florida Keys sowie an einzelnen Abschnitten der **Golfküste** (u. a. Fort Myers – Punta Gorda, Tampa Bay, Panama City, Fort Walton Beach und Destin, Pensacola).

Segeln

Mit dem Kajak durch die Mangrovensümpfe der Everglades

Beliebt ist auch das **Island Hopping** per Segelboot im Bereich der ▶ Florida Keys sowie zu den Barriereinseln vor der Ostküste und der nördlichen Golfküste.

Kanu, Kajak, Hausboote

Wer Freude am Seekajak-, Kanu- und Bootssport oder auch an einem Ausflug mit dem Hausboot hat, kommt in Florida voll auf seine Kosten. Gut 1600 km verschlungene Wasserwege eignen sich für Kanuten und Kajakfahrer. Die **Atlantik-** und die **Golfküste** sowie zahlreiche Wasserläufe und Seen im Binnenland ermöglichen Aktivitäten aller Art. Man kann die Halbinsel Florida auf dem **Intracoastal Waterway** umrunden oder auf dem **Okeechobee Waterway** durchqueren. Abenteuerliche Strecken durch Mangroven-Irrgärten und weitverzweigte Sumpfgebiete, auf denen man Bekanntschaft mit diversen Reptilien, Vögeln und Insekten machen kann, locken ebenso wie Koralleninseln und Lagunen.

Intracoastal Waterway: www.icwplanningguide.com; ▶ S. 358
Okeechobee Waterway: www.offshoreblue.com/cruising/okeechobee.php

Angeln

Angeln gehört zu den beliebtesten Freizeitbeschäftigungen der Amerikaner. In Florida sind jedoch die **Angelzeiten streng reglementiert**. Wer angeln will, muss eine **Angellizenz** (gebührenpflichtig) vorweisen können. Ein solches Dokument ist erhältlich bei den lokalen Finanzbehörden, in vielen Marinas sowie in einigen Geschäften, die Anglerzubehör verkaufen.

Hochseeangeln bzw. **Big Game Fishing** auf Großfische ist von vielen Häfen aus möglich. Dort können auch voll ausgerüstete Boote mit und ohne Besatzung gechartert werden. Vor Floridas Küsten werden besonders Schwertfisch, Hai, Barrakuda und Thunfisch geangelt.

Für das **Brandungsangeln** ist kräftiges Gerät erforderlich, da große Wurfweiten nur mit schweren Grundbleien und entsprechenden Ruten erzielt werden können und mit dem Anbeißen kräftiger Fische zu rechnen ist. Die Angelschnur sollte mindestens 150 m lang sein.

Zuschauersport: Dabeisein und Mitfiebern

Immer mehr Fans lockt auch in Florida der American Football an. Man ist fasziniert von der Dynamik und den taktischen Finessen dieses aus dem Rugby hervorgegangenen Mannschaftssports. Starke Teams sind u. a. die »**Miami Dolphins**«, die »**Jacksonville Jaguars**« und die »**Tampa Bay Buccaneers**«. Besonders beliebt ist American Football an den Colleges. Zu Rang und Namen gebracht haben es vor allem die »**Miami Hurricanes**«, die »**Gainesville Gators**« und die »**Tallahassee Seminoles**«. Jedes Frühjahr kämpfen die College-Teams um wichtige Pokale.

American Football

Dank weltbekannter Superstars wie Shaquille O'Neal, Dirk Nowitzky und LeBron James strömen die vom Basketball begeisterten Massen in die Arenen der National Basketball Association (NBA). Erst vor wenigen Jahren ist die American Airlines Arena an der Bayfront von Miami (▶ S. 170) fertiggestellt worden, die Heimstatt der »**Miami Heat**«. Und in Orlando spielen die »**Orlando Magic**«.

Basketball

Ganz vorn auf der Beliebtheitsskala der Amerikaner rangiert Baseball, aus dem englischen Cricket entstanden und nur schwer zu durchschauen. Spitzenteams aus Florida, die in der Oberklasse spielen, sind die »**Florida Marlins**« und die »**Tampa Bay Devil Rays**«. Das Baseball-Fieber steigt im Frühling merklich. Dann kommen viele Top-Mannschaften nach Florida, um ihr Frühjahrstraining und die Freundschaftsspiele der **Grapefruit League** zu absolvieren.

Baseball

Florida gilt als Golferparadies. Nicht nur, weil hier das ganze Jahr hindurch gespielt werden kann: Beste Zeit ist der klimatisch moderate Winter von November bis April, im feuchtheißen Sommer werden die Plätze weniger gespielt. Sondern auch, weil viele der auch normalsterblichen Golfern zugänglichen Plätze zum **TPC-Netzwerk** (**Tournament Players Club**) gehören und damit auf internationalem Turnierniveau sind. Von ihrer Lage einmal ganz zu schweigen.

Golf

SPORTANGEBOTE

SPORT ALLGEMEIN

FLORIDA SPORTS FOUNDATION
Jährlich aktualisiertes Verzeichnis und Broschüren (teilweise zum Download auf der Website), u. a. zu den Themen Golf (**Florida Golf Guide**), Sportangeln und Bootfahren (**Fishing & Boating Guide**) sowie einen Führer zu den Schauplätzen des Baseball-Frühjahrstraining (**Baseball Spring Training Guide**).
101 N Monroe St., Suite 1000, Tallhassee | Tel. 1-850-410-5286
www.flasports.com

GOLF

THE FLORIDA STATE GOLF ASSOCIATION
Hier erfährt man alles über Floridas Golfsport und Golfplätze.
12630 Telecom Dr., Tampa
Tel. 1-813-632-3742
www.fsga.org

KANU-/ KAJAK-TOUREN

FLORIDA DEPARTMENT OF ENVIRONMENTAL PROTECTION
Bei dieser Behörde gibt es u. a. die sehr informative Broschüre »Florida Canoe and Kayak Trails«.
3900 Commonwealth Blvd., Tallahassee | Tel. 1-850-245-2118
www.dep.state.fl.us
»**Florida Canoe & Kayak Trails**«:
www.floridawildlifeviewing.com/florida_canoeing/index.html

FLORIDA PROFESSIONAL PADDLESPORTS ASSOCIATION
Reichhaltiges Info-Material.
P. O. Box 1764, Arcadia, FL 34265
Tel. 1-800-268-0083
www.paddleflausa.com

HAUSBOOTE

HOUSEBOAT RENTAL CENTER
Verschiedene Hausboot-Vermieter aus Florida bieten ihre Dienste an.
www.houseboatrentalcenter.com

MARINATOWN HOUSE BOATING
Hausboot-Vermietung auf den Florida Keys, am St. Johns River und Suwannee River (Stand: Anfang 2018). Die Boote werden auf der Website in Wort und Bild exakt beschrieben.
Tel. 1-888-454-8825
www.houseboating.org

INTRACOASTAL WATERWAY
Die Wasserstraße führt von Boston bis Florida und entlang des Golfs von Mexico bis Texas (www.icwplanning guide.com). Der sog. »**Great Loop**« verbindet ihn mit dem Mississippi und den Großen Seen zu einer 6000 mi langen Rundstrecke. Infos zu Teilabschnitten in Florida:
www.greatloop.org

WANDERN UND RADFAHREN

FLORIDA DEPARTMENT OF ENVIRONMENTAL PROTECTION
Das **Office of Greenways & Trails** des Department of Environmental Protection koordiniert u. a. die Bemühungen um den Schutz der Everglades.
3900 Commonwealth Blvd., Tallahassee | Tel. 1-850-245-2052
https://floridadep.gov/parks/ogt

FLORIDA TRAIL ASSOCIATION
Angeboten wird Info-Material zu den Themen Wandern (Hiking), Radwandern (Biking) und Kanu (Canoeing) auf dem **Florida Trail**.
5415 SW 13th St., Gainesville
Tel. 1-352-378-8823
www.floridatrail.org

Putten unter Palmen oder zum Rauschen der Brandung auf traumhaft gestalteten Greens spielen, gehört zu den liebsten Fantasien europäischer Fans des schönen Sports. Die Palette reicht von kleinen 9-Loch-Plätzen bis zu raffiniert geplanten 18-Loch-Anlagen. Es gibt in Florida – wie auch im Rest der US – **drei Platzkategorien**. Private Golfanlagen sind Mitgliedern vorbehalten. Nichtmitglieder können nur als Gäste und in Begleitung eines Mitglieds spielen. Die von Hotels und Resorts geführten Anlagen sind in der Regel kommerzielle Golfplätze, die man als Hotelgast oder gegen eine Gebühr spielen kann. Hier kann man auch Golfkurse und -lehrer buchen.

Die je nach Finanzstärke ihrer Betreiber, der Gemeinden, ausgestatteten **öffentlichen Golfplätze** sind für jedermann zugänglich und bieten oft »Driving Ranges« genannte Plätze, auf denen man seinen Abschlag üben kann. Wer sich unterwegs entschließt, einen Golfplatz zu besuchen, lässt am besten Google Maps nach »Golf Course« suchen. Jedermann zugängliche Top-Greens sind beispielsweise der **Tranquilo Golf Club** im »Four Seasons Resort Orlando« und die beiden Greens des **Ocean Course** im »Hammock Beach« Resort.

Tranquilo Golf Club: Four Seasons Orlando, 3451 Golf View Dr., Lake Buena Vista | Tel. 1-407-313-6880 | www.tranquilogolf.com
Ocean Course: Hammock Beach, 200 Ocean Crest Drive, Palm Coast Tel. 1-877-423-9303 | wwwwww.hammockbeach.com/golf/overview

Golf in Florida heißt perfekte Plätze in traumhafter Umgebung.

ESSEN UND TRINKEN

Mit den Superlativen ist es bekanntlich so einen Sache: Sie werden schnell benutzt und halten oft nicht, was sie versprechen. Nicht widerlegbar ist jedoch, dass Floridas Cuisine zu den vielfältigsten der Welt gehört. Und auch, dass die sog. »Floribbean Cuisine« die neueste und zugleich älteste Küche des »Sunshine State« ist!

Es gibt sie noch: Burgers und Steaks Barsch mit roter Paprika-Papaya-Marmelade? Wolfsbarsch mit Mango und Taschenkrebsen in Kokosnuss-Curry? Spinatsalat mit karamelisierten Bananen, Püree aus Süßkartoffeln und Chutney aus grünen Mango? Keine Sorge, es gibt auch noch Steaks und Hamburger mit furchteinflößenden Pommesbergen in Florida, und zwar in den allgegenwärtigen Kettenrestaurants, Diner und sog. **Family Restaurants** wie Denny's und Applebee's. Und natürlich gibt es in den vielen besseren Restaurants zwischen Tallahassee und Key West auch erstklassiges Filet Mignon, Grillhühnchen und Surf 'n' Turf, und zwar edel verfeinert und mit organischem Gemüse oder ähnlich zeitgemäßer Begleitung.

»Floribbean«: Florida plus Karibik Doch weil dies der »Sunshine State« ist, drängen sich auch ungewohnte Namen zwischen Rind und Huhn. Von Kokosnüssen, Kochbananen, Nüssen und Curries ist in die Speisekarte die Rede, und von

Frittiertes steht im Mittelpunkt, ob Seafood oder Hähnchen.

Gewürzen wie Ingwer, Koriander, Zimt, Fenchel- und Senfsamen, Kurkuma. Und Vanille, Honig und Limonen, als Feuerlöscher bei zuviel scharfer Paprika. Ist es ein gehobenes Restaurant, erklären kurze Texte, dass diese Zutaten wichtige Elemente der »Floribbean Cuisine« sind. »Floribbean« ist ein Kunstwort aus Florida und Karibik und bringt die Mischung von Kochtraditionen aus Florida und der Karibik auf den Punkt. Die kunstvoll hergerichteten Resultate dieser auch »New World Cuisine« genannten Küche kann man in den feinen Restaurants im Süden Floridas genießen. Vor allem Miami und Miami Beach haben sich als kulinarische Hotspots etabliert.

Dabei ist die »Floribbean Cuisine« alles andere als neu. Sie wurde von der Kochmützen-Oberliga nur nicht beachtet, weil sie als die **Küche der mittellosen Einwanderer** aus Haiti, Jamaika, Kuba und anderen mittelamerikanischen Staaten galt. Erst als ehrgeizige Jungköche vor zehn, zwölf Jahren damit begannen, die Rezepte dieser beiden Regionen unter Verwendung frischer **Produkte der Umgebung**, wie Fisch, Geflügel und Meeresfrüchte, miteinander zu vermählen und aufregende, dem Zeitgeschmack gleichwohl angepasste Kreationen zu schaffen, erhielt sie ihren Namen, begann ihr Aufstieg.

Verfolgt man jedoch ihren Weg durch die vergangenen Jahrzehnte und Jahrhunderte, landet man am Ende bei Juan Ponce de Léon, der Florida 1531 für Spanien in Besitz nahm und damit nicht zuletzt auch einen jahrhundertelangen Austausch von Kochtraditionen Spaniens, Afrikas, der Karibik, Lateinamerikas und der Urvölker Floridas einleitete.

Der (hi-)spanische Touch

Im Laufe der Zeit vermischte sich Floridas spanisch inspirierte Küche mit denen der Anglo-Amerikaner, Indianer, afrikanischen Sklaven und freien Schwarzen aus allen Teilen der Karibik. Während der letzten einhundert Jahren erhielt dieses kulinarische Potpourri weitere Einflüsse von außen: Akzente setzten Einwanderer aus Griechenland und der Baleareninsel Menorca, Juden aus Osteuropa, Kubaner, Nicaraguaner und Vietnamesen.

Aufregendes Potpourri

Auf ihre Spuren stößt man heute überall in Florida. Im kulturell eng mit den alten Südstaaten verbundenen Norden findet man das in der Sklavenzeit wurzelnde »Soulfood«. Beliebte Rezepte dieser einfachen, aber nahrhaften Küche sind gegrilltes Schweinefleisch mit **Okragemüse** und »**Southern Chicken**« mit Grits, Krautsalat oder Süßkartoffeln.

»Soulfood«

Von den Ureinwohnern ist vor allem die Vorliebe für **Fische und Muscheln** erhalten geblieben, von der noch heute erhalten Muschelhügel zeugen. Und gelegentlich findet auf Speisekarten von Restaurants auch ein kräftiges **Alligatorengulasch**, das aus dem ansonsten eher geschmacksarmen Fleisch der Riesenechse geschmort wurde.

Indianische Kochkunst

FLORIBBEAN CUISINE

So heißt das neue Zauberwort im Südosten der Vereinigten Staaten von Amerika. Diese würzige Küche, die viel Wert legt auf frische Zutaten wie Fisch und Meeresfrüchte, Geflügel, Früchte und Gemüse, ist stark beeinflusst von der Kochkunst der Zuwanderer aus der Karibik, der Migranten aus Asien und natürlich auch von den vielen Touristen aus aller Welt.

Eine wahre Kalorienbombe ist der süß-säuerliche **Key Lime Pie**. Auf einen Mürbteigboden kommt eine Mischung aus Limettensaft, hochkondensierter zuckriger Milch und Eigelb. Das Ganze wird getoppt mit einem Baiser aus Eiweiß und Zucker. Wenn sich der Eischnee goldbraun verfärbt, ist der »**Staatskuchen**« Floridas fertig. Wer davon kostet, sieht die Welt mit anderen Augen.

Grouper gehören wie die Snapper zur Familie der **Zackenbarsche** und zählen zu den beliebtesten Speisefische Floridas. Besonders gut schmecken Grouper mit einer Füllung aus Brot, Sellerie, Sour Cream und Zitrone auf einem Blech im Backofen zubereitet.

Die Basis der kubanische Variante ist Rinderhack oder feingeschnetzeltes Beefsteak. Zusammen mit Zwiebeln, grüner Paprika, Knoblauch, Tomaten, Oliven, Chili, Kapern, Oregano und etwas Rohrzucker schmeckt es köstlich zu Reis oder Tacos.

Die geschützte **Palmettopalme**, auch Sabal Palmetto oder Swamp Cabagge genannt, ist der offizielle Staatsbaum von Florida. Die zarten **Palmherzen** werden selten frisch, eher gefroren oder konserviert angeboten. Sie werden als Gemüse in Salz und Fett erhitzen oder in Scheiben geschnitten mit einem pikanten Dressing als Salat serviert.

Picadillo gibt es in vielen Versionen von den Philippinen bis nach Mexiko.

Die **Stone Crabs**, genauer: deren **Krebsscheren**, gehören zum Schmackhaftesten, was Floridas Gewässer zu bieten haben. Mit etwas Zitronenbutter und frischen Weißwein können sie ein Abendessen zum Fest machen. Und das Beste: Den Tieren wird nur eine Klaue entfernt, danach kommen sie wieder ins Meer. Binnen zwei Jahren wachsen die Scheren dieser Krebse wieder nach. Lokalempfehlung: »Joe's Stone Crab« in Miami Beach (▶ S. 187).

Spanisch-kubanische Einflüsse

Im Süden der Halbinsel zählen zahlreiche hispanische Gerichte bis heute zu den Küchen- und Restaurantklassikern. Dank mehrerer Hunderttausend kubanischer Einwanderer und Flüchtlinge gehört vor allem die kubanische Variante der hispanischen Küche bereits zum Alltag. So wie »**Tostones Relleno**«, gefüllte grüne Kochbananen mit verschiedenen Beilagen, »**Potaje de frijoles Negros**«, eine Suppe mit schwarzen Bohnen oder »**Pollo y Arroz amarillo**«, Hähnchen mit gelbem Reis. Danach schmeckt eine Karamellcreme, ein »**Flan de Leche**«, und in jedem Fall ein kräftiger »Café Cubano«.

Peruanisch, argentinisch, mexikanisch, jüdisch

Peruanische Restaurants servieren gut gewürzte Meeresfrüchte, argentinische Grillspezialitäten und mexikanische **Tacos**, **Enchilladas** und grüne Chilischoten. Vor allem im Südosten Floridas begegnet man auch Hühnchenleber, **Bagel** und verschiedenen Kohlgerichten. Sie wurzeln in einer starken jüdischen Gemeinde und werden u. a. in über 100 Restaurants serviert, die kosheres Essen bieten.

FEIERN

Das größte Rodeo östlich des Mississippi in Kissimmee, eine zehntägige Party in Pensacola, und Tausende Rocker auf schweren Maschinen in Daytona: Keine Frage, Florida versteht sich aufs Feiern! Seine multikulturelle Bevölkerung feiert heftig, wie beim »Calle Ocho Festival« im März in Little Havana von Miami.

»Reenactments«

Natürlich ist die Geschichte Grund für Festivals oder »Reenactments«, wie man die **Darstellung historischer Ereignisse** nennt, so das möglichst authentische Nachspielen von Bürgerkriegsscharmützeln, wie z. B. im Olustee Battlefield State Historic Park im Februar (▶ S. 156), oder »Drake's Raid 1586« in St. Augustine (▶ Abb. S. 327).

Anlässe zum Feiern

Hinzu kommen **Erntefeste**, wie das Strawberry Festival zur Erdbeerernte in Plant City und das Citrus Festival in Winter Haven, **Kulturfestivals**, wie das Internationale Filmfestival von Miami, **sportliche Ereignisse**, wie die NASCAR Speed Weeks in Daytona (▶ S. 77) oder Festivitäten nur des Vergnügens willen, wie bei den **Paraden** in Walt Disney World oder dem »Fun 'n' Sun« Festival in Clearwater.

»Sunset Celebration«

Auch Selbstverständlichkeiten wie der abendliche **Sonnenuntergang** sind zumindest in zwei Orten auf der Halbinsel Florida Grund genug zu feiern: in ▶ Key West (▶ Magischer Moment, S. 140) und in ▶ Clearwater (▶ S. 260), mit Live-Bands, Artisten, Kunsthandwerkern, die ihre Produkte feilbieten, und einer abendlichen Party.

VERANSTALTUNGSKALENDER

OFFIZIELLE FEIERTAGE
1. Januar:
New Year
3. Mo. im Januar:
Martin Luther King Jr. Day
3. Mo. im Februar:
President's Day
Letzter Mo. im Mai:
Memorial Day (Beginn der
Sommersaison)
4. Juli:
Independence Day
(Unabhängigkeitstag)
1. Mo. im September:
Labor Day (Tag der Arbeit;
Ende der Sommersaison)
2. Mo. im Oktober:
Columbus Day
1. Di. im November:
Election Day (Wahltag)
11. November:
Veterans Day

4. Do. im November:
Thanksgiving (Erntedankfest)
25. Dezember:
Christmas Day

FEIERTAGE NUR IN FLORIDA
15. Febuar: **Susan B. Anthony Day**
Februar/März: **Shrove Tuesday/
Mardi Gras** (Fastnachtsdienstag,
Karneval; regional v. a. in Miami, Little
Havana, und im Florida Panhandle)
März/April: **Good Friday** (Karfreitag;
nur regional), **Easter** (Ostern)
2. April: **Pascua Florida**
(Am 2. April sichtete Ponce de León
die Küste Floridas)
26. April: **Confederate Memorial
Day**
September/Oktober: **Rosh
Hashannah** und **Yom Kippur**
31. Oktober: **Halloween** (regional)
4. Fr. im November **Black Friday**

Beim Fiesta Day in Ybor City, Tampa (Februar)

Im historischen Ballsaal des Cheyenne Saloon in Orlando, einem ehemaligen Opernhaus, kann man das Tanzbein schwingen..

JANUAR

KEY WEST LITERARY SEMINAR
Literatur-Event zu Ehren von Ernest Hemingway, Thornton Wilder und Tennessee Williams.
Key West | www.kwls.org

ART DECO WEEKEND
Veranstaltungen im Art Deco District am South Beach (▶ S. 185).
Miami Beach
www.artdecoweekend.com

GASPARILLA PIRATE FEST
Muntere Hafenfete zu Ehren des blutrünstigen Piraten José Gaspár, gen. Gasparilla, der einst diese Gestade unsicher machte (▶ S. 283).
Tampa | letzte Januarwoche
http://gasparillapiratefest.com

GREEK EPIPHANY
Das Erscheinungsfest feiern griechische Einwanderer im Schwammtaucher-Städtchen Tarpon Springs (▶ S. 261).
Tarpon Springs | 6. Jan.

FEBRUAR

NASCAR SPEED WEEKS »DAYTONA 500«
Freunde schneller Autos und Motorräder geben sich ein munteres Stelldichein in ▶ Daytona Beach.
Febr./März | www.daytona internationalspeedway.com

EDISON FESTIVAL OF LIGHTS
Lichterfest mit Umzügen zu Ehren des großen Erfinders.
Fort Myers | 3. Februarwoche | www.edisonfestival.org

COCONUT GROVE ARTS FESTIVAL

Talentierte Nachwuchskünstler stellen im Peacock Park aus.
Miami, Coconut Grove
www.cgaf.com

ARTIGRAS

Mischung aus Kunstfestival und Karneval mit Pferderennen und Flagler-Geburtstagsfeier in Jupiter (▶ S. 229).
Jupiter, Palm Beach
Am Presidents-Day-Wochenende
www.artigras.org

FIESTA DAY

Der Fiesta Day in Tampa ist eine eintägige Straßenfete auf der 7th Avenue in **Ybor City** (▶ S. 288), die mit tollen Food-Theken und heißen Salsarythmen an die Ankunft der ersten Kubaner und die Blütezeit der Zigarrenindustrie erinnert.
Tampa | Ende Februar
http://ybor.org/fiesta-day

BIG CYPRESS SHOOTOUT

Auf dem Gelände der **Big Cypress Seminole Indian Reservation** (▶ S. 230), eine Autostunde von Naples entfernt, werden historische Kämpfe zwischen der US-Kavallerie und Indianern während der Seminolenkriege nachgestellt.
Naples | Ende Februar
www.semtribe.com/calendar/shootout/index.html

BATTLE OF OKEECHOBEE

Detailgetreue Nachstellung der 1837er-Schlacht zwischen der US-Armee und den Seminolen bei Okeechobee.
Okeechobee | letzte Februarwoche
www.okeechobeebattlefield.com

MÄRZ

RIVERSIDE ARTS MARKET

Über 160 Künstler stellen ihre Werke aus. Dazu gibt es Live-Vorführungen, Essen und Trinken.
Jacksonville | März–Dez.,
Sa. 10–15 Uhr | http://ram.
riversideavondale.org

CARNAVAL MIAMI

Ausgelassenes Straßenfest mit karnevalistischem Hintergrund.
Miami Downtown
Karnevalszeit (Feb. oder
1. Märzwoche)
http://carnavalmiami.com

JAZZ IN THE GARDENS

Treffen der weltbesten Jazzer in Downtown Miami.
Miami | Anfang März
www.jazzinthegardens.com

MIAMI FILM FESTIVAL

Neueste US-amerikanische und internationale Produktionen.
Miami | 1. Märzhälfte
https://miamifilmfestival.com

CALLE OCHO FESTIVAL

Volksfest der Exilkubaner in Little Havana (▶ S. 172).
Miami, SW 8th Street
Karnevalszeit (Feb. oder
1. Märzwoche)
www.carnavalmiami.com/
event-view/calle-ocho

APRIL

CONCH REPUBLIC INDEPENDENCE CELEBRATION

Party auf dem Mallory Square aus Anlass der (nicht ernst gemeinten) Unabhängigkeitserklärung der »**Conch Republic**« (▶ S. 20, 140) im Jahr 1982.
Key West | 4. Aprilwoche

FORT LAUDERDALE AIR SHOW

Flugvorführungen der US Air Force und der US Navy.
Fort Lauderdale | Ende April
http://fortlauderdaleairshow.com

JUNI

BILLY BOWLEGS PIRATE FESTIVAL

Die Eroberung der Stadt ▶ Fort Walton durch Piraten (1779) wird nachgespielt.
Fort Walton Beach
www.billybowlegsfestival.com

BLUE ANGELS AIR SHOW

Vorführungen der weltberühmten Kunstflugstaffel.
Pensacola Beach
www.naspensacolaairshow.com

DRAKE'S RAID 1586

Mit viel Rauch, Kanonendonner und guter Laune wird die Belagerung St. Augustines durch Francis Drake (▶ S. 243; Abb. S. 327) nachgestellt.
St. Augustine | Anfang Juni |
www.visitstaugustine.com/event/
drakes-raid-re-enactment

JULI

GOOMBAY FESTIVAL

Karnevalistisch ausgelassene Parties mit viel Musik der Einwanderer von den Bahamas.
Miami, Coconut Grove | www.
goombayfestivalcoconutgrove.com

AMERICA'S BIRTHDAY BASH

Straßenfeste mit Musik und Feuerwerk anlässlich des Unabhängigkeitstages.
Miami Downtown | 4. Juli
www.miami4thofjuly.com

HEMINGWAY DAYS

Lesungen und Live-Musik zu Ehren des großen Schriftstellers und Hausbesitzers in Key West (▶ S. 148).
Key West | 2./3. Juliwoche
www.fla-keys.com/hemingway-days

AUGUST

ID FESTIVAL

Wildes Electro Music Festival.
Miami | 1. Augustwoche

OKTOBER

BIKETOBERFEST

Feucht-fröhliches Oktoberfest für Motorradfans, das sich als eines der größten Treffen der Biker-Gemeinde etablierte.
Daytona Beach | 3. Oktoberwoche
www.daytonabeach.com/bike-toberfest

COLUMBUS DAY REGATTA

Floridas größte Segelregatta.
Miami | 2. Oktoberwoche
http://columbusdayregatta.net

DEZEMBER

ART BASEL MIAMI BEACH

Eine der bedeutendsten Kunstmessen Amerikas (4 Tage), an der über 250 Galerien teilnehmen (▶ S. 338).
Miami Beach | Dezember
www.artbasel.com/miami-beach

SHOPPEN

»Shop 'til you drop ...« – Einkaufen bis zum Umfallen. Dieser Spruch könnte in Florida erfunden worden sein. So üppig und verführerisch ist das Angebot in den Malls, den Einkaufspassagen der Stadtzentren und Museumsshops von Nationalparks.

Luxus-Shopping in der Worth Avenue von West Palm Beach

Einkaufen gehört zu den beliebtesten Vergnügungen im Urlaub. Endlich kann man einmal ohne Zeitdruck durch die Geschäfte bummeln und das Markenhemd, die Sportschuhe oder den todschicken Bikini, und womöglich auch noch zum Schnäppchenpreis, erstehen. Klar, dass das Ferienparadies Florida für die Millionen Urlauber aus aller Welt ein entsprechend breites Angebot in den zahllosen Geschäften bereithält. Die **Einkaufsverführung** wartet überall, und kaum eine(r) kann sich den subtilen Künsten der Werber und Verkäufer entziehen. »Schließlich gönnt man sich ja sonst nichts.« Auch wer davon ausgeht, mit dem Besuch bei der Maus in Orlando bereits den Obolus fürs unbegrenzte Vergnügen entrichtet zu haben, wird vor weiteren Versuchungen nicht gefeit sein.

Ohne Zeitdruck bummeln

Attraktiv können lokale oder regionale Produkte sein, die es nur in Florida gibt. Dazu zählen Erzeugnisse aus Zitrusfrüchten ebenso wie **indisches Kunsthandwerk** und Kreationen hiesiger **Mode-Designer**. Wer farbenfrohe und originelle **Beachwear** sucht, kann auf ▶ Key West, in ▶ Naples, auf ▶ Sanibel Island, im Fashion District von ▶ Miami oder entlang der St. George Street in ▶ St. Augustine leicht fündig werden. Und wer die Daheimgebliebenen mit coolen **Muscheln** vom Strand beeindrucken will, aber selbst keine tollen Exemplare gefunden hat, kann kurz bei der Shell Factory in ▶ Ft. Myers

Lokale und regionale Produkte

MEGA-OUTLETS

Die Mall, ein Konglomerat von oft mehreren Hundert Shops aller Art, ist das Zauberwort. Die großen Department Stores und Marken wie Abercrombie & Fitch, G-Star Raw, Hollister, Victoria's Secret, Bloomingdale's oder H. C. Penney offerieren dort zu jeder Jahreszeit Sonderangebote. Bei den Preisnachlässen in Factory Outlet Malls in Einkaufszentren mit Verkaufsstellen von Markenfabrikaten werden selbst hartgesottene Konsumverweigerer weich.

Die in den **Outlet Malls** vertretenen attraktiven Labels tun natürlich ein Übriges. Modemarken und Outdoor-Produkte sind traditionell stark vertreten, Van Heusen, Armani, Calvin Klein, Dior, DKNY, Tommy Hilfiger, Diane von Fürstenberg, Boss oder Jimmy Choo. Schuhe, wie von Cole Haan, Bally oder Timberland, Mode für Kinder, wie von GAP oder OshKosh B'gosh, Taschen und Koffer von Samsonite oder Gucci, Uhren von Skagen oder TAG Heuer.

Meist liegen die Shoppingfallen an den **Ausfallstraßen** der wichtigsten Urlaubsgebiete und Großstädte, wie ▶ Orlando, ▶ Miami und ▶ Tampa, ▶ Sarasota/Bradenton oder ▶ Fort Myers und kündigen ihre besten Angebote bereits viele Meilen vor der entsprechenden Ausfahrt auf den Billboard-Werbetafeln an.

Mega-Malls wie Sawgrass Mills bei Fort Lauderdale bieten kostenlose **Shuttlebusse** zu Hotels an, andere bieten erschöpften Shoppern große Multiplex-Kinos, Bowlingbahnen und Dutzende günstige Restaurants zur Zerstreuung und Stärkung vor der nächsten Einkaufsrunde.

Shoppen in anderen Dimensionen kann man in der Florida Mall hier in der Nähe von Orlando.

DIE TOLLSTEN OUTLETS

AVENTURA MALL
Die riesige Mall mit rund 350 Geschäften von Apple bis Louis Vuitton liegt gleich im Norden von **Miami** und Miami Beach.
19501 Biscayne Blvd., Aventura
Tel. 1-305-935-1110
Mo.–Sa. 10–21.30, So 12–20 Uhr
www.aventuramall.com

SAWGRASS MILLS
Eine der größten Outlet Malls der Welt mit über 350 Shops erstreckt sich westlich von **Fort Lauderdale** an der Interstate 75.
12801 W Sunrise Blvd., Sunrise
Tel. 1-954-846-2300 | Mo.–Sa. 10–21.30, So. 11–20 Uhr | www.simon.com/mall/sawgrass-mills

THE GARDENS MALL
Mehr als 160 Geschäfte, darunter Nordstrom, Saks Fifth Avenue, Bloomingdale's, Macy's and Sears, finden sich in diesem luxuriösen Shopping Center wenige Meilen nördlich von **Palm Beach**.
3101 PGA Blvd., Palm Beach Gardens
Tel. 1-561-622-2115 | Mo.–Sa. 10–21, So. 12–18 Uhr | www.thegardensmall.com

THE FLORIDA MALL
Riesenmall westl. des **Orlando** International Airport mit Dillard's, J. C. Penney, Macy's, Nordstrom, Saks Fifth Avenue und 250 weiteren Shops. Dazu warten 30 Restaurants und Fast-Food-Imbisse auf hungrige Shopper.
8001 S Orange Blossom Trail, Orlando | Tel. 1-407-851-6255
Mo.–Sa. 10–21, So. 12–18 Uhr
www.simon.com/mall/the-florida-mall

ORLANDO INTERNATIONAL PREMIUM OUTLETS
Reduzierte Ware bekannter Designermarken, wie J. Crew, Kenneth Cole, Lacoste, Neiman Marcus, Polo Ralph Lauren, Saks Fifth Avenue Off 5th, Victoria's Secret, und weiterer 180 Geschäfte.

4951 International Dr., Orlando (Nähe Universal Studios) | Tel. 1-407-352-9600 | Mo.–Fr. 11–23, Sa. 10–23, So. 11–21 Uhr | www.premiumoutlets.com/outlet/orlando-international

TYRONE SQUARE MALL
Mehr als 110 Shops sowie diverse Snack- und Grillrestaurants erwarten die Käufer in **St. Petersburg** auf dem Festland nicht weit von der vorgelagerten Insel Treasure Island.
6901 22nd Ave N, St. Petersburg
Tel. 1-727-347-3889 | Mo.–Sa. 10–21, So. 11–19 Uhr | www.simon.com/mall/tyrone-square/stores

ELLENTON PREMIUM OUTLETS
Republic, Calvin Klein, Coach, J. Crew, Kenneth Cole, Lacoste, Lucky Brand, Nike, Saks Fifth Avenue Off 5th sind unter den rund 130 Geschäften nicht weit von **Sarasota** und **Bradenton**.
5461 Factory Shops Blvd., Ellenton
Tel. 1-941-723-1150 | Mo.–Sa. 10–21, So. 10–19 Uhr | www.premiumoutlets.com/outlet/ellenton

MIROMAR OUTLETS
Komfortable Anlage in mediterranem Stil am Rande von **Fort Myers** mit 140 Geschäften von Abercrombie & Fitch bis Zumiez.
10801 Corkscrew Rd., Estero
Tel. 1-239-948-3766
Mo.–Sa. 10–21, So. 11–18 Uhr
www.miromaroutlets.com

SILVER SANDS FACTORY STORES
In diesem Riesen-Outlet 13 km östlich von **Destin** mit über 100 Läden gibt es Preiswertes u. a. von Tommy Hilfiger, Nike und Reebok.
10562 Emerald Coast Parkway/US-98
März–Dez. Mo.–Sa. 10–21, So. 10–18, Jan., Feb. Mo.–Sa. 10–19, So. 12–18 Uhr
www.premiumoutlets.com/outlet/silver-sands

vorbeischauen und sich aus dem überwältigenden Angebot das Richtige aussuchen.

Shell Factory: 2787 N Tamiami Trail (US-41), N Ft. Myers
Tel. 1-239-995-2141 | www.shellfactory.com

Von Hand gerollt Für echte Männer (und Raucher/innen) gehören sicher auch **Zigarren** zu den begehrten Mitbringseln, die beispielsweise in Ybor City, Tampa, von kubanischen Einwanderern nach alter Tradition von Hand gerollt werden (▶ Baedeker Wissen, S. 290).

Einfuhrzoll Wer günstig einkaufen möchte, wird sicher immer den Wechselkurs im Auge behalten. Mindestens genauso wichtig aber ist es, die **Einfuhrhöchstmengen** bei der Wiedereinreise im Heimatland zu beachten. So sind bei der Wiedereinreise in die EU Waren im Wert von 430 Euro pro Person (Kinder unter 15 Jahren: 175 Euro) frei. Bei Waren im Wert von 431–700 Euro ist der Einkauf bei der Ankunft anzumelden und wird mit pauschal 17,5 % Steuer belegt. Kaufquittungen also am besten aufbewahren, sonst schätzen die Zollbeamten den Wert der Waren (oft zu Ungunsten des Reisenden). Besonders ärgerlich, wenn sich das vermeintliche Schnäppchen für 400 $ im Nachhinein als richtig teurer Einkauf entpuppt.

ÜBERNACHTEN

Camping auf einer Holzplattform im Mangrovenwald? Kein Problem. Abhängen in einem Beach Bungalow mit eigenem Butler und Blick auf den Atlantik? Ebenfalls kein Thema, von dem saftigen Preis vielleicht einmal abgesehen. Tennis- und Golfspieler nächtigen nur wenige Schritte von Court und Green entfernt, Angler in Sichtweite der Fishing Pier. Schöner schlafen, à la Florida!

Jedem sein Traumzimmer Man könnte auch sagen: Jedem sein persönliches kleines Paradies. Denn die Chancen, nicht nur seinen Traumstrand, sondern auch seine Traumherberge zu finden, stehen gut. Floridas Tourismusindustrie reagiert nämlich auf die schon chronischen neuen Besucherrekorde Jahr für Jahr mit immer mehr Hotelzimmern. Allein im Raum Miami kamen 2016 über 2000 Zimmer und Suiten zu den bereits rund 400 000 in Florida existierenden hinzu. Bei 1300 km Strand verständlicherweise besonders beliebt sind **Beach Resorts** – vor allem in Städten wie ▶ Miami, ▶ Key West und ▶ Ft. Lauderdale, wo Sand, Strand und Beach Life quasi unmittelbar vor der Haustür stattfinden. So gibt es vor allem am Wasser, besonders in Miami und South Beach, den neuesten Trends entsprechend gestylte **Boutique Hotels**, nicht wenige mit hohem **Promi-Faktor**. Man findet aber auch, vor allem in South Beach und in Key West, **familiäre Hotels** mit **Regenbogenfahne** an der Tür, die besonders, aber nicht nur, gleichgeschlechtliche Paar willkommen heißen, und in denen man am liebsten schon in der Lobby die Hausschuhe überstreifen möchte. Und es gibt für alle, die mit Kindern reisen, sog. **Family Resorts** mit großen Spielplätzen, weitläufigen Badelandschaften und kindgerechter Animation. Und mitten in dieser von großen Konzernen und illustren Unternehmern dominierten Hotellandschaft verstecken sich hier und da und oft im Schatten vielstöckiger Strandresorts noch immer jene knuddeligen, in Familienbesitz befindlichen Motels, Inns und Bed & Breakfasts, in denen die Besitzer höchstselbst nach dem Rechten sehen und Gäste per Handschlag begrüßen.

Landeinwärts versickert der Touristenstrom, und Floridas flamboyante Hotelindustrie nüchtert aus. Bereits an der Peripherie der Ballungszentren übernehmen erschwingliche, strategisch günstig gleich neben die Ausfahrten von Highways und Interstates gestellte Tagungs- und **Kettenhotels**. Mehr Motels mit 1950er-Jahre-Charme und nostalgische **B&Bs** als an den Stränden gibt es in Floridas ländlichen Gegenden und entlang der nach Norden strebenden Straßen, auf denen die »Snowbirds« genannten Urlauber aus dem Norden von

Im Landesinneren

Luxus unter Palmen bietet das PGA National Resort & Spa in Palm Beach.

jeher vor dem Winter nach Süden fliehen. Vor allem in Nord-Florida, wo für die Menschen in Miami Beach und den Keys der (konservative) Süden der USA beginnt, hat sich noch schöne alte, in Unterkünfte verwandelte **Südstaatenarchitektur** erhalten. Veranden mit Schaukelstühlen, über hundert Jahre alten, bei jedem Schritt knarrenden Holzdielen und handgefertigten Theken in gemütlichen kleinen Bars und Pubs: In vielen kleinen Hotels in Städtchen wie Mount Dora (▶ S. 221) und ▶ Apalachicola scheint die Zeit Anfang der 1960er-Jahre stehengeblieben zu sein.

Themenhotels
Tatsächlich bedeuteten die 1960er-Jahre eine Zäsur für Florida. Micky Maus kam nach Orlando, und bald inspirierte (Walt) Disney World weitere **Mega-Themenparks** nicht nur in der Greater Orlando Area, sondern auch in ▶ Tampa und anderen Städten. Orlando wurde der Honig, der Touristen aus aller Welt herbei lockte und die Besucherzahlen des Sonnenscheinstaats in astronomische Höhen schießen ließ. Und natürlich inspirierten die gigantischen Fantasiewelten auch die Hotelindustrie. In riesigen **Themenhotels** (Adressen auf den Websites der Parks und im Reiseteil Ziele A–Z) geht der Spaß nach dem Besuch bei Micky Maus und Harry Potter weiter: Die Palette reicht von polynesischen Unterkünften, in denen man sich in Bora Bora wähnt, über Wildnislodges, in denen man sich wie in einem echten Nationalpark fühlt, bis zum weltersten Star-Wars-Hotel, das 2019 eröffnen soll. Kurz: Der Fülle der Übernachtungsmöglichkeiten in Florida ist keine Grenze gesetzt!

Preise
In den USA werden **Zimmerpreise** berechnet, wobei es meist egal ist, ob in einem Zimmer nur eine, zwei, drei oder gar vier Personen übernachten. Als ungefähre Richtwerte für eine Übernachtung (Zimmerpreise) sind zu veranschlagen: First Class, Luxus über 200 $, komfortabel, gehoben ab 110 $, preiswert unter 110 $.
In den meisten Hotels und Motels ist ein **Frühstück** im Zimmerpreis meist **nicht enthalten** – im Gegensatz zu den **Bed & Breakfasts**. Werden ein »Complementary Breakfast« oder »Continental Breakfast« angeboten, findet dies meist in einer zur Lobby geöffneten Ecke statt und besteht aus Toast, Bagels und dünnem Kaffee. Opulent pflegt dagegen das Frühstück in einer B & B-Unterkunft zu sein.

Neben- und Zusatzkosten
Zu den Übernachtungskosten muss man Steuern und Abgaben rechnen, die bis zu 15% des Nettobetrages ausmachen können. Viele Hotels berechnen Parkgebühren, Ferngespräche über die Hotelleitung, die Benutzung des hoteleigenen WLAN und Safe-Benutzungsgebühren extra.

Sondertarife
Viele Unterkünfte bieten günstige Wochenendtarife oder Sonntag-auf-Montag-Preise an.

NÜTZLICHE ADRESSEN

HOTELKETTEN

BEST WESTERN
Tel. 1-800-257-1853
bestwesternflorida.com

CHOICE HOTELS
(Comfort Inn, Sleep Inn)
Tel. 1-877-424-6423
www.choicehotels.com/florida

DAYS INN
Tel. 1-800-225-3297
www.daysinn.com

HILTON
Tel. 1-800-445-8687
www.hiltonhotels.de

HOLIDAY INN
Tel. 1-877-660-8550
www.ihg.com

HOWARD JOHNSON
Tel. 1-800-221-5801
www.wyndhamhotels.com/hojo

HYATT
Tel. 1-240-650-2104
www.hyatt.com

MARRIOTT
Tel. 1-888-236-2427
www.marriott.com

MOTEL 6
Tel. 1-800-466-8356
www.motel6.com

RADISSON
Tel. 1-800-333-3333
www.radisson.com

RAMADA
Tel. 1-800-854-9517
www.wyndhamhotels.com/
ramada

SUPER 8 MOTELS
Tel. 1-800-454-3213
www.wyndhamhotels.com/
super-8

TRAVELODGE
Tel. 1-800-525-4055
www.wyndhamhotels.com/
travelodge

BED & BREAKFAST

FLORIDA BED & BREAKFAST INNS
Tel. 1-561-223-9550
www.florida-inns.com

AMERICAN HISTORIC INNS
Tel. 1-949-481-7276
www.iloveinns.com

JUGENDUNTERKÜNFTE

HOSTELLING INTERNATIONAL USA, FLORIDA COUNCIL
Tel. 1-240-650-2104
www.hiusa.org/hostels/florida

YMCA
Tel. 1-800-872-9622
www.ymca.net

YWCA
Tel. 1-202-467-0801
www.ywca.org

CAMPING

FLORIDA ASSOCIATION OF RV PARKS & CAMPGROUNDS
Tel. 1-850-562-7151 | www.farvc.org

KAMPGROUNDS OF AMERICA (KOA)
Tel. 1-888-562-0000 u.
Tel. 1-406-255-7402
www.koa.com

Recht-zeitig buchen	Es ist ratsam, besonders während der Hauptreisezeiten **Zimmer-reservierungen** im Voraus telefonisch oder per E-Mail vorzunehmen. Unterkunftsverzeichnisse (»Accomodation Guides) sind bei den örtlichen Touristenbüros erhältlich und auch im Internet zu finden.
Jugend-herbergen (Youth Hostels)	Der Jugendherbergsverband **Hostelling International USA** (HI USA) ist dem Internationalen Jugendherbergsverband angeschlossen und stattet seine Häuser nach dessen Normen aus. Die Preise bewegen sich zwischen 15 und 40 $ pro Nacht. **Achtung!** Auch unter den Jugendherbergen gibt es etliche »Schwarze Schafe«, die in keiner Weise den Normen des Internationalen Jugendherbergsverbands entsprechen und diesem auch nicht angehören. Die wirklichen Jugendherbergen erkennt man am dreieckigen HI USA-Logo mit dem bekannten Haus- und Baum-Symbol.
YMCA, YWCA	In größeren Städten stehen Herbergen der christlichen Verbände YMCA (Young Men's Christian Association) und YWCA (Young Women's Christian Association) für Übernachtungen zur Verfügung.
»Dorms«	Während der Hochschulferien kann man in Floridas Universitätsstädten (u. a. ▶ Miami, ▶ Tampa, ▶ Gainesville) preisgünstig in **Studenten- und Dozentenwohnheimen** logieren. Infos halten die örtlichen Hochschulverwaltungen und Touristenbüros bereit.
Wildes Campen	Freies oder wildes Kampieren ist in den USA **verboten**. Ausnahmebewilligungen müssen jeweils bei der in Frage kommenden Kommunalverwaltung beantragt werden.

▌ Tipps für Pfennigfuchser

Verhandeln lohnt sich	Alles wird immer teurer! Treibstoffkosten, Flughafengebühren, Hotel- und Service-Steuern, Reiseversicherungen – von den Lebenshaltungskosten am Zielort ganz zu schweigen. Das Reisen ist bis heute ein nicht gerade billiges Vergnügen. Es gibt jedoch zahlreiche Möglichkeiten seine Reisekasse zu schonen – besonders in den USA, wo der Kampf um zahlende Kunden schon immer mit ziemlich harten Bandagen ausgetragen wurde. Leere Hotelbetten, halbleere Flugzeuge und schwach besetzte Restaurants werden inzwischen nicht mehr so problemlos verkraftet wie noch vor ein paar Jahren. Vor allem in der Hotelbranche gilt deshalb der Satz: Lieber die Preise senken, als gar keine Kasse zu machen. Vom preisbewussten Touristen erfordert dies Flexibiliät und die Bereitschaft, Markt und Internet nach Last-Minute-Deals zu durchforsten. Nachstehend ein paar Tipps, wie man sich als Reisender im Dschungel der unterschiedlichsten Vergünstigungen zurechtfindet.

Verhandeln Sie auch im Fünf-Sterne-Hotel! Wer sich nicht mit dem angebotenen Preis zufriedengibt, wird in vier von fünf Fällen zumindest mit einem niedrigeren Zimmerpreis oder einem Upgrade belohnt. **Hotel-Angebote**

Verlassen Sie sich nicht darauf, dass die als »corporate rates« ausgewiesenen Sonderkonditionen für Firmen die niedrigsten Preise sind. Es lohnt sich meistens, nach der »cheapest non-refundable rate« zu fragen. Einige Hotelketten, wie Beispiel Best Western, bieten auch »low rate programs«. Die genauen Bedingungen findet man auf den jeweiligen Homepages der Unternehmen. **Cheapest Rate**

Vergessen Sie die gebührenfreien 800-Nummer, wenn Sie auf der Suche nach Sonderpreisen sind. Rufen Sie das Hotel direkt an und fragen Sie nach »discounts« und aktuellen »package deals«! **Sonderpreise**

Regelmäßig die Facebook- und Twitter-Seiten der Hotels, Hotelketten und -vereinigungen zu studieren, kann sich ebenfalls lohnen. Dort werden nicht selten und zumeist ziemlich kurzfristig sehr preisgünstige Sonderangebote gepostet. **Gepostete Angebote**

Unter »Deals« oder ganz schlicht unter dem $-Zeichen der offiziellen Tourismus-Seiten der US-Bundesstaaten findet man in der Regel aktuelle Preisnachlässe von Hotels, Resorts und B & Bs. **Deals und $-Zeichen**

Besuchen Sie die offiziellen Besucherzentren des US-Bundesstaates bzw. der Tourismusregionen! Die dort ausliegenden Broschüren und Prospekte sind nicht nur schön bunt, sondern enthalten auch Coupons zum Ausschneiden. Diese ermöglichen beim Einchecken einen Preisnachlass zwischen 10 und 25 Prozent – manchmal auch mehr. **Coupons**

Wer eine Rundreise plant und nie länger als zwei oder drei Mal im selben Hotel übernachten will, dem seien die im Internet abrufbaren und manchmal stark verbilligten Hotelgutscheine empfohlen. **Internet-Gutscheine**
www.hotelcoupons.com

P

PRAKTISCHE INFOS

Wichtig, hilfreich präzise

Unsere Praktischen Infos
helfen in allen Situationen
in Florida weiter.

Begegnung am Harbor Walk in Destin: Braune Pelikane ▶

KURZ & BÜNDIG

ELEKTRIZITÄT
Die Stromspannung beträgt 110 Volt, 60 Hertz. Für Geräte nach europäischer Norm braucht man einen **Adapter**, erhältlich in vielen einschlägigen Geschäften, z. B. Radio Shack (Abt. Appliances).

NOTRUFE IN FLORIDA

POLIZEI, AMBULANZ, FEUERWEHR
Tel. 911
Sollte unter dieser Nummer keine Hilfe erreichbar sein, ruft man Tel. 0 (**Operator** der Telefonzentrale).

FLORIDA HIGHWAY PATROL (AUTOBAHNPOLIZEI)
Tel. FHP

NOTRUFSÄULEN
Entlang viel befahrener Fernverkehrsstraßen (Interstates) sind Notrufsäulen aufgestellt.

US-AUTOMOBILKLUB AAA
Tel. 1-800-AAA-HELP
Tel. 1-800-222-4357

ADAC-NOTRUF USA
Tel. 1-888-222-1373

NOTRUFE NACH EUROPA

ADAC-NOTRUFZENTRALE MÜNCHEN
Tel. 00 49 89 22 22 22

DRK-FLUGDIENST DÜSSELDORF
Tel. 00 49 211 91 74 99 39

DEUTSCHE RETTUNGS-FLUGWACHT STUTTGART
Tel. 00 49 71 17 00 70

NOTRUFDIENST ÖSTERREICH
ÖAMTC-Notrufzentrale Wien
Tel. 00 43 12 51 20 00

NOTRUFDIENST SCHWEIZ
Schweizerische Rettungsflugwacht Zürich
Tel. 00 41 4 46 54 33 11

ÖFFNUNGSZEITEN
Geschäfte öffnen Mo.–Sa., in den Malls meistens 10–21, So. 12–17 Uhr. Größere **Banken** haben samstags (8–12 Uhr) einen Autoschalter geöffnet. Einige **Postämter** sind samstags von 9–12 Uhr geöffnet. Viele **Museen** sind Mo. geschlossen. **Apotheken** haben in größeren Städten teilweise 24 Std. geöffnet.

ZEIT
Der größte Teil Floridas gehört zur **Eastern Time Zone**. Gegenüber der Mitteleuropäischen Zeit liegt er sechs Stunden zurück. Der westliche Panhandle gehört zur **Central Time Zone** und liegt gegenüber Rest-Florida eine Stunde zurück. Von Mitte März bis Anfang November wird auf **Sommerzeit** umgestellt.

WAS KOSTET WIE VIEL?
Tasse Kaffee: ab 1,50 $
Pint Bier: ab 5 $
Einfache Mahlzeit: ab 8 $
3-Gang-Dinner: ab 20 $
Einfache Unterkunft: ab 40 $
Gehobene Unterkunft: ab 80 $
1 Gallone Benzin (3,8 l):
ca. 2,40–2,80 $

Hilfreich ist die **App GasBuddy**, welche jeweils die günstigste Tankstelle der Umgebung anzeigt.
www.gasbuddy.com

ANREISE · REISEPLANUNG

Von allen wichtigen Flughäfen im deutschsprachigen Raum (u. a. Düsseldorf, Frankfurt a. M., München, Hamburg, Berlin, Stuttgart, Zürich und Wien) gibt es täglich **Linien- und Charterflüge** nach Florida. Die wichtigsten Zielflughäfen in Florida sind Miami, Orlando, Fort Lauderdale, Fort Myers und Tampa. Ein **Nonstop-Flug** Florida dauert etwa 9 Stunden. Günstige Flüge bieten an: Deutsche Lufthansa, Condor, Air France/KLM, British Airways, United und American Airlines.

Wer den Trans-Atlantik-Flug mit einer US-Fluggesellschaft absolviert, kann in den Genuss preisgünstiger Rundreise- und Ausflugtarife kommen. Mit einem **Air Pass** oder entsprechenden Coupons ist es möglich, auch andere Ziele in den Vereinigten Staaten zu besuchen.

Mit dem Flugzeug

NÜTZLICHE ADRESSEN

FLUGGESELLSCHAFTEN

AIR FRANCE
Tel. 0 18 05 83 08 30 (D)
Tel. 01 5 02 22 24 00 (A)
Tel. 08 48 74 71 00 (CH)
Tel. 1-800-237-2747 (USA)
www.airfrance.com

AMERICAN AIRLINES
Tel. 0 18 05 11 37 09 (D)
Tel. 04 46 54 52 56 (CH)
Tel. 1-800-433-7300 (USA)
www.aa.com

BRITISH AIRWAYS
Tel. 0 18 05 26 65 22 (D)
Tel. 01 79 56 75 67 (A)
Tel. 08 48 84 58 45 (CH)
Tel. 1-800-847-9297 (USA)
www.britishairways.com

DELTA AIR LINES
Tel. 0 18 03 33 78 80 (D)
Tel. 01 79 56 70 23 (A)
Tel. 08 44 000 074 (CH)
Tel. 1-800-241-4141 (USA)
www.delta.com

DEUTSCHE LUFTHANSA
Tel. 0 18 05 80 58 05 (D)
Tel. 08 10 10 25 80 80 (A)
Tel. 09 00 90 09 22 (CH)
Tel. 1-800-645-3880 (USA)
www.lufthansa.com

KLM
Tel. 0 18 05 25 47 50 (D)
Tel. 08 10 31 08 90 (A)
Tel. 09 00 35 95 56 (CH)
Tel. 1-800-618-0104 (USA)
www.klm.com

UNITED
Tel. 0 18 05 80 58 72 (D)
Tel. 08 20 95 10 01 (A)
Tel. 08 48 00 08 72 (CH)
Tel. 1-800-538-2929 (USA)
www.united.com

SCHIFFSREISEN

HAPAG-LLOYD
Ballindamm 25, 20095 Hamburg
Tel. 0 40 30 70 30 70
www.hl-cruises.de

KUONI REISEN AG
DER Touristik Suisse AG
Herostrasse 12
8048 Zürich
Tel. 0 58 702 72 72
www.kuoni.ch

FRACHTSCHIFF-TOURISTIK
KAPITÄN ZYLMANN GMBH
Mühlenstraße 2
24376 Kappeln
Tel. 0 46 42 96 55-0
www.zylmann.de

BAHNREISEN

AMTRAK
Tel. 1-800-872-7245 (USA)
www.amtrak.com

CRD INTERNATIONAL
Große Elbstraße 68
22767 Hamburg
Tel. 0 40 30 06 16 70 (D)
www.crd.de

Mit dem Kreuzfahrtschiff Etliche zwischen Europa und Amerika verkehrende Kreuzfahrtschiffe laufen regelmäßig Floridas Metropole Miami an. Im meistfrequentierten Kreuzfahrthafen der Erde beginnen oder beenden viele Touristen ihre Seereise. Weitere **Kreuzfahrt-Destinationen** in Florida sind Port Everglades (Fort Lauderdale), Port Canaveral (in der Nähe des Weltraumbahnhofs) sowie der Golfküstenhafen Tampa.
Port Miami: www.miamidade.gov/portmiami/cruise-terminals.asp

Mit dem Frachtschiff Wachsender Beliebtheit erfreut sich die Atlantik-Passage auf einem Frachtschiff, das für mitfahrende Gäste eigene Kabinen und einen entsprechenden Service bietet. Von Deutschland aus werden u. a. die US-Häfen Miami, Savannah (Georgia) und New Orleans angelaufen.

Mit der Bahn Innerhalb der USA besteht die Möglichkeit, per Bahn nach Florida zu reisen. Täglich pendeln die Expresszüge Silver Star und Silver Meteor zwischen New York und Florida. Sie halten in Jacksonville, Palatka, Deland, Winter Park, Orlando, Kissimmee, Tampa, Lakeland, Winter Haven, Sebring, Okeechobee, West Palm Beach, Delray Beach, Deerfield Beach, Fort Lauderdale, Hollywood und Miami.

❙ Ein- und Ausreisebestimmungen

Reisedokumente Wer eine Reise in die USA plant, sollte vorab unbedingt die tagesaktuellen Informationen der US-Botschaft im jeweiligen Heimatland (▶ S. 386) einholen. Deutsche, österreichische und Schweizer Staatsangehörige, die als Touristen oder Geschäftsreisende in die USA einreisen, nehmen am **Visa Waiver Program** (**VWP**) teil und können bis zu 90 Tage ohne Visum einreisen, sofern sie mit einer regulären Fluglinie oder Schifffahrtsgesellschaft ankommen und ein Rückflugticket vorweisen können. Bei der Einreise werden digitale Abdrücke sämtlicher Finger sowie ein digitales Porträtfoto angefertigt. Auch bei der Ausreise werden Fingerabdrücke genommen.

Die erlaubte **Aufenthaltsdauer** wird individuell festgelegt und soll dem Reisezweck entsprechen. Eine spätere Verlängerung ist nur für Personen möglich, die mit gültigem Visum eingereist sind. Der Tag, an dem man spätestens die USA wieder verlassen muss, wird bei der Einreise in den Pass eingestempelt. Die US-Behörden akzeptieren nur noch **maschinenlesbare Pässe** für die visumfreie Einreise. Auch **Kinder** benötigen einen eigenen Pass. Staatsangehörige von Ländern, die am Visa Waiver Programm teilnehmen, müssen eine **elektronische Einreiseerlaubnis** (Electronic System for Travel Authorization: **ESTA**) vorweisen. Diese ist vor der Einreise gebührenpflichtig (derzeit 14 $ pro Antrag) im Internet einzuholen und gilt für beliebig viele Einreisen innerhalb eines Zeitraums von zwei Jahren.

VWP: www.visumusa.net/visa-waiver-program
ESTA: https://esta.cbp.dhs.gov/esta

Visumspflicht

Ein Visum benötigen Personen, die nicht mit einem regelmäßigen Verkehrsmittel einreisen, Personen, die vorhaben, eine Ausbildungsstätte zu besuchen, Teilnehmer an Austauschprogrammen (z. B. Schüleraustausch), Personen, die eine (auch nur vorübergehende) Tätigkeit ausüben wollen (auch Journalisten und Au-Pair-Mädchen!); Personen, die eine Forschungsarbeit durchführen; Personen, die in den USA heiraten und anschließend dort wohnen wollen.

Haustiere

Wer seinen Hund mitnehmen will, hat ein tierärztliches Gesundheits- und Tollwutimpfzeugnis vorzulegen, das mindestens einen Monat bzw. maximal 12 Monate vor der Abreise ausgestellt sein muss und nicht länger als ein Jahr gilt. Für alle anderen Haustiere wird ein tierärztliches Gesundheitszeugnis verlangt.

Nationaler Führerschein

Wer selbst ein Auto steuern will, muss einen gültigen nationalen Führerschein vorweisen können. Der internationale Führerschein wird nur zusammen mit dem nationalen Führerschein anerkannt.

Einreisekontrolle

Bei der Grenzkontrolle müssen ausreichende **Finanzmittel** nachgewiesen werden, um den Aufenthalt bestreiten bzw. ein Weiter- oder Rückreiseticket besorgen zu können. Es ist ratsam, sich vor Reiseantritt beim zuständigen Konsulat über die neuesten Vorschriften zu erkundigen. Im Luft- und Seeverkehr werden äußerst penible **Sicherheitskontrollen** durchgeführt. Deshalb sollte man unbedingt genügend Zeit einplanen, um die Kontrollstationen passieren zu können.

▌Zollbestimmungen

Einreise in die USA

Bei der Einreise sind eine **Immigration Card** (Einreiseerlaubnis) und eine **Customs Declaration** (Zollerklärung) auszufüllen. **Zollfrei** eingeführt werden dürfen Gegenstände des persönlichen Bedarfs (u. a. Kleidungsstücke, Toilettenartikel), Foto- und Videokameras, Filme, Fernglas, Sportausrüstung; für über 21-Jährige 1 Quart (ca. 1 l) alkoholische Getränke, 200 Zigaretten oder 50 Zigarren oder 3 US-Pfund (lbs; ca. 1350 g) Tabak. Zusätzlich können pro Person **Geschenke** bis zum Gegenwert von 100 US-$ (ausgenommen: Alkohol und Zigaretten) eingeführt werden. **Verboten** ist die Einfuhr von Lebensmitteln, Pflanzen, Süßigkeiten und Obst.
Infos: https://de.usembassy.gov/de/faqs/zoll

Wiedereinreise in die EU

Zollfrei sind Reiseandenken bis zu einem Gesamtwert von 430 € (Reisende unter 15 Jahren: 175 €; Zölle ▶ S. 372). Darüber hinaus sind zollfrei (für Personen über 15 Jahre): 500 g Kaffee oder 200 g Pulverkaffee und 100 g Tee oder 40 g Teeauszüge, 50 g Parfüm und 0,25 l Toilettenwasser sowie für Personen über 17 Jahre 1 l Spirituosen mit mehr als 22 Vol.-% Alkohol oder 2 l Spirituosen mit weniger als 22 Vol.-% Alkohol oder 2 l Schaumwein und 2 l Wein sowie 200 Zigaretten oder 100 Zigarillos oder 50 Zigarren oder 250 g Rauchtabak.

Wiedereinreise in die Schweiz

Freimengen für die Schweiz: 250 g Kaffee, 100 g Tee, 200 Zigaretten oder 50 Zigarren oder 250 g Rauchtabak, 2 l alkoholische Getränke bis 15 Vol.-% und 1 l alkoholische Getränke über 15 Vol.-%. Souvenirs dürfen bis zu einem Wert von 300 CHF zollfrei eingeführt werden.

▌Reiseversicherungen

Kranken- und Unfallversicherung

Behandlungen erfolgen gegen Vorkasse oder direkte Bezahlung. Ein Krankenhausaufenthalt kann extrem teuer werden. Eine Krankenversicherung unter Einschluss der USA wird empfohlen, ebenso eine belastbare Kreditkarte. In vielen Fällen ist es günstiger, nach Hause zurückzufliegen und sich dort behandeln zu lassen. Vor einer USA-Reise sollte man unbedingt mit seiner Kranken- und Unfallversicherung Rücksprache halten, wie weit sich deren Schutz erstreckt. In den meisten Fällen empfiehlt sich der Abschluss einer **Reisekranken-** und **Reiseunfallversicherung**.

Haftpflichtversicherung

In den USA besteht Versicherungspflicht. Allerdings wird die heimische Kfz-Haftpflichtversicherung in den USA nicht anerkannt. Man sollte sich vor der Abreise in die USA um eine Risikodeckung durch eine in den USA anerkannte Versicherung kümmern. Nähere Auskünfte erteilen Reisebüros, Versicherungsagenten und Automobilklubs.

AUSKUNFT

Der US-Bundesstaat Florida sowie die Vereinigten Staaten selbst unterhalten derzeit keine eigenen Touristenbüros im deutschsprachigen Raum. In Deutschland gibt es jedoch einige Marketing-Büros, die Auskünfte über Florida oder einzelne Städte und Regionen im »Sunshine State« geben.

Touristenbüros

AUSKUNFT IN FLORIDA

VISIT FLORIDA
PO Box 1100, Tallahassee,
FL 32302-1100 | Tel. 1-888-735-2872
www.visitflorida.com/de.html

AUSKUNFT IN DEUTSCHLAND

FLORIDA KEYS & KEY WEST
c/o Get It Across Marketing
Neumarkt 33, D-50667 Köln
Tel. 02 21 47 67 12 14
www.fla-keys.de

GREATER MIAMI CONVENTION & VISITORS BUREAU
c/o ESTM E. Sommer Tourismus
Marketing, Postfach 1425
61284 Bad Homburg
http://miamiandbeaches.com

THE BEACHES OF FT. MEYERS & SANIBEL
Lee County Visitor & CVB
c/o Global Communication
Experts GmbH, Hanauer Land-
straße 184, 60314 Frankfurt
Tel. 0 69 17 53 71 00
www.fortmyers-sanibel.com/de

NAPLES, MARCO ISLAND, EVERGLADES CVB
c/o DiaMonde, Königstr. 10 b
70173 Stuttgart
Tel. 07 11 91 25 76 10
www.paradisecoast.de

VISIT ORLANDO
Angelbergstr. 7, 56076 Koblenz
Tel. 0 26 19 73 06 73; 80 01 00 73 25
www.visitorlando.com/ge gl/

SARASOTA TOURIST INFORMATION
c/o Lieb Management & Beteili-
gungs GmbH, Bavariaring 38
80336 München
Tel. 08 96 89 06 38 51
www.visitsarasota.org/

VISIT ST. PETE/CLEARWATER
c/o MSWolf Marketing
Postfach 1806, 61288 Bad Hom-
burg | Tel. 0 61 72 38 80 94 80
www.VisitStPeteClearwater.com/

SEAWORLD PARKS & ENTERTAINMENT
Luisenstr. 7, 63263 Neu-Isenburg
Tel. 0 61 02 36 66 36
www.noblekom.de/de/p/
seaworld_start/

VISIT TAMPA BAY
c/o V. Sommer Touristik Marketing, 63739 Aschaffenburg
Tel. 0 60 21 32 53 03
e-mail tampa@touristiksommer.de
www.visittampabay.com/

UNIVERSAL ORLANDO
c/o AKB Consulting GmbH
Eisgrubweg 23, 55116 Mainz
Tel. 06 13 16 27 74 14
www.universalorlando.com

THE WALT DISNEY COMPANY (GERMANY) GMBH PARK & RESORTS

Kronstadter Str. 9
81677 München
e-mail: wdwinfo@disney.de
www.disneyworld.de

US-VERTRETUNGEN IN DEUTSCHLAND

US-BOTSCHAFT IN BERLIN

14191 Berlin | Clayallee 170
Tel. 0 30 83 05 0
https://de.usembassy.gov/de/

GENERALKONSULAT IN DÜSSELDORF

Willi-Becker-Allee 10
Tel. 0 21 17 88 89 27

GENERALKONSULAT IN FRANKFURT

Gießener Str. 30
Tel. 0 69 75 35 0

GENERALKONSULAT IN HAMBURG

Alsterufer 27/28
Tel. 0 40 41 17 11 00

GENERALKONSULAT IN LEIPZIG

Wilhelm-Seyfferth-Straße 4
Tel. 03 41 21 38 40

GENERALKONSULAT IN MÜNCHEN

Königinstraße 5
Tel. 089 28 88 0

US-BOTSCHAFT IN ÖSTERREICH

Boltzmanngasse 16, A-1090 Wien
Tel. 01 31 33 90
https://at.usembassy.gov/de/

US-BOTSCHAFT IN DER SCHWEIZ

Sulgeneckstrasse 19
CH-3007 Bern | Tel. 03 13 57 70 11
https://ch.usembassy.gov

DEUTSCHE VERTRETUNGEN IN DEN USA

EMBASSY OF THE FEDERAL REPUBLIC OF GERMANY

2300 M Street NW
Washington D.C. 20007
Tel. 1-202-298-4000
Pass- & Visastelle: Tel. 1-202-298-4224 | www.germany.info

CONSULATE GENERAL OF THE FEDERAL REPUBLIC OF GERMANY

100 N. Biscayne Blvd.
Suite 2200, Miami, FL 33132
Tel. 1-305-358-0290
www.germany.info

ÖSTERREICHISCHE VERTRETUNGEN IN DEN USA

EMBASSY OF AUSTRIA

3524 International Court NW
Washington D.C. 20008
Tel. 1-202-895-6700
e-mail: washington-ob@bmeia.gv.at
www.austria.org

AUSTRIAN CONSULATE

2445 Hollywood Blvd.
Hollywood FL 33022-2480
Tel. 1-954-925-1100
office@austrianconsulatemiami.com

SCHWEIZERISCHE VERTRETUNGEN IN DEN USA

EMBASSY OF SWITZERLAND

2900 Cathedral Ave. NW
Washington D.C. 20008-3499
Tel. 1-202-745-7900
www.eda.admin.ch/eda/de/

CONSULATE OF SWITZERLAND

1011 N Wymore Rd.
Winter Park, FL 32789
Tel. 1-407-645-3500
www.eda.admin.ch/eda/de/

BARRIEREFREIES REISEN

Floridas Bauvorschriften sind behindertenfreundlich. Öffentliche Gebäude, Flughäfen, Häfen, Hotels, Bürgersteige und Restaurants sind entsprechend ausgestattet. Selbst die Bürgersteige sind behindertengerecht angelegt. Überall gibt es besonders ausgewiesene **Behindertenparkplätze**. Auch die zahlreichen Attraktionen bieten besondere Dienste für Behinderte (»Handicapped Persons«) an. In den großen Vergnügungsparks kann man Rollstühle ausleihen. Ferner gibt es an vielen Stränden »**Surf Chairs**«, mit denen Gehbehinderte am Strandleben teilnehmen können.

Behindertenfreundlicher »Sunshine State«

REISEAGENTUREN IN DEN USA

FLYING WHEELS TRAVEL
Die Agentur bietet begleitete Reisen und Ausflüge in behindertengerechten Minivans an.
Tel. 1 507 4 51 50 05
www.flyingwheelstravel.com

ACCESSIBLE JOURNEYS
Von dieser Agentur werden hauptsächlich Gehbehinderte und Rollstuhlfahrer betreut.
Tel. 1 610 5 21 03 39
www.disabilitytravel.com

BEHINDERTEN-ORGANISATIONEN

FLORIDA DISABLED OUTDOOR ASSOCIATION (FDOA)
Die Organisation bietet hilfreiche Informationen und Internet-Links.
Tel. 1 850 2 01 29 44
www.fdoa.org

SOCIETY FOR ACCESSIBLE TRAVEL AND HOSPITALITY
Bei SATH sind Informationen und Empfehlungen für Menschen mit Behinderungen aller Art erhältlich. Sie gibt auch das »Open World Maga-zine« heraus. Ihre Website enthält neben allgemeinen Informationen eine Liste mit Web-Adressen zu einzelnen Reisezielen und -veranstaltern
Tel. 1 212 4 47 72 84 | www.sath.org

AMERICAN FOUNDATION FOR THE BLIND
Sehbehinderten Reisenden kann von Mitarbeitern dieser Stiftung geholfen werden.
Tel. 1 800-232-5463 | www.afb.org

MIETWAGEN

WHEELCHAIR GETAWAYS
Die Firma verleiht behindertengerecht ausgestattete Fahrzeuge. Stationen gibt es in West Palm Beach, Fort Lauderdale, Miami, Naples, Fort Myers und Jacksonville. Die Fahrzeuge können an den Flughäfen der genannten Städte übernommen werden.
Tel. 1 425 3 53 82 13
www.wheelchairgetaways.com

REISEHELFERBÖRSE

BUNDESVERBAND SELBSTHILFE KÖRPERBEHINDERTER (BSK)
Der Verband vermittelt Helfer und organisiert barrierefreie Reisen.

Altkrautheimer Str. 17
74238 Altkrautheim/Jagst
Tel. 0 62 94 42 81-0
www.bsk-ev.de

HOTEL- UND REISERATGEBER

**METRO-DADE DISABILITY
SERVICES**
Die Dienststelle publiziert einen
Gratis-Reiseführer für Körperbe-
hinderte unter dem Titel »Directory

of Services for the Physically Disabled
in Dade County«.
1335 NW 14 St., Miami, FL 33125
Tel. 1 305 5 47 54 44

HANDICAPPED REISEN
Der Auslandsreiseführer des Escales-
Verlag enthält auch einige Adressen
aus Florida.
Talstr. 58, 77887 Sasbachwalden
Tel. 07 84 16 84 11 33
www.escales-verlag.de

ELEKTRIZITÄT

Zwischen-
stecker
nötig

In den Vereinigten Staaten von Amerika werden **110 Volt** Wechsel-
strom in die Stromleitungen eingespeist. Weiterhin ist zu beachten,
dass die Frequenz im Gegensatz zu Deutschland (50 Hz) bei 60 Hertz
liegt. Wer elektrische Geräte nach europäischer Norm (220 Volt Wech-
selstrom) mitbringt, braucht einen Zwischenstecker (**Adapter**), den
man am besten schon zu Hause erwirbt. Diese Zwischenstecker sind
in vielen einschlägigen Geschäften wie z. B. »Radio Shack« (Abt.
»Appliances«) erhältlich.

ETIKETTE

Strenge
Regeln für
Alkohol-
konsum

Gesetze und Bestimmungen zum **Alkoholkonsum** sind in den USA
Sache der Bundesstaaten (teilweise sogar der einzelnen Counties)
und variieren daher entsprechend. Das »Legal Drinking Age« liegt in
Florida bei 21 Jahren, d. h. an jüngere Personen wird Alkohol weder
verkauft noch ausgeschenkt. Wein, Bier und Spirituosen sind nur
in Spezialgeschäften (Liquor Stores) erhältlich. Sonntags ist der Verkauf von Alkoholika erst nach 13 Uhr erlaubt. In öffentlich zugänglichen Einrichtungen (Verwaltungsgebäude, Bahnhöfe, Badestrände)
darf kein Alkohol konsumiert werden. Selbst im eigenen parkenden
Fahrzeug ist dies untersagt. Auto fahren unter Alkoholeinfluss wird
strengstens geahndet. Es gilt die 0,8-Promillegrenze (bei Mietautos oft
niedriger). Auch müssen angebrochene Flaschen und Dosen mit alkoholischen Getränken im Kofferraum verstaut werden.

Das Rauchen ist in den USA bereits seit geraumer Zeit verpönt. Alle Fluggesellschaften verfügten Rauchverbote, in öffentlichen Gebäuden darf ebenfalls nicht mehr geraucht werden. Gleiches gilt für fast alle Restaurants. Inzwischen riskiert sogar eine Konfrontation, wer in Gegenwart von Kindern qualmt.

Rauchen ist verpönt

In Florida ist die Begrüßung weniger förmlich als in Mitteleuropa. Man pflegt sich mit dem Vornamen anzureden, wobei jedoch ältere Mitbürger durchaus registrieren, wenn man das höfliche »Mister« bzw. »Miss« benutzt. Im Übrigen beinhaltet die Verwendung des Vornamens keinesfalls den sofortigen vertraulichen Umgang. Amerikaner bleiben Fremden gegenüber zunächst ebenso auf Distanz wie etwa Deutsche, nur sind sie meist höflicher.

Begrüßung

»It's a fine day, isn't it?« Egal, ob im Aufzug oder in einer Warteschlange: Wo man unversehens längere Zeit mit Amerikanern zusammen ist, äußern diese sich bald zu belanglosen Themen. Damit soll aber niemand in ein Gespräch verwickelt werden, sondern man empfindet dies einfach als **Höflichkeit**. Gar nichts zu sagen oder gar sich abzuwenden gilt als rüde und unhöflich – übrigens eine Eigenschaft, die in Amerika zuweilen den Deutschen nachgesagt wird.

Smalltalk

»Come and see us some time!« Man trifft nette Amerikaner und verbringt eine nette Zeit in angeregter Unterhaltung. Zum Schluss wird man mit eingangs erwähnter Aufforderung zu einem neuen Treffen verabschiedet. Eine solche Einladung sollte man nicht wörtlich nehmen, denn sie ist nur eine Höflichkeitsfloskel. In Wahrheit würden die amerikanischen Gesprächspartner nicht schlecht staunen, käme man tatsächlich irgendwann einmal vorbei, ohne den Besuch vorher noch einmal telefonisch rückbestätigt (»reconfirmed«) zu haben.

Einladungen

Dass Amerikaner naive, unbelesene Zeitgenossen sind, ist ein Gerücht, das sich dank immer wieder auftretender Klischee-Amerikaner hält. Die meisten US-Bürger kennen den Unterschied zwischen »Austria« und »Australia« durchaus und wissen auch, dass sie nicht im Paradies leben. Die Kritik von Besuchern aus dem »Alten Europa« an amerikanischen Dauerproblemen wie Rassenfragen, Einwanderungspolitik, Schulsystem, Waffenbesitz und Außenpolitik kann als Unhöflichkeit aufgefasst werden. Man warte besser, bis man nach seiner Meinung gefragt wird. Spätestens dann merkt man, dass auch Amerikaner neugierige und diskutierfreudige Gesprächspartner sind.

Diskussionen

In den USA ist das Trinkgeld nicht im Endpreis enthalten und wird daher gesondert gegeben. Dies ist zwar keine Pflicht, doch das Dienstpersonal in Restaurants und Hotels, das nur bescheidene Löhne erhält, ist auf den »tip« angewiesen. Üblich sind 15 % des

Trinkgeld (Tip)

Rechnungsbetrages vor Steuern, die man im Restaurant auf dem Tisch liegen lässt. Hotelpagen erwarten 1 US-$ pro Koffer, Zimmermädchen 2 US-$ pro Tag. Man kann den Endbetrag beim Auschecken in einem Briefumschlag im Zimmer hinterlassen. Bietet ein Hotel oder Restaurant »Valet Parking«, d. h. Angestellte übernehmen das Parken des Wagens, so erhalten diese für ihren Dienst 1 US-$ (beim Wegbringen des Wagens und beim Vorfahren).

GELD

Landes-
währung
Währungseinheit in den USA ist der US-Dollar (US-$). Außer Geldscheinen im Nennwert von 1, 2, 5, 10, 20, 50, 100 US-$ (im internen Bankverkehr auch größere Noten) sind Münzen im Wert von 1 (»Penny«), 5 (»Nickel«), 10 (»Dime«), 25 (»Quarter«) Cents, seltener von 50 Cents (half-dollar) und 1 Dollar im Umlauf.

Wechsel-
kurse
Der Kurs des US-Dollars schwankt gegenüber den meisten anderen Währungen. Es empfiehlt sich, schon vor dem Abflug Geld zu tauschen und sich mit ausreichend Kleingeld (Münzen und kleine Scheine) einzudecken, denn der Wechselkurs ist in Europa günstiger als in den USA. Im Übrigen ist in den USA ausländisches Bargeld (Euro, Schweizer Franken) wenig willkommen, sodass man seine Reisekasse möglichst aus Kreditkarte, Dollar-Reiseschecks (▶ unten) und einigen Dollars in bar für den Anfang zusammenstellen sollte.

WECHSELKURS (Feb. 2018)

1 EUR = 1,24 US-$	1 CHF = 1,07 US-$
1 US-$ = 0,80 EUR	1 US-$ = 0,94 CHF

Aktuelle Wechselkurse: www.oanda.com/lang/de/currency/converter

Devisenbe-
stimmungen
Die Ein- und Ausfuhr ausländischer und amerikanischer Zahlungsmittel unterliegt keinen Beschränkungen. Die Einfuhr von mehr als 10 000 US-$ muss deklariert werden.

Geldwechsel
In den Terminals der internationalen Flughäfen gibt es Bankfilialen, die Devisen gegen US-Dollar eintauschen. Auch in Touristenzentren akzeptieren manche **Banken** ausländisches Bargeld. In Hotels sollte man allerdings kein Geld tauschen, da der Wechselkurs dort viel schlechter als bei den Banken ist.

Reiseschecks
Es ist auch möglich, vor dem Abflug **Dollar-Reiseschecks** (»Traveller Checks«) zu kaufen, die wie Bargeld gehandhabt werden und in aller

Im Key Biscayne kann man mit Blick auf die Skyline Miamis dinieren –
und sein Geld ausgehen.

Regel anstandslos von Hotels, Restaurants und Geschäften gegen
Vorlage des Reisepasses oder Führerscheins akzeptiert werden. Bei
Diebstahl oder Verlust kann man bei den Filialen der ausstellenden
Firmen unter Vorlage des Kontrollblatts sofort Ersatz für die verloren-
gegangenen Schecks erhalten.

Ein gern benutztes Zahlungsmittel ist die Kreditkarte (Credit Card).
Beim Mieten von Autos ist sie zur Kautionsleistung sogar unerlässlich.
Wer die USA besucht, sollte sich auf jeden Fall eine der gängigen
Karten anschaffen. Weit verbreitet sind Mastercard, Visa und Ameri-
can Express. Wer eine Kreditkarte mit persönlicher Geheimnummer
(PIN) besitzt, kann an **Geldautomaten** (▶ S. 392) gegen eine Gebühr
problemlos Geld abheben.

Kreditkarten

Das bargeldlose Zahlungssystem »Maestro« ermöglicht dem Inhaber
einer BankCard mit dem blau-roten **Maestro-Signet** deren Einsatz
an Maestro-Kassen bzw. Maestro-Geldautomaten (ATM).

BankCard

Bei **Verlust** einer **Credit** oder **BankCard** muss man diese sofort
sperren lassen. Die dafür erforderliche Telefonnummer findet man
auf der Rückseite der Karte bzw. auf der Kreditkartenabrechnung. Es
ist dringend angeraten, sich diese Nummer vor Reiseantritt zu notieren
und mitzuführen. Unter Tel. 0049 11 61 16 kann man für Deutschland

**Sperr-
nummern**

Kreditkarten bei Verlust sperren lassen. Für Österreich gilt die Telefonnummer: 0043 1 7 2048800. In der Schweiz gibt es derzeit keine zentrale Sperrnummer. Die wichtigsten Nummern für den Notfall sind: 0041 044 659 69 00 (Swisscard); 0041 848 88 86 01 (UBS Card Center); 0041 589588383 (VISECA); 0041 44 8 28 32 81 (Postfinance).

Banken und Geldautomaten

Fast in jedem großen Einkaufszentrum und an Flughäfen findet man zumindest eine **Bankfiliale** bzw. **Geldautomaten** (**ATM** = Automated Teller Machine), an denen man gegen Gebühr problemlos Geld abheben kann. Bei Abhebungen mit der Kreditkarte wählt man »credit«, bei der MaestroCard »debit«. Öffnungszeiten der Banken sind im Allgemeinen Mo.–Fr. 10–15, Do. oder Fr. bis 18 Uhr. An Wochenenden und Feiertagen sind nur die Bankschalter in den internationalen Flughäfen geöffnet. Man sollte alle Karten-Transaktionen in US-$ und nicht in Euro durchführen, da sonst der – meist schlechtere – Wechselkurs der entsprechenden US-Bank zugrundegelegt wird.

GESUNDHEIT

Apotheken (Drugstore, Pharmacy)

Amerikanische Drugstores und Pharmacies ähneln deutschen Drogeriemärkten. In Florida gibt es zahlreiche Filialen der Drugstore-Ketten »Rite Aid« oder »CVS«. Auch in jeder »Winn-Dixie«-Filiale ist ein Drugstore eingerichtet. Frei zugänglich in Regalen findet man darüber hinaus oft ein großes Sortiment an Medikamenten, die in Deutschland verschreibungspflichtig sind. **Öffnungszeiten** von Drugstores bzw. Pharmacies sind meist 9–18 Uhr, einige haben auch bis 21 Uhr oder länger auf. Rund um die Uhr sind Apotheken in den durchgehend geöffneten Supermärkten zugänglich. Außerhalb normaler Ladenöffnungszeiten gibt es **keinen Nachtdienst**. Notfalls muss man sich an die nächste Notaufnahme (Emergency Room, ER) wenden. Auch Krankenhäuser sind durchgehend geöffnet und verfügen über eigene Apotheken.

Medizinische Versorgung

Die medizinische Versorgung ist gut. Dies gilt nicht nur für die Kompetenz der niedergelassenen Ärzte und Zahnärzte, sondern auch für die Hospitäler. Touristen, die regelmäßig ein bestimmtes Medikament einnehmen müssen, sollten eine **Rezeptkopie** mitführen, damit ein amerikanischer Arzt das Rezept notfalls erneuern kann. **Ärztliche Hilfe ist teuer**: Ein Krankenhausaufenthalt oder auch nur der Besuch in der Notaufnahme kann das Reisebudget in Gefahr bringen. Man sollte daher in jedem Fall vor Antritt einer USA-Reise eine **Reisekrankenversicherung** abschließen.

Niedergelassene Ärzte, Arztpraxen und Krankenhäuser findet man auf den »Yellow Pages« (Gelbe Seiten) der örtlichen Telefonbücher. In akuten Notfällen wählt man die **Notrufnummer 911** oder die **Nummer 0 des Operators**, der einen mit dem nächsten »Emergency Room« (Notaufnahme) verbindet.

Ärztlicher Notdienst

Der größte gesundheitliche Risikofaktor ist die eigene Nachlässigkeit. Gern vergisst man – Floridas **Sonne und Hitze** unterschätzend – bei Unternehmungen in der freien Natur Kopfbedeckung und Wasserflasche, was sich jedoch böse rächen kann. Zwischen 11 und 15 Uhr ist das Sonnenlicht am intensivsten. Reisende mit empfindlicher Haut sollten diese Zeit überhaupt im Schatten verbringen. Eine gute **Sonnencreme** ist unerlässlich. Gleiches gilt für ein gutes **Mückenspray**, denn Stechmücken bzw. Moskitos sind überall dort anzutreffen, wo Wasser steht – auf der von Sümpfen und Feuchtgebieten durchzogenen Halbinsel nicht eben selten. **Moskito-Saison** ist von Juni bis November. In dieser Zeit empfiehlt es sich, langärmelige Hemden bzw. Blusen und lange Hosen zu tragen.

Gesundheitliche Risiken

LESETIPPS

Max A. Collins, Frauke Meier, Antje Görnig: »CSI: Miami, In der Hitze der Nacht«. Vgs Verlagsgesellschaft, Köln 2004. Floridas »Crime Scene Investigation« (CSI) eroberte die Fernsehkanäle in aller Welt – auch in Deutschland. Jetzt gibt es dazu auch die passende Krimi-Literatur.

Romane und Prosa

Ernest Hemingway: »Inseln im Strom«. Rowohlt, Reinbek bei Hamburg 1971. Der absolute Florida-Klassiker – nicht nur für Hochsee-Angler.

Ernest Hemingway: »Haben und Nichthaben«. Rowohlt, Reinbek bei Hamburg 1999. Recht turbulente Geschichte um einen zwielichtigen Bootsbesitzer, der im Kampf mit kubanischen Bankräubern umkommt.

Carl Hiaasen: »Stürmische Zeiten«. Goldmann, München 1997. Der Kolumnist des »Miami Herald« stellt in seinem Roman einige Profiteure vor, die in dem vom Hurrikan »Andrew« verursachten Chaos ihren Reibach machen wollen.

Carl Hiaasen: »Große Tiere«. E-Book. Random House, München 2009. Sozusagen Pflichtlektüre für alle Florida-Liebhaber und -Verächter. In einem großen Vergnügungspark in Key Largo herrscht helle Aufregung: Zwei Männer haben das letzte Exemplar der vom Aussterben bedrohten Blauzüngigen Mangowühlmaus gestohlen. Hinter dem Coup scheint eine militante Umweltorganisation zu stecken.

Carl Hiaasen: »Panther«. Gulliver Taschenbuch Bd. 1214. Beltz, Weinheim 2010. Rasant, spannend und skurril: Hiaasens Abenteuer aus Floridas Umweltsündersümpfen. In Floridas Sümpfen ist was faul: Die furchtlose Lehrerin Mrs. Stark verschwindet bei einem Buschfeuer auf rätselhafte Weise. Nick und Marta forschen nach. Als plötzlich ein Florida-Panther erscheint, wird die Sache brenzlig.

Marjorie Kinnan Rawlings: »Cross Creek. Meine Pflanzererlebnisse in Florida«. Rascher-Verlag, Zürich 1944. Autobiografischer Roman, in dem die Pulitzer-Preisträgerin (▶ S. 132) den Alltag im Florida der 1930er-Jahre porträtiert.

Peter Matthiessen: »Stille und Sturm«. Goldmann, München 1996. Im Mittelpunkt dieses historischen Romans steht Ed Watson, der als Siedlerpionier in den Everglades lebt.

Marjorie Stoneman Douglas: »The Everglades – River of Grass«. Pineapple Press, Sarasota 1988. Eines der einfühlsamsten Werke der Umweltschützerin (▶ S. 181) über die fragile Landschaft im US-amerikanischen Südosten.

Gudrun Tossing: »Pink Tales – Storys von Flo-Flo-Florida. Kuriose Geschichten von Inseln, Stränden und Sümpfen«. KUUUK, Königswinter/Kindle Edition 2014.

Tennessee Williams: »Memoiren«. S. Fischer, Frankfurt a. M. 1977. In den Erinnerungen des Pulitzer-Preisträgers gibt es auch ein umfangreiches Kapitel über seine Zeit in Key West.

Bildband   **W. Kunth et al.:** »Das Florida Buch. Highlights eines faszinierenden Landes«. Kunth Verlag, München 2012. Der außergewöhnliche Bildband lädt ein zu einer faszinierende Reise durch die schönsten Gebiete der Halbinsel im Südosten der USA. Ausklappbare Panoramabilder bieten fantastische Ansichten, Seite um Seite eröffnen sich dem Betrachter neue Blicke.

Sachbücher   **Garcilaso de la Vega el Inca:** »Authentische Geschichte der Eroberung von Florida durch Ferdinand de Soto«. Übers. u. Hrsg.: Klaus Reger und Walter H. Rathgeber. Bengelmann, München 2011. Beim vorliegenden Werk handelt es sich um eine vollständige und ungekürzte Neubearbeitung der 1753 im Verlag G. C. Gsellius, Königlich privilegierter Buchhändler in Celle, erschienenen ersten deutschen Übersetzung des 1605 in Spanien publizierten historischen Romans, besorgt von Heinrich Ludewig Meier.

Bettina Klein: »Ein Jahr in Florida. Reise in den Alltag«. Verlag Herder, Reihe HERDER spektrum, Freiburg i. Br. 2012. Die Autorin taucht ein in den Alltag in der lateinamerikanisch beherrschten Metropole Miami und genießt wie Hemingway das Lebensgeführ auf den Florida Keys.

Helmhausen, Ole (Text); **Modrow, Jörg** (Fotos)**:** DuMont Bildatlas Florida – Fun in the Sun. DuMont Reiseverlag, Ostfildern 2017. Kenntnisreiche, atmosphärische Texte und exklusive Fotos zur Region sowie den größeren Städten wie Miami und Orlando.

MASSE UND GEWICHTE

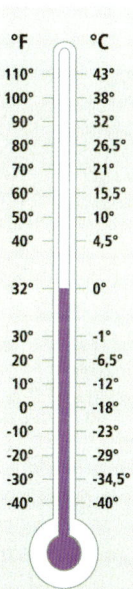

LÄNGENMASSE
1 inch (in; Zoll) = 2,54 cm
1 cm = 0,39 in
1 foot (ft; Fuß) = 30,48 cm
10 cm = 0,33 ft
1 yard (yd; Elle) = 91,44 cm
1 m = 1,09 yd
1 mile (mi; Meile) = 1,61 km
1 km = 0,62 mi

FLÄCHENMASSE
1 square inch (in²) = 6,45 cm²
1 cm² = 0,155 in²
1 square foot (ft²) = 9,288 dm²
1 dm² = 0,108 ft²
1 square yard (yd²) = 0,836 m²
1 m² = 1,196 yd²
1 square mile (mi²) = 2,589 km²
1 km² = 0,386 mi²
1 acre = 0,405 ha
1 ha = 2,471 acres

RAUMMASSE
1 cubic inch (in³) = 16,386 cm³
1 cm³ = 0,061 in³
1 cubic foot (ft³) = 28,32 dm³
1 dm³ = 0,035 ft³
1 cubic yard (yd³) = 0,765 m³
1 m³ = 1,308 yd³

FLÜSSIGKEITSMASSE
1 gill = 0,118 l
1 l = 8,474 gills
1 pint (pt) = 0,473 l
1 l = 2,114 pt
1 quart (qt) = 0,946 l
1 l = 1,057 qt
1 gallon (gal) = 3,787 l
1 l = 0,264 gal

GEWICHTE
1 ounce (oz; Unze) = 28,35 g
100 g = 3,527 oz
1 pound (lb; Pfund) = 453,59 g
1 kg = 2,205 lb
1 stone = 6,35 kg
10 kg = 1,57 stone

TEMPERATUREN
Umrechnung:
Fahrenheit = 1,8 × Celsius + 32
Celsius = (Fahrenheit – 32) × 5,
geteilt durch 9

MEDIEN

Fernsehen

In jedem Hotelzimmer steht ein Fernsehapparat. Unentgeltlich kann man die Programme großer **Fernsehanstalten** sehen. Für den Konsum von TV-Programmen privater Anbieter muss man in manchen Fällen recht happige Gebühren entrichten (»**Pay TV**«).

Radio

Die amerikanischen Radiosender sind über **Mittelwelle** (**AM**) zu empfangen. Sie sind die aktuellsten Informationsquellen über Wetter, Verkehr, Veranstaltungen etc. Über **UKW** (**FM**) hört man Sender, die über die Region, einzelne Städte, Nationalparks etc. berichten. Wenn man längere Strecken über Land fährt, sind nur wenige Sender zu empfangen, in dichter besiedelten Gebieten dafür umso mehr.

Zeitungen und Zeitschriften

In den einschlägigen Verkaufsstellen liegt eine sehr breite Palette von Tageszeitungen und sonstigen Periodika für jeden Geschmack aus. Die führende Tageszeitung im »Sunshine State« ist der »**Miami Herald**«. Daneben erscheinen auch noch etliche andere regional bedeutsame Gazetten. **Deutschsprachige Tageszeitungen** und Illustrierte sind in einigen gut sortierten Kiosken auf den internationalen Flughäfen und in den wichtigsten Touristenzentren erhältlich. Sie kommen jedoch in Florida meist mit Verspätung auf den Markt.

PREISE · ERMÄSSIGUNGEN

Preise sind saisonabhängig

Viele Anbieter (Hotels, Restaurants, Vergnügungsparks) gestalten ihre Preise saisonabhängig. Teuer ist es in den Hauptreise- und Ferienzeiten sowie rund um wichtige Feiertage. Demgegenüber können die Preise in der **Nebensaison** um die Hälfte sinken. Dann locken vielfach attraktive Sonderangebote.

Nettopreise ohne Steuern

Auf den Preisschildern sind nur die Nettopreise vor Steuern angegeben. Die meisten Waren unterliegen einer staatlichen **Sales Tax** (Verkaufssteuer) von derzeit 6 %, die aufgeschlagen wird. Einzelne Städte, Gemeinden und Bezirke (Counties) erheben darüber hinaus noch eine **General Sales Tax** (0,5–2 %), einzelne Orte zusätzlich eine mit der deutschen Kurtaxe vergleichbare **Tourism Development Tax** (5 %).

In den Genuss von Ermäßigungen kommen vor allem Kinder, Schüler, Studenten und Rentner. Die Palette solcher Wohltaten reicht vom preisgünstigen Flug- und Bahnticket bis zu Sondertarifen in Hotels, Vergnügungsparks, National- und Staatsparks. In jedem Fall lohnt es sich, schon bei der Reiseplanung alle Anbieter touristischer Leistungen nach Sonderangeboten abzuklopfen.

Ermäßigungen

▶ **Tipps für Pfennigfuchser**, S. 376

REISEZEIT

Im **Norden** Floridas lassen sich vier Jahreszeiten differenzieren. Auch kann man hier das ganze Jahr über mit Regenfällen rechnen. Anders ist die Situation im **Süden** Floridas, wo es praktisch nur zwei Jahreszeiten gibt. Die warmen Gewässer rund um Florida, hohe Luftfeuchtigkeit und hohe Verdunstungsraten tragen zu einer sommerlichen Schwüle bei, die von Mitte Mai bis Oktober als belastend empfunden wird. Dagegen zeichnet sich die von November bis April dauernde kühle Jahreszeit durch drei bis fünf niederschlagsarme Monate aus.

Im Norden vier, im Süden zwei Jahreszeiten

Von Juni bis September ist es recht heiß. Die höchsten Temperaturen werden im Bereich der Keys sowie im Landesinnern gemessen, wobei Hitzeperioden mit Tagestemperaturen über 40°C keine Seltenheit sind. Im Sommer kommt es zu mitunter heftigen Gewittern mit Hagelschlag und Tornados. Angenehm sind die Monate März, April und Mai sowie Oktober und November. Die Temperaturen erreichen bei meist strahlendem Sonnenschein sommerliche Werte. Von Dezember bis Februar kann es in Nord- und Zentralflorida manchmal empfindlich kühl werden. Es können sogar Fröste auftreten, die enorme Schäden in den Zitrus- und Gemüsekulturen verursachen. Die höchsten **Niederschläge** werden im Bereich des Florida Panhandle registriert, wo jährlich manchmal weit über 1500 mm fallen. Trocken ist es auf den Keys, wo mit rund 1000 mm nur etwa zwei Drittel der im Norden gemessenen Niederschläge fallen.

Temperaturen

Alle Jahre wieder muss man in Florida mit dem Durch- oder Vorbeizug tropischer Wirbelstürme rechnen, von denen die meisten in der Zeit von **Juni bis Oktober** entstehen. Ein Hurrikan kann nicht nur riesige Ausmaße erreichen, sondern entwickelt auch ein gewaltiges Zerstörungspotenzial (▶ Baedeker Wissen, S. 310). Allein im Spätsommer 2004 richteten binnen sechs Wochen nicht weniger als neun tropische Wirbelstürme erhebliche Schäden an.

Hurrikansaison

In den Nachrichten von Rundfunk und Fernsehen werden regelmäßig **Wettervorhersagen** durchgegeben. Das **NOAA** (National Oceanic and Atmospheric Administration) **Weather Radio Network** informiert laufend im Rundfunk und im Internet über aktuelle Entwicklungen in der »Wetterküche« über Florida, dem Golf von Mexiko, dem Westatlantik und der Karibischen See (www.weather.gov).

Haupt-reisezeit

Hauptreisezeit für Nordflorida sind die Monate Mai bis September. Dagegen ist im subtropischen Süden von Mitte Dezember bis Mitte April Hochsaison. **Nebensaison** sind die Monate April und Mai sowie September, Oktober und November. Voll und teuer ist es in Hotels, Vergnügungsparks etc. auch an wichtigen **Feiertagen** – den Wochenenden von President's Day, Ostern, Memorial Day, 4. Juli (Independence Day), Labor Day, Thanksgiving, Weihnachten, Silvester und Neujahr.

SICHERHEIT

Kriminalität

Spätestens seit Al Capone (▶ S. 343), »Miami Vice« und einigen spektakulären Mordfällen in den 1990er-Jahren ist Florida als Ganoven-Tummelplatz gefürchtet. Dies gilt besonders für den Ballungsraum Miami – Fort Lauderdale – Palm Beach. Hier sind **soziale Kontraste** scharf ausgeprägt. Probleme bereitet den Sicherheitskräften die **Drogenkriminalität**. Die lange Küstenlinie und die Nähe zu den mittel- und südamerikanischen Produktionsstätten haben besonders Miami zu einem gefährlichen Drogenumschlagplatz werden lassen.

Vorsichts-maßnahmen

Obwohl es in Florida vielen Menschen derzeit wirtschaftlich nicht gerade gut geht, ist die Lage ruhig. Dennoch sollte man im »Sunshine State« Vorsicht walten lassen. Als Faustregel gilt, den gesunden Menschenverstand zu behalten. Nach Einbruch der Dunkelheit sollte man Parkanlagen, dunkle Viertel, unübersichtliche Straßen etc. meiden und nicht allein unterwegs sein. Falls man in einen Unfall verwickelt wird, der sich unter merkwürdigen Umständen ereignet hat, bleibe man zunächst im Auto sitzen und warte mit dem Aussteigen, bis man die Situation überblickt. Wertgegenstände und Geldbeträge deponiere man im Hotelsafe. Im Kofferraum des Fahrzeugs verschwinde alles, was Begehrlichkeiten wecken könnte. Tritt der Fall der Fälle ein, sollte man sich dem Gangster keinesfalls entgegenstellen. Heldenmut musste schon oft teuer bezahlt werden.

In Notsituationen wende man sich unbedingt an die nächste Polizeidienststelle: **Notruf-Tel. 911.**

SPRACHE

In Florida wird hauptsächlich **Englisch** gesprochen. Überall dort, wo Exilkubaner oder Einwanderer aus Mittelamerika stark vertreten sind, kann man sich auch auf **Spanisch** verständigen. An touristischen Brennpunkten (Flughäfen, Kreuzfahrthäfen, Hotels) ist gelegentlich auch Deutsch zu hören. Das amerikanische Englisch unterscheidet sich vom britischen und vom deutschen Schulenglisch nicht nur in Aussprache und Betonung, sondern auch im Wortschatz. Nachfolgend eine kleine Übersetzungshilfe:

Englisch und Spanisch

KLEINER SPRACHFÜHRER ENGLISCH

AUF EINEN BLICK

Ja	**Yes**
Nein	**Yes**
Vielleicht.	**Perhaps./Maybe.**
Bitte	**Please.**
Danke.	**Thank you.**
Vielen Dank!	**Thank you very much.**
Gern geschehen.	**You're welcome.**
Entschuldigung!	**Excuse me!**
Wie bitte?	**Pardon?**
Ich verstehe Sie/Dich nicht.	**I don't understand.**
Ich spreche nur wenig …	**I only speak a bit of …**
Können Sie mir bitte helfen?	**Can you help me, please?**
Ich möchte …	**I'd like …**
Das gefällt mir (nicht).	**I (don't) like this.**
Haben Sie …?	**Do you have …?**
Wieviel kostet es?	**How much is this?**
Wieviel Uhr ist es?	**What time is it?**
Wie heißt dies hier?	**What is this called?**

KENNENLERNEN

Guten Morgen!	**Good morning!**
Guten Tag!	**Good afternoon!**
Guten Abend!	**Good evening!**
Hallo! Grüß Dich!	**Hello!/Hi!**
Mein Name ist …	**My name is …**
Wie ist Ihr/Dein Name?	**What's your name?**
Wie geht es Ihnen/Dir?	**How are you?**
Danke. Und Ihnen/Dir?	**Fine thanks. And you?**
Auf Wiedersehen!	**Goodbye!/Bye-bye!**
Gute Nacht!	**Good night!**
Tschüs!	**See you!/Bye!**

AUSKUNFT/UNTERWEGS

links / rechts	**left / right**
geradeaus	**straight ahead**
nah / weit	**near / far**
Bitte, wo ist ...?	**Excuse me, where's ..., please?**
... der Bahnhof	**... the train station**
... die Bushaltestelle	**... the bus stop**
... der Hafen	**... the harbour**
... der Flughafen	**... the airport**
Wie weit ist das?	**How far is it?**
Ich möchte ein Auto mieten.	**I'd like to rent a car.**
Wie lange?	**How long?**

STRASSENVERKEHR

Ich habe eine Panne.	**My car broke down.**
Gibt es hier in der Nähe eine Werkstatt?	**Is there a service station nearby?**
Wo ist die nächste Tankstelle?	**Where's the nearest gas station?**
Ich möchte	**I want**
... Liter/Gallonen (3,8 l) ...	**... liters/gallons of ...**
... Normalbenzin.	**... regular.**
... Super.	**... premium.**
... Diesel.	**... diesel.**
Volltanken, bitte.	**Full, please.**
Hilfe!	**Help!**
Achtung! / Vorsicht!	**Attention! / Look out!**
Rufen Sie bitte ...	**Please call ...**
... einen Krankenwagen.	**... an ambulance.**
... die Polizei.	**... the police.**
Es war meine (Ihre) Schuld.	**It was my (your) fault.**
Geben Sie mir bitte Namen und Anschrift.	**Please give me your name and address.**
Vorsicht vor ...	**Beware of ...**
Ortsumgehung	**Business**
Umgehungsstraße	**Bypass (Byp)**
Brücke, Pontonbrücke	**Causeway**
Achtung! Vorsicht!	**Caution!**
Bauarbeiten	**Construction**
Kreuzung, Überweg	**Crossing (Xing)**
Sackgasse	**Dead End**
Umleitung	**Detour**
Straße mit Mittelstreifen	**Divided Highway**
Einfahrt verboten	**Do not enter**
Ausfahrt	**Exit**
Steigung/Gefälle/unübersichtlich	**Hill** (Überholverbot)
Behindertenparkplatz	**Handicapped Parking**
Kreuzung, Abzweigung, Einmündung	**Junction (Jct)**
Abstand halten ...	**Keep off ...**
Ladezone	**Loading Zone**
Einmündender Verkehr	**Merge (Merging Traffic)**

Schmale Brücke	**Narrow Bridge**
Parken verboten	**No Parking**
Absolutes Parkverbot, Abschleppzone	**Tow away Zone**
Überholen verboten	**No Passing**
Rechtsabbiegen bei Rot verboten	**No Turn on Red**
Wenden erlaubt (verboten)	**(No) U Turn**
Einbahnstraße	**One Way**
Ein- und Aussteigen erlaubt	**Passenger Loading Zone**
Fußgängerüberweg	**Ped Xing**
Zeitlich begrenztes Parken erlaubt	**Restricted Parking Zone**
Vorfahrt	**Right of Way**
Straßenbauarbeiten	**Road Construction**
Schleudergefahr bei Nässe	**Slippery when wet**
Langsam fahren	**Slow**
Straßenbankette nicht befestigt	**Soft Shoulders**
Geschwindigkeitsbegrenzung	**Speed Limit**
Benutzungsgebühr, Maut	**Toll**
Vorfahrt beachten	**Yield**

EINKAUFEN

Wo finde ich ... eine/ein ..?	**Where can I find a ...?**
... Apotheke	**... pharmacy**
... Bäckerei	**... bakery**
... Kaufhaus	**... department store**
... Lebensmittelgeschäft	**... food store**
... Supermarkt	**... supermarket**

ÜBERNACHTUNG

Können Sie mir ... empfehlen?	**Could you recommend ... ?**
... ein Hotel/Motel	**... a hotel/motel**
... eine Frühstückspension	**... a bed & breakfast**
Haben Sie noch ...?	**Do you have ...?**
... ein Einzelzimmer/Doppelzimmer	**... a room for one/two**
... mit Dusche/Bad	**... with a shower/bath**
... für eine Nacht/Woche	**... for one night/week**
Ich habe ein Zimmer reserviert.	**I've reserved a room.**
Was kostet das Zimmer	**How much is the room**
... mit Frühstück?	**... with breakfast?**

ARZT

Können Sie mir einen guten Arzt empfehlen?	**Can you recommend a good doctor?**
Ich brauche einen Zahnarzt.	**I need a dentist.**
Ich habe hier Schmerzen.	**I feel some pain here.**
Ich habe Fieber.	**I've got a temperature.**
Rezept	**Prescription**
Spritze	**Injection/shot**

BANK/POST

Wo ist hier bitte eine Bank?	**Where's the nearest bank?**
Geldautomat	**ATM (Automated Teller Machine)**
Ich möchte Euros in Dollars wechseln.	**I'd like to change euros into dollars.**
Was kostet ...	**How much is ...**
... ein Brief ...	**... a letter ...**
... eine Postkarte ...	**... a postcard ...**
nach Europa?	**to Europe?**

RESTAURANT

Wo gibt es hier ein gutes Restaurant?	**Is there a good restaurant here?**
Reservieren Sie uns bitte für heute Abend einen Tisch!	**Would you reserve us a table for this evening, please?**
Die Speisekarte bitte!	**The menu please!**
Auf Ihr Wohl!	**Cheers!**
Bezahlen, bitte.	**Could I have the check, please?**
Wo ist bitte die Toilette?	**Where is the restroom, please?**

FRÜHSTÜCK / BREAKFAST

Kaffee (mit Sahne / Milch)	**coffee (with cream / milk)**
koffeinfreier Kaffee	**decaffeinated coffee**
heiße Schokolade	**hot chocolate**
Tee (mit Milch / Zitrone)	**tea (with milk / lemon)**
Zucker	**sugar**
Spiegeleier	**eggs sunny side up**
Rühreier	**scrambled eggs**
pochierte Eier	**poached eggs**
Eier mit Speck	**bacon and eggs**
harte / weiche Eier	**hard-boiled / soft-boiled eggs**
(Käse -/ Champignon-)Omelett	**(cheese / mushroom) omelette**
Pfannkuchen	**pancake**
Brot / Brötchen / Toast	**bread / rolls / toast**
Butter	**butter**
Honig	**honey**
Marmelade / Orangenmarmelade	**jam / marmelade**
Joghurt / Obst	**yoghurt / fruit**

VORSPEISEN UND SUPPEN / STARTERS AND SOUPS

Fleischbrühe	**broth/consommé**
Hühnercremesuppe	**cream of chicken soup**
Tomatensuppe	**cream of tomato soup**
gemischter / grüner Salat	**mixed / green salad**
frittierte Zwiebelringe	**onion rings**
Meeresfrüchtesalat	**seafood salad**
Garnelen- / Krabbencocktail	**shrimp / prawn cocktail**
Räucherlachs	**smoked salmon**
Gemüsesuppe	**vegetable soup**

FISCH UND MEERESFRÜCHTE	FISH AND SEAFOOD
Kabeljau	**cod**
Krebs	**crab**
Aal	**eel**
Schellfisch	**haddock**
Hummer	**lobster**
Muscheln	**mussels / clams**
Austern	**oysters**
Barsch	**perch**
Scholle	**plaice**
Lachs	**salmon**
Jakobsmuscheln	**scallops**
Seezunge	**sole**
Tintenfisch	**squid**
Forelle	**trout**
Tunfisch	**tuna**

FLEISCH UND GEFLÜGEL	MEAT AND POULTRY
gegrillte Schweinerippchen	**barbecued spare ribs**
Rindfleisch	**beef**
Hähnchen	**chicken**
Geflügel	**poultry**
Kotelett	**chop/cutlet**
Filetsteak	**fillet**
(junge) Ente	**duck(ling)**
Schinkensteak	**gammon**
Fleischsoße	**gravy**
Hackfleisch vom Rind	**ground beef**
gekochter Schinken	**ham**
Nieren	**kidneys**
Lamm	**lamb**
Leber	**liver**
Schweinefleisch	**pork**
Würstchen	**sausages**
Lendenstück vom Rind, Steak	**sirloin steak**
Truthahn	**turkey**
Kalbfleisch	**veal**
Reh oder Hirsch	**venison**

NACHSPEISE UND KÄSE	DESSERT AND CHEESE
gedeckter Apfelkuchen	**apple pie**
Schokoladenplätzchen	**brownies**
Hüttenkäse	**cottage cheese**
Sahne	**cream**
Vanillesoße	**custard**
Obstsalat	**fruit salad**
Ziegenkäse	**goat's cheese**
Eiscreme	**icecream**
Gebäck	**pastries**

GEMÜSE UND SALAT — VEGETABLES AND SALAD

GEMÜSE UND SALAT	VEGETABLES AND SALAD
gebackene Kartoffeln in der Schale	baked potatoes
Pommes frites	french fries
Bratkartoffeln	hash browns
Kartoffelpüree	mashed potatoes
gebackene Bohnen in Tomatensoße	baked beans
Kohl	cabbage / kale
Karotten	carrots
Blumenkohl	cauliflower
Gurke	cucumber
Knoblauch	garlic
Lauch	leek
Kopfsalat	lettuce
Pilze	mushrooms
Zwiebeln	onions
Erbsen	peas
Paprika	peppers
Kürbis	pumpkin
Spinat	spinach
Mais	sweet corn
Maiskolben	corn-on-the-cob

OBST	FRUIT
Äpfel	apples
Birnen	pears
Aprikosen	apricots
Orange	orange
Brombeeren	blackberries
Pfirsiche	peaches
Kirschen	cherries
Ananas	pineapple
Weintrauben	grapes
Pflaumen	plums
Himbeeren	raspberries
Zitrone	lemon
Erdbeeren	strawberries
Preiselbeeren	cranberries

GETRÄNKE	BEVERAGES
Bier (vom Fass)	(draft) beer
Apfelwein	cider
Rotwein / Weißwein	red wine / white wine
trocken / lieblich	dry / sweet
Sekt, Schaumwein	sparkling wine
alkoholfreie Getränke	soft drinks
Fruchtsaft	fruit juice
gesüßter Zitronensaft	lemonade
Milch	milk
Mineralwasser	mineral water/spring water

ZAHLEN

0	zero/none	17	seventeen
1	one	18	eighteen
2	two	19	nineteen
3	three	20	twenty
4	four	21	twenty-one
5	five	30	thirty
6	six	40	forty
7	seven	50	fifty
8	eight	60	sixty
9	nine	70	seventy
10	ten	80	eighty
11	eleven	90	ninety
12	twelve	100	hundred
13	thirteen	1000	one thousand
14	fourteen	$1/2$	a half
15	fifteen	$1/3$	a third
16	sixteen	$1/4$	a quarter

TELEKOMMUNIKATION · POST

▌ Telefon

Besonderheiten

Telefonwähltasten sind **auch mit Buchstaben** belegt, sodass viele Nummern als leicht merkbares Kennwort angegeben sind (z. B. landesweite Pannenhilfe: Tel. 1-800-AAA-HELP).

Öffentliche Telefone

Die meisten der verbliebenen öffentlichen Telefone funktionieren nur noch bargeldlos mit **Telefonkarte** (»Phone cCard«) oder Kreditkarte (»Credit Card«). Wenige Münzfernsprecher gibt es noch für Ortsgespräche (»Local Calls«). Gespräche **von Hoteltelefonen** sollte man vermeiden, da hier deftige Gebühren (»Surcharges«) anfallen.

Gebührenfreie Nummern

»Toll free«-Gespräche (800- oder 888-Nummern) können **gebührenfrei** nur **aus dem US-Festnetz** geführt werden. Bei Mobiltelefonen fallen die üblichen Gebühren an. Hinter 900-Nummern verbergen sich meist ziemlich teure **kommerzielle Dienste**.

Und so geht es

Bei Gesprächen innerhalb eines Telefonbezirks wählt man die »1« und nur die Teilnehmernummer. Innerhalb der USA wählt man zunächst die »1«, dann die Ortsvorwahl (»Area Code«) und schließlich die

Teilnehmernummer. Für **internationale Gespräche** (»International Calls«) gilt: Von Privatanschlüssen wählt man »011«, dann die Länder- und Ortsnetzkennzahl ohne die »0« und schließlich die Teilnehmernummer. Von öffentlichen Telefonen wählt man die »0«. Es meldet sich der **Operator**, der alle weiteren Instruktionen erteilt. Für ein **R-Gespräch** wird ebenfalls die »0« gewählt, dann folgt die Rufnummer, und es meldet sich der Operator.

Telefonkarten

Für internationale Telefongespräche empfehlen sich im Voraus bezahlte Telefonkarten (»**Pepaid Phone Cards**«), die in Einkaufszentren, an Flughäfen, an Tankstellen usw. erhältlich sind. Die **UniversalCard** kann sowohl von einem Cellion-Mobilfunkanschluss (www.cellion.de) als auch von jedem US-Festnetztelefon und jeder US-Telefonzelle genutzt werden.

Mobiltelefon, Internet

Mobiltelefone werden in den USA als **Cell Phone** oder Mobile Phone bezeichnet. Es wird die Nutzung von Quad-Band-Geräten empfohlen, die sowohl in Europa als auch in den USA einsetzbar sind. Smartphones sind in den USA uneingeschränkt verwendbar. Bei Zugriff auf **kostenloses WLAN** – Hotspots gibt u. a. in Cafés, Fastfoodketten, Einkaufszentren, vielen Hotels und auf Flughäfen – kann man gratis skypen oder via Google Hangout, WhatsApp o. Ä. mit der Heimat kommunizieren. Wer ständig erreichbar bleiben möchte, sollte sich vor Ort eine Prepaid-Karte zulegen. Diese **SIM-Karten** erhält man in Florida u. a. bei Walmart, Publix und in den meisten Tankstellen.

Notfall-Telefon nach Deutschland

Bargeldloses Telefonieren ist im Notfall (z. B. bei Diebstahl der Geldbörse oder Ausweise) mit einem Gesprächspartner in Deutschland möglich über den **R-Talk** der Deutschen Telekom AG (früher R-Gespräch bzw. Deutschland-Direkt-Dienst). Dieser Telefondienst ist rund um die Uhr aus den Vereinigten Staaten erreichbar unter der Telefonnummer 1-800-292-004. Kommt ein Gespräch zustande, werden die Gebühren dem Empfänger nach dessen Einverständnis in Rechnung gestellt.

TELEFONNUMMERN

TELEFONAUSKUNFT ...
... Inland 411
... Ausland 1-555-1212

LÄNDERVORWAHLEN

VON EUROPA ...
... in die USA: 001

VON DEN USA ...
... nach Deutschland: 011 49
... nach Österreich: 011 43
... in die Schweiz: 011 41
Die 0 der Ortsvorwahl entfällt.

R-GESPRÄCHE
0 (»Operator«)

▌ Post- und Paketdienste

Der United States Postal Service (**USPS**) ist nur für die Brief- und Paketbeförderung (auch Geldüberweisungen) zuständig. **Briefmarken** erhält man in Postfilialen sowie an Automaten in Flughäfen, Bahnhöfen, Busstationen, Hotel-Lobbies und Drogerien.

United States Postal Service

Öffnungszeiten der durch **ausgesteckte US-Flaggen** gekennzeichneten Postfilialen sind in der Regel: Mo.–Fr. 9–17/18, Sa. 8–12 Uhr. Kleinere Filialen machen eine Mittagspause. Die **blauen Briefkästen** tragen die Aufschrift »United States Postal Service« und einen stilisierten Adler.

Öffnungszeiten

Das Porto beträgt für Postkarten 34 Cents (innerhalb der USA) bzw. 1,15 $ (nach Europa); für Briefe 49 Cents (innerhalb der USA) bzw. 1,15 $ (nach Europa, 1 Unze/28 g).

Porto

VERKEHR

Die beiden mit Abstand wichtigsten **Luftverkehrsdrehscheiben** in Florida sind Miami und Orlando, gefolgt von Fort Lauderdale, Daytona, Tampa, Fort Myers, Jacksonville und Tallahassee. Von diesen Airports aus kann man täglich viele kleine Flugplätze in Florida und auch andere Ziele in den USA erreichen. Daneben werden zahlreiche kleine Landeplätze in Florida bei Bedarf bedient.
Alle größeren Flughäfen sind bestens in die regionalen Straßennetze eingebunden. Ferner bestehen **gute Nahverkehrsanschlüsse** in die Stadtzentren bzw. in wichtige Orte des Hinterlandes. Viele größere Hotels, Mietwagenfirmen usw. unterhalten einen **Airport Shuttle Service** für ihre Gäste und Kunden. An den größeren Flughäfen sind alle namhaften Autovermieter vertreten, so dass man problemlos zu individuellen Mietwagenreisen durch Florida starten kann.

Flughäfen

Den Personenverkehr auf der Schiene organisiert das Service-Unternehmen **Amtrak**. Für das Streckennetz und das rollende Material tragen diverse Eisenbahngesellschaften Verantwortung. Amtrak-Reisezüge verkehren täglich auf den Strecken New York–Jacksonville–Miami bzw. Tampa (Silver Service). Auf der Strecke Lorton (Virginia)–Sanford (Florida) verkehrt der **Auto Train** als Autoreisezug. Amtrak bietet verschiedene Rundreisepässe an, die aber nur außerhalb der USA günstig eingekauft werden können. Die Pässe haben 15, 30 oder 45 Tage Gültigkeit. Der **USA**

Bahnverkehr

Rail Pass gilt für das gesamte Streckennetz in den USA, mit dem man natürlich auch auf den von Amtrak betreuten Bahnstrecken in Florida mit beliebig vielen Zwischenstops reisen kann. Täglich verkehren **Tri-Rail**-Personenzüge zwischen Miami, Fort Lauderdale und Palm Beach. Mit diesem Stadtexpress kann man preisgünstig die Seebäder an der südöstlichen Atlantikküste erkunden. Gelegentlich werden auch von ortskundigen Führern begleitete Tri-Rail-Sightseeing-Touren angeboten.Ausflugszüge des **Seminole Gulf Passenger Service** verkehren während der Hauptreisezeit mindestens einmal täglich auf der Strecke Naples–Fort Myers–Punta Gorda–Fort Ogden–Arcadia. Zu bestimmten Terminen verkehrt auch ein abendlicher **Dinner Train**, bei dem die Passagiere ein opulentes Menü einnehmen können.

Liebhaber von Agatha-Christie-Krimis kommen in Fort Myers voll auf ihre Kosten. Denn in der dortigen Colonial Station startet an fünf Abenden in der Woche ein Zug mit der sinnigen Bezeichnung »**Murder Mystery Train**« zu einer Fahrt ins Blaue. Unterwegs passiert dann das Unfassbare: ein Mord. Nun sind die Passagiere aufgefordert, bei der Suche nach dem Mörder mitzuhelfen.

Amtrak: https://deutsch.amtrak.com/regions/south.html
Tri-Rail: http://www.tri-rail.com/
Seminole Gulf Passenger Service 2805 Colonial Blvd., Fort Myers | Tel. 1-239-275-8487 | Mi.–Sa. 18.30, So. 17.30 Uhr | www.semgulf. com

Busreisen Alle großen Reiseveranstalter in Deutschland, Österreich und der Schweiz bieten organisierte Busreisen durch Florida an. Nähere Auskünfte in den Reisebüros. Die im Allgemeinen gut ausgestatteten Autobusse der Firma **Greyhound** Inc. erlauben bequemes Reisen. Greyhound-Busse befahren Linien zwischen allen wichtigen Städten und Touristenzentren. Die wichtigsten Stationen sind Miami, Miami Beach, Orlando, Jacksonville, Tallahassee, Daytona Beach, Fort Lauderdale, West Palm Beach, Sarasota, Tampa und Key West.

www.greyhound.com

Taxis (»Cabs«) In Städten und touristischen Zentren gibt es Taxis (»Cabs«) in genügender Zahl. Sie können überall per Handzeichen an der Straße angehalten werden. Da die Entfernungen in Städten und Touristenorten am Meer oft beträchtlich sind, fallen die Preise mitunter ziemlich hoch aus. So kostet eine Fahrt vom Miami International Airport nach Miami Beach mindestens 50 US-$ (ohne Trinkgeld)!

Öffentlicher Personennahverkehr In den größeren Städten ist der öffentliche Personennahverkehr gut ausgebaut. In vielen Orten verkehren **Autobusse** auf festen Routen. In Miami gibt es zudem eine **MetroRail**, die mit einer deutschen U- bzw. Stadtbahn vergleichbar ist. Ferner ist in Downtown Miami eine fahrerlose Hochbahn namens **MetroMover** installiert, die man unentgeltlich benutzen kann (▶ S. 171). Die Benutzung öffentlicher Verkehrsmittel ist relativ preiswert, d. h. mit mitteleuropäischen Verhältnissen vergleichbar. In Nahverkehrsbussen wird das Beförderungsentgelt in der Regel nur genau abgezählt akzeptiert. Die Busfahrer verkaufen keine Fahrscheine und führen auch kein Wechselgeld mit.

▌ Mit dem Auto unterwegs

Jeder US-Bundesstaat hat neben bundesweiten auch eigene Verkehrsgesetze. Gegenüber den Bestimmungen in Europa bestehen ein paar Unterschiede. Nachstehend einige Regelungen, die jeder beherzigen sollte:

Trotz Rechtsverkehr hat an ungeregelten Kreuzungen derjenige Vorfahrt, der zuerst da war. Nötigenfalls müssen sich die Verkehrsteilnehmer verständigen. An vielen Kreuzungen herrscht **4-Way Stop**, d. h. alle Einmündungen sind mit Stoppschildern versehen. Jeder Verkehrsteilnehmer hat hier anzuhalten. Wer zuerst an der Kreuzung war, darf dann auch als Erster weiterfahren. | Vorfahrt

In Florida besteht Gurtanlegepflicht. Kinder unter vier Jahren dürfen nur in einem speziellen **Kindersitz** mitfahren. | Gurtpflicht

In verkehrsberuhigten Innenstädten und **Wohngebieten** betragen die zulässigen Höchstgeschwindigkeiten zwischen 20 mph/32 km/h und 35 mph/56 km/h; liegen Schulen, Altenheime oder Krankenhäuser in Straßennähe, sind sie oft auf nur 15 mph/24 km/h beschränkt! Auf Ausfallstraßen und **Überlandstraßen** mit Gegenverkehr darf man in der Regel bis zu 45 mph/72 km/h schnell sein. Führt die Straße durch Gebiete mit Wildwechsel, so sind bei Nacht nur noch 35 mph/56 km/h erlaubt. Auf mehrspurigen Straßen und **Autobahnen** (Highways) darf man bis zu 55 mph/88 km/h schnell sein. Auf verkehrsarmen Autobahnabschnitten sind z. T. auch 70 mph/112 km/h erlaubt. | Höchstgeschwindigkeiten

Es gilt die **0,8-Promillegrenze** (bei Mietautos oft niedriger). »Driving under influence« wird hart geahndet. Geöffnete alkoholische Getränke dürfen nicht im Fahrzeuginneren mitgeführt werden. Unter 21-Jährige dürfen keinen Alkohol dabeihaben.

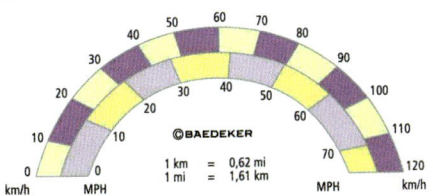

Geschwindigkeiten • Umrechnung

1 km = 0,62 mi
1 mi = 1,61 km

©BAEDEKER

Schulbusse

Wenn ein signalgelber Schulbus ein- und aussteigen lässt, muss man anhalten. Das gilt auch für den Gegenverkehr, es sei denn, die Fahrspuren sind durch eine nicht überwindbare Barriere (Grünstreifen) vom Gegenverkehr getrennt.

Rechtsabbiegen an Ampeln

In den USA **hängen Verkehrsampeln hinter (!) der Kreuzung**. Rechtsabbiegen trotz roten Ampelsignals ist nach vollständigem Anhalten und bei Beachtung der Vorfahrt erlaubt. Verboten ist das Rechtsabbiegen bei Rot durch das Verkehrsschild »No turn on red«.

Abblendlicht

Bei tief stehender Sonne, bei Sichtweiten unter 300 m, bei Regen sowie auf langen schnurgeraden Straßen mit Gegenverkehr muss mit eingeschaltetem Abblendlicht gefahren werden.

Parkverbote

An Fernstraßen außerhalb von Siedlungen sowie an vielen Straßen innerorts darf nicht geparkt werden. Sollte ein Anhalten erforderlich sein, muss auf das Bankett gefahren werden. Vor Hydranten und an Bushaltestellen darf nicht geparkt werden. Wer im **Parkverbot** oder vor einer Ausfahrt parkt, muss damit rechnen, dass sein Fahrzeug abgeschleppt wird und nur gegen hohes Entgelt ausgelöst werden kann.

BORDSTEINFARBEN

Rot: Halten verboten

Gelb: Ladezone allgemein

Gelb/Schwarz: Ladezone für Lkw

Blau: Parkplatz für Behinderte

Grün: max. 10 Min. parken

Weiß: max. 5 Min. parken während der Geschäftszeit

Keine Farbe: unbeschränktes Parken

Wenden, Rechts-Überholen

Das Wenden ist auf den meisten Straßen verboten und durch das Verkehrszeichen mit der Aufschrift »**No U Turns**« markiert. Auf mehrspurigen Straßen (Interstates, manche Highways) ist Rechts-Überholen gestattet. Bei Spurwechsel nach rechts muss man also ebenso vorsichtig sein wie beim Wechseln nach links.

Durchgezogene Linien

Durchgezogene Doppellinien dürfen nicht überfahren werden, ebensowenig einfache durchgezogene Linien auf der Fahrerseite. Auf vielen Straßen sind Abbiegekorridore markiert, in die nur eingefahren werden darf, wo die Begrenzungslinien durchbrochen sind.

Rush-Hour-Spuren

Auf mehrspurigen Straßen in Ballungsräumen (bes. im Raum Miami – Fort Lauderdale) sind Fahrspuren markiert, die während des Stoßverkehrs nur von Fahrzeugen mit zwei und mehr Insassen benutzt werden dürfen. Verstöße werden von der Polizei geahndet.

Xing (Crossing)

Das englische Wort »Crossing« (»Überqueren«) wird in den USA sehr oft mit »Xing« abgekürzt. Ein Verkehrsschild mit der merkwürdigen Aufschrift »Ped Xing« (Abkürzung für »Pedestrian Crossing«)

kündigt einen Fußgängerüberweg an. Nach dem Schild »Gator Xing« ist mit Alligatoren zu rechnen, die die Fahrbahn überqueren.

Autostop ist zwar erlaubt, doch auf Interstates und deren Zufahrten streng untersagt. Im Übrigen sei darauf hingewiesen, dass Autostop auch von den Amerikanern als nicht ganz ungefährliche Art des Reisens – für Fahrer und Anhalter – angesehen wird.

Autostop

Bei einer Polizeikontrolle bleibt man im Auto sitzen, öffnet das Autofenster und lässt die Hände sichtbar am Lenkrad. Dann wartet man auf die Anweisungen der Ordnungskräfte.

Polizei-kontrollen

Die mehrspurigen Interstates entsprechen den deutschen Autobahnen und unterscheiden sich durch **blau weiß-rote Beschilderung** von den normalen Highways. Interstates mit geraden zweistelligen Nummern verlaufen in Ost-West-Richtung, solche mit ungeraden zweistelligen Nummern in Nord-Süd-Richtung. Dreistellige Nummern bezeichnen Schnellstraßen-Ringe und Stadtumfahrungen.

Interstates

Die Highways sind das Pendant zu den deutschen Bundesstraßen. **Weiße Schilder** kennzeichnen sie als Bundes- (z. B. US-1) oder Staatsstraßen (State Roads; z. B. SR 84 bzw. FL 84). Auch bei ihnen definiert die Nummer die grobe Himmelsrichtung. Der Hauptunterschied zwischen Highways und Interstates besteht darin, dass Erstere – als mehrspurige Straßen – in vielen Fällen nicht kreuzungsfrei sind. Bei Einmündungen und beim Linksabbiegen ist daher besondere Vorsicht geboten. Mit »ALT« (»alternative«) oder »BUS« (»business«) werden **Umgehungsstraßen** bezeichnet.

Highways

Toll bezeichnet eine Straßengebühr, die auf einigen Interstates und Highways sowie Brücken, Dammstraßen und Unterführungen erhoben wird. Es wird empfohlen, Kleingeld bereitzuhalten, um längere Wartezeiten an den Kontrollstellen zu vermeiden.

Maut

Auf Straßen mit baulich voneinander getrennten Fahrstreifen liegen die Ausfahrten normalerweise auf der rechten Seite. Bei beengten Verhältnissen kann sich eine Ausfahrt aber durchaus auch auf der linken Seite befinden.

Ausfahrten

An den Tankstellen werden angeboten: bleifreies Benzin (»**gas unleaded**«) in den Sorten Normal (»**regular**«) und Super (»**premium**«) sowie Diesel (»**diesel**«). Um die **Zapfsäule** betriebsbereit zu machen, muss ein Hebel umgelegt oder eine Halterung nach oben gezogen werden. An vielen Tankstellen ist Tanken nur mit Kreditkarte oder – vor allem abends und nachts – **Vorauskasse** möglich. Häufig gibt es Zapfsäulen mit Bedienung und Selbstbedienung (billiger).

Tankstellen

VERKEHRSZEICHEN

Vorschriftszeichen

Halt!
Vorfahrt
gewähren

Stopsignal
für 4 Fahrspuren

Einfahrt
verboten

Vorfahrt
beachten

Falsche Richtung

Rechtsabbiegen
verboten

Wenden verboten

Radfahrverbot

Höchst-
geschwindig-
keit

Voranzeige für
Geschwindigkeitsbegrenzung

Kriechspur

Höchstgeschwindigkeit
mit vorgeschriebener
Mindestgeschwindigkeit

Einbahn-
straße

Schulzone
Höchst-
geschwindigkeit

Getrennte
Fahrbahn

Nur tangentiales
Linksabbiegen
gestattet

Bei Rot
nicht abbiegen

Gefahrzeichen

Kreuzung

Einmündung

Voranzeige
Getrennte Fahrspuren

Gegenverkehr

Engpass

Bahnübergang

Überholverbot

Schmale Brücke

Kurven

Doppelkurve
rechts beginnend

Kurvenreiche
Strecke

Voranzeige
Stopstelle

Voranzeige
Vorfahrt beachten

Schüler

Schulbereich

Fußgänger

Gefährliches
Gefälle

Schleudergefahr

Maximale
Höhe

Schwerverkehr

Achtung!
Alligatoren

Wildwechsel

Viehtrieb

Straßenbau-
arbeiten

Voranzeige
Signalisations-
person

Höchst-
geschwindigkeit
auf Autobahn-
ausfahrten

Richtzeichen

©BAEDEKER

Rastplatz

Telefon

Krankenhaus

Campingplatz

Caravaning

MIETWAGENFIRMEN

ALAMO
Tel. 1 877 222-9075
www.alamo.com

BUDGET
Tel. 1-800-527-0700
www.budget.com

AVIS
Tel. 1-800-331-1212
www.avis.com

HERTZ
Tel. 1-800-654-3131
www.hertz.com

▌ Mietwagen

Verkehrsmittel der Wahl

Florida erkundet man am besten mit einem Mietwagen, mit dem sich auch abseits gelegene Sehenswürdigkeiten bequem erreichen lassen. Einige Autovermieter bieten ihre Fahrzeuge zu interessanten Preisen an, wobei **Wochenpauschalen** besonders günstig sind. Man lasse sich jedoch nicht von den extrem niedrigen Grundmieten blenden. Vielmehr sollte man unbedingt auf einen ausreichenden **Versicherungsschutz** (Haftpflicht, Kasko, Selbstbeteiligung; ▶ unten) achten. Versicherungspakete können recht teuer sein. Zudem fallen noch die Steuern des jeweiligen Staates (▶ S. 396) und eventuell sogar Flughafensteuern (»Airport Taxes«) an, Letztere jedoch nur bei Benutzung eines »Airport Shuttle« (Autobusdienst) vom Flughafen zum Autohof des Vermieters.

Führerschein, Mindestalter

Wer ein Fahrzeug anmieten will, muss einen nationalen oder international anerkannten Führerschein (»driver's licence«) vorlegen können und mindestens 21 Jahre alt sein. Einige Unternehmen überlassen ihre Fahrzeuge auch 18-Jährigen, allerdings verlangen sie dafür einen entsprechend kostspieligen »Underaged«-Tarif.

Übergabe

Die Mietwagenfirmen haben ihre Schalter am Flughafen, das Auto selbst erhält man jedoch woanders. Ein **Shuttle Bus** bringt die Kundschaft dorthin. Ist das bestellte Auto nicht verfügbar, hat man Anrecht auf ein Fahrzeug der nächsthöheren Klasse. Dies kann auch durch »Upgrade Coupons« erreicht werden, die von Reisebüros und Fluggesellschaften ausgegeben werden. Vor Abfahrt sollte man sich über den Zustand des Fahrzeuges vergewissern und entdeckte Mängel umgehend anzeigen. Fahrzeuge werden von den Mietwagenfirmen nur gegen **Kaution** abgegeben, die bei den meisten Vermietern durch Vorlage einer Kreditkarte geleistet wird. **Wohnmobile** werden nach einem Transatlantikflug oft erst am nächsten Tag übergeben.

Versicherungen

Die Vermieter bieten ein Wirrwarr unterschiedlicher Versicherungen an, die alle abzuschließen nicht unbedingt nötig ist. Nachstehend

eine Begriffsklärung: **CDW** (»Collision Damage Waiver«): Haftungsbefreiung für Unfallschäden am Fahrzeug (dringend empfohlen); **LDW**
(»Loss Damage Waiver«): Haftungsbefreiung bei Verlust des Fahrzeugs; **PAI** (»Personal Accident Insurance«): Insassenunfallversiche-
rung; **PEC** (»Personal Effect Coverage«): Reisegepäckversicherung;
LIS (»Liability Insurance Supplement«) bzw. **SLI**: Haftpflicht-
Zusatzversicherung, mit der die Haftpflichtsumme der ohnehin bestehenden gesetzlichen Haftpflichtversicherung erhöht wird.

ZEIT

Der größte Teil Floridas gehört zur **Eastern Time Zone** (**ET**). Gegen-   Zeitzonen
über der Mitteleuropäischen Zeit liegt er sechs Stunden zurück. Der
westliche Panhandle gehört bereits zur **Central Time Zone** (**CT**) und
liegt damit gegenüber Rest-Florida um eine Stunde zurück. Vom zweiten Märzsonntag bis zum ersten Novembersonntag gilt die »Daylight
Saving Time« (**DST**, Sommerzeit).

Die Stunden von Mitternacht bis 12 Uhr mittags werden mit **a. m.**   Zeitangaben
(»**ante meridiem**«: vor Mittag) bezeichnet, die übrigen zwölf
Stunden mit **p. m.** (»**post meridiem**«: nach Mittag).

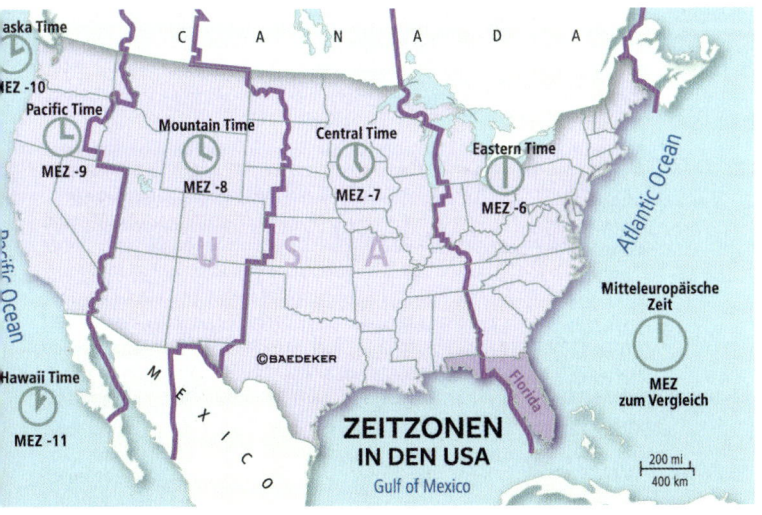

REGISTER

E

F

T

U

W

V

BILDNACHWEIS

ANHANG
BILDNACHWEIS

ATMOSFAIR

Reisen verbindet Menschen und Kulturen. Doch wer reist, erzeugt auch CO_2. Der Flugverkehr trägt mit bis zu 10% zur globalen Erwärmung bei. Wer das Klima schützen will, sollte sich nach Möglichkeit für die schonendere Reiseform entscheiden (wie z.B. die Bahn). Gibt es keine Alternative zum Fliegen, kann man mit atmosfair klimafördernde Projekte unterstützen.

atmosfair ist eine gemeinnützige Klimaschutzorganisation unter der Schirmherrschaft von Klaus Töpfer. Flugpassagiere spenden einen kilometerabhängigen Betrag und finanzieren damit Projekte in Entwicklungsländern, die den Ausstoß von

nachdenken • klimabewusst reisen

atmosfair

Klimagasen verringern helfen. Dazu berechnet man mit dem Emissionsrechner auf **www.atmosfair.de** wieviel CO_2 der Flug produziert und was es kostet, eine vergleichbare Menge Klimagase einzusparen (z.B. Berlin – London – Berlin 13 €). atmosfair garantiert die sorgfältige Verwendung Ihres Beitrags. Alle Informationen dazu auf www.atmosfair.de. Auch der Karl Baedeker Verlag fliegt mit atmosfair.

VERZEICHNIS DER KARTEN UND GRAFIKEN

IMPRESSUM

Ausstattung:
136 Abbildungen, 36 Karten und
Grafiken, eine große Reisekarte

Text:
Ole Helmhausen, Helmut Linde,
Andrea Mecke, Axel Pinck

Überarbeitung:
Ole Helmhausen

Bearbeitung:
Baedeker-Redaktion
(M. Feuerstein, Dagmar Lutz)

Kartografie:
Christoph Gallus, Hohberg,
Klaus-Peter Lawall, Unterensingen,
MAIRDUMONT Ostfildern
(Reisekarte)

3D-Illustrationen:
jangled nerves, Stuttgart

Infografiken:
Golden Section Graphics GmbH,
Berlin

Gestalterisches Konzept:
RUPA GbR, München

Chefredaktion:
Rainer Eisenschmid,
Baedeker Ostfildern

13. Auflage 2018
Völlig überarbeitet und neu gestaltet

© KARL BAEDEKER GmbH,
Ostfildern für MAIRDUMONT
GmbH & Co KG; Ostfildern

Anzeigenvermarktung:
MAIRDUMONT MEDIA
Tel. 0049 711 4502 333
Fax 0049 711 4502 1012
media@mairdumont.com
http://media.mairdumont.com

Trotz aller Sorgfalt von Redaktion und Autoren zeigt die Erfahrung, dass Fehler
und Änderungen nach Drucklegung nicht ausgeschlossen werden können. Dafür kann der Verlag leider keine Haftung übernehmen.
Kritik, Berichtigungen und Verbesserungsvorschläge sind jederzeit willkommen. Schreiben Sie uns, mailen Sie oder rufen Sie an:

Verlag Karl Baedeker / Redaktion
Postfach 3162
D-73751 Ostfildern
Tel. 0711 4502-262
info@baedeker.com
www.baedeker.com

Printed in Italy

MIX
Papier aus verantwor-
tungsvollen Quellen
FSC® C015529

BAEDEKER VERLAGSPROGRAMM

Viele Baedeker-Titel sind als E-Book erhältlich:
shop.baedeker.com

A
Algarve
Allgäu
Amsterdam
Andalusien
Australien
Australien · Osten

B
Bali
Barcelona
Bayerischer Wald
Belgien
Berlin · Potsdam
Bodensee
Brasilien
Bretagne
Brüssel
Budapest
Burgund

C
China

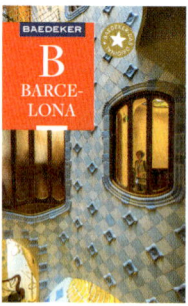

D
Dänemark
Deutsche
   Nordseeküste
Deutschland
Deutschland · Osten
Dresden
Dubai · VAE

E
Elba
Elsass · Vogesen

F
Finnland
Florenz
Florida
Franken
Frankfurt am Main
Frankreich
Frankreich · Norden
Fuerteventura

G
Gardasee
Golf von Neapel
Gomera
Gran Canaria
Griechenland
Großbritannien

H
Hamburg
Harz
Hongkong · Macao

I
Indien
Irland
Island
Israel
Istanbul
Istrien · Kvarner Bucht
Italien
Italien · Norden
Italienische Adria
Italienische Riviera

J
Japan
Jordanien

K
Kalifornien
Kanada · Osten
Kanada · Westen
Kanalinseln
Kapstadt · Garden
   Route
Kenia

Meine persönlichen Notizen

Meine persönlichen Notizen

Meine persönlichen Notizen

Meine persönlichen Notizen

A l a b a m a

Georgia

Brewton

Dothan

29

84 231 431

19

65

331

Crestview

De Funiak
Springs

Marianna

Bainbridge

Thomasville

Valdos

31

29

Milton

84

Quitman

98

Pensacola

331

Point
Washington

231

Lake
Seminole

27

19

221

75

98

Fort Walton
Beach

10

Tallahassee

Live
Oak

Gulf
Shores

Panama
City Beach

Panama
City

Medart

Perry

Mayo

Apalachicola

Apalachee
Bay

Branfor

Eastpoint

27

St. George Island

Cross City

Ch

Cedar Key

Crysta
Hor

Sprin

Tarpon Spr

Clearwat

St. Petersb

Bra

S

Gulf   of   Mexico

100 km

© BAEDEKER

Dry